紫庭文思

词垣、词臣与宋代士大夫文化史

许浩然·著

复旦大学出版社

国家社会科学基金青年项目"宋代词臣文化与文学研究"（17CZW019）

本书出版得到以下经费资助：
"西安交通大学人文社会科学学术著作出版基金"和"中央高校基本科研业务
费专项资金"（Supported by"the Fundamental Research Funds for the
Central Universities"）
"西安交通大学人文社会科学学院后配给经费"

目　　录

绪　论 / 1

第一章｜ "空间"与"关系"：宋代词垣、词臣综论 / 10
　第一节　制度矩范与个体情怀——宋代词垣的文学
　　　　　空间 / 11
　　一　应制之务与超卓之士：以苏轼、杨亿遭遇改易
　　　　制词之事为例 / 14
　　二　值宿吟咏与宋调流派：以杨亿、欧阳修、刘克庄的
　　　　值宿诗什为例 / 18
　　三　制度象征与修辞功用：宋代词垣的吏员角色 / 25
　　四　仕进态度与退闲心境：宋代词垣的"白居易
　　　　崇拜" / 31
　　五　小结 / 38
　第二节　追随之中的挑战——宋代士人阶层与词臣群体的
　　　　　关系 / 40
　　一　"骄矜"与"佻薄"：知贡词臣与应试士子之间的
　　　　张力 / 41
　　二　应试士子就科考试题对词臣的指摘 / 46
　　三　落第士子对知贡词臣的抗议 / 49
　　四　士人在辞章之学上对词臣的诟病 / 51
　　五　科举之外：不尚功名的士人群体对词臣的态度 / 53

第二章｜ 文学人物与仕宦环境：诗文革新与北宋词坛 / 57

第一节 诗与仕——阶层分野之下的"西昆"体与
　　　　"平淡"诗风 / 58

一 诗风与仕宦："西昆"诗人与梅尧臣的人生图景 / 60

二 地方社会中的"西昆"体与"平淡"诗风：晏殊与
　　梅尧臣的唱和 / 69

三 知贡"锁院"中的"西昆"体与"平淡"诗风：王珪与
　　梅尧臣的唱和 / 75

四 余论 / 85

第二节 古文主张之下的思想与权力——从周边士大夫的
　　　　学宦经历看欧阳修的嘉祐主贡 / 86

一 嘉祐主贡之中的超卓思想：以王珪学宦为参照 / 90

二 嘉祐主贡之中的翰苑权力：以刘敞学宦为参照 / 97

三 嘉祐主贡之中翰苑权力的适度性：以王安石学宦为
　　参照 / 103

四 余论 / 114

附论 郑獬的"太学体"背景及其对欧阳修的态度 / 116

第三节 官僚体系之中的文章宗主——苏轼词垣生涯
　　　　探析 / 120

一 文宗身份与仕途限制：元祐背景下苏轼的词臣
　　之任 / 122

二 戏谑群侪：文章宗主的矜才压众 / 126

三 被侵蚀的文章统序：官僚体系的笼罩 / 131

四 余论 / 138

第四节 从应制之作到"不朽"之文——政治语境与文化
　　　　语境中的苏轼《上清储祥宫碑》/ 140

一 元祐之政与应制之作：《上清储祥宫碑》的
　　撰作 / 142

二　皇帝阙位与新党之劢:《上清储祥宫碑》政治上的
　　"易朽"因素 / 146

三　北宋士林的文事与舆论:《上清储祥宫碑》与苏轼的
　　文宗位望 / 150

四　作为文宗位望的"不朽":《上清储祥宫碑》在后代的
　　回响 / 156

五　小结 / 160

第三章｜　从文宗到官僚:后欧、苏时代词臣风尚的
　　　　　演变 / 163

一　权臣势力笼罩下的词臣行止:以蔡京、翟汝文、
　　叶梦得、汪藻、孙觌为中心 / 166

二　新学科举笼罩下的词臣行止:以慕容彦逢为
　　中心 / 170

三　徽宗宫廷笼罩下的词臣行止:以王安中为
　　中心 / 172

四　小结 / 175

附论　宋代词科与南宋词臣的身份特征 / 177

第四章｜　义理之学与辞章之学:理学思潮与南宋词臣 / 188

第一节　"道统"之外——南宋词臣"文统"观探析 / 189

一　从苏门背景看王安中与词臣文化 / 192

二　王安中模式的延续:汪藻、孙觌与词臣文化 / 196

三　"文统"观的建立:三洪、周必大与词臣文化 / 201

附论　汤思退的"文宗"气派 / 211

第二节　胡寅与南宋初期的词臣 / 214

一　靖康之变与词臣行止 / 215

二　胡安国、胡寅父子对词臣的非议及词臣的辩驳 / 220

　　　　三　胡寅在词垣中的言行及与词臣的矛盾 / 224

　　　　附论　朱震在词垣中的制文撰述与行止作风 / 233

　　第三节　理学门第与词臣世家——胡、洪二族之比较 / 240

　　　　一　胡、洪二族的学术文化之异 / 242

　　　　二　胡、洪二族的门风家法之异 / 249

　　　　三　胡、洪二族的仕宦际遇之异 / 252

　　　　四　重构胡宪、洪迈馆阁共事的历史情境 / 256

　　　　附论　朱熹、洪迈的学术关系 / 261

　　第四节　真德秀的词臣背景与理学取向 / 266

　　　　一　从韩侂胄党的人事背景看真德秀的词科之试 / 267

　　　　二　真德秀、杨简在馆阁中的关系 / 271

　　　　三　从官卸任与地方论学：真德秀的理学修习及其与
　　　　　　黄榦之学的隔阂 / 275

　　　　四　从理学、词臣两种文化的张力看真德秀的翰林学士
　　　　　　之任 / 277

　　　　五　余论 / 281

　　　　附论　吴泳书信中词臣辞章与理学义理的张力 / 283

结　语 / 291

征引文献 / 296

本书内容原刊情况一览 / 325

后　记 / 326

绪　　论

　　北宋诗文革新与南宋理学思潮是探研宋代士大夫文化史的两大端绪。本书的研究宗旨是将这二者投射于宋代朝廷词垣场域与词臣群体的层面予以观照,以此考察相关的观念分合、人事纠葛与风尚变迁,展现北宋引领诗文的个体人物与作为官僚机构的词垣之间的复杂关系,以及南宋推崇义理的理学群体与矜尚辞章的词臣群体之间的分野态势。

　　诗文革新与理学思潮是宋代士大夫文化史上两大标志性的潮流,前者肇始于宋初柳开、田锡、王禹偁等人的"复古"思想,至北宋中期蔚为大观、引领文坛;后者则以北宋仁宗朝以来的"宋初三先生"为先驱,周敦颐为开创,至南宋发展为学脉庞杂、义理纷繁的论学风潮。学界在这两种潮流的内部讨论文学与思想的义涵,已然积累有极为丰富的研究成果。然就二者生发、演进的外在形态而言,则尚留有较广阔的学术空间值得更深入地探究。诗文革新与理学思潮原初赖以生发的场域皆在基层的士人社会①,随着其观念主张的流衍愈广,倡导人物的入仕愈深,逐渐渗透至朝廷上层的官僚社会,乃至在文化上对皇

―――――――――

　　① 宋代理学思潮源自基层的士人社会,自不待言。关于北宋诗文革新"复古"思想缘起的历史背景,台湾地区学者张维玲专著《从天书时代到古文运动:北宋前期的政治过程》有较详的论述,认为仁宗朝在朝士大夫普遍反感此前真宗朝以封禅仪式为中心的"天书"叙事,他们掌握知贡之权,重视考察策论,拔擢在野文士,以此引入了"复古"的诗文思潮。其尤其论及"西昆"体一派士大夫在真宗朝擅写颂美诗赋,但内心其实反对此一状况,入仁宗朝后,即转而以科举拔擢古文人才(台北:台湾大学出版中心,2021年,页272—312)。由此可见,当时"复古"思潮的种子主要存于基层社会,是经由在朝官员科举取士而发展壮大的。

朝权力的顶端即皇权本身产生影响。然而，这二者具体的演进历程实有阻通逆顺之别：诗文革新兴盛时期的领袖人物如欧阳修、苏轼之辈能够较为顺遂地进入朝廷，有相当长的时间担任朝中高阶文官，依凭文学才华与仕宦位势，成为瞩目于世的文章宗主，以此导引北宋诗文发展的方向，其后苏轼虽在绍述之政中遭到贬谪，但其以文宗之望引领士林的态势已然形成，难被掩抑；理学思潮兴盛时期的领袖人物如朱熹、张栻、吕祖谦、陆九渊之辈则毕生仕宦不显、立朝时间短促，朱熹晚年更遭遇排抑理学的庆元党禁，理学的流衍长期被限制在地方社会的语境之中，迟至理宗朝真德秀的努力，理学才开始得到朝廷的推重。颇有学者对比此中差异，视北宋诗文革新背景下士大夫的身份特征为官僚、文士、学者三种身份的重合，将北宋的庙堂等同于当时文坛学界的中心，而视南宋理学思潮背景下士大夫的身份特征为以上三种身份的分离，更多是将南宋的庙堂作为单纯行使仕宦权力的场所，与当时的文坛学界分而论之。①

上述观点在宏观层面勾勒出北宋诗文革新、南宋理学思潮与朝廷权力场域两种不同的交涉态势，对于把握两宋士大夫文化史的演进脉络颇具参考价值。然而，对应于这种宏观的论述，目前学界似乎还较为缺乏中观、微观的著述在文化上切实描述这两种交涉态势中碰撞分合的观念立场与纷纭综错的世

---

① 参见朱刚：《唐宋"古文运动"与士大夫文学》，上海：复旦大学出版社，2013年，页25、410—411；[日]内山精也著，朱刚等译：《庙堂与江湖——宋代诗学的空间》，上海：复旦大学出版社，2017年，页3—35。另外，余英时先生考察南宋理学群体试图革新中央政治而遭到庙堂人物反对的史事，将对立两派的身份划分为"道学型"与"职业官僚型"，由此可见，他当亦颇为认同南宋士大夫学者身份与官僚身份的分离，参见[美]余英时：《朱熹的历史世界：宋代士大夫政治文化的研究》，北京：生活·读书·新知三联书店，2004年，页347—349。

相人情,相关理解仍停留于印象化、笼统化的认识。① 如果进一步深入思考以上的宏观论述,我们其实可以就诗文革新、理学思潮二者与朝廷的关系挖掘出一系列更为具体的问题,如:既然北宋诗文革新是自下而上渗入朝廷,那么朝廷固有的文化风尚究竟如何? 欧阳修、苏轼之辈入朝以后,作为个体的文学人物,他们自身文人式的文学主张、风度气概与朝廷官僚文化的风尚之间是否存在抵牾? 如果存在抵牾,他们如何因应这一状况? 是超轶环境,标举一己的特立之风,还是趋同环境,甘受周遭风尚的笼罩? 另外,欧、苏之辈仕至高官,他们究竟是怎样凭借文思优长与宦位显赫来引领士林文风、彰显文宗形象的? 北宋后期以至南宋的大多数时间里,朝廷是如何脱却文坛学界的色彩,更多地展现出官僚机构式的面貌? 南宋时期,理学在地方社会发展兴盛,但与朝廷颇为隔阂,那么理学群体以其义理主张,如何看待其时朝廷的官僚文化? 朝中的官僚群体又是如何看待在野的理学文化? 真德秀经过努力,最终在形式上使理宗一朝开始推崇理学,但其是否能够真正在思想上实现理学义理与朝廷官僚文化的融合? 等等。如果说之前的宏观论述已然勾勒出诗文革新至理学思潮的演进历程中士大夫官僚、文士、学者三种身份的分合大势,那么上述一系列问题则要在中观、微观的层面,以更为具体的人事背景探讨这三种身份投射到个体人物身上清晰程度不同的影像,以及附着于不同人群而产生的互斥之力,此即是讨论诗文革新中个体人物在兼具三种身份的前提下,于具体场合中对某一身份的偏侧之势,以及理

①　余英时先生《朱熹的历史世界》论述南宋中期理学思潮在渗入朝廷的过程中所受到的挫折,颇能在中观、微观的层面考察一系列具体的事件。然而,余著所取的研究视角更多在政治史,而非文化史。其所标举的"道学"一派士大夫固然兼具文化与政治的内涵,但其提出与"道学"相对立的"职业官僚"一派士大夫却并不在文化上具有明确的特征或倾向,余著描述这一派别,只提及"得过且过""勿生事"的行政作风(页348)。

学思潮中不同身份特征的士大夫群体在彼此疏离的前提下，相互之间的对立之势。

本书的写作期望对上述问题作出一己的考察。不过，于议题的设置上还需作进一步的凝练。探讨诗文革新、理学思潮中的个体人物或特定群体与朝廷的关系，其中诗文革新、理学思潮的义涵较为明确，相关代表性的人事较易把握。但朝廷的范围却过于宽泛，朝中林立的机构、纷繁的政务与综错的人事令研究者难以措手。于此，我们需要从文化史考察的视角出发，在朝廷众多机构中择取一处最能代表朝廷文化的机构，具体考察诗文革新、理学思潮的人物与此一机构的交涉事迹，以点带面地呈现基层文化潮流与朝廷氛围之间牵挽抗衡的交涉形态。

词垣无疑是本书最为理想的选择。词垣为词臣官署的总称。词臣，亦称词学之臣，是中国古代在朝中负责草拟诏书制诰的臣僚之属。不同朝代，词臣所领的具体官名各不相同，就一般情况而言，秦代为御史，汉代为尚书郎，魏晋南北朝为中书郎，唐代前期为中书舍人，后期则常被翰林学士及其他带"知制诰"称号的官员代替[1]。在职官属性上，唐代的中书舍人有实任与寄禄之分，翰林学士、知制诰则皆为使职。唐后期颇有以中书舍人为寄禄之衔而出任翰林学士的情况[2]。在职事分工上，就笼统的划分而言，唐代翰林学士负责草拟皇帝最为重要的制诰，被称为"内制"，中书舍人、知制诰负责草拟朝廷相对次要的

---

① 参见［马来西亚］赖瑞和：《唐代高层文官》，北京：中华书局，2017年，页126。

② 唐代负责草制的翰林学士须带"知制诰"之职，以区别其他不草制的翰林学士，但如是以中书舍人为寄禄之衔而出任翰林学士者，则不带"知制诰"。这一官称制度延续至宋初。参见龚延明：《宋代官制辞典（增补本）》，北京：中华书局，2017年，页48。本书为行文方便，但凡述及负责草制的翰林学士，不再同时称其"知制诰"之职。

制书,被称为"外制"①。

有宋一代的职官体系承续于唐制,而又自有新变。宋初中书舍人彻底演变为寄禄官,已无实际职任。翰林学士、知制诰依旧为使职,分掌内、外制命。元丰改制后,翰林学士改制为、中书舍人恢复为实任官②,分掌内、外制命。不过其时"知制诰"之号亦未就此废止,以资历不够中书舍人而掌外制者当之③。宋代除了翰林学士、知制诰、中书舍人作为词臣的主流官名,还有其他一些官名亦指词臣。内制臣僚方面:以翰林学士中的尊长者为翰林学士承旨,以超额的翰林学士为员外学士,以他官兼掌内制而未领翰林学士者为直学士院,以同此情况而临时补阙者为权直学士院、翰林权直或学士院权直;外制臣僚方面:元丰改制前以低于知制诰者为直舍人院,其后以他官暂兼中书舍人者为权中书舍人④。以上种种职名的官僚构成了宋代词臣的群体。宋代内制词臣的官署为学士院⑤,其别称有"玉堂""玉署""北门""北扉""摛文堂""翰苑""銮坡""禁林""瀛洲"等⑥。外制词臣的官署宋初为中书门下的舍人院,元丰改制后改为中书后省⑦,宋人时以中书省的别称笼统地指称外制之署,如"西省""掖署""西掖""紫微""紫垣""西垣""纶省"等⑧。内、外制词

① 在唐代实际的政务运行中,其实也颇有中书舍人撰作过相当数量的"内制"文书,参见张连城:《唐后期中书舍人草诏权考述》,《文献》1992年第2期。
② 参见李昌宪:《宋朝官品令与合班之制复原研究》所列《北宋前期职事官官品令》《复原后的〈元丰官品令〉》(上海:上海古籍出版社,2013年,页16—17、67—68)。
③ 参见杨芹:《宋代制诰文书研究》,上海:上海古籍出版社,2014年,页88。
④ 参见《宋代官制辞典(增补本)》,页47—49、188、99。
⑤ 参见龚延明:《宋代学士院与翰林院、翰林司》,氏著:《中国古代职官科举研究》,北京:中华书局,2006年,页181—185。
⑥ 参见杨果:《中国翰林制度研究》,武汉:武汉大学出版社,1996年,页82—83。
⑦ 参见宋靖:《唐宋中书舍人研究》,哈尔滨:黑龙江大学出版社,2010年,页21—25。
⑧ 参见《宋代官制辞典(增补本)》,页185—186。

臣官署的统称即为词垣。

词垣作为朝廷中负责草拟诏书制诰的机构，署中的词臣群体由皇朝的文学优选之士担任，他们在政治上虽未达到宰执阶层的权位，但在文化上却被许为朝中最高层的知识精英，对此至少有两点原因可述：首先，就职官本务而言，朝廷最具文化意味的职事为馆职（即馆阁职务）与词臣，分别负责为皇家编校典籍、撰述制文，比其他事务性的职责更接近学术、文学的内涵。而二者之中，词臣的地位又明显高于馆职，馆职一般须经过长期的磨勘、辗转的晋升，才有机会得到词臣的任命。其次，就兼领的临时差遣而言，宋代词臣群体，尤其是其中的翰林学士，常被皇帝委以进士科考省试主考的职事，负责为朝廷衡文取士。科考结束之后，词臣即与新科进士结为座主与门生的关系，因而别具一层士林宗师的象征意味，在官僚的层面展现出文化上的最高权威①。由是可以说，词垣之地、词臣群体最能代表朝廷的文化风尚。词臣以深厚的学养摛文擅藻，撰述富赡雍容、事典允切的应制之作，以辞章之学润色皇权统治的体面与威严，彰显朝廷典雅富丽的审美旨趣②。

---

① 进士科考省试以后的殿试环节由皇帝亲自担任主考，皇帝与进士亦结为座主与门生的关系，其在文化上的权威高于词臣，不过皇帝的权力显然与官僚阶层不在同一层面。

② 宋代词垣、词臣的研究，目前学界已积累有可观的学术成果，这里分为词垣制度研究与词臣文化、文学研究作一简述。词垣制度方面，杨果《中国翰林制度研究》第二至五章较早搭建了宋代翰苑制度颇为完备的知识框架，论述了翰苑官署及其诸种职官的名称、翰林学士选拔标准、任免升降、翰苑的职事、员额、俸赐、文书制度、服色仪仗制度及政治功能（页39—193）。以后陈元锋《北宋馆阁翰苑与诗坛研究》（北京：中华书局，2005年）、唐春生《翰林学士与宋代士人文化》（北京：中国社会科学出版社，2011年）不少相关议题踵武杨著，而各足提供了更多的相关史料。其中陈著内容不仅限于翰苑，还涉及对馆职、外制词臣制度的探讨（页129—139）。宋靖《唐宋中书舍人研究》探讨唐宋时期的中书舍人制度，论述了中书舍人的职官流变、供职机构、职官事务、政治角色、品秩、任免等问题。杨芹《宋代制诰文书研究》探讨宋代两制词臣的文书制度，论述了制书与诰命的义涵、制诰文书体式与行文的特点、制诰文书草拟、颁降的规制、词臣制词寄寓褒贬的现象及宋代 （转下页）

有宋一代,诗文革新、理学思潮中颇有代表人物或是进入词垣担任词臣,或是身居词垣之外与词臣交游、对词臣群体发表议论,词臣群体也反过来对诗文革新、理学思潮表达见解,其中种种互动交涉之迹显示出此二潮流与词垣之地错综复杂的关系。一方面,此二潮流的精神内核与词垣的职事功能存在性质上的差异:诗文革新的文学创作、理学思潮的义理论析鲜明地彰显了士大夫阶层内部自发而独立的道德、性情求索;词垣的应制之务则是应用文类的写作,被限制在典章制度的范围内,难以上升至独立精神追求的层面,其文笔才思更多是作为官僚系统运行中的一环,发挥工具性的功用。然而另一方面,此二潮流与词垣之地又有相辅相成之势,诗文革新的主导人物正因为担任词臣,获得了象征性的士林宗师的仕位,才能更为

(接上页) 文祸、党争中的制诰事件。词臣文化、文学研究方面,陈元锋有规模可观的研究,其《北宋馆阁翰苑与诗坛研究》另有一部分内容论述了北宋词臣在宫廷宴赏赋咏的文化活动、词臣诗作富贵升平的"馆阁气象"、词臣在士林的主盟地位、词臣引领诗风、文风的态势。值得注意的是,该著第十四、十五章简述了北宋太宗朝至哲宗朝词臣的文事活动及文学创作(页 206—265)。陈元锋后续的研究在这两章的基础上继续开拓,着力探研北宋历朝翰苑的文学风尚及代表人物,这些人物有太祖朝的陶穀、王著、张澹、卢多逊,太宗朝的徐铉、李昉、宋白、王禹偁,真宗朝的杨亿,仁宗朝的欧阳修,神宗朝的王安石,哲宗朝的苏轼,徽宗朝的蔡京、王黼、李邦彦等,其成果集中反映在其专著《北宋翰林学士与文学研究》(上海:复旦大学出版社,2019 年)之中。另外,陈元锋近年来开始发表研究南宋翰林学士文学的论文,亦展现出历朝式的探研思路,参见氏著:《南宋翰林制诏"平易"文风探析——以炎、绍、乾、淳为中心》,《斯文》第 7 辑,北京:社会科学文献出版社,2021 年,页 31—45。制诰之文是词臣重要的文学文本,关于宋代词臣制诰的艺术特色,目前似尚无专著出现,这类讨论一般见于研究骈文的著述之中,这里可略举两例,如施懿超《宋四六论稿》(上海:上海古籍出版社,2005 年)综论宋代各家骈文雄深浩博、谨守法度、流丽稳帖,典重得体的艺术特点,其所探讨的骈文文本颇有词臣的制诰。又如周剑之《黼黻之美:宋代骈文的应用场域与书写方式》(北京:北京大学出版社,2021 年)论及宋代制诰文风,阐述了其制式化、得体、典重、唤起共鸣性的特点(页 49—61)。其他相关的单篇论文及学位论文兹不详列。除此而外,宋代词臣中的翰林学士在立春、端午二节还要为皇帝、皇后、贵妃,夫人撰写应景颂时的联章绝句组诗帖子词。张晓红《宋代帖子词辑释》(北京:中国社会科学出版社,2015 年)对宋代帖子词作品作了整理、注释与研究,论述了帖子词的文本内容及艺术特点,亦展现出宋代词臣文学的一个侧面。

有力地引领士林诗文发展的方向,理学思潮后期的代表人物也正因为进入词垣,接近皇权,才能促使理学得到官方正式的推重。此外,词垣虽为制度笼罩下的职能机构,但毕竟也是由一个一个各具个性见解的文士在其中担任职务,这些文士在履行词臣职责的同时,亦会在自觉或不自觉间流露乃至宣扬个人化的旨趣与观念。于此,在个别情境下,词垣之地转而成为诗文革新、理学思潮的人物彰显风度、表达主张的舞台。本书的探研希图生动地呈现上述复杂的关系。

本书以"紫庭文思:词垣、词臣与宋代士大夫文化史"作为书名,正标题意象化地呈现出研究的义蕴:"紫庭"为中国古代帝王宫廷的别称①,书名以之指代宋代的朝廷。"紫庭"之中的"文思",既指宋廷固有的文化风尚,又指自外渗入其中的文化思潮。副标题更为具体地标识出研究的对象:"词垣""词臣"将宋廷固有的文化风尚具化为特定的职能机构与臣僚群体,"宋代士大夫文化史"则用以统摄诗文革新与理学思潮。需要说明的是,副标题未对"词垣"与"词臣"的名称再加合并,如仅称"词垣"或是"词臣",而略去另一,这也有相当的考虑。"词垣""词臣"的关系虽极为紧密,但书名中二者意义的重心本位实有微妙的偏侧之异:"词垣"作为朝中职能机构的名称,更多是意在彰显此中的仕宦职事,亦即是以工具性的应制之作润色朝政的主要功能;"词臣"则作为一个一个在词垣中履职的具体臣僚,更具思想观念的多元性,此中的大多数人物固然是值守应制本务的工具性角色,但亦有个别人物着意标举个性,能够将一己的文化主张与文士风采投射于词臣的职任之上。

本书正文分为四章。第一章为综论,从词垣内部的文学空

---

① 参见广东、广西、湖南、河南辞源修订组,商务印书馆编辑部编:《辞源(修订本)》,北京:商务印书馆,1983年,页2418。

间、词臣群体与士人阶层的人事关系两个方面展开,总体论述宋代的词垣场域与词臣群体。第二章专题讨论北宋诗文革新与词垣的交涉之势。第三章为过渡部分,主体以新旧党争为背景,探讨诗文革新的潮流过后词臣风尚的演变,之后设置附论考察新党科举的产物词科之试的流衍情况,着重论述词科背景下南宋词臣的身份特征。第四章专题讨论南宋理学思潮与词垣的交涉之势。

第一章 "空间"与"关系"：宋代词垣、词臣综论

本章综论宋代的词垣场域与词臣群体，以两节内容分别从"空间"与"关系"两个方面展开论述。前一节探讨词垣内部的文学空间：一方面，词垣作为负责草拟诏书制诰的职能机构，受到朝廷制度的笼罩牵引，词臣在词垣中所拟的制词必须符合皇权的政治意向，所吟的诗什也倾向于规范性地追随宫廷的审美趣味。然而另一方面，词臣又作为承载士大夫文化的精神个体，具有自身独特的文化取向，他们任职期间，时而亦会将个体性的旨趣渗入词垣的职事与生活，实现对制度的超越。后一节以科举考试为背景，探讨词臣群体与士人阶层的关系：科举场屋是词臣与普通士人产生人事关联的重要场域。宋代科考中，词臣常被朝廷任命为知贡官员，负责考量应试士子的试文。宋代科举史料常态化地显示着应试士子对知贡词臣的趋奉与追随。笔者在承认此一常态情况的前提下，更要抉发事实的另一面相，即着意考察史料中所隐现的应试士子对于词臣的挑战态势。

上述两节内容的考察旨趣，一者在于引出词垣内部机构运转与个体旨趣之间关系的话题，一者在于引出词臣群体与基层社会的知识界之间分野的话题，分别为以后第二、四章探讨北宋诗文革新、南宋理学思潮与词垣之地、词臣群体的交涉之迹张本。

第一节 制度矩范与个体情怀
——宋代词垣的文学空间

南宋直学士院沈该《翰苑题名序》载：

> 艺祖（按：即太祖）受命，首建直庐（按：指学士院）。太宗亲洒"玉堂"之翰，以增宠奖，……景德初，赵安仁、晁迥、李宗谔始复置壁记，起国初，自承旨陶穀以下至直院，用除授次第刊列，后居职者皆得以流芳久远。①

北宋笔记《湘山野录》载：

> （潘）阆有清才，尝作《忆余杭》一阕，曰："长忆西湖，尽日凭栏楼上望，三三两两钓鱼舟，岛屿正清秋。笛声依约芦花里，白鸟几行忽惊起，别来闲想整渔竿，思入水云寒。"（翰林学士）钱希白（按：即钱易，杭州人）爱之，自写于玉堂后壁。②

以上是两则有关宋代学士院壁书的史料：前则叙及宋代历任翰苑词臣以任职先后、职务高下为次序，题名于壁，以为荣宠的典制；后则叙及北宋翰林学士钱易爱赏一首吟咏其家乡杭州的词作，将之书于官厅后壁的事迹。壁书作为一种特殊的文本形态，以文字书于某一特定空间的建筑物上，颇有助于凸显此一空间内所蕴积的文化意涵。上述两种壁书文字，一则彰显出朝廷职官体系运行的秩序感，一则流露出署中臣僚个性化的文学

---

① 〔宋〕洪遵：《翰苑群书》卷一〇，傅璇琮、施纯德编：《翰学三书》第1册，沈阳：辽宁教育出版社，2003年，页94。沈该在该文中自署的职衔中有直学士院一职。

② 〔宋〕文莹撰，郑世刚、杨立扬点校：《湘山野录》（与《续湘山野录》《玉壶清话》合刊）卷下，北京：中华书局，1984年，页54—55。钱易于天圣三年至四年（1025—1026）任翰林学士，参见周兴涛：《钱易传》，祝尚书主编：《宋才子传笺证·北宋前期卷》，沈阳：辽海出版社，2011年，页207。

好尚，分别展现了学士院官署空间内制度矩范与个体情怀两种语境。这两种语境对于探研宋代词垣之地的文化生态颇有启发意义。

宋代士大夫阶层在朝野之间进行诗文活动的文学空间种类繁多。词垣之地的文学空间有其特殊之处。一方面，与皇朝官僚系统中其他事务性的衙署有所不同，撰述文辞本身即是词垣的职事。因为这一性质，词垣主流的文学活动被笼罩在制度氛围之中：其应制文本的撰述自是被要求凸显皇权中正的政治立场与宫廷典雅的审美旨趣，而署中其他大量应景诗文的写作亦多受此影响，倾向于规范性地表现词臣侍从宫禁的清贵生活与雅致情趣。这些撰作篇什以纯文学看重抒写情志性灵的观念来看，文学价值确实不高。然而另一方面，词垣中的每一臣僚作为承载士大夫文化的精神个体，其人生阅历又绝不仅仅局限于词垣之地。宋代词臣的词垣生涯一般短则数月，长则十数年，只是其生命历程中的一个段落。在词垣之外，这些臣僚于其漫长的人生历练中，自会栽培一己的情志性灵，形成个体精神旨趣的独特性。担任词臣期间，他们亦会于自觉或不自觉间将个人化的性情旨趣渗入词垣的职事与生活，在某些撰述吟咏之事中实现对制度氛围的超越。此一迹象以文学性品评的价值本位来看，又是颇值重视的。

基于上述认识，笔者希望建构一种论述机制，来整体性地观照宋代词垣的文学空间。本节开头已然通过对两则学士院壁书文本的论析，引申出制度矩范与个体情怀两种语境。这两种语境呼应于上段所述，正可作为词垣文学空间两种异趣的环境氛围，前者制约、后者推动着词臣撰作活动个性的彰显。下文笔者将从宋代词垣生活的诸多面相中选择四个代表性的方面进行考察，探究上述两种语境在这四个方面的表现形态。

我们首先择取词垣的当行本职应制之务，观照宋代文才超卓之士担任词臣、执掌制诰的事迹。这类词垣人物一面受到制度矩范的笼罩，制词的撰述在政治意向上不能出现逾矩之处，另一面又不免流露个体情怀，挥洒文翰的气魄往往超轶于官场的守常氛围。其次择取词垣相对闲暇的值宿生活，列举宋诗史上"西昆"派、诗文革新群体、江湖派三个不同时代的诗歌流派，探析这三派中曾有词臣仕历的人物值宿词垣的吟咏之作。这三类诗人基于生平居朝居野经历的不同，诗风取向各有差异，其彼此差异投射于词垣诗什的写作上亦不例外。绳之以诗中制度矩范与个体情怀两种语境的消长之势，颇能寻绎出这三者的值宿诗风从制度笼罩情怀到情怀超越制度的演变轨迹。再次，考察词垣臣僚俯视、差使的吏员群体，论述词臣与吏员的互动关系。词垣之吏在词垣供职的时间普遍长于词臣，常常更能洞悉制度实际运行中的世态人心，直可谓是制度人格化的象征。吏员以其老于世故的眼光审视词臣应制中的某些骋才之举与文胜之迹，时而能于制度运转的幽微之端指示其事的失当之处，颇可反映制度对词臣个人才情的制约之力。而另一方面，在某些扬显词臣个体情感、才华的诗文著述中，吏员的角色又往往作为一种修辞性的符号元素，被驱使运用来托举、映衬词臣个人化的形象。最后，考察宋代词臣尊仰、追慕前朝词垣贤臣的文化现象，以宋代词垣"白居易崇拜"的风尚为中心，论述白氏生平仕进、退闲二者兼容的文化心态对宋代词臣群体的典范意义。在君臣酬答互动的制度矩范中，宋代词臣规范性地称述白氏的代言之功，将其形象框定在黾勉仕位的工具意义内。在慰抚宦场失意的个体情怀中，宋代词臣又将白氏作为一己的精神寄托，追慕白氏的退居心境，征引白氏的闲适诗作，其个人化的旨趣明显区别于官方式的表述口径。以上四个方面，涉及宋代词臣侪辈日常生活的"作""息""俯""仰"，既各成畛域，又两两相对，颇能辐照词垣撰述职事、吟咏生活的荦荦大端,从不同角度呈现宋代词垣文学空间内制度与个性之间特有的张力①。

一　应制之务与超卓之士：以苏轼、杨亿遭遇改易制词之事为例

草拟制诰文书及其他的应制文字是词臣立朝的当行本职。目前学界对于宋代词垣的应制之务已有较为充分的探讨:在制度方面,已然总结出宋廷各类应制文本体式、行文的规范,这些规范要求词臣以雅正的制词彰显朝廷的体面、威严及治政的合理性;在个体意向方面,也已指出,词臣个人在草制过程中亦会基于自身的主观立场来具体把握制词的轻重语气及扬抑态度②。可以说,词垣的应制之务交织展现出了制度矩范与个体情怀两种语境。

有宋一代,颇有文才超卓之士因其辞章优长,得以进入词垣任职,这类人物的卓越文才与词臣的清贵位望相辅相成,受瞩当时。然而,在他们的人生格局中,词臣与才士这两重身份又存在彼此对峙的张力:词臣在本质上毕竟属于官僚系统中的职任,其所撰述时刻受到上层权力的支配牵引;才士则作为诗文领域的卓异文士,挥洒文翰之际所显露的气魄往往会超轶官场的守常氛围。这类人物应制之务中的制度矩范与个体情怀颇能展现其人作为词臣与作为才士的差异性。词臣应制之务

---

①　宋史研究领域提出“走向‘活’的制度史”的倡导,指出制度在明文的规定之外,其运行过程更存在人为主观干预的环境因素,如“关系网络、利益纠葛、不同角度的人对制度的理解以及他们所持的态度甚至谋虑”等,这些都应作为考量的内容(参见邓小南:《走向“活”的制度史——以宋朝信息渠道研究为例》,北京大学人文社会科学研究院编:《多面的制度:跨学科视野下的制度研究》,北京:生活·读书·新知三联书店,2021 年,页 128),提示出客观制度与主观人情之间的张力。本节以制度矩范与个体情怀两种语境建构宋代词垣的文学空间,颇有得于这一理念,希求将之从史学研究的领域引入文学研究的领域。

②　参见《宋代制诰文书研究》,页 48—66、181—190。

涉及的议题很多,本节暂先择取词臣遭遇改易制词的情况,来展现朝廷制度与才士个性之间的张力。

宋代词臣应制撰文,时而会遭遇改易制词的尴尬:皇帝或宰执阅览词臣所拟的制文草稿,如果认为其中文句不够恰切,即会命以改易他词,或亲予以涂改、批注。自矜文辞的词臣群体面对这种情况,往往会产生相当的挫折感,而超卓才士于此尤甚。然则他们如何因应如是的尴尬?在此我们以苏轼、杨亿的词垣事迹为例作一探讨。

哲宗元祐年间,苏轼进入词垣,历任中书舍人、翰林学士、翰林学士承旨的词臣之职[①]。他在任翰林学士期间曾遭遇过一次改易制词的事件,显示出制度对于才士个性的笼罩之势。元祐二年(1087)三月,朝政的实际统治者高太后领受尊号册命,苏轼负责草拟受册制文,《石林燕语》载:

> 明肃太后(按:即仁宗嫡母刘太后)上徽号,初欲御天安殿,即今大庆殿也。王沂公(按:即王曾)争之,乃改御文德殿。元祐初,宣仁太后(按:即高太后)受册,有司援文德故事为请,宣仁不许,令学士院降诏。苏子瞻当制,颇斥天圣之制,犹以御文德为非是。既进本,宣仁批出曰:"如此是彰先姑(按:指刘太后)之失,可别作一意,但言吾德薄,不敢比方前人。"闻者无不畏服。是岁,册礼止御崇政殿。[②]

仁宗朝刘太后领受尊号册命,以礼仪规格较高的外廷宫殿文德殿作为受册地点。高太后为示谦逊,不随刘氏故事,改以规格

---

① 苏轼于元祐元年(1086)除中书舍人,同年稍后除翰林学士,其任此职直至四年(1089),六年(1091)除翰林学士承旨,参见孔凡礼:《苏轼年谱》,北京:中华书局,1998年,页711、738、863、952。

② 〔宋〕叶梦得撰,〔宋〕宇文绍奕考异,侯忠义点校:《石林燕语》卷一,北京:中华书局,1984年,页6。

较低的内廷宫殿崇政殿为受册之地。苏轼草制，对比两朝规制，以一种微议的口吻评述刘氏旧事，《续资治通鉴长编》载其制词原文云："矧予凉薄，常慕谦冲，岂敢躬御治朝，自同先后？处之无过之地，乃是爱君之深。所有将来受册，可只就崇政殿。"其中"常慕谦冲""无过之地"二语含蓄表达了对刘氏的指摘。高太后认为此意彰显刘氏之失，有损朝廷尊严，命谕改以他词："仰惟章献明肃皇后，辅佐真庙，拥佑仁皇，茂业丰功，宜见隆异。顾予凉薄，绝企徽音，稽用旧仪，实有惭德。所有将来受册，可止于崇政殿。"修改后的制文自称己德不如刘氏，故才降用礼格，意在维护刘氏，进而维护朝廷的体面。苏轼遵循词垣故事，以制词改易之事自请罢职，高太后下诏不允①。该事鲜明地显示出朝廷的制度矩范对苏轼词臣身份的笼罩。苏轼在制词中微议刘氏，寄寓了其个人对前朝政事的是非判断与道德立场。然而，此中文意因其批评皇室人物的论调与词臣应制的代言角色、朝廷治政的"政治正确"格格不入，故为高太后驳回，超卓之才如苏轼亦须在公事程序中表现引咎自辞的姿态。

与苏轼其事形成鲜明比照，杨亿之事表现出才士个性对于制度的超轶。杨亿自真宗朝咸平至大中祥符及天禧年间历任知制诰、翰林学士②，《西塘集耆旧续闻》引温革《杂志》载其任知制诰时的事迹：

> 杨文公（按：即杨亿）有重名于世，尝因草制为执政者多所点窜，杨甚不平，因以稿上涂抹处，以浓墨傅之，就加

① 以上引文及事迹参见〔宋〕李焘：《续资治通鉴长编》卷三九六，北京：中华书局，2004年，页9646—9647。
② 杨亿自咸平四年至景德三年（1001—1006）任知制诰，自景德三年至大中祥符六年（1006—1013）及天禧四年（1020）任翰林学士，参见李一飞：《杨亿年谱》，上海：上海古籍出版社，2002年，页74、149、185、211。

为鞋底样。题其榜曰"世业杨家鞋底"。或问其故,曰:"是
他别人脚迹。"当时传以为嗢噱。自后舍人(按:指外制词
臣)行词,遇涂抹者,必相谑云"又遭鞋底"。①

杨亿担任知制诰,在公事程序中遭遇宰执涂改制词。在无奈接
受现实之余,他更能以涂画鞋样的戏谑行为回敬宰执,表达不
满,以此彰显卓越才士对自身文辞的矜尚。此举特立于官场制
度的常规之外,且流衍之迹并不止于当时笑谈,而更在后世被
外制词臣递相沿用,演为习语。于此颇能折射出词臣侪辈对杨
亿个性的称扬之意。

杨亿任职翰林学士时还有一则事迹可与上事形成参照,
《归田录》载:

杨大年(按:杨亿)为学士时,草《答契丹书》云:"邻壤
交欢。"进草既入,真宗自注其侧云:"朽壤、鼠壤、粪壤。"大
年遽改为"邻境"。明旦,引唐故事:学士作文书有所改,为
不称职,当罢。因亟求解职。真宗语宰相曰:"杨亿不通商
量,真有气性。"②

真宗对杨亿所草国书中"邻壤"施以"朽壤、鼠壤、粪壤"的批注,
更多当是在发泄对契丹的怨恨之情,而非特意针对杨亿的这一
用词。然而,在杨亿看来,则仍是他的辞章遭到了冒犯。他立
刻改以他词,并请求离任,以这种对翰苑故事过分遵守的行为
来表达不满,维护自身文章的尊严,以至真宗亦不得不称叹其
个性之强。

苏轼、杨亿遭遇改易制词之事初步显现出词垣应制职事中

---

① 〔宋〕陈鹄撰,孔凡礼点校:《西塘集耆旧续闻》(与《师友谈记》《曲洧旧闻》
合刊)卷五"杨家鞋底"条,北京:中华书局,2002年,页338。

② 〔宋〕欧阳修撰,李伟国点校:《归田录》(与《渑水燕谈录》合刊)卷一,北
京:中华书局,1981年,页16—17。

制度矩范与个体情怀之间的张力。需要特别说明的是,以上征引苏轼其事只是意在彰显制度对文士个性的笼罩而已,苏轼词垣生涯中还有许多人事未及探讨。在本书后续内容里,我们还会列举苏轼更多的词垣事迹来展现其文宗风范超轶制度的一面。

二 值宿吟咏与宋调流派：以杨亿、欧阳修、刘克庄的值宿诗什为例

古代官僚机构普遍存在宿夜值班的值宿制度,此点之于词垣亦然。词臣值宿词垣,以备随时应承朝廷的草制之命及皇帝的垂询之务。不过,就一般情况而言,在值宿的大多数时间里,词臣群体其实并无具体的职事可为,故多有闲暇从容品味光景流转,以至发于吟咏之什。

宋诗史上,颇有不同时代不同诗歌流派的人物进入词垣、担任词臣。这些诗人基于各自生平居朝居野经历的不同,诗风取向互有差异,其彼此差异投射于词垣值宿吟咏之什的写作上亦不例外。以探究不同社会阶层相异审美风貌的视角来审视宋调演进历程中不同的诗歌流派,“西昆”派、诗文革新群体及江湖派这三个派别颇值注意：“西昆”人物长期任职朝廷的馆阁词垣,多以辞藻缛丽、典实繁复之诗彰显宫廷式的审美趣味;诗文革新群体在中央、地方任职的经历皆很丰富,更能以一种平易的风格表现广阔的士人社会的审美风尚;江湖派诗人的身份则较为边缘,多为长期在基层生活的江湖谒客、里居士人或低级官员,诗风趋尚浅白野俗①。这三个流派中的代表人物杨亿、欧阳修、刘克庄皆有过任职词垣的经历,从制度矩范与个体情

---

① 关于江湖派诗人边缘性社会角色的论述,参见《庙堂与江湖——宋代诗学的空间》,页31—35。

怀两种语境的消长之势来考察他们三者词垣值宿诗作的风格之异,我们颇能寻绎出一条诗风从制度笼罩情怀到情怀超越制度的演变轨迹。

首先来看杨亿。杨亿是"西昆"派的代表人物,自十岁即以神童之才授秘书省正字,以后生平大多数的时光于馆阁词垣中度过。前论杨亿因应改易制词之举显示出超越矩范的风采。然而,就其词垣值宿的诗歌风格而言,则更多是被笼罩在朝廷的制度语境之下,彰显的是"西昆"体典型的繁缛典丽,规范性地渲染着皇帝侍从的清贵生活与雅致情趣。检视杨亿存世诗什,颇能发现相当数量在舍人院与学士院的值宿诗作,依次为《省中当直即事书怀兼简阁长李舍人》《中伏日省中当直》《省中当值书怀呈诸同舍》《直夜》《李舍人独舍》《直夜二首》《禁直》[①]。这些诗作的体裁皆为律诗,其写宫殿楼宇,有"阿阁凌空瓦起烟""缭垣嶤阙庆云深""阁凤巢高拂彩霓""凤楼鸳瓦蟾波湿""鱼钥建章开万户"之句;写值庐内景,有"沧波满壁浮兰橑,修竹当轩荫绮疏""画烛熏炉对拥衾""镶销香篆霭余芬,宴坐氍毹日易曛"之句;写值宿饮馔,有"何处赐冰和郢酒,谁人割炙动鸾刀""寒水浮瓜散郁陶"之句;写草制文思,有"彩笔时批尺一诏""十行汉札如丝出,六幕尧天倚杵低"之句。诗中华美缛丽的宫廷意象与密集繁复的语词典故交相映衬,处处炫示着词垣臣僚的清贵位势与渊博学识,可谓是词臣值宿制度诗意化的呈现。与此制度矩范框定下的情境相区别,这些诗中有三首七律的尾联道及退归之志:"只恐承明难久恋,长安桂玉苦相煎""欹枕便成鱼鸟梦,岂知名路有机心""误濯尘缨成底事,岩阿千古有移文"。退归意向超越制度笼罩,自可视为一种个体情怀的渗入。

①　参见北京大学古文献研究所编:《全宋诗》第3册,北京:北京大学出版社,1991年,页1345—1346、1355、1408、1410—1412、1416。

然而，杨亿对于这种情怀的表述是抽象而简略的，其只是以典故的堆砌带出退隐之旨，略无具体深入的描写与叙述。此与其说是内容的突破，不如说是形式的点缀——"西昆"体诗的写作，其主体部分在铺陈浓厚的富丽气氛之后，结尾往往须以一种淡化的模式来平衡、收束。由是可以说，在杨亿的值宿吟咏中，个体情怀的表达只是作为一种程式性的诗歌元素，一直被制度化的诗境所笼罩掩抑。

其次来看欧阳修。欧氏为北宋诗文革新的核心人物，平生在中央、地方的仕宦经历非常丰富，其总体的文学取向提倡平易的诗文之风，与"西昆"人物对缛丽的矜尚判然有别。不过，欧氏在其仕宦后期仕至翰苑、宰执的高阶宦位，其时他的诗文之风又不免沾染上炫示荣宠华贵的"西昆"格调。以上形成反差的两种态势在宋代史料中分明可见，陆游曾有一文《跋西昆酬唱集》载：

> 通直郎张玠，……淳熙二年正月八日夜读此集（按：即《西昆酬唱集》），灯架忽仆，坏书。时传毕方一日，岂欧、尹（按：即欧阳修、尹洙）诸人亦有灵耶？记之为异时一笑。①

葛立方《韵语阳秋》则云：

> 欧（阳）永叔诗文中好说金带，《初寒》诗云："若能知此乐，何必恋腰金。"《寄江十诗》云："白发垂两鬓，黄金腰九镮。"《答王禹玉》诗云："喜君新赐黄金带，故我宜为白发翁。"而谢表又云："头垂两鬓之霜毛，腰束九镮之金带。"或谓未免矜服炫宠。②

----

① 〔宋〕陆游著，朱迎平笺校：《渭南文集笺校》卷二六，上海：上海古籍出版社，2022年，页1326。
② 〔宋〕葛立方：《韵语阳秋》卷一一，上海：上海古籍出版社，1984年，页138—139。

陆游跋文以戏谑毁书之言点出欧阳修个人的文学取向与"西昆"体整体上的对立；葛立方诗话则以"好说金带"这种"西昆"式的习气微议欧氏翰苑、宰执时期诗文"矜服炫宠"的态度①，这是因为佩戴金带是宋代宰执、翰林学士特有的服色制度②。两相比照之下，尤可见出个体本性与制度氛围之间的差异。

欧阳修词垣值宿诗作的气象正呈现出制度矩范与个体情怀两种语境的并峙之势。欧氏自仁宗庆历至嘉祐年间历任知制诰、翰林学士③。翻检欧集，我们未能在其知制诰时期的诗什中发现值宿之作，不过却可于其翰苑时期的诗什中发现相当数量涉及值宿内容的诗作，依次为《内直晨出便赴奉慈斋宫马上口占》《内直对月寄子华舍人持国廷评》《内直奉寄圣俞博士》《久在病告近方赴直偶成拙诗二首》《奉答圣俞宿直见寄之作》《子华学士偬直未满遽出馆伴病夫遂当轮宿辄成拙句奉呈》《雪后玉堂夜直》《和武平学士岁晚禁直书怀五言二十韵》④。这些诗作的体裁亦皆律诗，其写宫殿楼宇，有"禁署沉沉玉漏传，月华云表溢金盘""水精宫锁黄金阙""千门钥入断人声，楼阁沉沉夜气生""金阙云开沧海日"之句；写值庐内景，有"莲烛烧残愁

① 《寄江十诗》即《与子华原父小饮坐中寄同州江十学士休复》，作于至和元年(1054)，《答王禹玉》即《答王禹玉见赠》，作于嘉祐二年(1057)，欧氏时任翰林学士，《初寒》作于治平二年(1065)，欧氏时任参知政事(参见〔宋〕欧阳修撰，刘德清、顾宝林、欧阳明亮笺注：《欧阳修诗编年笺注》卷一〇、卷一二、卷一五，北京：中华书局，2012年，页1163—1164、1345—1346、1751)。谢表即《谢致仕表》，作于熙宁四年(1071)，欧氏时自参知政事致仕(参见刘德清：《欧阳修纪年录》，上海：上海古籍出版社，2006年，页461)。

② 孔平仲《谈苑》载："国朝翰林学士佩金带，朱衣吏一人前道。两府(按：指中书门下与枢密院)则两人，笏头带佩鱼曰'重金'。居两制久者，则曰：'眼前何日赤，腰下甚时黄'。处内庭久者，又曰：'眼赤何时两，腰黄甚日重。'"(〔宋〕孔平仲撰，池洁整理：《谈苑》，上海师范大学古籍整理研究所编：《全宋笔记》第2编第5册，郑州：大象出版社，2006年，页334)

③ 欧阳修自庆历三年至四年(1043—1044)任知制诰，自至和元年至嘉祐五年(1054—1060)任翰林学士，参见《欧阳修纪年录》，页153、169、258、349。

④ 以上诗作的搜集与排列参考了《欧阳修诗编年笺注》卷一〇、卷一一、卷一二、卷一三，页1166、1222、1274、1389、1399、1427、1574、1578—1579。

梦断,蕙炉薰歇觉衣单""玉堂影乱灯交晃"之句;写值宿饮馔,有"莫惜宫壶酒屡倾""俄顷列琼琚"之句;写草制文思,有"号令存宽大"之句;此外,更有一句述及词臣服色:"万钉宝带烂腰镮",其意正同于前引《韵语阳秋》所谓的"金带"。就诗歌意象而言,上述诗句的主体风格展现的依旧是典型的宫廷式的缛丽,显示出欧氏后期诗风在高阶宦位的制度语境中沾染"西昆"格调的迹象。

然而,除去制度语境,欧诗还有相当篇幅的内容给予了个体情怀的表达,而此正体现出其诗有别于"西昆"的平易风格。上述欧诗亦言及退归之志,但不同于杨亿以典代言式的简略表述,欧诗颇为真切地呈现出退归意愿的诸般心境。其谈及退归之因,具体地述及岁月的流逝、自身的衰病:"岁华忽忽双流矢,鬓发萧萧一病翁""犬马力疲恩未报,坐惊时节已峥嵘""自嗟零落凋颜鬓,晚得飞翔接羽翰。今日遽闻催递宿,不容多病养衰残"。由此抒发退居山林江湖之想:"山林未去犹贪宠,樽酒何时共放怀""江湖未去年华晚,灯火微凉暑雨初。敢向圣朝辞宠禄,多惭禁籥养慵疏""名在玉堂归未得,西山画阁兴何穷"。而在另一些场合,他又不甘于全然隐退,更表达出离朝外任、拥麾地方的心愿:"未知论报效,安得遂樵渔。云破西山出,江横画阁虚。余生叹劳止,搔首念归欤。引绶夸民吏,椎牛会里闾。一麾终得请,此计岂踌躇。"如是曲折心意的呈现,足见欧诗退归之志的抒写已不再局于程式化的诗歌元素,而俨然成为一种内容上的突破,开始摆脱制度氛围的笼罩。此外,欧氏词垣值宿的诗歌活动还越出阶层的分野,与当时位居下僚的梅尧臣互有寄赠之作,前列《内直奉寄圣俞博士》《奉答圣俞宿直见寄之作》两诗即为其例。于"予惭批凤诏"的词垣环境中,欧氏颇能念及时任国子监直讲的梅氏"君叹守萤灯"的境遇,并以"无嫌学舍冷,文字比清冰"之句相勖励。二人在"严城隔几层"的空间隔离下终能达成情谊的相通。以上种种，皆可见出欧氏的值宿诗作在自矜缛丽的馆阁趣味之外，还对称地存在着一番更为平易可近的士人社会的生活情致。

再次来看刘克庄。刘氏为南宋江湖派的代表人物，一生仕途不顺，长期退闲里居，学界关于他较新的研究集中在对其乡绅（或称退居士大夫）身份的观照上，指出其诗风"后村体"具有鲜明的村居特点①。刘氏大半生退居乡里，至晚年（即理宗淳祐、景定年间）才两度进入词垣，担任直学士院、中书舍人②。刘氏对于自身身份由乡绅到词臣的转变颇有感触，其有《忆昔》诗云：

> 晚遇先皇诏起家，负金莲炬紫薇花。犯颜屡抗涂归疏，断腕难操起复麻。愚不入时逃北谷，老难待漏守东华。人生惟有村田乐，未觉封侯胜种瓜。③

"金莲炬"与"紫薇花"为唐宋词垣特有的典故（详见后文）。刘克庄以其往昔的乡居生活与时下的词臣之任作出比较，直言"村田"生活的乐趣远胜草制生涯。而其词垣值宿的吟咏之作即鲜明地呈现出村居野俗趣味在馆阁氛围中的蔓延，从中我们能够清晰地看到制度矩范的退场与个人情怀的扩张。

刘克庄的词垣值宿吟咏反映在其淳祐十一年（1251）、景定三年（1262）的三组诗作之中，依次为《九月初十日锁宿玉堂七

---

① 参见侯体健：《刘克庄的文学世界——晚宋文学生态的一种考察》，上海：复旦大学出版社，2013年，页116—150；林岩：《身份、文体与地方社会：刘克庄文学活动的多面相——评侯体健著〈刘克庄的文学世界——晚宋文学生态的一种考察〉》，《中华文史论丛》2015年第3期。

② 刘克庄淳祐十一年（1251）任直学士院，时年六十五岁；于景定元年至三年（1260—1262）任中书舍人兼直学士院，时年七十四至七十六岁。参见程章灿：《刘克庄年谱》，贵阳：贵州人民出版社，1993年，页249—256、321—337。

③ 〔宋〕刘克庄撰，王蓉贵、向以鲜校点，刁忠民审定：《后村先生大全集》卷四二，成都：四川大学出版社，2008年，页1113。

绝》《壬戌首春十九日锁宿玉堂四绝》《二月二十日再锁宿四绝》①。颇堪玩味的是，这些诗作皆未以便于铺陈渲染的律诗体裁写就，而是述之以篇幅短小的绝句。与前引杨、欧诗作的格调迥然有异，这三组刘诗展示出鲜明的反馆阁的审美旨趣：其诗略无一句摹写宫殿形制；其写值庐内景，只有"转枕依然梦不成，小窗颇觉晓寒生。昏花却怕宫莲照，垂下纱幮听六更""四壁蠹书常锁闭"之句；写值宿饮馔，只有"内厨进膳惟蔬素"之句。这些内容未予罗列华美的宫廷意象，所述唯是年老者失眠、惧寒、畏光的情状，以及所处书室的陈旧、餐食口味的寡淡。更值注意的是其对草制文思的态度，三组刘诗未予正面表述制诰之文的庄重典雅，却颇有诗句道及自己以衰老之年当制，乏于辞藻、艰于作文的无奈，如"彩笔梦中先索去，不知持底作词臣""幼吹葱叶还堪听，老画葫芦却未工""衰飒秃翁垂八十，四更烛下作蝇头"等。不仅如此，刘诗还进而抱怨文字智识所带来的人生烦恼，如其中两诗即云："秀师罪我当犁舌，贺母嗔儿欲吐心。老去未偿文字债，始知前世业缘深""搯肾搜肠极苦辛，先贤曾叹费精神。瓣香重发来生愿，世世无为识字人"。前者以法秀禅师呵斥黄庭坚好写艳词、李贺之母嗔怪李贺呕心作诗的事典来比拟自己生平费心于撰述的业缘②，后者则更云来生愿为无知无识之人，摆脱搜索枯肠经营文字的苦恼③。如果

---

① 参见《刘克庄年谱》，页 260、340。以上诗作原文参见《后村先生大全集》卷一八、卷三二，页 512—513、861—862。按：第一组诗诗题中"锁"字原讹作"镇"，校点本《后村先生大全集》从翁同书本改作"值"，揆以字形，当改作"锁"为确，径改。

② 以上两则事典参见〔宋〕普济著，苏渊雷点校：《五灯会元》卷一七"太史黄庭坚居士"条，北京：中华书局，1984 年，页 1138；〔唐〕李商隐：《李贺小传》，刘学锴、余恕诚编年校注：《李商隐文编年校注》，北京：中华书局，2002 年，页 2265。

③ 《梦溪笔谈》载："梅询为翰林学士，一日书诏颇多，属思甚苦，操觚循阶而行，忽见一老卒卧于日中，欠伸甚适，梅忽叹曰：'畅哉！'徐问之曰：'汝识字乎？'曰：'不识字。'梅曰：'更快活也。'"（〔宋〕沈括撰，金良年点校：《梦溪笔谈》卷二三，北京：中华书局，2015 年，页 222）刘诗诗意或有得于此。

说前述欧诗抒写山林江湖之思、外任地方之愿，尚停留于士大夫阶层矜示风雅、留恋仕途的心境，那么此处刘诗直言意欲抛却智识之累，则更接近于乡野村俗的趣味。事实上，刘氏值宿诗作中颇多的行文用语的确展示出这一倾向。其诗数处运用"了"这一俗白化的表达方式，如"角门闭了晓方开""而今老去都忘了""封题进了鼓三挝"，有意与馆阁典雅的文化风尚立异。另外，其诗还颇以野俗之词入句，如"尽笑翰林麻草拙，谁知老子布衾寒"，刘氏径直自呼"老子"，与前句的"翰林"形成鲜明的反差；又如"热瞒舍下痴儿女，道是先生视草来"，"热瞒"为宋人俗语，意为欺瞒、欺骗之意，刘氏曾在描摹村俗情致的诗词中使用①。以上所述，历历可见刘诗中制度语境的消解殆尽，奠定其诗基调者转而变为了彰显个体情怀的村野之趣。

三　制度象征与修辞功用：宋代词垣的吏员角色

在宋代词垣事务的日常运转中，词臣的周边随处充斥着吏员的身影。词垣之吏辅助词臣办公，听候词臣差遣，其职事种类颇为繁杂，如充当词臣入朝的仪仗导引②，担任词垣草制的保密工作③，誊录、校核词臣草就的制诰文本（详见后文引文），整

---

① 刘克庄有诗《樗庵采荔二绝》其二云："坠壳纷纷满树间，更抛墙外费防闲。暗中仍被揶揄笑，此老冬烘可热瞒。"（《后村先生大全集》卷二五，页694）有词《水龙吟》云："吟歇后诗，说无生话，热瞒村獠。"（〔宋〕刘克庄著，钱仲联笺注：《后村词笺注》卷二，上海：上海古籍出版社，2012年，页108）

② 《容斋随笔》载："学士入朝，犹有朱衣院吏双引至朝堂而止。"（〔宋〕洪迈撰，孔凡礼点校：《容斋随笔》卷九"翰苑故事"条，北京：中华书局，2005年，页123）

③ 洪遵《翰苑遗事》载翰苑词臣草就制诰以后朝廷传诏的流程："御药（按：指内廷宦官）启扄（按：指学士院之扄），持（制诰）入禁中，院吏复扄。至朝退，然后开院，率以为常。"（《翰苑群书》卷一一，《翰学三书》第1册，页111）为保证制诰内容不提前外泄，翰苑之吏负责闭锁学士院门，直至宣召朝退，方才启门。

理、编录本朝的制诰文集①，为词臣催索草制的润笔礼物②，甚至词臣离开词垣、任职他处之际，还要负责置办钱别的酒宴③。

中国古代的吏员往往在同一官僚机构中长期、终生甚至世代为吏，其服务的时间远远长于官员的任期。久而久之，吏员阶层较之官员阶层，常常更为熟谙朝廷制度的传承与运行。历来史书追溯朝代长时段的典制以及相关的人事掌故，时而会述及吏员的议论与行止。如《后汉书》载新莽末年（23）光武帝任刘玄司隶校尉，"置僚属，作文移，从事司察，一如旧章"。待刘玄部曲收复三辅之地，其地吏士迎候汉军，"及见司隶（按：指光武帝）僚属，皆欢喜不自胜。老吏或垂涕曰：'不图今日复见汉官威仪！'"④又如《新唐书》载唐宣宗时裴坦初任知制诰，按例谒见丞相裴休，"故事，舍人初诣省视事，四丞相送之，施一榻堂上，压角而坐"。然而裴休却极为慢待裴坦，"顾左右索肩舆亟出"，以至"省吏眙骇，以为唐兴无有此辱"⑤。再如《建炎以来朝野杂记》载宋高宗丧前，太常少卿朱时敏久不升迁，屡求外任，太常寺老吏以微言"德寿宫（按：即高宗）服药"事劝其留任，这

---

① 欧阳修《论编学士院制诰札子》云："（本朝制诰）从前虽有编录，亦无类例卷第，只是本院书吏私自抄写，……臣今欲乞将国朝以来学士所撰文书，各以门类，依其年次，编成卷帙，……如本行人吏不画时编录，致有漏落，许令本院举察，理为过犯。"（〔宋〕欧阳修著，李逸安点校：《欧阳修全集》卷一一一，北京：中华书局，2001年，页1685—1686）

② 《归田录》卷一载："近时舍人院草制，有送润笔物稍后时者，必遣院子诣门催索。"（页10）

③ 《续资治通鉴长编》卷二二七引《司马光日记》载熙宁四年（1071）中书省舍人院之事："才元（按：即李大临）、子容（按：即苏颂）得外官，胜之（按：即王益柔）以故事钱之，和叔（按：即陈绎）、曾布皆不赴。明日，中书送舍人院吏于京府杖之，曰：'何为擅用官钱钱外官？'"（页5527）可见置办钱别酒宴的具体事务历来由舍人院吏负责。该事中院吏由此而受罚，属于因新旧党争而引发的例外事件。

④ 〔南朝·宋〕范晔撰，〔唐〕李贤等注：《后汉书》卷一上《光武帝纪第一上》，北京：中华书局，1965年，页9—10。

⑤ 〔宋〕欧阳修、〔宋〕宋祁：《新唐书》卷一八二《裴坦传》，北京：中华书局，1975年，页5375—5376。

是因为高宗朝历来太常少卿"皆以大丧礼毕，除仪曹贰卿（按：指升任礼部侍郎），老吏习知之"①。以上数例，吏员或是作为汉代司察制度的见证者，或是作为唐代政事堂上下级见面礼仪的观察者，或是作为宋代太常寺官员升迁惯例的知情者，皆谙习朝廷长时段的制度典例，甚而洞悉制度运行之中种种的世态人心。吏员的言谈举止与制度的细节曲折互为表里，在某种意义上，吏直可谓是抽象制度人格化的象征。宋代的词垣之吏同样是词垣制度的谙习者。如成书于熙宁年间的《湘山野录》记叙宋初中书省舍人院追武唐代旧典，种植紫薇于庭的掌故，即有云："（真宗）咸平中，翰林李昌武宗谔初知制诰，至西掖，追故事独无紫薇，自别野移植。闻今庭中者，院老吏相传犹是昌武手植。"②其追溯本朝舍人院手植紫薇花的由来，便是转述自院中老吏的相传之口。

在宋代词垣的文学空间里，吏员的角色颇能展现制度矩范与个体情怀之间的张力：一方面，在制度语境中，吏员作为词垣规制实际运行的知情者，其见识言谈时而颇能反映制度对于词臣个人才情的制约之力；另一方面，在扬显词臣个体情感、才华的诗文著述中，吏员的角色又往往作为一种标志词垣氛围的修辞性的符号元素，被驱使运用以托举、映衬词臣个人化的形象。关于此中情形，我们可以分别举例作出论述。首先来看吏员所反映的制度矩范对词臣个人才情的制约。北宋仁宗朝刘敞任知制诰：

> 尝一日有诏，追封皇子公主九人。宰相得旨，即日待进。公（按：刘敞）将上马，遂不解带，援笔书之，凡数千言，词意皆不同，吏誊白不暇，往反才食顷。执政皆惊视，以为

① 〔宋〕李心传撰，徐规点校：《建炎以来朝野杂记》乙集卷一一"奉常毕大事例迁仪曹"条，北京：中华书局，2000年，页681。
② 《湘山野录》卷上，页17。

27

> 所未尝见。吏有窃言曰："公乃以此见忌耳。"故事，舍人迁翰林者，皆以久次。执政不欲公在内，每有阙，辄置不用。[①]

又徽宗朝刘嗣明任翰林学士：

> 翰苑有孔目吏，每学士制草出，必据案细读，疑误辄告。刘嗣明尝作《皇子剃胎发》文，用"克长克君"之语，吏持以请。嗣明曰："此言堪为长堪为君，真善颂也。"吏拱手曰："内中读文书不如是，最以语忌为嫌，既剋长又剋君，殆不可用也。"嗣明悚然，亟易之。[②]

刘敞、刘嗣明居于词垣草拟制诰，前者面对连草九制之任，以倚马之才，一挥而就，后者用《诗·大雅·皇矣》"克长克君"的"善颂"之语入文[③]，显示出词臣个人化、文人式的骋才之举与文胜之迹。然而，词垣之吏以其老于世故的眼光审视二事，却能于制度实际运行的幽微之端指示其中的失当之处：前者因为过于矜才示能而会遭受宰执阶层的嫉妒，后者则因"克""剋"二字的音同形近而会触犯皇家的忌讳。显然，词垣之吏较之词臣更为知悉，在制度语境中，除了公行典章的明文规定，还存

① 〔宋〕刘攽：《故朝散大夫给事中集贤院学士权判南京留司御史台刘公（敞）行状》，〔宋〕刘攽著，逯铭昕点校：《彭城集》卷三五，济南：齐鲁书社，2018年，页933—934。刘敞于至和元年至嘉祐五年（1054—1060）任知制诰，参见张尚英：《刘敞年谱》，吴洪泽、尹波主编：《宋人年谱丛刊》第4册，成都：四川大学出版社，2003年，页2070—2095。

② 《容斋随笔》卷一五"京师老吏"条，页202。刘嗣明于大观元年至政和七年（1107—1117）任翰林学士，参见李之亮：《宋代京朝官通考》第1册，成都：巴蜀书社，2003年，页688—691。又周密《癸辛杂识》基于上引《容斋随笔》内容，另记载过晚宋时期一名词垣吏员张日新相似的事迹："嘉定初，玉堂草休兵之诏，有曰：'国势浙尊，兵威已振。'（张）日新时在学士院为笔吏，仍兼卫王府书司，密白卫王曰：'国势浙尊之语，恐贻笑于夷狄，不当素以为弱也。'卫王是其说，遂道意于当笔者，改曰：'国势尊隆，兵威振励。'盖胥吏亦有识义理，文字之不可不检点也如此。"（〔宋〕周密撰，吴企明点校：《癸辛杂识》别集卷下"胥吏识义理"条，北京：中华书局，1988年，页301）

③ 〔汉〕毛亨、〔汉〕毛苌传，〔汉〕郑玄疏，〔唐〕孔颖达等正义：《毛诗正义》卷一六之四，〔清〕阮元校刻：《十三经注疏》，北京：中华书局，1980年，页520。

在着深曲潜隐的行事规则①，这些都成为限制个体才情发挥的
因素。

其次来看扬显词臣个体情感、才华的诗文著述对于吏员角
色修辞化的运用。北宋真宗朝诗僧简长曾在河北沧州写有一
首五律《寄丁学士》寄赠时任知制诰的丁谓，显示出丁谓个人的
方外之谊：

> 想极南溟外，江园草树秋。浮生如寄梦，几夕是离愁。
> 仙馆间明月，星车背远流。只应西掖吏，时复望沧洲。②

这是宋代较早一首扬显词臣个体情怀而又出现词垣之吏角色
的诗作。尾联中遥望沧州的"西掖吏"并未被赋予独立自觉的
人格，其只是在修辞上作为借指丁谓的代语，功能接近于古文
中常用的"执事"。整首诗里，此一吏员角色与颔联中的"仙馆"
"星车"相类，皆是用以标志词垣氛围的符号元素，共同托举着
丁谓位居清贵而又瞻慕方外的形象。

在宋代更后的时代里，亦颇可见到这类以词垣之吏角色托
举词臣形象的诗文。不过彼时这类著述的具体构思较之上作
有所变化——它们更多是利用吏员在词垣长期供职这一惯例，
特别拈出"老吏述旧"的情节，以其作为一种导引式的修辞符
号，来铺设一层追忆往事的情境，为扬显词臣个人文人式的情

---

① 学界在某些场合将这种行事规则称为"非正式制度"，参见周雪光：《论非
正式制度——中国官僚体制研究的启示》,《多面的制度：跨学科视野下的制度研
究》,页 223—251。

② 《全宋诗》第 3 册，页 1457。许红霞论文《宋初九僧丛考》较早考证简长该
诗所赠者为丁谓(北京大学中文系古典文献专业、古文献研究所编著：《古典文献研
究论丛》,北京：北京大学出版社,1995 年，页 73)。该诗诗题称丁谓为"学士"，而诗
中言其任职之地为"西掖"，即中书省。据池泽滋子《丁谓年谱》考证,丁谓于景德元
年至二年(1004—1005)任知制诰，于景德四年至大中祥符二年(1007—1009)加枢
密院直学士(《宋人年谱丛刊》第 1 册，页 461—462、465—467)。知制诰的官署在中
书省。由此，笔者推断该诗当实际作于丁谓任知制诰时，诗题则应为其任枢密院直
学士时所加。

怀服务。这类著述中有追溯词臣个人家风优美之作，如北宋元丰末苏轼有诗《再次韵答完夫穆父》（题后自注：二公自言"先世同在西掖"）酬答其时同任中书舍人的胡宗愈、钱勰云："掖垣老吏识郎君，并辔天街两绝尘。汗血固应生有种，夜光那复困无因。"[1]又如元祐后期范祖禹初任翰林学士时有诗《初到玉堂》自叙云："陈编岂待伤麟止，藻思那能倚马成。空愧朱衣华发史，玉堂三世见题名。"[2]二诗或是恭维他人，或是称述本家的先辈昔日在词垣任职的荣光，皆使用到"老吏述旧"的符号元素，以此衬托词臣个人家世的清华。另有表现词臣彼此私谊笃厚之作，如南宋淳祐间刘克庄初任直学士院时在《九月初十日锁宿玉堂七绝·其七》中云："院中老吏无存者，谁记南塘与雁湖？"[3]"南塘""雁湖"分别为刘氏前辈赵汝谈、李壁之号[4]。刘氏早年即与赵、李相识，深得二人称赏，与之私谊笃厚[5]。李壁、赵汝谈分别于宁宗朝嘉泰、理宗朝端平至嘉熙年间在翰苑当制[6]，淳祐时二人已然过世。刘诗反用"老吏述旧"的修辞来表彰两位前辈的翰苑风度，寄托对他们的缅怀之意。此外，还有比较异代词臣才情高下之撰，如《齐东野

---

① 〔宋〕苏轼著，〔清〕王文诰辑注，孔凡礼点校：《苏轼诗集》卷二七，北京：中华书局，1982年，页1431。关于该诗写作背景、时间较详的辨析，参见林海：《苏轼〈再次韵答完夫穆父〉诗注辨误》，《新余学院学报》2019年第1期。

② 〔宋〕范祖禹：《范太史集》卷三，《景印文渊阁四库全书》第1100册，台北：台湾商务印书馆，1986年，页106。范祖禹于元祐七年（1092）初任翰林学士，参见韩立平、彭国忠：《范祖禹传》，张剑主编：《宋才子传笺证·北宋后期卷》，沈阳：辽海出版社，2011年，页40。

③ 参见《后村先生大全集》卷一八，页513。

④ 参见昌彼得、王德毅、程元敏、侯俊德编：《宋人传记资料索引》，台北：鼎文书局，1976年，页3451、914。

⑤ 参见《刘克庄年谱》，页26、52、74。

⑥ 李壁于嘉泰四年（1204）任直学士院，赵汝谈于端平三年至嘉熙元年（1236—1237）任权直学士院、直学士院，参见《宋代京朝官通考》第1册，页727、720。

语》中有一篇文字言及南宋乾道、淳熙间洪迈在翰苑任上的一则轶事①：

> 洪景卢（按：即洪迈）居翰苑日，尝入直，值制诏沓至，自早至晡，凡视二十余草。事竟，小步庭间，见老叟负暄花阴。谁何之？云："京师人也，累世为院吏，今八十余，幼时及识元祐间诸学士，今予子孙复为吏，故养老于此。"……（洪迈）曰："今日草二十余制，皆已毕事矣。"老者复颂云："学士才思敏捷，真不多见。"洪矜之云："苏学士（按：即苏轼）想亦不过如此速耳。"老者复首肯咨嗟曰："苏学士敏捷亦不过如此，但不曾检阅书册耳。"洪为赧然，自知失言。②

上述文字出自南宋的笔记小说，其所叙事多有虚构的成分。其文对"老吏述旧"的叙述描写，固然远较前引数诗具体生动，然而就根本义旨而言，此一情节的设置之于整体文本的铺展，仍然主要是在发挥修辞性的功用——其文借"老吏述旧"之言导引出一层追忆词垣往事的情境，以此建构起苏轼、洪迈两位异代词臣的关联，曲折地展现了他们两辈翰苑人物个人才华的高下之别。

四　仕进态度与退闲心境：宋代词垣的"白居易崇拜"

有唐一代的杰出词臣如张说、苏颋、常衮、杨炎、陆贽、白居

① 洪迈于乾道二年(1166)任权直学士院，次年(1167)任直学士院，淳熙十三年(1186)除翰林学士，参见凌郁之：《洪迈年谱》，上海：上海古籍出版社，2006年，页208、231、354。
② 〔宋〕周密撰，张茂鹏点校：《齐东野语》卷一〇"洪景卢自矜"条，北京：中华书局，1983年，页184。按：原文中"晡"讹作"脯"，径改。

易之辈,是宋代词臣普遍尊仰、追慕的前朝人物①。这些人物中,白居易的文化内涵更为丰富多元,其仕宦进取的抱负与退居闲适的风度对后世士大夫影响深远②,此点之于宋代词臣群体亦不例外。我们从制度矩范与个体情怀两种语境出发,来观照宋代词垣"白居易崇拜"风尚下的诸多人事,颇能发现其中相与异趣的义涵。

白居易一生仕途几经沉浮,因应于人生境遇的顺逆之别,白氏的心态显现出仕进、退闲二者兼容的特征。葛立方对白氏有过一段评语:

> 白乐天(按:即白居易)号为知理者,而于仕宦升沉之际,悲喜辄系之。自中书舍人出知杭州,未甚左也。而其诗曰:"朝从紫禁归,暮出青门去。"又曰:"委顺随行止。"又曰:"退身江海应无用,忧国朝廷自有贤。"自江州司马为忠州刺史,未为超也。而其诗曰:"正听山鸟向阳眠,黄纸除书落枕前。"又云:"五十专城未是迟。"又云:"三车犹夕会,五马已晨装。"及被召中书,则曰:"紫微今日烟霄地,赤岭前年泥土身。得水鱼还动鳞鬣,乘轩鹤亦长精神。"观此数

---

① 宋代词臣对于以上人物多有称述,这里略举数例,如洪适《众从官祭王枢密文》云:"东掖西垣,燕许(按:即张说、苏颋)大才。"(〔宋〕洪适、〔宋〕洪遵、〔宋〕洪迈著,凌郁之辑校:《鄱阳三洪集》卷七三,南昌:江西人民出版社,2011年,页667)张孝祥《谢除中书舍人表》云:"评书诏则常杨(按:即常衮、杨炎)各擅所长,世每叹其才难。"(〔宋〕张孝祥著,徐鹏点校:《于湖居士文集》卷二〇,上海:上海古籍出版社,2009年,页205)周必大《翰林学士选德殿对札子》云:"臣窃观自唐至本朝,优待词臣,异乎他官,……其最可慕者,陆贽、欧阳修而已。"(〔宋〕周必大:《奏议》卷七,王瑞来校证:《周必大集校证》卷一四〇,上海:上海古籍出版社,2020年,页2156)宋白《宫词》之三云:"词人(按:这里指词臣)竞进新诗人,俊思无过白舍人(按:即白居易)。"(《全宋诗》第1册,页281)

② 关于白居易多元的文化内涵对后世士大夫文化的影响,学界已有相关论述,较新的研究成果可参见查屏球:《从科场明星到官场隐士——唐宋转型与白居易形象的转换》,《文学遗产》2019年第1期。不过笔者尚未见到有著述专门论及白居易的文化内涵对宋代词臣群体所产生的影响。

诗,是未能忘情于仕宦者。①

葛立方对白居易颇致微词,指摘其生平所言只是表面的"知理",吟咏之间则"未能忘情于仕宦"。然而,我们如能以一种更为平和的立场看待白氏的上述诗句,则未尝不可将其所表心境视为一种随分自处、安于升沉的态度:仕途得意之时,白氏能够成为朝廷事务热心的参与者,以如鱼得水、如鹤乘轩之句自我激扬。仕途失意之际,亦能成为闲退生活安然的适应者,用"委顺"随缘、"退身江海"之语自我排遣。白氏生平的心态之于仕进与退闲二端,并不采取就此舍彼的决绝态度,而是以两者兼容的通融之意恬然处之。这种通融之意在相当宽泛的范围内能为宋代词垣人物不同形态的生存境况提供可资追武的范式。于以下论述中,我们将能看到,在制度矩范的语境里,白居易是宋代皇帝对词臣侪辈表达奖勉之意时所乐于称述的前朝人物,受勉词臣依据君主所定的基调,规范性地称述白氏的代言之功,将白氏的形象框定在黾勉仕位的工具性的意义内。在个体情怀的语境里,白氏又成为某些仕途失意的词臣慰藉内心的精神寄托,他们追慕白氏的退居心境,征引白氏的闲适诗作,其个人化的旨趣明显区别于官方式的表述口径。

　　首先来看宋代词垣"白居易崇拜"的风尚在制度矩范语境中的表现,此点于宋代君臣酬答互动间对白氏的称引之言里颇能见出。有宋一代,皇帝亲自抄录唐诗赐赠奖勉词臣的事例颇为罕见,然而根据史料记载,白居易之诗至少有两次作为皇帝抄录的对象专门赏赐词臣:前者为元祐二年(1087)苏轼在翰林学士任上侍讲《论语》终篇,哲宗亲书白氏《紫薇花》诗以赐②。后者为淳熙五年(1178)周必大在翰林学士任上奉敕撰成《选德

---

① 《韵语阳秋》卷一一,页134—135。
② 参见《苏轼年谱》,页791。

殿记》，孝宗亲书白居易《七德舞》诗以赐①。《紫薇花》为白氏长庆年间任中书舍人时所作的绝句："丝纶阁下文书静，钟鼓楼中刻漏长。独坐黄昏谁是伴，紫薇花对紫微郎。"②吟咏其在词垣的闲雅生活。《七德舞》为白氏元和年间任左拾遗时所作《新乐府》五十篇的首篇，歌颂唐太宗一生的武功文德，以期将初创王业的"艰难"垂示李唐子孙③。哲、孝两朝以此白氏二诗赐赠词臣，一则表现出对白居易词垣风度、颂圣撰述的欣赏态度，一则也寄寓着对本朝词臣追武白氏代言之功的期许之意。此二事例在某种程度上颇可视为宋代皇权意志对于词垣崇白之风施加的一种塑造力，其从黾勉仕位的工具意义为受赐词臣阐述白氏的风范才情奠定了基调。

苏轼、周必大按照臣下受赏谢恩的制度惯例，撰有敬谢之诗。二人在制度矩范的语境中，皆规范性地称述白居易积极仕进的一面。苏诗中有"玉堂昼掩文书静，铃索不摇钟漏永。莫言弄笔数行书，须信时平由主圣"之句，前两句模仿白氏《紫薇花》之辞描写词垣生活的闲雅，后两句将此闲雅之态置于君主的圣明治政之下。以后更有"犬羊散尽沙漠空，捷烽夜到甘泉宫。似闻指挥筑上郡，已觉谈笑无西戎。文思天子师文母，终闭玉关辞马武。小臣愿对紫薇花，试草尺书招赞普"之句④，称颂朝廷的治边之能，表述自身期望追随白氏的紫薇故事、勉力草制、润色宏业的意愿。周诗的口径与苏诗如出一辙，称："我

---

① 参见王聪聪：《周必大年谱长编》，华东师范大学 2014 年博士学位论文，页 306。

② 〔唐〕白居易著，谢思炜校注：《白居易诗集校注》卷一九，北京：中华书局，2006 年，页 1516。

③ 参见《白居易诗集校注》卷三，页 275—276。

④ 〔宋〕苏轼：《九月十五日迩英讲论语终篇赐执政讲读史官燕于东宫又遣中使就赐御书诗各一首臣轼得紫薇花绝句其词云丝纶阁下文书静钟鼓楼中刻漏长独坐黄昏谁是伴紫薇对紫微郎翼日各以表谢又进诗一篇臣轼诗云》，《苏轼诗集》卷二九，页 1543。

皇英锐真太宗，文武神圣功德隆。黄钺指期擒颉利，捷书先献太安宫。元和学士白居易，臣非其才私有志。愿随班贺四海清，续唐之歌夸万世。"①亦是以官方口吻表达对白氏的钦羡。

其次来看宋代词垣"白居易崇拜"的风尚在个体情怀语境中的表现，此点于王禹偁出入词垣的事迹里颇能见出。王禹偁一生追慕白氏风度，其曾撰《芍药诗》，在诗序中述及自己数度任职词垣的经历，以之追比白氏的宦迹，称"谢公（按：即谢朓）、白傅（按：即白居易）之任常蹂躏矣"②。然而，在词垣应制之务的层面，王禹偁对白居易的草制水平却并不表以最高的欣赏态度，其诗《贺柴舍人新入西掖》有句云："好继忠州文最盛，应嫌长庆格犹卑。"句后自注称："（柴成务）尝与予评前贤臣诏诰，以为陆相（按：即陆贽）首出，若《奉天罪己诏》，元、白之徒可坐在庑下。"③明确指出白氏的制文水平逊色于陆贽。

王禹偁对白居易的追慕之意，主要体现在其于词垣仕途的失意之际以白氏的退闲意趣自我抚慰的情怀。淳化二年（991）王氏在知制诰任上被贬为商州团练副使④，次年其有《得昭文李学士书报以二绝》（题后自注：来书云"看书除庄、老外，乐天诗最宜枕藉"）诗述及自己以白诗排遣谪中的忧闷心绪："谪居不敢咏江蓠，日永门闲何所为？多谢昭文李学士，劝教枕藉乐天诗。""左宦寥寂惟上洛，穷愁依约似长沙。乐天诗什虽堪读，奈有春深迁客家。"⑤诗中所云劝教王氏枕藉白诗的李学士为李宗

---

① 〔宋〕周必大：《进谢御书古诗》，《省斋文稿》卷七，《周必大集校证》卷七，页100。

② 〔宋〕王禹偁：《王黄州小畜集》卷一一，四川大学古籍整理研究所编：《宋集珍本丛刊》第1册，北京：线装书局，2004年，页607。

③ 《王黄州小畜集》卷八，《宋集珍本丛刊》第1册，页578。

④ 参见徐规：《王禹偁事迹著作编年》，北京：商务印书馆，2003年，页103。

⑤ 《王黄州小畜集》卷八，《宋集珍本丛刊》第1册，页578。

谔，时任直昭文馆的馆职①，以后成为真宗朝的著名词臣，长期在词垣供职②。李、王的此番通问显示出王禹偁在馆阁词垣中所存的人事关联，二人对白诗的共同好尚，颇能折射出宋代这一阶层的臣僚群体私下间对于白诗可资慰抚宦场失意的普遍的认同态度。王禹偁于贬谪中另有一首《谪居感事》诗，更具体地言及对两首白诗的追慕——该诗中有一联"琴酒图三乐，诗章效四虽"，称及白居易《琴酒》《吟四虽》二诗③。此二诗为白氏大和年间在洛阳担任闲官时所写，表现了"心地忘机酒半酣""忘荣知足委天和"的淡泊名位的旨趣④。

淳化四年（993）王禹偁还朝，至道元年（995）仕至翰林学士，其时王氏的翰苑同侪张洎升任参知政事，王氏致以贺启⑤，《青箱杂记》载其事云：

> 王禹偁尤精四六，有同时与之在翰林而大拜者（按：即张洎），王以启贺之曰："三神山上，曾陪鹤驾之游；六学士中，独有渔翁之叹。"以白乐天尝有诗云"元和六学士，五相一渔翁"故也。⑥

上述引文所录王氏贺启联句，其后句的语典出自白居易会昌元年（841）诗《李留守相公见过池上泛舟举酒话及翰林旧事因成

---

① 《宋会要辑稿》载李宗谔直昭文馆之事："（淳化二年十月）以直史馆李宗谔直昭文馆，避其父监修国史故也。"（〔清〕徐松辑，刘琳等校点：《宋会要辑稿》"职官"一八，上海：上海古籍出版社，2014年，页3500）

② 李宗谔于咸平三年至景德二年（1000—1005）任知制诰，于景德二年至大中祥符六年（1005—1013）任翰林学士，参见《宋代京朝官通考》第2册，页17—20，同书第1册，页640—642。

③ 《王黄州小畜集》卷八，《宋集珍本丛刊》第1册，页574。《得昭文李学士书报以二绝》《谪居感事》系年参见《王禹偁事迹著作编年》，页128。

④ 参见《白居易诗集校注》卷二六、卷二九，页2100、2281。

⑤ 其事系年参见《王禹偁事迹著作编年》，页142。

⑥ 〔宋〕吴处厚撰，李裕民点校：《青箱杂记》卷六，北京：中华书局，1985年，页59。

四韵以献之》①。白氏时年七十，已停少傅之职，即将致仕②，忆及自己元和任翰林学士时有同侪六人，其他五人后皆升任宰相，唯己一人未能致身相位。其诗以"渔翁"自拟，在感叹自己宦位不显的同时，也以闲钓的形象来表现甘于退闲的心境。王禹偁将其诗意化入启文，表述同侪大拜而己不得升迁的境遇，一方面借之嗟叹仕途的困顿③，另一方面则也是以白氏的退闲之旨来慰藉一己的失落之心。

颇能与王禹偁情况相参论者，可以提及晁迥的事迹。晁迥于咸平至天禧年间历任知制诰、翰林学士、翰林学士承旨之职④，为真宗朝资历极为深厚的词臣。晁迥毕生钦慕、追武白居易的风度，自称："愚夙慕白乐天之为人，虽才识不逮乎乐天，而志愿阃域，其殆庶几乎？"⑤可算为宋代词垣崇白风尚的另一名代表人物。晁迥曾经论及白居易翰苑时期的一首诗作：

> 白乐天为翰林学士时，有诗名曰《松斋自题》，其诗云："非老亦非少，年过三纪余。非贱亦非贵，朝登一命初。……夜直入君门，晚归卧吾庐。……昏昏复默默，非智亦非愚。"又诗僧贯休有《山居诗》云："……闲行不觉过天井，长啸深能动岳灵。应恐无人知此意，非凡非圣独惺惺。"予以致政闲居，居常逍遥，因览二公诗，而知二公意。

---

① 参见《白居易诗集校注》卷三六，页 2752。

② 参见朱金城：《白居易年谱》，上海：上海古籍出版社，1982 年，页 307、317。

③ 《诗话总龟》收录《青箱杂记》此条笔记，将其列入"怨嗟门"中（〔宋〕阮阅编，周本淳校点：《诗话总龟》前集卷四四，北京：人民文学出版社，1987 年，页 417），可见宋人颇能体味王氏其句所寄寓的怨嗟之意。

④ 晁迥咸平四年（1001）除知制诰，景德二年（1005）除翰林学士，天禧二年（1018）除翰林学士承旨，直至天禧四年（1020）外放，参见张剑：《晁迥年谱》，氏著：《宋代家族与文学——以澶州晁氏为中心》，北京：北京出版社，2006 年，页 288、290、302、304。

⑤ 〔宋〕晁迥撰，夏广兴整理：《昭德新编》卷上，《全宋笔记》第 8 编第 8 册，郑州：大象出版社，2017 年，页 11。

是知道同者,无隐显,无古今。遽自抽毫,合而书之,得趣钦味,迪然适悦。①

晁迥追慕白居易在翰苑之中的隐逸风度,以其与方外诗僧贯休相提并论。此论虽为晁迥致仕以后所发,但未尝不可视为其自身词垣生活旨趣的一种延伸,颇能折射白氏的"中隐"态度对于宋代词臣宦场得失之心的调节之力②。王禹偁、晁迥对白氏退闲旨趣的标举之意互为映衬,显现出宋代词垣崇白风尚中个人情怀的倾向,明显区别于黾勉仕位的官方式的表述口径。

五 小结

上文从词臣侪辈日常生活的"作""息""俯""仰"四个方面建构了宋代词垣的文学空间。在制度矩范的笼罩下,词垣的应制撰作必须符合上层权力的政治意向;值宿吟咏倾向于规范性地表现皇帝侍从的清贵雅致;词臣与吏员的关系显示出制度的幽微之端对于词臣才情的制约之力;追仰前朝词臣的口径则表现为从工具意义的角度称述前贤黾勉仕位的功绩。在个体情怀的推动下,词垣的应制撰作能够超轶官场的守常氛围,彰显文章才士自矜文采的风度;值宿吟咏能够突破宫廷式的审美品位,将村野之趣作为诗歌之什的基调;词臣与吏员的关系反映于扬显词臣个人形象的诗文著述对吏员角色修辞式的驱使运用;追仰前朝词臣的态度则表现为追慕其退居心境、征引其闲适诗作,以此慰抚一己宦场失意的心绪。

长久以来,中国古典文学研究的主流意向认为应制性的文

---

① 〔宋〕晁迥撰,朱刚整理:《法藏碎金录》卷九,《全宋笔记》第 8 编第 7 册,页 387。

② 必须承认的是,晁迥对白居易的追慕之情中还有着深厚的佛道情结,本章限于探研的范围,对此不作详细的讨论,相关内容可参见赵艳喜:《论北宋晁迥对白居易的接受》,《广西大学学报》(哲学社会科学版)2008 年第 3 期。

学环境缺乏抒写情志性灵的土壤，而倾向于低估其在文学创作方面的价值。此中较为有名的研究案例或可提及宇文所安（Stephen Owen）《初唐诗》对"宫廷诗"概念的建构。宇文所安认为，五世纪后期及六、七世纪，宫廷是"中国诗歌活动的中心"，但宫廷诗的总体风格因其应制的特点而"矫揉造作""刻板严格"。初唐时期宫廷以外的诗人们"越出宫廷诗所严格控制的题材和场合"，才使当时"诗歌的主题范围开始扩大"，文学"迈向了新的自由"。就这一意义而言，"宫廷诗"俨然成为定义"文学自由"的反面"标准"与"惯例"①。初唐时期因其写本时代的特点，传世文献的数量极为有限，研究者据其有限史料，对应制环境的描述较为单一，易于笼统地将之置于文学个性化发展的对立面上。有宋一代，雕版印刷发展兴盛，传世文献数量庞大，颇可资以更为具体真切地探究当时应制环境的内涵。通过对宋代词垣文学空间的考察，我们能够看到，应制环境固然因为制度矩范的笼罩，其中的撰述吟咏之事有流于刻板程式的一面，但置身其中的文士作为士大夫文化的精神个体，亦具独特人格、丰富阅历，他们在应制环境中个性化的文字撰作时而能够超越制度氛围。就此而言，应制文学环境的内部其实一直存在着制度与个性的并峙态势。宋代词臣逾越制度矩范彰显个体情怀的风度气概，应当成为文学研究中一幕值得关注的景观。

上文勾勒出宋代词垣空间内制度矩范与个体情怀两种语

---

① 参见［美］宇文所安著，贾晋华译：《初唐诗》，北京：生活·读书·新知三联书店，2004 年，页 1—2。当然，西方汉学界对于初唐宫廷诗的探讨也在发展变化。宇文所安的高足陈威研究唐太宗的诗学，即曾指出太宗统治下宫廷诗创作领域的内部亦存在张力，显现为继承南朝宫廷风格与回归汉代儒家诗学之间旨趣的不同，参见 Jack W. Chen. *The Poetics of Sovereignty: On Emperor Taizong of the Tang Dynasty*. Cambridge （MA） and London：Harvard University Asia Center，2010，p. 212。

境，初步展现出文士个人性的旨趣在官僚系统运转中的存在形态。需要说明的是，本节着意呈现的是官僚机构运转与文士个体旨趣对峙的张力，但现实情况绝非止此一端，在某些情境下，此二者之间亦会呈现相辅相成、相得益彰的态势。在第二章里，我们将把北宋诗文革新潮流中代表性的人事置于词垣场域、词臣群体的层面进行观照，更为深入地考察此中官场氛围与文士旨趣的复杂关系。

第二节　追随之中的挑战——宋代士人阶层与词臣群体的关系

《续资治通鉴长编》载：

> 词臣，学者宗师也。[①]

《玉壶清话》载：

> （王禹偁）知制诰，……黜黄州。泊近郊将行，时苏易简内翰榜下放孙何等进士三百五十三人，奏曰："禹偁禁林宿儒，累为迁客，漂泊可念，臣欲令榜下诸生罢期集，缀马送于郊。"奏可之。至日行，送过四短亭，诸生拜别于官桥。元之（按：即王禹偁）口占一阕，……其诗云："缀行相送我何荣，老鹤乘轩愧谷莺。三入承明不知举，看人门下放诸生。"[②]

以上两则史料，一者出自大中祥符二年（1009）真宗训诫之语，一者是北宋士林中流传的逸闻轶事，后者具体所述苏易简榜下

---

① 《续资治通鉴长编》卷七一，页1589。

② 〔宋〕文莹撰，郑世刚、杨立扬点校：《玉壶清话》（与《湘山野录》《续湘山野录》合刊）卷四，北京：中华书局，1984年，页40。

诸进士送别王禹偁之事已被宋人证伪①。然而,就历史通性的真实而言,这两则史料却颇有可资相参之处:二者共同揭示出宋代词臣群体与士人阶层之间产生人事关联的重要场域在科举场屋。宋代科考,词臣常被皇帝授予知贡之权,负责衡文取士,拔擢天下的文章彦才,他们因此而与科考中试者结下师生之谊,成为进士的座主,以此树立自身作为士林宗师的文化位望。至于久任词臣而未得知贡者,则颇以上述王禹偁式"看人门下放诸生"的遭遇为憾②。

宋代科举史上,知贡词臣揄扬、提携应试士子,应试士子趋奉、追随知贡词臣的史事俯拾皆是。笔者完全承认这类史事的常态性,但本节不拟再对这类史事进行整理、论述,而是希望抉发另外一类并不显见的史实,即科举背景下应试士子对于知贡词臣的挑战之势,希能以此呈现宋代词臣群体与士人阶层之间存在的张力。

一　"骄矜"与"佻薄":知贡词臣与应试士子之间的张力

抉发知贡词臣与应试士子之间存在的张力,我们可由北宋士大夫陈彭年的两段人生经历谈起。陈彭年于雍熙二年(985)进士及第③,在此之前,他颇有过科场落第的遭遇。《宋史·陈彭年传》载:"(陈氏)在场屋间颇有隽名。尝因京城大酺,跨驴出游构赋,自东华门至阙前,已口占数千言。然佻薄好嘲咏,频

① 参见〔宋〕周必大:《二老堂诗话》卷上"王禹偁不知贡举"条,《杂著述》卷一五,《周必大集校证》卷一七七,页2730。

② 周必大即是此例,他在孝宗朝长期担任词臣,但却从未知贡。其上述"王禹偁不知贡举"条诗话述及自己曾三次错失知贡机会,以之比附"三入承明不知举"之句(《杂著述》卷一五,《周必大集校证》卷一七七,页2730)

③ 参见王智勇:《陈彭年年谱》,《宋代文化研究》第11辑,北京:线装书局,2002年,页330。

41

为宋白所黜。"①《续资治通鉴长编》亦载："（陈氏）轻俊，喜谤主司。宋白知贡举，恶其为人，黜落之。"②宋白曾于太平兴国五年（980）以中书舍人权同知贡举，八年（983）以翰林学士权知贡举③。陈彭年虽然颇有文名，但因作风"佻薄"，乃至有嘲谤科举主司之言，遭致宋白厌恶。当时科考尚未实行糊名制，故宋白能在判卷时准确地黜落其人。陈彭年入仕以后，经过多年磨勘，至大中祥符六年（1013）除翰林学士④，此为他词臣生涯的开端。而在此之前的大中祥符元年（1008），他已有过知贡之任：该年翰林学士晁迥主贡，陈氏以龙图阁待制之职与知制诰朱巽、王曾同知贡举⑤。《江南野史》述及陈氏当年担任科举考官时的作派："省榜将出，入奏试卷，天下举人壅衢而观其（按：指主副考官）出省。诸公（按：指其他考官）皆惨颇（按："惨颇"二字难解，疑误，别本作"蹙额"或"惨報"）其容，独彭年扬鞭肆目，有骄矜贾衒之色。"⑥在众多举子面前，陈氏与其他考官的低调作风不同，其表现得"骄矜"傲众，引人反感。

　　作为反映知贡词臣与应试士子之间所存张力的依据，陈彭年以上两段人生经历略显不足，这主要在于他的词臣生涯与知贡职事在时间上并未能重合。然而，陈氏以上的生平资料却可为探讨贡举中词臣与士子之间的紧张关系提供两个凝练的关键词，即"骄矜"与"佻薄"。在随后列举的科举史料中，我们将能看到，宋代有某些知贡词臣基于自身的先达身份，表现出对

---

　　① 〔元〕脱脱等：《宋史》卷二八七，北京：中华书局，1985 年，页 9661—9662。

　　② 《续资治通鉴长编》卷六七，页 1497。

　　③ 参见沈如泉：《宋白传》，《宋才子传笺证·北宋前期卷》，页 36—44。

　　④ 参见《陈彭年年谱》，《宋代文化研究》第 11 辑，页 363。

　　⑤ 参见《陈彭年年谱》，《宋代文化研究》第 11 辑，页 347—348。

　　⑥ 〔宋〕龙衮撰，张剑光整理：《江南野史》卷七，《全宋笔记》第 1 编第 3 册，郑州：大象出版社，2003 年，页 199。

应试士子倨傲与矜持的姿态,此即所谓"骄矜";而又有某些应试士子因为高调展现一己才华、个性,而被认为存在躁进与不逊的缺点,此即所谓"佻薄"。在史料层面,宋代科举文献对于这重张力的表现并不常见,但一直存在。

先来看贡举事件中词臣的"骄矜"态度,在此可举两例。《东轩笔录》载天圣五年(1027)科考之事:

> 旧省前乃大渠,有"三礼"生就试,误坠渠中,举体沾湿,……遂于帘前白知举石内翰中立,乞给少火,炙干衣服。石公素喜谑浪,遽告曰:"不用炙,当自安乐。"同列讶而诘之,石曰:"何不闻世传'欲得安,"三礼"莫教干'乎?"[1]

《石林诗话》载嘉祐二年(1057)科考之事:

> (欧阳修)既知贡举,……时范景仁(按:即范镇)、王禹玉(按:即王珪)、梅公仪(按:即梅挚)等同事(按:即同知贡举,担任副主考),而梅圣俞(按:即梅尧臣)为参详官,未引试前,唱酬诗极多。……圣俞有"万蚁战时春日暖,五星明处夜堂深",亦为诸公所称。……未几,诗传,遂哄哄然,……言以五星自比,而待我曹为蚕蚁,因造为丑语。[2]

前事中石中立以知制诰之职同知贡举[3],对应试士子偶因落渠而乞请炙衣之事致以嘲弄,谑近于虐。虽然宋人多谓石氏其人性格素好戏谑,"虽时面戏人,人不以为怒,知其无心为轻重"[4]。但在此事中,其以知贡之尊不自觉而轻慢后进的姿态是难以全

---

① 〔宋〕魏泰撰,李裕民点校:《东轩笔录》卷一五,北京:中华书局,1983年,页170。

② 〔宋〕叶梦得撰,逯铭昕校注:《石林诗话校注》卷下,北京:人民文学出版社,2011年,页156。

③ 参见傅璇琮、龚延明、祖慧:《宋登科记考》,南京:江苏教育出版社,2009年,页122。

④ 《续资治通鉴长编》卷一六七,页4013。

然否认的。后事中梅尧臣作为省试点检试卷官,作诗奉迎以翰林学士欧阳修为首的知贡官员高如星辰,贬抑众多士子低如蚕蚁,为前者所称赏,后者所非议,更生动地展现出知贡词臣轻侮应试士子的态度。

再来看贡举事件中士人的"佻薄"之举,在此亦举二例。《梦溪笔谈》并载皇祐五年(1053)、嘉祐二年(1057)科考事:

> (皇祐中)郑毅夫(按:即郑獬)自负时名,国子监以第五人选,意甚不平,谢主司启词有"李广事业,自谓无双;杜牧文章,止得第五"之句,又云"骐骥已老,甘驽马以先之,巨鳌不灵,因顽石之在上",主司深衔之。他日廷策,主司复为考官,必欲黜落,以报其不逊。有试业似獬者,枉遭斥逐,既而发考卷,则獬乃第一人及第。又嘉祐中士人刘幾累为国学第一人,骤为怪崄之语,学者翕然效之,遂成风俗。欧阳公深恶之,会公主文,决意痛惩,……有一举人论曰:"天地轧,万物茁,圣人发。"公曰:"此必刘幾也。"……判大纰缪字榜之,既而果幾也。复数年,公为御试考官,而幾在庭,公曰:"除恶务力,今必痛斥轻薄子,以除文章之害。"①

《梦溪笔谈》并载上述二事,颇可见出北宋时人颇将此二者作为性质相似的事件看待。前事中于解试衔恨郑獬,于廷试必欲报复的"主司"到底为谁,是否担任词臣之职,现存史料并无明载。但郑獬在致谢书启表达的不逊之意在知贡者看来必确凿是后进人物的一例"佻薄"举动。只是当时科考已然实行糊名制,故考官无法准确地黜落其人。后事中刘幾并不至于对省试主贡的欧阳修表达不逊,但他标举个性化的险怪文风,以此引领群

---

　　　① 《梦溪笔谈》卷九,页88。

伦，引起欧氏反感，欧氏亦将之视为"佻薄"行径，斥为"轻薄子"而必欲黜落。

基于上述欧阳修、刘幾之事，我们还可关联提及《挥麈录》所载欧氏与另一名士人吴缜的一段交集：

> 嘉祐中，诏宋景文（按：即宋祁）、欧阳文忠诸公重修《唐书》。时有蜀人吴缜者，初登第，因范景仁而请于文忠，愿预官属之末，上书文忠，言甚恳切，文忠以其年少轻佻距之。①

至和元年至嘉祐五年（1054—1060）欧阳修以翰林学士之职兼史馆修撰，主持纂修《新唐书》②，有权拣择才学之士进入史馆，协助修书。此事与科举在性质上有相通之处，亦可视为词臣以文化权力拔擢士人的一种途径，只是修史擢士的事务较为偶然，不似科举擢士举行得那般常规。吴缜的生平资料并不该详，其仅存的史事记载颇存抵牾，如究竟是吴缜其人还是其父求入史馆，亦究竟是吴缜进士及第前还是及第后求入史馆，目前皆难以具体考实③。然而，就通性的真实而言，上引《挥麈录》的材料却提供了一种颇可与前述科举"佻薄"事迹相印证的叙述：吴缜以士子身份求入史馆，亦属后进人物谋求上升的一种途径，他请托他人、交通欧氏、扬显己才、自荐职事，在欧氏看来，亦同是后进高自标榜的"轻佻"之举，故表以反感而予以拒绝。

"骄矜"与"佻薄"在本质上同为文人自负气质的表现，而在科

---

① 〔宋〕王明清：《挥麈录》后录卷二，上海：上海书店出版社，2009 年，页 78。

② 参见《欧阳修纪年录》，页 259，342。

③ 关于对吴缜其人研究的综述内容，参见王东：《前言》，〔宋〕吴缜撰，王东、左宏阁校证：《新唐书纠谬校证》（与《唐书直笔校证》合刊），成都：四川大学出版社，2014 年，页 6—7。

举语境中，此一自负气质一旦并存于词臣与士子两个群体，则颇易形成一层上下抵牾的张力。就士子的"佻薄"态度一端而言，内中颇蕴含有对词臣权威潜在的挑战之势——前述郑獬致启表达不逊之事，就已然是对考官一种明确的挑战姿态，只是尚不能确定该考官的职任是否为词臣。我们以"佻薄"行迹作为思考的起点来检视宋代科举的相关史料，确实颇能发现一定数量应试士子挑战知贡词臣的史事。这类事迹主要反映出两类情形：前者关涉科考的命题，应试士子为求功名，长期浸淫场屋，对科举试题的掌故、典故琢磨至深，而掌握命题权的知贡词臣则久离科场，所费心力早已转移至朝廷事务，对于试题的心得体会转不如某些士子精深，其所命题偶会出现失误，由此而受到应试者的指摘嘲弄；后者关涉科考的结果，应试士子对于自身登科奏捷抱以极大的期待，放榜时一旦遭遇落第则易于发为愤懑之情，时而会诉诸对知贡词臣公然的抗议之举。除此而外，笔者还发现另有一类具有科举背景的士子挑战词臣的情形，只是这类情形中对立的双方并不限定为知贡者与应试者的关系。此主要指士子在辞章之学上对词臣的非议：辞章之学是宋代科举重点考察的内容，士子中颇有文采卓越之辈自矜科场辞章富赡，对于作为先达的词臣的文章发以诟病之词，此亦可视为一种挑战的态度。以下我们就来对上述诸类情形逐一作出较详的论述。

二　应试士子就科考试题对词臣的指摘

　　有宋一代，进士科省试一般由主考命题，考生如对试题存有疑问，被允许在考场当场向考官提出，即所谓"上请"①。宋代科举史料显示，曾有主贡词臣因为久疏场屋之学，或是误出往

---

① 参见张希清：《中国科举制度通史·宋代卷》，上海：上海人民出版社，2017年，页218、335—339。

年旧题，或是误引试题出处，以至遭到应试士子的指摘嘲弄，颇有损于主考的权威。前者可举景祐元年（1034）科考之事，该年章得象以翰林学士权知贡举①。《江邻幾杂志》载：

> 章相（按：章得象）性简静，差试举人，出《人为天地心赋》。举子白云："先朝尝开封府发解出此题，郭稹为解元，学士岂不闻乎？"曰："不知，不知。"匆遽别出一题目《教由寒暑》，既非已豫先杼轴。举人上请："题出《乐记》，此教乃乐教也，当用乐否？"应曰诺。又一举人云："上在谅阴，而用乐事，恐或非便。"纷纭不定。为无名嘲曰："武成庙里沽良玉（自注：开封府举人就武成王庙，试《良玉不琢赋》），夫子门墙弄簸箕（自注：国学试《良弓之子必学为箕赋》）。惟有太常章得象，往来寒暑不曾知。"②

章得象主持贡举，因不谙场屋掌故，误出以往解试的旧题，改题后又触犯仁宗谅阴的时忌③，颇为狼狈，为士子作诗嘲笑。

后者可再举嘉祐二年（1057）科考之事。《江邻幾杂志》载：

> 嘉祐二年，欧阳永叔主文省试《丰年有高廪》诗，云出《大雅》，举子喧哗。为御史吴中复所弹，各罚金四斤。④

欧阳修主持贡举，以"丰年有高廪"为题试诗，其语原出《诗·周颂·丰年》"丰年多黍多稌，亦有高廪"之句⑤，欧氏错指出于《大雅》。在讲求用字运典精确谨严的场屋语境中，出现如是误记

---

① 参见《宋登科记考》，页 145。
② 〔宋〕江休复撰，储玲玲整理：《江邻幾杂志》，《全宋笔记》第 1 编第 5 册，页 144。
③ 章得象所出《教由寒暑》题出自《乐记》"教者，民之寒暑也"之句（〔汉〕郑玄注，〔唐〕孔颖达等正义：《礼记正义》卷三八，《十三经注疏》，页 1534）。仁宗谅阴事由为刘太后之崩，刘太后崩于明道二年（1033）（参见《宋史》卷二四二《后妃上·章献明肃刘皇后传》，页 8614）。
④ 《江邻幾杂志》，《全宋笔记》第 1 编第 5 册，页 171。
⑤ 参见《毛诗正义》卷一九之三，《十三经注疏》，页 594。

儒家经典之失，自不会被应试士子轻易放过，在他们的鼓噪喧哗下，欧氏受到朝廷"罚金四斤"的处罚①。此事颇能令人联想起欧阳修早年科考之事，当时的欧氏凭借对儒家经典注释极为精确的记忆博得考官晏殊的赏识②。两事比照之下，可谓时移而势异：多年后身居词垣的欧氏早已不再究心场屋之学，其对经典的记忆功力也相应有所减退，加之自信有余，命题不耐检核出处，出现征引之失，宜乎为后生晚辈所论议。

颇能与上述欧阳修误记经典之事关联而论者，可以提及《桯史》所载该年科考的一则传闻：

> 欧阳文忠知贡举，省闱故事，士子有疑，许上请。文忠方以复古道自任，……士忽前曰："诸生欲用尧舜字，而疑其为一事或二事，惟先生幸教之。"观者哄然笑。文忠不动色，徐曰："似此疑事诚恐其误，但不必用可也。"内外又一笑。它日每为学者言，必戏颇及之，一时传以为雅谑。……然是举也，实得东坡先生（按：即苏轼），识者谓不啻足为词场刷耻矣，彼士何噱。③

上引所述应非欧阳修的真实事迹，而当是一则以杨亿知贡事迹为蓝本的附会之说。《东斋记事》载天禧三年（1019）杨亿同知贡举之事：

> 杨文公（按：即杨亿）知举于都堂，帘下大笑，真宗知之，既开院上殿，怪问："贡举中何得多笑？"对曰："举人有

---

① 此罚金之事在欧阳修的书信中曾被提及，嘉祐二年（1057）欧阳修有书信致梅尧臣称："罚金未下，何害？不必居家俟命。"（〔宋〕欧阳修：《与梅圣俞书》之三〇，《欧阳修全集》卷一四九，页 2459）

② 参见〔宋〕王铚撰，汤勤福、白雪松整理：《默记》，《全宋笔记》第 4 编第 3 册，郑州：大象出版社，2008 年，页 142

③ 〔宋〕岳珂撰，吴企明点校：《桯史》卷九"尧舜二字"条，北京：中华书局，1981 年，页 98。

上请尧、舜是几时事，臣对以有疑时不要使。以故同官俱笑。"真宗亦为之笑。①

杨、欧二事皆有应考士子以尧舜事典向知贡者提问的情节，出现此种情况，可以推断，其一当为原事，另一当为附会。《东斋记事》的作者范镇为嘉祐二年（1057）进士科的副主考（参见前引《石林诗话》），全程参与当年的知贡事务。揆以情理，他绝不会在笔记中将欧氏主贡事迹附会为杨亿之事。故《东斋记事》所述当为原事，《桯史》所述当为附会之说。原事中，士子问以远古渺遥之尧舜为几时人事，本身无法作答，杨亿以"有疑时不要使"予以回避，显得机敏而诙谐。附会之说中，士子对以古道自任之欧氏问以尧舜事为一则典故还是两则典故，本身可以视具体情况作答，但欧氏亦予回避，则颇显笨拙而滑稽，以后谈及此事，更"蹙頞"（愁苦貌）而论，成为他人嗤嘲的对象。《桯史》站在采信其说且维护欧氏的立场上，亦不得不承认此事为考官的一个耻辱。显然，在附会之说中，欧阳修被丑化为了庸人的形象，热衷古道却疏于古典。此中我们颇能见出几分前述欧氏误记经典的影子，二者皆显示出主贡者知识上的短缺。然则这一传闻或可视为其误记经典之事由事实层面延伸至想象层面的一则产物。

三 落第士子对知贡词臣的抗议

科举道路的成败是士人是否能够进入仕途的关键，应试士子历来对科举的成功抱以极大的期待。宋代科举中，词臣以知贡之权黜落士子，从而引发士子不满，以至诉诸公然抗议之举的事件时而可见，此亦可视为士人阶层挑战词臣群体的一种形

---

① 〔宋〕范镇撰，汝沛点校：《东斋记事》（与《春明退朝录》合刊）辑遗，北京：中华书局，1980 年，页 55。杨亿同知贡举的时间参见《杨亿年谱》，页 207—208。

态。我们可以列举数例：如端拱元年（988）宋白主贡，"放进士程宿以下二十八人，诸科一百人。榜既出，而谤议蜂起，或击登闻鼓求别试。上（按：即太宗）意其遗才，壬寅，召下第人覆试于崇政殿，得进士马国祥以下及诸科凡七百人"。宋白此次贡举"罢黜者众，因致谤议"①。又如大中祥符元年（1008）晁迥主贡，"时南省下第举人周叔良等百二十人讼知举官朋附权要，抑塞孤寒，列上势家子弟四十余人文学浅近，不合奏名。上（按：即真宗）曰：'举贡谤议，前代不免。朕今召所谓势家子弟者，别坐就试（按：此指殿试）。'"②再如嘉祐二年（1057）欧阳修主贡，因排抑"太学体"而罢黜众多应试的太学生，由此引起强烈不满，以致有"嚣薄之士，候（欧阳）修晨朝，群聚诋斥之，至街司逻吏不能止"③。

上述三事之中，应试士子公开抗议知贡词臣，形式颇为激烈，然而其内在所折射的其实是相对宽松的政治氛围。这些事件中士子能够较为自由地表达自身的诉求，朝廷时而也能予以正面的回应，甚而作出相应的整改。在宋代另一类政治高压的时代，士子对科场的抗议则只能通过隐晦的方式表现出来，如《夷坚志》载：

> 壬戌（按：即绍兴十二年）省试，秦桧之子熺，侄昌时、昌龄皆奏名，公议籍籍而无敢辄语。至乙丑（按：即绍兴十五年）春首，优者即戏场设为士子赴南宫，相与推论知举官为谁，或指侍从某尚书某侍郎当主文柄，优长曰："非也，今年必差彭越。"问者曰："朝廷之上，不闻有此官员。"曰："汉梁王也。"曰："彼是古人，死已千年，如何来得？"曰："前举是楚王韩信，信、越一等人，所以知今为彭王。"问者蚩其

---

① 《续资治通鉴长编》卷二九，页654。
② 《续资治通鉴长编》卷六八，页1533。
③ 《续资治通鉴长编》卷一八五，页4467。

妄,且扣厥指,笑曰:"若不是韩信,如何取得他三秦?"四座不敢领略,一哄而出。①

绍兴十二年(1142)进士科考以给事中程克俊知贡举,中书舍人王铢、右谏议大夫罗汝楫同知贡举②,其中王铢所任为词臣之职。该年的主副考官依附权相秦桧,同时录取其子侄三人,为士林不满。但士子普遍慑于秦桧的高压政治,不敢诉诸公开的抗议,只能通过流传优伶戏谑之言予以暗讽。

四 士人在辞章之学上对词臣的诟病

上述两类情形直接涉及场屋之事。至于士子就辞章之学对词臣发表的诟病指摘,则与场屋的关系较为间接,不过其中依然存有科举的背景可供寻绎。在此可举张去华、李庆孙之事作出阐述。《玉壶清话》载:

> 张去华登甲科,直馆,喜激昂,急进取,越职上言:"知制诰张澹、卢多逊,殿院师颃,词学荒浅,深玷台阁,愿较优劣。"太祖召澹辈临轩重试,委陶榖考之,止选多逊入格,余并黜之。时谚谓澹为"落第紫微",颃为"拣停殿院"。③

《庶斋老学丛谈》载:

> 李庆孙有文名,所谓"洛阳才子安鸿渐,天下文章李庆孙"。时翰林学士宋白亦以文名,庆孙尝谓(按:"谓"似为"谒"之讹)白,弗为礼,曰:"翰长所以得名者,《仙掌赋》耳。以某观之,殊未为佳。"白愕然,问其故,曰:"公赋云:'旅雁

---

① 〔宋〕洪迈撰,何卓点校:《夷坚志》支志乙卷四"优伶箴戏"条,北京:中华书局,1981年,页824。

② 参见《宋登科记考》,页739。

③ 《玉壶清话》卷三,页31。

宵征，诇控弦于碧汉；行人早起，疑指路于云间。'此乃拳头赋也。"白曰："君行欲何？"云："某一联云：'赖是孤标，欲摩挲于霄汉；如其对峙，应抚笑于人寰。'"白遂重之。①

上述两事并非直接的场屋事件，但皆存有科举考试的背景。张去华为建隆二年(961)进士科考的状元②。短短三年之后的乾德二年(964)正月，其即在秘书郎、直史馆任上越级弹劾数名朝臣辞章荒浅，愿与之一较文字优劣③。其所劾数人中即颇有外制词臣。张氏能为如此高调之举，应可想见，其所凭依定然在于以往科考夺魁的卓越资历，然则此事可谓是曲折反映了场屋优胜之士在文辞上对词臣前辈的指摘态度。李庆孙为咸平元年(998)进士④，时人以"天下文章"之才视之。其谒见宋白，称之为"翰长"，即翰林学士承旨。宋白于至道元年至景德二年(995—1005)长期担任该职⑤，即此信息，尚难确考此一谒见之事的具体时间。然而李、宋二氏对答的话题集中于一篇曾令宋白得名的《仙掌赋》文，李氏诟病其赋偶对文句于题不切，并别拟新句，宋白亦不得不予认可。此番对答俨然是宋代士人相与议论律赋得失一幕典型的情境。律赋长期为宋代科举考试的重要科目，宋人勤加练习、好尚探讨律赋写作的风习与科考背景密切相关⑥。然则此事亦可间接视为后进士人基于科举背

----

① 〔元〕盛如梓：《庶斋老学丛谈》卷下，《景印文渊阁四库全书》第 866 册，页 549。
② 参见《宋登科记考》，页 1。
③ 《宋会要辑稿》"选举"三一亦载其事，并载有其事具体的时间及张去华当时的职衔(页 5845)。
④ 参见《宋登科记考》，页 47。
⑤ 参见《宋白传》，《宋才子传笺证·北宋前期卷》，页 41—44。
⑥ 许瑶丽《宋代律赋与科举——一种文学体式的制度浮沉》论及《庶斋老学丛谈》这则史料，明确将之置于宋初科考的背景之下(北京：人民出版社，2016 年，页 23—24)。

景，以辞章之长指摘词臣的又一案例①。

五　科举之外：不尚功名的士人群体对词臣的态度

上述列举科考背景下宋代士子挑战词臣的三种情形，所引史料中颇有语词描述这类竞逐场屋之士的举止作风，如"纷纭不定""无名嘲""哄然笑""群聚诋斥""喜激昂""急进取""弗为礼"等，历历描摹出他们在科场道路上急切甚至是躁动的心态，皆可视为前文所谓"佻薄"行迹的具体写照，生动地揭示出基层社会的知识界与词臣群体之间分野的一个面相。

然而，值得注意的是，在宋代的基层社会中，除去以上进趋科场的士子，更有一类不尚功名的士人，他们抱持自身为士之道的内在涵养，并不以科考仕进作为立身处世的主要依据，例如此类士人中即有人如是评价进士科考云："士不自重，与千百人旅进，坐轩庑下，献小艺规合有司，可耻也。与其冒耻以得禄，宁贫贱而肆志焉。"②这类士人与词臣群体亦存在分野，对于词臣亦发表指摘意见，但其批评言论与场屋功名之士议论的角度颇有不同，在他们崇尚内在修养的行止言谈下，词臣群体多显现出耽习文辞、趋于承奉、醉心仕进、内涵不足的缺点，转而成为"佻薄"之士的典型。

探讨这类不尚功名的士人与词臣在人生态度上的分野，我们可以先举《涑水记闻》的一段记载：

---

①　叶绍翁《四朝闻见录》中有一则记载颇能与上引两事相参："陈正甫，讳贵谊，以词学中等。尝考潘子高词卷，六篇俱精博，惟《集贤院记》偶不用李林甫注《六典》书目事，陈以此为疑而黜之，然心服其文。当其寓直玉堂，凡常行词，皆属潘拟稿。潘性至密，惟予知之。"（〔宋〕叶绍翁撰，沈锡麟、冯惠民点校：《四朝闻见录》乙集"王竹西驳论黄潜善汪伯彦"条，北京：中华书局，1989年，页78—79）这则史料亦展现出士子科场（这里为词科场场）之文的文词水平超越词臣之势。只是潘子高其人行事低调，未如上引两事中张去华、李庆孙之辈诉诸指摘之言。
②　〔清〕陆心源撰，吴伯雄点校：《宋史翼》卷三六《隐逸传·王伯起传》，杭州：浙江古籍出版社，2016年，页941。

王元之之子嘉祐为馆职，平时若愚呆，独寇莱公（按：即寇准）知之，喜与之语。莱公知开封府，一旦问嘉祐曰："外人谓劣丈云何？"嘉祐曰："外人皆云丈人旦夕入相。"莱公曰："于吾子意何如？"嘉祐曰："以愚观之，丈人不若未为相为善，相则誉望损矣。"莱公曰："何故？"嘉祐曰："自古贤相，所以能建功业、泽生民者，其君臣相得，皆如鱼之有水，故言听计从，而功名俱美；今丈人负天下重望，相则中外有太平之责焉，丈人之于明主，能若鱼之有水乎？此嘉祐所以恐誉望之损也。"莱公喜，起执其手曰："元之虽文章冠天下，至于深识远虑，殆不能胜吾子也。"①

该事发生在咸平六年（1003），寇准时权知开封府，即将进入朝廷任职②。王嘉祐为王禹偁长子，引文称他时任馆职，实有讹误。王嘉祐终生未能进士及第，只是以门荫入仕为奉礼郎的微职③，从科举、仕宦、辞章的成就而言，王嘉祐与其父的差距可谓悬绝。然而，在《涑水记闻》的文本叙事中，王嘉祐的形象却展现出另一派人物的风格，颇可与其父的学宦成就分庭抗礼。寇准向其咨询仕途进退之道，特称道其"深识远虑"，这里主要指士人对于自身出处大节、君臣相处之道有着清醒的认识。寇准

---

① 〔宋〕司马光撰，邓广铭、张希清点校：《涑水记闻》卷二，北京：中华书局，1989年，页33—34。

② 参见王晓波：《寇准年谱》，成都：巴蜀书社，1995年，页74—75。

③ 王嘉祐事迹可参见《王禹偁事迹著作编年》，页215。宋代史料未见有王嘉祐登科之事。《续资治通鉴长编》卷五五载咸平六年（1003）其人事迹："光禄寺丞李永锡、奉礼郎王嘉祐坐交游非类，不修检操，并责监酒税，永锡和州，嘉祐天长县。"（页1217）其后事迹无考。又王嘉祐岳父为张咏，张咏卒于大中祥符八年（1015）（参见张其凡：《张咏年谱》，〔宋〕张咏著，张其凡整理：《张乖崖集》附集卷六，北京：中华书局，2000年，页296）。张咏卒后，于天禧四年（1020）被权葬于陈州，钱易为之撰《宋故枢密直学士礼部尚书赠左仆射张公（咏）墓志铭》，载其嫁女与王嘉祐之事云："女一人，适故翰林学士王公禹偁之子、奉礼郎嘉祐。"（《张乖崖集》附集卷一，页150）于此颇能见出奉礼郎当为王嘉祐平生所领的最高官衔。奉礼郎在北宋前期为寄禄官，多用于宰相公卿子弟初荫，品阶为从九品上，参见《宋代官制辞典（增补本）》，页300—301。

认为王嘉祐在此点上颇有胜出其父之处。于此，王禹偁、王嘉祐虽份为父子，但彼此立身处世的凭依展现出不同特点：前者以富赡的词臣辞章进趋仕途，后者以清谨的为士之道甘于自守。

有宋一代，王嘉祐这一类形象的士人一直存在，在南宋我们可举杨长孺之例。杨长孺为杨万里之子，平生亦未进士及第，长期沉沦下僚，至五十余岁才始担任州府的地方官①。如果说王嘉祐的言论只是间接映衬出词臣侪辈急于仕进的作风，那么杨长孺的言论则更直白指摘了词臣内涵不足的缺陷。杨氏的乡邦后生罗大经《鹤林玉露》载：

> 杨东山（按：即杨长孺）尝谓余（按：即罗大经）曰："文章各有体，欧阳公所以为一代文章冠冕者，固以其温纯雅正，蔼然为仁人之言，粹然为治世之音，然亦以其事事合体故也。……渡江以来，汪、孙、洪、周，四六皆工，然皆不能作诗，其碑铭等文，亦只是词科程文手段，终乏古意。"②

又载：

> 杨东山尝为余言："昔周益公（按：即周必大）、洪容斋（按：即洪迈）尝侍寿皇（按：即宋孝宗）宴。因谈肴核，上问容斋：'卿乡里何所产？'容斋，鄱阳人也。对曰：'沙地马蹄鳖，雪天牛尾狸。'又问益公。公，庐陵人也。对曰：'金柑玉版笋，银杏水晶葱。'上吟赏。又问一侍从，忘其名，浙人也。对曰：'螺头新妇臂，龟脚老婆牙。'四者皆海鲜也。上为之一笑。某尝陋三公之对。昔某帅五羊时，漕仓市舶

---

① 参见于北山著，于蕴生整理：《杨万里年谱》，上海：上海古籍出版社，2006年，页722—741。

② 〔宋〕罗大经撰，王瑞来点校：《鹤林玉露》丙编卷二"文章有体"条，北京：中华书局，1983年，页264—265。

三使者，皆闽浙人，酒边各盛言其乡里果核鱼虾之美。复问某乡里何所产，某笑曰：'他无所产，但产一欧阳子耳。'三公笑且惭。"[1]

前段言论中杨长孺论及两宋之际至南宋时期多名词臣汪藻、孙觌、洪适、洪遵、洪迈、周必大的文章造诣，认为他们的文笔不过是应对科举考试的"程文手段"，远不如一代文宗欧阳修之文"温纯雅正""仁人之言""治世之音"的内涵（欧氏在仁宗朝亦长期担任词臣，但其立身处世的凭依绝不止于这一仕宦身份，而更鲜明地体现于引领诗文之风的文宗位望）。后段言论中其更具体言及周必大与洪迈，当二人被孝宗问及家乡特产时，只会以五言偶对之辞答以饮食名类，以此趋奉君主，略不及仁义之道，这正是"程文手段"的具体弊端。言及自己被问类似问题时，则以文道并重的欧阳修答之。

值得注意的是，杨长孺其人颇具理学渊源，他曾师事理学宗师朱熹[2]。然则上述杨氏指摘词臣之事更能揭示一层宋代士大夫文化史的意蕴：即南宋时期理学群体与词臣群体的处世态度所存在的分野。宋代的理学人物未必不参加科考，未必不跻身仕途，甚至其中有人还曾仕至词臣之位，然而，就人生态度的总体取向而言，理学人物更为看重士人内在的义理修习与道德修养，进入朝廷担任官职以后，注重以理学的理念影响、感悟君主，以达成"得君行道"的理想。此与词臣群体普遍追随上层权力，以工具性的辞章之学润色朝政的行事作派迥然不同。关于南宋时期理学与词臣群体分野之下诸多具体的人事活动，我们将在第四章中详论。

---

① 《鹤林玉露》乙编卷五"肴核答对"条，页205。
② 参见陈荣捷：《朱子门人》，上海：华东师范大学出版社，2007年，页186—187。

第二章　文学人物与仕宦环境：
诗文革新与北宋词垣

　　北宋诗文革新是宋代士大夫文化精神开始显扬于世的标志之一，导引了宋代文学向平易疏朗、简淡明畅的风格发展。这场革新的历程中，在诗歌的写作上，名重于世的欧阳修揄扬梅尧臣的"平淡"诗风，涤荡了此前"西昆"体的繁缛典丽之气，于诗史意义上开创了宋诗格调。在古文的写作上，复古的思想自宋初开始萌芽，在仁宗一朝得到欧阳修的有力推动，最终形成了元祐时期苏轼一派人物的文事盛况，欧、苏由此成为前后承继、瞩目当代的文章宗主。就诗文的贡献而言，梅、欧、苏三氏洵为宋代文学史上引领风潮的卓越人物，对于他们三者的生平事业与文学地位，学界已然积累有丰富的研究成果。本章在现有学术积累的基础上，将梅尧臣、欧阳修、苏轼的文学事业投射到词垣场域、词臣群体的层面再作出一番别样的观照，希望借此对北宋诗文革新的意蕴取得一层更新的认识。

　　梅尧臣的仕宦地位远低于词臣，他生平仅仕至国子监直讲的微职，而"西昆"体则可视为北宋前期词垣典型的文学风貌。梅尧臣虽在单纯的诗艺上排斥"西昆"，追求朴素的"平淡"风格，但在仕宦的进取上却向往词垣，瞻慕清贵的词臣职任。于诗、仕之间，梅氏的行止展示出人生格局的张力：其与后期"西昆"派人物唱和交往，在显宦氛围淡薄的场合能够直率地表达自身"平淡"诗风的立场，但在显宦氛围浓厚的场合则诗艺让位于仕心，明确地作出贬抑己诗、趋奉"西昆"的姿态。

　　欧阳修、苏轼的仕历较之梅尧臣远为显达，他们二人皆曾仕至翰林学士，达到了词垣中的显赫地位。欧、苏的词臣职任与其文宗位望呈现出一派错综纠葛的态势：一方面，词臣职任，尤其是翰林学士的位势，因其皇朝文学优选的象征意义，能够为欧、苏文章事业的推行、文宗位望的成立提供仕宦地位的支撑；但另一方面，欧、苏文章事业的理想抱负与词臣作为官僚职事的意义又并非全然同调，二者之间亦展示出扞格出入的迹象，欧、苏文章理想的特立超卓既有超轶词臣职任矩范之势，词臣职任的官僚属性又有笼罩欧、苏文章理想之迹。

在具体的历史情境里，以词垣、词臣文化为背景来观照北宋诗文革新历程中梅尧臣、欧阳修、苏轼的位势地望、思想情感与行止作风，颇能揭示作为诗文大家的梅、欧、苏，与作为仕宦环境的词垣之地的互动态势：梅、欧、苏的文学历程既呈现出对于词垣地位的向往之意、凭依之态，又伴随着之于词垣氛围的特立之风、超轶之势，还显露出受到词垣体制凌驾、笼罩的迹象。凡此种种，皆是机构系统运转与个体价值取向之间综错关系的生动写照。

第一节　诗与仕——阶层分野之下的"西昆"体与"平淡"诗风

"平淡"诗风是北宋诗文革新在诗歌写作方面的重要成就，文学史明确指出其所变革的对象是流行于宋代前期的"西昆"体诗。"西昆"体自真宗朝由杨亿、刘筠等人引领，风潮流衍至仁宗时代，矜尚繁缛典丽的风格；"平淡"诗风自仁宗朝由梅尧臣践行、欧阳修倡导，追求古淡野逸的趣味。文学史历来倾向于将"西昆""平淡"二体的关系描述为被超越与超越的模式，各类通代、断代、分体文学史的著述从宋诗体貌的演进趋势出发，但凡涉及对这两种诗风的评述，无不致力于剖析"西昆"体在摹袭义山、拘泥形式、内容空乏等方面显露出的弊端，掘发"平淡"诗风在开拓诗境、革新诗语、奠基宋调等方面所作出的贡献，以此呈现"平淡"诗风超轶"西昆"的态势①。这一论调一直作为宋诗研究领域的基本认识而存在②。

　　文学史的叙述对"西昆"体与"平淡"诗风新旧高下差异的评定是直截而分明的。然而，我们如果从社会史的角度来审视"西昆""平淡"二体的分野，就会发现别有一层复杂的面相有待揭示。这两种诗风彰显出两种不同社会阶层的文学趣味："西昆"体的核心诗人大多为朝廷馆阁词垣中的清贵臣僚，其华美的文辞代表了词垣典型的审美旨趣；"平淡"诗风则主要是梅、欧在士人社会的范围内所实践、倡导的写作风格，其古淡的气度体现了基层官员、普通士人的生活情致。这两种诗风的异趣颇可视为两种阶层分野的标志③。在第一章中，我们已然论及引领诗文革新的欧阳修一旦仕至词臣的宦位，诗文内容即屡屡出现"金带"意象，值宿吟咏的诗什亦时现宫廷式的缛丽，显露出接近"西昆"风格的一面。此颇可视为仕宦地位转变影响诗风取向的一则写照。在本节里，我们则要重点来考察践行"平

---

　　①　参见刘大杰：《中国文学发展史》，北京：商务印书馆，2015 年，页 697—698、702—703；袁行霈主编：《中国文学史》第三卷，北京：高等教育出版社，2014 年，页 25—26、46—47；[美] 孙康宜、[美] 宇文所安主编，刘倩等译：《剑桥中国文学史·上卷：1375 年之前》，北京：生活·读书·新知三联书店，2013 年，页 432—437；程千帆、吴新雷：《两宋文学史》，上海：上海古籍出版社，1991 年，页 17—18、29—30、67—69；[日] 吉川幸次郎著，郑清茂译：《宋诗概说》，台北：联经出版事业公司，2012 年，页 53—54、81—88；许总：《宋诗史》，重庆：重庆出版社，1992 年，页 91—100、170—199 等。

　　②　不可否认，学界颇有一些研究北宋早期诗风的著述曾对以上文学史的叙述提出过一些修正之说，指出"西昆"体对于宋诗格调形成亦有一定的积极意义（参见周益忠：《西昆研究论集》，台北：台湾学生书局，1999 年，页 60—66；傅蓉蓉：《西昆体与宋型诗建构》，北京：文汇出版社，2004 年，页 103—133）。这一观点值得参考，不过其并不足以撼动文学史叙述的基本格局。

　　③　法国社会学家布尔迪厄（Pierre Bourdieu）已然深刻地揭示出人类的审美行为并非是远离功利的纯粹愉悦，而是分野明晰的阶层趣味，参见 [法] 皮埃尔·布尔迪厄著，刘晖译：《区分：判断力的社会批判》，北京：商务印书馆，2015 年。

淡"诗风的梅尧臣在如是分野之下是以怎样的态度参与诗歌活动的。

梅尧臣一生沉沦下僚，馆阁词垣是其生平瞻慕但遥不可及的仕宦地位。如果我们就诗风与仕宦这两个方面来观照"西昆"诗人与梅氏的人生图景，就能明显见出两种相异的人生形态：前者华美诗风的取向与清贵阶层的出身互为映衬，彰显出人生格局的稳定性；后者则在追求朴素诗境与瞻慕清贵仕途之间展示出人生格局的张力。这一态势使梅尧臣在与"西昆"一派人物的现实交往中，于诗学主张的表述上呈现出极大的弹性：他与同时代的"西昆"诗人唱和往来，基于具体的环境、心态之异，对于自身践行的"平淡"诗风明确表达过称扬与贬抑两种截然不同的态度。本节将对此中问题作出详细的论析。如果说文学史的叙述习惯于在文学演进的既定秩序中为"西昆"体与"平淡"诗风的概念贴上新旧、高下有别的标签，那么本节的研究则期望能在一定程度上突破此一框架，将这两种诗风置于历史生活的细节中予以观照，从中真切地呈现"平淡"诗风与词垣文学旨趣的交涉之迹。

一 诗风与仕宦："西昆"诗人与梅尧臣的人生图景

从诗风与仕宦的角度观照"西昆"诗人的人生图景，我们明显可以见出追求繁缛典丽的诗歌风格与趋尚清贵位望的馆阁心态之间互为映衬的态势。第一章论及杨亿值宿词垣的诗作以华美意象规范性地渲染皇帝侍从的雅致生活，已然颇能见出此中端倪。在本节中，我们可以扩大范围，在《西昆酬唱集》文本范围内拣择材料再作一番阐述。《西昆酬唱集》作为真宗朝词垣馆阁臣僚于编纂朝廷类书《历代君臣事迹》（后称《册府元龟》）之余相与唱和的结集，鲜明地展示了宫廷学术文化的特征。就学问而言，该集诗思取资类书，广征典故，体现出词臣馆职手笔炫示博学的情结①。就位望而言，集中缛丽的诗风处处托举出唱和者自矜清贵的态度。后一特征对于本节的论述尤为重要，杨亿为《西昆酬唱集》所作序言即有云："时今紫微（按：即知制诰）钱君希圣（按：即钱惟演），秘阁（按：即秘阁校理）刘君子仪（按：即刘筠），并负懿文，尤精雅道，雕章丽句，脍炙人口。"②其语将"雕章丽句"的诗艺之长与参与唱和者钱、刘之辈"紫微""秘阁"的馆阁词垣职任相提并举。又该集中录有舒雅寄赠杨亿的诗作《答内翰学士》道及翰林学士之职，中有"清贵无过近侍臣""金莲烛下裁诗句"之句③，直言翰苑词臣作为侍从官的荣贵显达。"金莲烛"的事典出自《新唐书·令狐绹传》："（令狐绹）还为翰林承旨。夜对禁中，烛尽，帝以乘舆、金莲华炬送还，院吏望见，以为天子来。"④有宋一代，词臣获以金莲烛送归词垣的事典依然延续⑤，其既作为词臣宠遇的现实典例，又作为富丽华美的诗歌意象，洵可视为"西昆"诗人身份一则典型的象征。

以这样的视角审视《西昆酬唱集》中诸多咏史、咏物、记事之什，这些诗作兴寄讽咏的具体寓意容或存在异议争论，但有一点不可否认，即它们之中频繁出现的深殿高阁、贵宦显位的语词意象，历历与馆阁词垣之臣对自身侍臣位望的炫示心态密不可分。集中咏史诗如咏秦皇阅奏则云"衡石量书夜漏深，咸

---

① 参见李贵：《中唐至北宋的典范选择与诗歌因革》，上海：复旦大学出版社，2012 年，页 122—130。

② 〔宋〕杨亿：《西昆酬唱集序》，王仲荦注：《西昆酬唱集注》，北京：中华书局，1980 年，页 1—2。

③ 《西昆酬唱集注》卷下，页 175。

④ 《新唐书》卷一六六，页 5102。

⑤ 据赵翼考订，宋代共有六名词臣王钦若、王珪、晁迥、郑獬、苏轼、史浩获得过以金莲烛送归词垣的殊荣（参见〔清〕赵翼：《陔余丛考》卷二〇"宋金莲烛送归院者六人"条，北京：中华书局，1963 年，页 384—385）。

阳宫阙杳沉沉"①，咏汉皇崇仙则云"光照竹宫劳夜拜，露溥金掌费朝餐"②，咏南朝夜警则云"五鼓端门漏滴稀，夜签声断翠华飞"③；咏物诗如咏树则云"直干依金闼，繁阴覆绮楹"④，咏蝉则云"贵伴金貂尊汉相，清含珠露怨齐王"⑤，咏鹤则云"露浓汉苑宵犹警，雪满梁园昼乍迷"⑥；记事诗如记暑热则云"魏台清暑开冰井，汉殿延年啜露盘"⑦，记病假则云"汉苑楼台沉暮影，谢家鼓吹发新声"⑧，记七夕则云"清浅银河暝霭收，汉宫还起曝衣楼"⑨；等等。如是层出不穷的宫廷化的意象与位近禁严的侍臣身份互为辉映、相得益彰，鲜明地呈现出"西昆"诗人人生格局的稳定性。基于这种稳定性，"西昆"体更彰显出一种文化权力的优越性：其牢牢地占据着宫廷文化风尚的主导地位，对于进入仕宦高层的士大夫的诗文写作具有强大的同化力量——即便是原先在文学主张上与"西昆"风格存有分歧的文士，只要仕至显赫的宦位，其诗文撰作的实践即不再会坚决地秉持革除"西昆"的理念，而是会在自觉不自觉间表现出与之趋同的倾向，前论欧阳修诗文的"金带"意象、词垣值宿的华美诗藻，即是其例。

不同于"西昆"诗人，在梅尧臣人生图景中，"平淡"诗风的旨趣与其在仕宦上的趋尚展现出一种不相合和的张力。就"平淡"诗风的旨趣而言，其作为一种审美趣味，来自梅氏归属的基层官员、普通士人阶层的日常生活。欧阳修所撰的《梅圣俞诗

① 〔宋〕杨亿：《始皇》，《西昆酬唱集注》卷上，页162。
② 〔宋〕杨亿：《汉武》，《西昆酬唱集注》卷上，页42。
③ 〔宋〕杨亿：《南朝》，《西昆酬唱集注》卷上，页14。
④ 〔宋〕杨亿：《禁中庭树》，《西昆酬唱集注》卷上，页19。
⑤ 〔宋〕杨亿：《馆中新蝉》，《西昆酬唱集注》卷上，页54。
⑥ 〔宋〕杨亿：《鹤》，《西昆酬唱集注》卷上，页65—66。
⑦ 〔宋〕杨亿：《暑咏寄梅集贤》，《西昆酬唱集注》卷下，页262。
⑧ 〔宋〕刘筠：《初秋属疾》，《西昆酬唱集注》卷上，页167。
⑨ 〔宋〕杨亿：《七夕》，《西昆酬唱集注》卷上，页145。

集序》曾概念化地描述过梅诗主体风格赖以形成的人生境遇：

> 盖世所传诗者，多出于古穷人之辞也。凡士之蕴其所有而不得施于世者，多喜自放于山巅水涯。外见虫鱼草木风云鸟兽之状类，往往探其奇怪。内有忧思感愤之郁积，其兴于怨刺，以道羁臣、寡妇之所叹，而写人情之难言，盖愈穷则愈工。①

序文所谓"山巅水涯"之所、"虫鱼草木""风云鸟兽""羁臣寡妇"之状，历来皆用以指称沉迹下僚或未入仕途的文士所处的物态人情的环境。梅尧臣本人亦本于这种生活环境来阐述"平淡"诗风的境界，其《林和靖先生诗集序》评价"终老而不得施用于时"的隐逸士人林逋之诗时即有云"其顺物玩情为之诗，则平澹邃美，读之令人忘百事也"②。可以说，远离显宦的日常生活为梅氏的"平淡"诗风提供了诗思生成的空间，而"平淡"诗风所标举的古淡野逸则是这种生活艺术化的凝练。

在基层士宦的交游范围内，梅尧臣的诗歌成就得到很高的推崇，他的身边簇拥着未仕的士子、乡居的官绅，向他请益求教，恭敬有加。如景祐五年（1038）的刘敞，其时是尚未登科的普通士子③，与梅氏相见于汴京，即有诗致赠梅氏，意欲拜其为师。刘敞之诗已佚，梅氏答诗《依韵和刘敞秀才》尚存，其中有云：

> 安得采虚名，师道欲吾广。……孔孟久已亡，富贵得亦傥。……退之昔独传，力振功不赏。……今子诚有志，

---

① 《欧阳修全集》卷四三，页 612。
② 〔宋〕梅尧臣著，朱东润编年校注：《梅尧臣集编年校注》拾遗，上海：上海古籍出版社，2006 年，页 1150。
③ 刘敞于庆历六年（1046）进士及第，参见《刘敞年谱》，《宋人年谱丛刊》第 4 册，页 2065。

方驾已屡栘。自惭怀道浅，所得可下上。①

由"师道欲吾广"一语，可见刘敞师事意向甚明，梅尧臣则以"自惭怀道浅"逊谢。诗中"退之昔独传"之句尤值注意，其句提及传承孔孟之道的韩愈，梅诗之意虽在谦称自己远逊韩愈，不足师法，但味其语势，毕竟已是将己与韩愈相提并论。以梅诗作为答诗的性质度之，我们应能想想此一比附当是本于刘敞之诗的基调而发。然则由此颇可想见，当时的刘敞俨然是将梅氏当作韩愈一般的文宗而尊崇有加。与之相似之例还有庆历六年（1046）的韩绛、韩维、韩缜兄弟，彼时他们隐居许州为父守制，梅氏则在许州任签书判官，彼此谈诗论学，颇有酬和之作②。韩维曾有诗《饮圣俞西轩》赞誉梅氏诗学之精：

主人（按：即梅尧臣）吾儒秀，言与二雅配。……唐之众诗人，区别各异派。一经君子评，致凿弃秕糒。予曰吾圣俞，名足通后代。答我文如韩，尚有六经在。③

由"答我文如韩"之句，可见韩维亦将梅尧臣比作承接儒道、名传后世的韩愈，而将己置于恭读答文、聆听教诲的韩门弟子之列。

在以上这种与仕宦经济暂相隔离的生活情境中，梅尧臣凭借诗家雅望，对于自身诗学思想的表达颇为直率张扬，如当时其在致韩氏兄弟的《答韩三子华韩五持国韩六玉汝见赠述诗》中有云：

迩来道颇丧，有作皆言空。烟云写形象，葩卉咏青红。人事极诙诡，引古称辨雄。经营唯切偶，荣利因被蒙。遂

① 《梅尧臣集编年校注》卷八，页128。
② 参见邵梅：《韩维韩绛事迹著述编年》，杭州师范大学2011年硕士学位论文，页17—18。
③ 〔宋〕韩维：《南阳集》卷五，《景印文渊阁四库全书》第1101册，页552。

使世上人，只曰一艺充。以巧比戏弈，以声喻鸣桐。嗟嗟一何陋，甘用无言终。①

　　学界已然指出这段诗语是梅尧臣本于"平淡"诗风的立场对"西昆"体所发的抨击之词②，此中尤可见出梅氏对于当下这两种诗风的异趣具有充分自觉的认识。颇值注意的是，其句多有语助词，如"颇""皆""极""唯""因""遂""只""嗟嗟""一何"等，历历展现出梅氏议论之际直言无忌、挥洒酣畅的情态。

　　然而，"平淡"诗风所赖以生成的基层士宦的日常生活并非是梅尧臣平生志业的趋尚所在。梅氏终生热衷仕进，有着深厚的侍从官情结③，其所瞻慕的仕宦职任，正是其反对之"西昆"体所炫示的馆阁词垣的地位。梅氏的仕位与词垣的差距过远，他只能在诗中极写对于词臣的钦羡，如其称慕翰林学士即有云："金带系袍回禁署，翠娥持烛侍吟窗。人间荣贵无如此，谁爱区区拥节幢。"④直言即便在地方贵为州府的行政长官，亦难以比肩翰苑职任的荣显。较词垣为低的馆阁职事则是梅氏一生努力仰攀的目标：皇祐年间梅氏争取到朝中重臣举荐，期望通过

---

　　①　《梅尧臣集编年校注》卷一六，页336。
　　②　参见《西昆研究论集》，页57—58。
　　③　梅尧臣的侍从官情结在其诗中多有体现，如皇祐五年（1053）七月，仁宗"幸后苑，召近臣、馆阁、台谏、省府推判官观瑞莲"（《续资治通鉴长编》卷一七五，页4220）。作为太常博士的梅氏没有资格扈从观瞻，即作诗感慨云："微闻嘉莲开，独许侍臣见。……谁怜与众归，博士且疏贱。"（《二十二日起居闻宣三馆诸公观瑞莲》，《梅尧臣集编年校注》卷二三，页686）诗中特意点出"侍臣"之职。在与朝中清贵臣僚的诗歌酬唱中，梅氏亦屡屡言及对方的"侍臣"身份，如"吟寄侍臣知有意"（《次韵和永叔退朝马上见寄兼呈子华原甫》，《梅尧臣集编年校注》卷二八，页1058）、"侍臣清署看临除"（《次韵和韩子华内翰于李右丞家移红薇子种学士院》，《梅尧臣集编年校注》卷二九，页1072）、"六月侍臣方赐冰"（《韩子华遗冰》，《梅尧臣集编年校注》卷二三，页685）、"今日一寒士，能来三侍臣"（《韩子华吴长文石昌言三舍人见访》，《梅尧臣集编年校注》卷九六五，页965）。如此频繁的标举，足可见出梅氏对于侍从官的仰慕之情。
　　④　〔宋〕梅尧臣：《谢永叔答述旧之作和禹玉》，《梅尧臣集编年校注》卷二七，页931。

召试学士院而进入馆阁,不过后来只是由此获得了赐进士的出身①。嘉祐年间梅氏以国子监直讲的身份充任史馆编修官,参与编纂《唐书》。他对于此一事务最大的期待便是希能凭借修史之劳,博取一个企盼已久的馆职名号,即所谓"翼书成畴劳,得一贴职(按:此指以他官兼领馆职职名),以偿素愿"②。然而这一夙愿亦终因其不久后染疾亡故而未及实现。

在争取仕进的道路上,梅尧臣历经坎坷,备受来自馆阁词垣阶层的凌驾俯视,他本人则表现出谦卑自抑的姿态。此一态势迥异于其在基层社会中受到的捧扬礼遇,以及展现的张扬之风。在此可略举数例,首先可述者为欧、梅之间的交往关系,欧阳修作为梅氏挚友,一直热心援助提携梅氏,但对于梅氏,欧氏亦难以全然免除自矜位望的倨傲态度。《邵氏闻见后录》载曾绎之说:

> 欧阳公有"韩孟于文词,两雄力相当。孟穷苦累累,韩富浩穰穰。郊死不为岛,圣俞发其藏"等句。圣俞谓苏子美(按:即苏舜钦)曰"永叔自要作韩退之,强差我作孟郊",虽戏语,亦似不平也。③

以上所引诗句出自欧阳修庆历五年(1045)所作的《读蟠桃诗寄子美》,欧氏时任河北转运使④,此前已有过集贤院校理、知制诰的馆阁词垣之职⑤,而其时梅尧臣湖州税监任职期满,正在汴京

---

① 参见刘守宜:《梅尧臣年谱》,氏著:《梅尧臣诗之研究及其年谱》,台北:文史哲出版社,1980年,页332。

② 《归田录》卷二,页28。

③ 〔宋〕邵博撰,刘德权、李剑雄点校:《邵氏闻见后录》卷一八,北京:中华书局,1983年,页145。

④ 参见《欧阳修诗编年笺注》卷七,页747—748。

⑤ 欧阳修任集贤院校理、知制诰在庆历三年(1043),参见《欧阳修纪年录》,页146—147、153。

听候磨勘①，二人宦位悬殊。欧诗自比韩愈之富，而将梅氏指为孟郊之穷。学界已然指出欧氏作此比拟的用意并非是为阐述其与梅氏的诗风之异，而是用以指涉二人位望的高下之别②。此言起初引起梅氏不平，但随着岁月蹉跎、宦途艰难，梅氏逐渐认同此言，其晚年即有诗称"欧阳今与韩相似"，而认可"以我拟郊嗟困摧"③。前述在基层社会和诗论学的语境中，梅氏被尊为韩愈，而在此馆阁臣僚矜夸位望的语境中，却被当作陪衬韩愈之侧的孟郊，这其中声名升降变化，亦令人叹喟。除此而外，还可举刘敞、韩氏兄弟与梅尧臣交游之例。前述刘、韩未仕或守制时皆对梅氏尊崇有加，几欲师事梅氏。但至嘉祐年间，刘敞与韩氏之中的韩绛已然置身词垣，分别仕至知制诰与翰林学士④，而梅氏仕宦的最高品阶则只是从六品上的尚书都官员外郎⑤。彼时刘、韩与梅氏的过从关系已迥异于前：刘敞即公开嘲谑过梅氏品阶"必止于"都官⑥，其居位自矜之态尤为显著；韩绛与梅氏仍保有往来，但梅氏在与其接谈酬答之间已不复原先的挥洒态度。梅氏有一首答谢韩绛过访的诗作《韩子华内翰见过》云："但见公轩过，未见我马去。……遥听高车声，骀导门前

---

① 参见梁建国：《梅尧臣与东京——兼论北宋地方士人融入京城社会的若干问题》，邓小南、曹家齐、平田茂树编：《过程·空间：宋代政治史再探研》，北京：北京大学出版社，2017年，页303—306。

② 参见钱锺书：《谈艺录》，北京：生活·读书·新知三联书店，2007年，页433；尚永亮、刘磊：《欧、梅对韩、孟的群体接受及其深层原因》，《四川大学学报》（哲学社会科学版）2005年第4期。

③ 梅尧臣：《依韵和永叔澄心堂纸答刘原甫》，《梅尧臣集编年校注》卷二五，页801。

④ 刘敞的知制诰之职在下节中有较详的叙述，关于韩绛的翰林学士之任，参见《宋代京朝官通考》第1册，页664—665。

⑤ 元丰改制前尚书都官员外郎的品阶为从六品上，参见《宋代官制辞典（增补本）》，页251。

⑥ 参见〔宋〕欧阳修撰，黄进德点校：《六一诗话》，吴文治主编：《宋诗话全编》第1册，南京：凤凰出版社，1998年，页213。

驻。仆夫惊入扉，遽曰能来顾。"①诗中"公轩过""高车声"之语显是在追摹唐代李贺的《高轩过》②，俨然将韩绛过访比作韩愈驾临，而将自己降格为后生李贺，其前后张扬、谦卑的差别亦很明显。

以上从诗风与仕宦两个方面勾勒的人生图景呈现出"西昆"诗人与梅尧臣在阶层分野下两种截然不同的人生形态：前者多任职于馆阁词垣，身居清贵，逞辞擅藻，诗、仕之间互为映衬，其诗歌风格对于显宦中人具有强大的同化力量；后者则诗风出自基层，仕宦瞻慕显达，标举诗风之言直率张扬，身处仕途之态谦卑自抑，其诗、仕之间存在不可忽视的张力。在以上的论述中，这两种形态是以分别列举的形式予以呈现、比照，并未形成直接的人事交涉。如果在现实的诗歌活动中，"西昆"诗人与梅尧臣之间存有实质的交集，那么他们二者的诗歌之交又将会呈现出怎样的态势呢？如以上述两种人生形态作为依据来作一番理论的推导，我们应能推想到"西昆"一派人物因为人生格局的稳定性，当会秉持其一贯的诗风取向。梅氏的态度则颇有可能在人生格局的张力下，基于具体交游环境、思想心态的不同而呈现出极大的弹性，这大致可以分为两种情形：如是在显宦氛围淡薄的环境中与"西昆"诗人切磋诗艺，梅氏"平淡"诗风的立场或会因为仕宦语境的较少束缚而得以充分的扬显；但如是身处于显宦氛围浓厚的环境中，其"平淡"诗风之见则或会让位于谦卑自抑之态，从而作出贬抑己诗、趋奉"西昆"之举。

事实上，梅尧臣在自身"平淡"诗风已然成熟的时期③，确曾

---

① 《梅尧臣集编年校注》卷二八，页1022。

② 参见〔唐〕李贺著，〔清〕王琦等评注：《三家评注李长吉歌诗》卷四，上海：上海古籍出版社，1998年，页154—155。

③ 王水照论文《北宋洛阳文人集团与宋诗新貌的孕育》指出，庆历四年(1044)欧阳修评梅诗之作《水谷夜行寄子美圣俞》启发了梅尧臣在理论上对于"平淡"诗风的自觉。梅氏次年有诗作《答中道小疾见寄》议论为诗之道，即明（转下页）

于现实中分别与两名"西昆"诗人晏殊、王珪有过一段诗歌唱和的交往。晏殊、王珪作为杨亿、刘筠后辈的朝堂诗人,学界普遍将之视为后期"西昆"派(或称"西昆"后进、"西昆"余绪)的代表人物①。然则梅氏与晏、王的分别唱和洵可视为前述两种人生形态直接形成人事交涉的两例事件,其中晏、梅之间的唱和发生于庆历年间晏殊在地方担任知州之时,王、梅之间的唱和发生于嘉祐年间二人同在汴京参与"锁院"知贡之际。那么这两次唱和之事的交游环境是否能够展示出显宦氛围的浓淡之别呢?而其间酬答往来的和诗实态又是否能够印证上述的理论推导呢?以下我们就分别来对此二事件进行详细的考察。

二 地方社会中的"西昆"体与"平淡"诗风: 晏殊与梅尧臣的唱和

晏殊作为后期"西昆"派的代表人物,于真宗朝出入馆阁词垣,于仁宗朝更登位执政、宰相。晏殊为诗亦好尚标榜荣贵显达的身份,不过与杨、刘有所不同的是,其并不热衷以过分缛丽的辞藻雕琢富贵,而主张以闲雅气度来衬托名位。当然,此一不同更多是属于"西昆"派内部具体的分别②。

晏殊与梅尧臣之间的唱和交往发生在庆历七年、八年(1047—1048)晏殊知颍州、陈州时期,梅氏先是作为宾客,后是作为僚属,受到晏殊的招待与征辟③,晏、梅的唱和之什现今只

(接上页)确提及"平淡"一语(参见王水照:《王水照自选集》,上海:上海教育出版社,2000 年,页 186—190)。然则庆历五年(1045)颇可视为梅氏"平淡"诗风成熟期的开始。

①　参见段莉萍:《后期"西昆派"研究》,成都:巴蜀书社,2009 年,页 106—128、130—152;张明华:《西昆体研究》,北京:人民文学出版社,2010 年,页 234—249;张兴武:《宋初百年文学复兴的历程》,北京:中华书局,2009 年,页 188—194。

②　参见《后期"西昆派"研究》,页 137—139。

③　参见夏承焘:《二晏年谱》,《唐宋词人年谱》,北京:商务印书馆,2013 年,页 226、228。

存数首梅诗,相关的晏诗已然亡佚。学界对于晏、梅的这段唱和交往多有关注,目前绝大多数的讨论都是直接对他们二人的唱和内容与论诗取向作出述评①。本节则分两个步骤对之进行考察:首先探究地方社会中晏、梅交游的仕宦氛围,其次再将他们酬和往来间各自展现的"西昆"与"平淡"的诗歌观念置于此一氛围中论析。

探究晏、梅交游的仕宦氛围,就仕宦权力的表象来看,颍州、陈州时期的晏殊作为地方长官,梅尧臣作为基层人物、衙下僚属,二者地位的尊卑之别可以立判。然而,我们如能更为深入地考察地方社会世态人情的微妙之端,就能领会到,晏、梅二者的关系于尊卑分明的表象下,内底里其实更潜在着一层尊者权威衰落、卑者个性扬显的情势。关于这层情势,现存直接关涉晏、梅交往的史料内容并无具体的呈现。我们先须间接择取晏、梅各自在地方社会中的交游事迹,充分论述其中尊卑双方权威、个性消长之势的义涵,然后再对二者进行类比关联,如是庶几才能对这层情势获得一番真切的了解。

先来看晏殊。晏殊在仁宗朝的仕宦颇历浮沉,他曾于明道元年(1032)位至参知政事,但于明道二年至宝元元年(1033—1038)即被外贬知亳州、陈州,后于庆历三年(1043)又位至丞相,但于庆历四年至至和元年(1044—1054)再被外贬知颍州、陈州、许州、永兴军,任西京留守②。晏殊对于权位更迭下世态

---

① 参见朱东润:《梅尧臣传》,北京:中华书局,1979 年,页 121—123、139—143;朱东润:《梅尧臣作诗的主张》,《朱东润文存》,上海:上海古籍出版社,2014 年,页 279;[日] 筧文生:《梅尧臣略说》《梅尧臣诗论》,[日] 筧文生、[日] 筧久美子著,卢盛江、刘春林编译:《唐宋诗文的艺术世界》,北京:中华书局,2007 年,页 266、295;Jonathan Chaves. *Mei Yao-ch'en and the Development of Early Sung Poetry*. New York and London: Columbia University Press,1976,pp. 114、124;黄美玲:《欧、梅、苏与宋诗的形成》,台北:文津出版社,1998 年,页 136;谢琰:《北宋时期诗歌转型研究》,北京:北京大学出版社,2013 年,页 104—105。

② 参见《二晏年谱》,《唐宋词人年谱》,页 209—214、218—232。

人情的变化之端深有感触，其曾慨叹云："士大夫受人眄睐，随燥湿变渝，如反覆手。"[1]晏殊在朝廷身处权要时备受士大夫的恭谨趋奉。如庆历间其任职丞相时在元日"会两禁（按：即内外制诰之臣）于私第"，晏殊作为尊者，"席上自作《木兰花》以侑觞"，以"东风昨夜回梁苑"为首句，其时在座宾客作为卑者，和诗"不敢改首句'东风昨夜'四字"[2]，皆亦步亦趋地跟随晏殊原诗所定的基调，略不作张扬之语。然而晏殊外贬地方、权威衰落之时，他所面对的人情之态则又呈现出另外一番景象。《默记》载有一则晏殊外贬时期的轶事：

> 李宗易郎中，陈州人，诗文、琴棋、游艺皆妙绝过人，……晏临淄公（按：即晏殊）为陈守，属伏暑中，同诸客集于州之后圃。……晏公叹曰："江南盛冬烘柿，当此时得而食之，应可涤暑也。"宗易忽对曰："此极易致，愿借四大食合。"公大惊，遽令取之。宗易起，入于堂之西房，令取合，复掩关，少刻而出，振衣就席，徐曰："可令开合。"既如言，烘柿四合俱满。……晏公曰："此人能如此，甚事不可做！"自是遂疏之。[3]

该则史料记载的准确性先须略加辨正。李宗易为张耒外祖，据张耒《记外祖李公诗卷后》所载，晏殊与李宗易的交往是晏殊知亳州，李氏任谯县（亳州州治）县令时期之事[4]，《默记》所言晏殊陈州之任，当是稍有事件背景上的误差，不过这并不影响其内

① 〔宋〕蔡絛著，刘德重、张培生点校：《西清诗话》卷下，《宋诗话全编》第3册，页2515。

② 〔宋〕陈元靓撰，许逸民点校：《岁时广记》卷七"会两禁"条引《古今词话》，北京：中华书局，2020年，页143。

③ 《默记》，《全宋笔记》第4编第3册，页136。

④ 参见〔宋〕张耒撰，李逸安等点校：《张耒集》卷五三，北京：中华书局，1990年，页811。

容本身的参考价值。此为晏殊外贬时期的一次宴会场合，作为基层官员的县令李宗易在酷暑中为知州晏殊置备盛冬烘柿，亦可视为卑者对尊者的一种逢迎之举。然而，李氏言行，如对以"此极易致"之语、作"掩关""振衣""徐曰"之态，历历可见其自寓高深、标榜才能之意，与前论丞相酒筵上宾客亦步亦趋的姿态判然有别，如此突兀的言行宜乎为晏殊所不喜[①]。从此对比之中我们颇能觇见权威消长与人心懈慎之间微妙的对应关系：担任知州的晏殊虽据一方长官之尊，但其之于朝廷毕竟已是政治失势的臣僚，然则相应地，地方上的基层官员虽处卑职之位，但他们对于晏殊的态度亦于无形中消弭了拜伏权力的刻板拘束，而更多地彰显出率尔张扬、标举个性的特点。

再来看梅尧臣。《东轩笔录》载有一则关于宋庠与梅氏交往的轶事：

> 宋元献公庠初罢参知政事知扬州，尝以双鹅赠梅尧臣。尧臣作诗曰："昔居凤池上，曾食凤池萍。乞与江湖走，从教养素翎。不同王逸少，辛苦写黄庭。"宋公得诗，殊不悦。[②]

这同样是一则关于朝廷的失势臣僚与基层官员在地方社会中交往的轶事。庆历元年（1041）宋庠为吕夷简排挤，罢参知政

---

① 晏殊对于自己外放之事似一贯颇为敏感，《能改斋漫录》载："晏元献早入政府，迨出镇，皆近畿名藩，未尝远去王室。自南都移陈留。离席，官奴有歌'千里伤行客'之词。公怒曰：'予生平守官，未尝去王畿五百里。是何千里伤行客也！'"（〔宋〕吴曾撰，刘宇整理：《能改斋漫录》卷一六"千里伤行客"条，《全宋笔记》第 5 编第 4 册，郑州：大象出版社，2012 年，页 194。按："陈留"，一本作"陈"，笔者更倾向于从"陈"。）这则传闻颇可与上引《默记》之事相参。

② 《东轩笔录》卷一一，页 130。梅尧臣该诗现存于其诗集之中，诗题为《过扬州参政宋谏议遗白鹅》（参见《梅尧臣集编年校注》卷一一，页 190）。

事,外任知扬州①。赴任湖州监税的梅尧臣经行扬州②,宋庠赠其双鹅,梅氏作诗答谢。梅诗中径将象征朝廷的"凤池"与象征地方社会的"江湖"并举,明显地触及了当时宋庠身份由宰执降级为知州的尴尬处境,略无避讳之处,由是亦引起宋庠不悦。虽然南宋时王应麟曾为梅氏辩解,称该诗构思属词意在化用杜甫诗句③,但我们以其行文用语,确然能够感受到梅氏作此诗时所流露出的率尔、张扬之态。

以上所论李宗易之于晏殊,梅尧臣之于宋庠,虽别为二事,但彼此背景相似,人情相通。通过对此二事的类比关联,我们颇能抉发出地方社会生活中潜在的、尊者因己外贬遭际而权威衰落、卑者因彼权威衰落而个性扬显的情势。很值玩味的是,宋、梅之事在宋代士林的流传过程中曾出现过讹传的现象,南宋程大昌《演繁露》曾述及此事,将宋庠误作成晏殊④。就文献考据的严谨性而言,此处记载的错讹自当予以承认,然而,就世态人情的相似性而言,此处错讹未尝不可视为一种通性的真实。其提示出晏殊的颍州、陈州之任亦属于外贬的遭际,晏、梅之间同样存在着这样一层权威、个性此消彼长的情势值得注意——此即是本节所要着意呈现的晏、梅交游的仕宦氛围,这明显属于显宦气氛淡薄的一类环境。

晏殊、梅尧臣的酬和往来即是在这样的氛围中展开的,那

---

①　宋庠受吕夷简排挤外放扬州事,参见《谈苑》卷一,《全宋笔记》第 2 编第 5 册,页 295。

②　梅尧臣除湖州监税事参见《梅尧臣年谱》,《梅尧臣诗之研究及其年谱》,页 290。

③　参见〔宋〕王应麟著,翁元圻辑注,孙通海点校:《困学纪闻注》卷一八,北京:中华书局,2016 年,页 2081。

④　参见〔宋〕程大昌撰,许逸民校证:《演繁露校证》续集卷四"凤池鹅"条,北京:中华书局,2018 年,页 1338。晏殊、宋庠皆谥"元献",此事在传播中颇有可能因此而致牵混。

么他们二人和诗之时又是如何看待彼此不同诗风取向的呢？我们先来看晏殊对于"西昆"体的态度。晏殊致梅氏的诗作虽已亡佚，但梅氏却有一诗《以近诗贽尚书晏相公忽有酬赠之什称之甚过不敢辄有所叙谨依韵缀前日坐末教诲之言以和》，中有"尝记论诗语，辞卑名亦沦"（原注："公曰：名不盛者，辞亦不高"）之句[1]，间接存有当时晏殊所表述的作诗见解。晏殊这种以名位托举渲染诗境的立论，仍具有鲜明的"西昆"式的作派。从中颇能窥见当时他虽遭贬谪，但作为昔日的馆阁词垣、执政宰辅之臣，依旧葆有自矜位望的优越感，然则此亦"西昆"人物人生格局之稳定性的一例展示。

再来看梅尧臣。虽有晏殊标榜"西昆"之言在侧，但梅氏在此显宦氛围淡薄的环境中并未对晏殊的论诗意向表现出亦步亦趋的追随姿态。我们可以先从宋代诗话文献中征引一则晏、梅评议诗歌的轶事，其中颇能见出梅氏高自标举诗才优长，与晏殊诗论立异的迹象。《六一诗话》载：

> 晏元献公文章擅天下，尤善为诗，而多称引后进，……圣俞平生所作诗多矣，然公独爱其两联，……余（按：即欧阳修）尝于圣俞家见公自书手简，再三称赏此二联，余疑而问之。圣俞曰："此非我之极致，岂公偶自得意于其间乎？"[2]

晏殊激赏梅尧臣诗中二联，再三致简称述，梅氏却言此二联并非自己平生杰构，而只是晏殊对之偶有心得。以往研究对于该则史料意义的探讨，多是单纯就诗艺方面立论。而我们如能将其置于前论的仕宦氛围之中细加体察，则当能隐然感受到晏殊权威衰落之际梅氏扬显个性、矜示诗才的心迹。

---

[1] 《梅尧臣集编年校注》卷一六，页369。
[2] 《六一诗话》，《宋诗话全编》第1册，页217。

在此态势之下,梅尧臣能够直率地向晏殊陈述自己"平淡"诗风的主张,其诗《依韵和晏相公》云:

> 微生守贱贫,文字出肝胆。一为清颍行,物象颇所览。泊舟寒潭阴,野兴入秋荭。因吟适情性,稍欲到平淡。苦辞未圆熟,刺口剧菱芡。方将挹溟海,器小已激湍。……兹继周南篇,短桡宁及舰。试知不自量,感涕屡挥掺。①

在这段诗论中,梅尧臣首先述及自己"微生""贱贫"的境遇,隐然与前述晏殊"名不盛者,辞亦不高"的论调立异。然后描述自己以"文字"抒写"肝胆",在清景中观览"物象",根据"情性"吟咏"平淡"的创作情形。其后虽一度谦称己辞未臻"圆熟"、器局尚限狭小的不足,但最终坦言了欲使己作接续《诗经·国风》的宏愿,并为之而激动"感涕"。梅氏的这段陈述洵可视为他对自己"平淡"诗风的抱负理想所作的最为直率的宣扬,颇可与前引梅氏《答韩三子华韩五持国韩六玉汝见赠述诗》相参照,二诗于一扬一弃中鲜明地展示出梅氏诗学理念的取舍态度。就以上所述晏、梅唱和的实态而言,其确可印证之前理论推导的第一种情形。

三 知贡"锁院"中的"西昆"体与"平淡"诗风：王珪与梅尧臣的唱和

王珪作为后期"西昆"派人物,较晏殊更后一辈。王珪一生仕宦显达,二十四岁即已进士及第,除早期通判扬州外,一直担任京官,从未遭遇贬谪或外任。其长期任职馆阁词垣,以撰述典册制诰见重仁宗、英宗、神宗三朝,在神宗朝位至宰相,并终

---

① 《梅尧臣集编年校注》卷一六,页 368。

于宦位①。如是顺遂的履历，在有宋一代士大夫之中甚为罕见。王珪因为仕宦早显达，结交多权贵，以至被宋人夸张地称述"所与唱和，无四品以下官"②。其为诗"喜用金玉珠璧，以为富贵"，世以"至宝丹"称之③。在矜贵尚辞这一方面，王珪可谓突出地标举了"西昆"体的诗歌旨趣。

王珪与梅尧臣的唱和交往发生在嘉祐二年（1057）二人同在汴京参与知贡之时。欧阳修《归田录》载：

> 嘉祐二年，余与端明韩子华（按：即韩绛）、翰长王禹玉、侍读范景仁、龙图梅公仪同知礼部贡举，辟梅圣俞为小试官。凡锁院五十日。六人者相与唱和，为古律歌诗一百七十余篇，集为三卷。④

嘉祐二年欧阳修以翰林学士主持知贡，他与四名副主考翰林学士王珪、龙图阁直学士梅挚、知制诰韩绛、集贤殿修撰范镇以及以国子监直讲充任点检试卷官（即所谓"小试官"）的梅尧臣在"锁院"时酬和诗歌⑤，历时五十余日。学界对于此事颇有关注，但多是就宋代"锁院"唱和文学的意义来论述其事⑥。如果从宋代诗史中王珪、梅氏诗风不同取向的角度来看待此事，则又可将之视为"西昆"体与"平淡"诗风直接交涉一例事件。我们依

---

① 王珪于仁宗皇祐五年（1053）任知制诰，嘉祐初任翰林学士，神宗熙宁三年（1070）见在翰林学士承旨任上，熙宁三年至九年（1070—1076）任参知政事，熙宁九年任同中书门下平章事，元丰五年（1082）任尚书左仆射，直至元丰八年（1085）卒于位，参见周静：《王珪传》，《宋才子传笺证·北宋前期卷》，页637—641。
② 《西塘集耆旧续闻》卷三"王岐公华阳集内制最得体"条，页312。
③ 〔宋〕陈师道著，许结点校：《后山诗话》，《宋诗话全编》第2册，页1026。关于对王珪"至宝丹"体具体特点的阐述，参见谷曙光：《论王珪的"至宝丹"体诗》，《文学遗产》2005年第5期。
④ 《归田录》卷二，页31。
⑤ 以上人物所任官职参见《宋登科记考》，页236。
⑥ 参见王水照：《嘉祐二年贡举事件的文学史意义》，《王水照自选集》，页226—236；诸葛忆兵：《论宋人锁院诗》，《文学评论》2009年第6期。

旧可以分探究仕宦氛围与论析诗风取向两个步骤来考察其事。

不过，在进行这两个步骤之前，我们先有必要完成一些铺垫性的工作。关于王珪、梅尧臣二人的生平交往，目前学界尚未积累专门的研究成果，所以在此先须做一番资料搜罗、人事辨析的工作——我们首先来搜集整理王、梅交游的相关史料，探讨他们彼此渊源的深浅，辨析"锁院"中二人唱和关系的性质，然后再在此基础上进入正式的考察。关于王、梅之交的事迹，除了前引《归田录》所述嘉祐"锁院"唱和之事以外，再无史传、笔记、诗话等文献能够提供更多的记载，相关细节只能在诗歌文献中求取。笔者搜集了王、梅文集中关涉二人交往、唱和的所有诗作，参考朱东润先生《梅尧臣集编年校注》中梅诗的编次进行整理。可以看到，搜集到的诗作展现出王、梅之间有过十余次具体的唱和往还，而这些唱和往还的背景及内容皆仅限于嘉祐二年（1057）的"锁院"之事，并无迹象显示二人有过更前或更后的交往。而且王、梅所有的唱和皆属于群体性的和诗活动——他们的每次酬唱皆有其他试官参与其中，或是首倡吟咏，或赓和酬答，皆非二人私下间的单独交流。相关情况详见表1。由这些情况，我们当可推知，王、梅之间本不存在深厚的渊源，他们应该只是基于偶然的"锁院"共事，才会有如此频繁的互动，而在"锁院"结束以后，二人亦未结下后续的诗谊。这一点与欧、梅原本存有深厚交谊的情况迥然有异。这里先点明王、梅缺乏私谊的事实，在这一前提下来探讨二人"锁院"唱和的仕宦氛围及诗风取向，颇能撇去可能存在的旧日交谊的牵扯，从而更易于清晰地看到阶层分野、仕宦环境对于人物思想心态、文学取向的影响。

王、梅"锁院"共事的仕宦氛围迥异于前述晏、梅的交游：前引《归田录》提及的前五名试官欧阳修、王珪、梅挚、韩绛、范镇，是以词臣、馆职的身份分任该年科考的主副考官，行使衡文取士的知贡权责，他们的职任彰显着朝廷宠遇之下清贵臣僚令人瞩目的权力与位望。梅尧臣的地位则远逊于彼，其国子监直讲的宦位低于馆阁之职，点检试卷官的差任也只是主副考官的助理之务，他与前五人存在明显的阶层差距。对于此点，梅氏有清醒的认识，在"锁院"中他曾有诗直称"五公雄笔厕其间，愧似丘陵拟泰山"①，恭维五人才如泰山，而自贬低如丘陵，这显然是基于仕宦地位而发表的扬抑之论。由此可见，王、梅置身的是一个尊者权威扬显、卑者谦抑趋奉的仕宦氛围，然则此显然属于显宦气氛浓厚的一类交游环境，而其中王珪的翰林学士之任尤为词垣的贵重之职。

那么在如此的氛围下，王、梅的唱和往来又展现出二人怎样的诗风取向呢？对于这一问题的论析可以在二人"锁院"心态的比照下徐徐展开。笔者在王、梅诸多唱和诗作中选取了三个唱和主题，将逐一对之考察。笔者依据这三个主题各自酬和诗作的具体事由，分别将其命名为"登楼""较艺将毕"与"论诗"，相关的标识亦见后表。在对这三个主题的考察中，我们将会看到，王珪之诗以其一贯的"西昆"风格摛辞擅藻，处处标榜翰苑词臣显达平顺的仕宦境遇。梅尧臣之诗则显露出低层职官立于清贵臣僚之侧自得兼又自失的复杂心绪，他完全为显宦氛围牵引笼罩，不但不再标举自身的"平淡"诗风，反而对之颇致贬抑之评。需要说明的是，这三个主题中，"论诗"主题在时序上原位列第二，但因其中明确涉及对"西昆"体、"平淡"诗风的评价问题，与本节的题旨直接相关，故而特移至最后论述，以便在行文中凸显彻章点题的效果。

---

① 〔宋〕梅尧臣：《和公仪龙图戏勉》，《梅尧臣集编年校注》卷二七，页 923。

表1　王珪、梅尧臣诗歌唱和一览

首 倡 之 诗	相 关 和 诗	唱和主题
梅尧臣《上元从主文登尚书省东楼》(卷二七,页922—923,按:"文"原讹作"人",径改)	梅尧臣《自和》《又和》(卷二七,页922)、欧阳修《和梅圣俞元夕登东楼》《再和》《又和》(卷一二,页1300—1305)、王珪《依韵和梅圣俞从登东楼三首》(卷四,页34)	登楼
梅尧臣《莫登楼》(卷二七,页924—925)	王珪《和圣俞莫登楼》(卷一,页3—4)、欧阳修《答梅圣俞莫登楼》(卷一二,页1306—1307)	
欧阳修《思白兔杂言戏答公仪忆鹤之作》(卷一二,页1312)	梅尧臣《和永叔内翰思白兔答忆鹤杂言》(卷二七,页927)、王珪《和永叔思白兔戏答公仪忆鹤杂言》(卷一,页3)	
梅尧臣《二月五日雪》(卷二七,页928)	王珪《和圣俞春雪》(卷二,页12)、欧阳修《春雪》(题下原注"一本上有'和圣俞'字",卷一二,页1318—1319)	
梅尧臣《感李花》(卷二七,页929)	王珪《和梅圣俞感李花》(卷一,第3页)、欧阳修《和圣俞感李花》(卷一二,页1322)	
梅挚首倡之诗已佚	梅尧臣《琴高鱼和公仪》(卷二七,页929)、王珪《和梅公仪琴高鱼同圣俞》(卷六,页51)、欧阳修《琴高鱼》(卷一二,页1325)	
梅挚首倡之诗已佚	梅尧臣《尝茶和公仪》(卷二七,页929—930)、王珪《和公仪饮茶》(卷四,页40)	

首 倡 之 诗	相 关 和 诗	唱和主题
王珪《较艺书事》《较艺书事再呈永叔并同院诸公》（卷三，页 28—29）	欧阳修《和较艺书事》（卷一二，页 1356）、梅尧臣《较艺和王禹玉内翰》《再和》（卷二七，页 930—931）	论诗
王珪《呈永叔书事》（卷三，页 28）	欧阳修《答王禹玉见赠》（卷一二，页 1345—1346）、梅尧臣《较艺赠永叔和禹玉》《谢永叔答述旧之作和禹玉》（卷二七，页 931—932）	
梅尧臣《春雨呈主文》（卷二七，页 933）	王珪《和圣俞春雨》（卷四，页 34）、欧阳修《和圣俞春雨》（卷一二，页 1334）	
王珪《较艺将毕呈诸公》（卷三，页 29）	梅尧臣《较艺将毕和禹玉》（卷二七，页 934）、欧阳修《和较艺将毕》（卷一二，页 1359—1360）	较艺将毕
王 珪《喜 定 号》（卷一，页 6）	梅尧臣《定号依韵和禹玉》（卷二七，页 936）、欧阳修《喜定号和禹玉内翰》（卷一二，页 1361—1362）	
梅挚首倡之诗已佚	梅尧臣《上马和公仪》（卷二七，页 937）、王珪《和公仪上马》（卷四，页 40）	

说明：以上所引梅尧臣诗卷次、页数见于《梅尧臣集编年校注》；王珪诗卷次、页数见于《华阳集》，《丛书集成初编》第 1912 册，北京：中华书局，1985 年；欧阳修诗卷次、页数见于《欧阳修诗编年笺注》。

（一）"登楼"的唱和主题

这一唱和主题涉及"锁院"此一与外界暂相隔离的生活状

态。这里所谓的"楼",指"锁院"判卷之地尚书省东厢的高楼,该楼"甚宏壮,旁视宣德(门),直抵州桥。锁院每以正月五日,至元夕,例未引试,考官往往窃登楼以望御路灯火之盛"。梅尧臣在"锁院"中首倡"登楼"之诗,描写凭楼远眺所见外界生活的景象,抒发对当下封闭环境的感想,其诗引起其他知贡试官"相与唱和,自是遂为礼闱一盛事"①。在"登楼"唱和的主题下,梅氏与王珪的诗作皆表现出对于自身处境的自得之意,但二者引为自得的具体内容却有不同,明显呈现出彼此位望的高下之别。

梅尧臣《上元从主文登尚书省东楼》诗咏毕凭楼所见外景,尾联云"谁教言语如鹦鹉,便着金笼密锁关"②,以笼锁能言的鹦鹉比喻"锁院"阅卷的试官。以鹦鹉之锁笼拟人物之受拘束的比喻在历代诗作中并不罕见,如唐代白居易《鹦鹉》诗有云:"人怜巧语情虽重,鸟忆高飞意不同。应似朱门歌舞妓,深藏牢闭后房中。"③纪唐夫《赠温庭筠》诗有云:"鹦鹉才高却累身。"④这类诗作多是寄托身世遭际的无奈感慨。然而梅氏运用此喻的寓意却与之迥异,他以戏谑的口吻表达了跻身试官的自得之意:其联以"谁教"的反问起句,以"言语如鹦鹉"比喻知贡试官的才识高卓,以"金笼"比喻"锁院"官厅的屋宇华丽,其中语势词意处处显示出自矜职事的优越感。梅氏的这番心意颇可理解:"锁院"作为一种非常态化的生活形式,给予了他与众多馆阁词垣臣僚朝夕唱和的难得机会,从中他既能近距离地体验清贵侍从的尊显,又能抬高自己原本沉迹下僚的身份,这显然令

① 〔宋〕胡仔纂集,廖德明校点:《苕溪渔隐丛话》前集卷二九引《蔡宽夫诗话》,北京:人民文学出版社,1962年,页205。

② 《梅尧臣集编年校注》卷二七,页923。

③ 《白居易诗集校注》卷二四,页1943。

④ 〔五代·后蜀〕韦縠:《才调集》卷五,傅璇琮、陈尚君、徐俊编:《唐人选唐诗新编(增订本)》,北京:中华书局,2014年,页1069。

他感到分外荣幸。

相比之下，王珪的"登楼"和诗则呈现出真正列位清贵者一番别样的自得态度。王珪对梅氏该联的和句云："曾从宸游燕双阙，梦魂通夕绕严关。"①王珪凭楼远眺，遥望皇城楼阙，忆及往昔在宫廷扈从侍宴的繁华景象，对之思念不已——这里所谓的思念，其实也是一种自得心态的委婉表述，彰显了词臣自矜皇帝侍从身份的优越感。句中"宸游""双阙"的宫廷意象凸显了"西昆"诗人密迩禁严的位势。将梅尧臣与王珪两者的自得之意进行比照，我们明显可以见出其中地位的差距：登楼吟咏之际，"锁院"判卷的生活已然是梅氏仰攀的顶点，王珪则更有侍从陪驾的经历资以称述矜夸，而这显然是梅氏的职位所无法企望的。颇值注意的是，欧阳修亦参与了"登楼"唱和，他对梅氏该联的和句云："自怜曾预称觞列，独宿冰厅梦帝关。"②其构思属词与王珪之句如出一辙。文学史的叙述历来称道欧氏对于梅氏"平淡"诗风推崇的一面，然而于此我们却更能觇见显宦环境中"西昆"体对于欧氏诗风的同化之力。

（二）"较艺将毕"的唱和主题

这一唱和主题涉及阅卷将毕，试官"锁院"生活即将结束时的感受。在该主题下，王、梅诗作表现了不同的心境，而其中的分别自亦与位望的高下密切相关。王珪首倡《较艺将毕呈诸公》之诗云：

> 文昌宫里柳依依，谁折长条赠我归。雨润紫泥昏诏墨，风吹红蕊上朝衣。玉堂燕子应先入，朱阁杨花已半飞。

---

① 〔宋〕王珪：《依韵和梅圣俞从登东楼三首·其一》，《华阳集》卷四，《丛书集成初编》第 1912 册，页 34。

② 〔宋〕欧阳修：《和梅圣俞元夕登东楼》，《欧阳修诗编年笺注》卷一二，页 1300。

寒食未过春景熟，好同天陌去骓骓。①

王珪于嘉祐元年(1056)十二月始晋升为翰林学士②，嘉祐二年
(1057)元月即至尚书省参与知贡，可见"锁院"之前他在学士院
真正莅职的时间只有一个月左右。该诗颈、尾两联想象春日学
士院里燕子飞入、杨花飘舞的景色，憧憬不久之后即行策马返
回翰苑的情形，生动地展现出了新晋学士急切盼望早日回归本
署的心意。显然，对于王珪而言，"锁院"阅卷与翰苑草制皆是
足以引为荣耀的清贵职事，"锁院"接近尾声之际，他自会期待
不久即要来临的翰苑生活。诗中铺陈"紫泥""诏墨""红蕊""朝
衣""玉堂""朱阁""天陌"等辞藻，以鲜艳的色调与富丽的意象
烘托出翰苑词臣的自矜态度与雍容气派，自亦是"西昆"体的典
范手笔。

梅尧臣《较艺将毕和禹玉》诗中表现的心境则与王珪显有
不同，其诗云：

> 窗前高树有栖鹊，记取明朝飞向东。家在望春门外
> 住，身居华省信难通。夜闻相府催张榜，晓听都堂议奏中。
> 龙阁凤池人渐隔，犹因朝谒望鳌宫。③

该诗首、颔两联述及"锁院"期间与家人的音信隔绝。望春门是
汴京外城的东门④，嘉祐年间梅氏在望春门之外赁宅安家，其居
所地处开封县的汴阳坊，位置相当荒僻⑤。此与"锁院"之地尚
书省"华省"的繁华所在形成了一层鲜明的比照。颈联述及"锁

---

① 《华阳集》卷三，《丛书集成初编》第1912册，页29。
② 《翰苑群书》卷一〇《学士年表》载："王珪，(嘉祐元年)十二月，以翰林侍读学士、起居舍人拜(翰林学士)。"(《翰学三书》第1册，页91)
③ 《梅尧臣集编年校注》卷二七，页934。
④ 参见〔明〕李濂撰，周宝珠、程民生点校：《汴京遗迹志》卷一，北京：中华书局，1999年，页1。
⑤ 参见《梅尧臣与东京——兼论北宋地方士人融入京城社会的若干问题》，《过程·空间：宋代政治史再探研》，页315—316。

院"时在尚书省听闻科举张榜、都堂议奏等政事，此对于位居国子监直讲的梅氏而言，亦是极为难得的经历。以上三联所言居所、见闻二事，已然隐现出梅氏境况与"锁院"氛围之间位势的距离。尾联则更直接明言随着"锁院"结束，自己也必将与"龙阁凤池"的深殿高阁愈渐阻隔，表露出一种怅然自失的心境。显然，"锁院"阅卷这种非常态的职事给予梅氏的只是清贵生活的短暂体验，其事一旦结束，他也就失去了与馆阁词垣之臣朝夕过从的交游场域。他回归到原先常态化的卑微职任，由此而产生惆怅失落之感，亦是在所难免之事。

（三）"论诗"的唱和主题

上述两个唱和主题呈现出王珪"西昆"体诗逞辞擅藻、矜示显贵的气势之下，梅尧臣居于卑位自得兼又自失的复杂心绪。在"锁院"的氛围中，梅氏对于清贵阶层的趋尚瞻慕毕现无遗，而他的这一态度亦延伸至对诗风的评议之中。"论诗"主题下数首唱和诗作的内容原本颇为驳杂，涉及知贡试官典试、阅卷、作诗、清谈、饮宴等诸多事迹，这里为凸显诗风评议的论旨，特将该主题之名定为"论诗"。梅氏对于自身"平淡"诗风的贬抑态度主要见于其诗《较艺和王禹玉内翰·再和》：

> 廉纤小雨破花寒，野雀争巢斗作团。手卷白云光引素，舌飞明月响倾盘。群公锦绣为肠胃，独我尘埃满肺肝。强应小诗无气味，犹惭白发厕郎官。[①]

梅氏对于"平淡""西昆"二体的异趣具有充分自觉的认识，该诗又是一则文本上的显例。其首、额两联分别以两组意象指涉"平淡""西昆"的格调：首联以"廉纤小雨""野雀争巢"这一组纤

---

　① 《梅尧臣集编年校注》卷二七，页931。

细、野趣的意象指涉"平淡"一体，颔联以"卷云引素""飞月倾盘"这一组壮观、明丽的意象指涉"西昆"一体。颔、尾两联恭维唱和群公的"锦绣"诗肠，而自贬为"尘埃满肺肝""小诗无气味"，则显然是拜伏"西昆"、贬抑"平淡"的论调——梅氏在此径将自己于基层环境中珍视、标举的清新"平淡"之诗贬斥为"无气味"的寡淡之作。他此番议论绝非表面的客套，其背后的情感驱使正是"白发厕郎官"的位望差距所带来的深深的自卑。该诗与前述《答韩三子华韩五持国韩六玉汝见赠述诗》《依韵和晏相公》在诗风取向上反差鲜明。如果说前二诗在文学史的叙述中，作为引领宋诗风气的经典文献，历来被加以着重的强调，那么《较艺和王禹玉内翰·再和》在社会史的考察下，作为阶层凌驾诗性的文本证据，亦应得到充分的认识。至此可以说，上述王、梅唱和的实态的确印证了之前理论推导的第二种情形。

四 余论

本节从社会阶层分野的视角考察北宋诗文革新中"平淡"诗风与词垣风尚的典型代表"西昆"体之间的交涉之迹：论述了梅尧臣与"西昆"诗人两种不同的人生形态，并据此详绎了梅氏与后期"西昆"派代表人物晏殊、王珪的唱和交往。从中我们颇能见出，在具体的诗歌活动中，"平淡""西昆"二体擅场的环境各有分别：在基层士宦的作诗语境中，"平淡"的淡逸成为诗趣的主导；在清贵侍臣的作诗语境中，"西昆"的华美则仍是风格的趋尚，护卫在其周遭的是一层由宫廷趣味、机构权力、显宦位势构筑成的森严壁垒。梅氏置身地方社会，与政治失势的官员和诗，敢于在彼"西昆"论调之侧直率表达"平淡"的旨趣；然待至置身知贡之地，与馆阁翰苑之臣酬答，则其"平淡"旨趣不免要让渡于拜伏"西昆"的姿态。梅氏诗艺让位仕心，不惜贬低己诗以追随上层趣味的行止尤能呈现词垣的仕宦环境对文学人物的凌驾笼罩之势。

此一考察结果颇有异于以往文学内部研究将"西昆""平淡"二体关系描述为被超越与超越的模式。如果说文学内部的考察着意在历时性的叙述框架下将不同流派的诗歌创作归纳为抽象的文学理念，并加以排序述评，以期在纯粹的文学语境中清晰地勾勒诗学演进的线索，那么本节所论则力图在共时性的历史场景中为不同流派的诗歌创作铺垫具体可感的社会生活的底色。诗歌的写作者置身其中，受到世俗境遇的影响，能够生动地展现思想与态度的变化之端。即此而言，本节的内容可谓是对传统观察视角的一种补充，提示出文学史的探研，除了描述文学自身发展进程这一应有之义而外，在其与社会史领域的交叉地带，更有引人入胜的繁复面相值得抉发与思索。

欧阳修的仕历较之梅尧臣远为显达，他在词垣中仕至翰林学士，其一生的文化位望更以一代文宗之誉受到士林的瞩目。然则欧氏的文宗位望与其翰苑职任之间又呈现出一番怎样的态势呢？嘉祐二年(1057)欧阳修在翰林学士任上领衔知贡，他凭借主贡之权有力地推动了古文的发展，此事作为一则著名的文学史事件，成就了欧氏文章事业的辉煌业绩。下一节我们将对此事之中欧氏超卓思想与翰苑权力的结合形态作出探讨，以之寻绎欧氏的文章事业与词臣仕位之间的关系。

第二节　古文主张之下的思想与权力——从周边士大夫的学官经历看欧阳修的嘉祐主贡

《续资治通鉴长编》载：

元丰中，轼系御史狱，上本无意深罪之。宰臣王珪

进呈，忽言苏轼于陛下有不臣意。……因举轼《桧诗》
"根到九泉无曲处，世间唯有蛰龙知"之句，对曰："飞龙
在天，轼以为不知己，而求之地下之蛰龙，非不臣
而何？"①

《滹南遗老集》引《江邻幾杂志》载：

> 欧阳永叔知举，太学生刘幾试卷凿纰，俄有间岁（按：
> 即嘉祐四年）诏，幾惧，改名煇。既试，永叔在详定所升作
> 状元。刘原父（按：即刘敞）曰："永叔有甚凭据？"②

嘉祐四年（1059）王安石《上仁宗皇帝言事书》云：

> 记不必强，诵不必博，略通于文辞，而又尝学诗赋，则
> 谓之进士。……不肖者，苟能雕虫篆刻之学，以此进至乎
> 公卿；才之可以为公卿者，困于无补之学而以此绌死于岩
> 野，盖十八九矣。③

以上三则史料所载为北宋时期的三名士大夫王珪、刘敞、王安
石的事迹与言论。他们皆与欧阳修存有渊源、关系密切：王珪
为欧氏庆历二年（1042）所主持"别头试"的科举门生，刘敞为欧
氏至和、嘉祐间的和诗论学之交，王安石则是欧氏至和间加意
赏识的后进人才④，他们三者皆可视为欧氏周边的人物。欧阳
修一生提倡文道并重的古文写作，被公认为士林的文章宗主。

---

① 《续资治通鉴长编》卷三四二，页8228。
② 〔金〕王若虚著，胡传志、李定乾校注：《滹南遗老集校注》卷三三，沈阳：
辽海出版社，2005年，页378。
③ 〔宋〕王安石撰，刘成国点校：《王安石文集》卷三九，北京：中华书局，
2021年，页651—652。此文系年参见刘成国：《王安石年谱长编》，北京：中华书
局，2018年，页472—474。
④ 关于王珪、刘敞、王安石与欧阳修以上的交往事迹，参见《欧阳修纪年录》，
页126—127、271、276、279、312、318—319、327—328、331、342、353、358—359、364、
366、259—260。

嘉祐二年(1057)欧氏在翰林学士任上领衔知贡,引领平易畅达的古文之风,排击艰涩险怪的"太学体",拔擢苏轼等一批文章彦才,有力地推动了古文的发展。尽管第一章中我们曾指出此年知贡时欧氏因命题误引典故,又因称赏梅尧臣的奉迎之诗,引起过应试士子的指摘,但这些细末的不足并不妨碍其知贡之事的总体成就,其事既是北宋文化史上的标志性事件,也是欧氏文章事业最为辉煌的一份业绩①。然而,以上三人的言行却在或长或短的时间里与欧氏该年主贡的人事取向出现过或显或隐的异调之迹:王珪曾于嘉祐二年作为副主考协助欧氏知贡,但他在多年后的"乌台诗案"中却对欧氏特予擢拔的苏轼施以构陷,必欲置于死地;刘敞在两年后的科考中就排抑"太学体"风气的余波事件对欧氏加以微词;王安石亦在两年后上书仁宗,就贡举制度议论科考之弊,认为进士考试内容本身难以拔擢人才,其欲通过科举改革文风的意图在力度上隐然有超轶欧氏知贡之势。在嘉祐贡举事件的背景下,此三人与欧氏存在的相异之处颇值注意。

关于欧阳修通过嘉祐主贡推动古文发展的业绩,目前学界的研究主要集中于对欧氏古文思想的探讨,相关著述积累丰富②。本节不欲再就欧氏思想本身的抽象意蕴阐发新意,而是

---

① 学界通常认为欧阳修的文宗地位在庆历年间即已确立,至嘉祐年间,其通过科考主贡取得了文宗事业的辉煌业绩。参见洪本健:《欧阳修入主文坛在庆历而非嘉祐》,《华东师范大学学报》(哲学社会科学版)1999 年第 5 期,后收入氏著:《欧阳修和他的散文世界》,上海:上海古籍出版社,2017 年,页 74—80。

② 这里略举一些著述,如金中枢:《宋代古文运动之发展研究》,氏著:《宋代学术思想研究》,台北:稻乡出版社,2009 年,页 190—259;曾枣庄:《北宋古文运动的曲折过程》,《文学评论》1982 年第 5 期;葛晓音:《北宋诗文革新的曲折历程》,《中国社会科学》1989 年第 2 期;《嘉祐二年贡举事件的文学史意义》,《王水照自选集》,页 226—236;何寄澎:《北宋的古文运动》,上海:上海古籍出版社,2011 年;何寄澎:《唐宋古文新探》,北京:北京大学出版社,2010 年;祝尚书:《北宋古文运动发展史》,北京:北京大学出版社,2012 年;程杰:《北宋诗文革新研究》,呼和浩特:内蒙古教育出版社,2000 年;[日] 东英寿著,王振宇等译:《复古与创新:(转下页)

希望别开一层面相，由词臣文化的背景出发，从超卓思想与翰苑权力二者结合形态的角度来考察其事的意义。欧阳修之能成就古文事业，具有思想与权力两方面的优长：就思想而言，欧氏的古文主张来源于其超卓的文化意识，超轶于普通官僚守成、因循的观念与作风。就权力而言，欧氏是在翰林学士的仕宦地位上领衔知贡，在文化上具有士林宗师的象征意义。欧氏以此职权导引士人阶层的文风，既能引起士人的广泛关注，又给予了他们平心接受的空间与时间，较之低层职权具有无可比拟的话语上的优势，较之更高层的职权则避免了权力过分干预的弊端。即此而言，欧氏之以贡举引领文风，颇可视为超卓思想与翰苑权力、文章事业与仕宦身份相辅相成的一则成果。

以上所述本节的研究宗旨，涉及欧阳修主贡之事与普通官僚作风、低层、高层职权之间的比照，体现出一种比较考察的旨趣。然则相应地，本节的论述亦不能局限在其主贡之事内部进行，而是要关联更多外部的人事，在一种比较的格局下展开——我们需要择取欧氏周边士大夫学术与仕宦的经历作为资材，建构一个思想与权力的参照体系，以之来对比、映衬欧氏主贡之事的意义。

王珪、刘敞、王安石的学仕经历正可资以建构这一参照体系。以前述他们与欧氏的异调之迹作为思考的由头，我们来寻绎他们三者的生平轨迹，可以将其经历归纳为三种士大夫的学仕类型：王珪在仕宦上长期担任翰林学士，与欧氏地位相当，然而在思想上却流于普通官僚的守成、因循的观念，无有超卓可言；刘敞在学术思想上彰显出欧氏后一辈士大夫对于儒学更为

（接上页）欧阳修散文与古文复兴》，上海：上海古籍出版社，2005 年；冯志弘：《北宋古文运动的形成》，上海：上海古籍出版社，2009 年；曾枣庄：《文星璀璨：北宋嘉祐二年贡举考论》，上海：复旦大学出版社，2010 年；《唐宋"古文运动"与士大夫文学》；《欧阳修和他的散文世界》等。

深刻的求索，颇有超卓之处，然而在仕宦上却偃蹇不进，其虽曾进入词垣，掌行制诰，但一生未达到如欧氏翰林学士的地位，其对士林的影响因而受到限制；王安石的学术思想在义旨上与刘敞相近，亦超卓可称，不过其在神宗时代的仕宦却超越了翰林学士的权职，他居于相位，依靠皇权支持强制推行一己之学，其所作用于士林文风的权力远远超过了欧氏。以上三种学仕类型，正可视为前述王珪、刘敞、王安石与欧氏主贡取向出现异调的根源所在或趋势所指，可以为呈现欧氏主贡中超卓思想与翰苑权力的结合形态提供不同角度的参照。以下分别对此三者详细述之。

一 嘉祐主贡之中的超卓思想：以王珪学宦为参照

上节论述"西昆"体时即曾论及王珪其人，这里还要从权力与思想的方面对之作一番更为详细的论述。王珪与欧阳修在嘉祐中同任翰林学士，其"登翰苑、掌文诰者几二十年，朝廷大典策，皆出其手"[①]，后于神宗朝仕至宰执阶层。王珪在翰苑任上多次知贡，特别是曾于嘉祐六年（1061）领衔知贡[②]，其有诗自称云："自笑晚游金马客，曾来三锁贡闱春。"[③]颇为自矜知贡之频。就仕宦权力而言，王珪可谓完全达到了与欧阳修相当的地位。

然而，在思想方面，王珪的深度却远不及欧阳修。政治上王珪的为政风格流于守成因循、依势俯仰的面目，难有思想主张可称。《直斋书录解题》贬责王珪"在相位无所建明，人目为

①〔清〕永瑢等：《四库全书总目》卷一五二《华阳集》提要，北京：中华书局，1965 年，页 1314。
② 参见《宋登科记考》，页 259。
③〔宋〕张邦基撰，孔凡礼点校：《墨庄漫录》（与《过庭录》《可书》合刊）卷一〇"王元之未知举王岐公三知举"条，北京：中华书局，2002 年，页 274。

'三旨'：于上前曰取圣旨，曰领圣旨，退谓吏则曰已得旨"①。《邵氏闻见录》更载王珪为相时为求自保职位，专务希承上旨，举政失宜，开启了北宋对西夏用兵失利的败端②。王珪生平学问的凭依主要体现于翰苑词臣的辞章之学与典章之学。在辞章上，王珪任职翰苑时撰述制诰"为文豪赡有气，闳侈瑰丽而不失义正"③；于皇帝私宴场合，遭逢宫人求诗，则"来者应之，略不停辍，都不蹈袭前人，尽出一时新意"④。待其升任宰执，依旧延续了文藻富赡的词臣面貌：之于制诰之务，"朝廷有大述作，（王珪）虽已秉政，犹特命为之"⑤，之于御宴趋承，其任左仆射时进呈应制诗作，被神宗许以"妙于使事"⑥。在典章上，李清臣所撰《王太师珪神道碑》称述王珪生平事业，特言其"尤明典章"，列举王珪关于科举、荫庇、配享、明堂、封谥、草诏诸事制度的议论之语⑦，其俨然是朝堂中谙习规章成法的制度专家。然而，就思想的层面而言，王珪的辞章与典章之学难以上升到士大夫儒学道德、精神追求的高度，而更多是作为皇权意志笼罩下的应用之学，在官僚体系的运转中发挥工具性的功用。即此而言，王珪的学宦形象可谓是官僚阶层工具化面貌的典型。

欧阳修的思想则绝未局限于王珪工具式官僚的格局，其一生的行止充分地展示出对于儒家道德、事功、文章的多元追求

---

① 〔宋〕陈振孙撰，徐小蛮、顾美华点校：《直斋书录解题》卷一七，上海：上海古籍出版社，2015年，页498。

② 参见〔宋〕邵伯温撰，李剑雄、刘德权点校：《邵氏闻见录》卷一三，北京：中华书局，1983年，页142。

③ 〔宋〕李清臣：《王太师珪神道碑》，〔宋〕杜大珪编，顾宏义、苏贤校证：《名臣碑传琬琰集校证》上卷卷八，上海：上海古籍出版社，2021年，页176。

④ 〔宋〕钱世昭撰，查清华、潘超群整理：《钱氏私志》，《全宋笔记》第2编第7册，页67。

⑤ 《王太师珪神道碑》，《名臣碑传琬琰集校证》上卷卷八，页176。

⑥ 〔宋〕赵令畤撰，孔凡礼点校：《侯鲭录》（与《墨客挥犀》《续墨客挥犀》合刊）卷二"王禹玉上元应制诗"条，北京：中华书局，2002年，页67。

⑦ 参见《王太师珪神道碑》，《名臣碑传琬琰集校证》上卷卷八，页175—176。

以及思想、个性的超卓特立。欧阳修早期参与范仲淹的庆历新政，针对北宋政局的诸多弊端提出明确的改革意见①，代表了宋代士大夫论议煌煌的参政精神，与王珪的因循之举迥然有异。在辞章上，欧阳修担任翰林学士期间固然因为职事之故，撰写过相当数量的工具性的制诰。但欧氏更能超越词臣的职事身份，从古文家的立场，对制诰之文的僵化文体发表批评意见。其指摘"制诏取便于宣读，常拘以世俗所谓四六之文。……然则果可谓之文章者欤？……其屑屑应用，拘牵常格，卑弱不振，宜可羞也"②，希望"复诰命于三代之文"③。此与王珪完全以应制制诰立身的姿态显有不同。对于典章制度，欧阳修亦不似王珪谨守成法，而是更多地显现出标举个性、言行脱略的迹象。如欧氏撰述皇帝御书及词臣制诰的记、序文章，多不措意于朝廷规制，通篇自称为"予"，而不称"臣"，为后世词臣洪迈指摘④，王珪的这类撰述则绝未出现如是的疏略⑤。又如在濮议中，欧氏从濮王与英宗亲生父子情分的角度出发，坚持英宗当尊濮王为"皇考"，王珪则站在维护皇朝纲纪统序的立场，主张称濮王为"皇伯父"。两相比照下，欧氏所论显与正统的朝廷礼制有所出入⑥。以上所列历历可以视为欧氏思想、个性的特立面相。嘉祐二年（1057）欧氏的古文思想凭借翰苑地位作用于贡举，

---

① 关于欧阳修在庆历新政中的举措，参见［美］刘子健：《欧阳修的治学与从政》，台北：新文丰出版公司，1984年，页161—189。

② 〔宋〕欧阳修：《内制集序》，《欧阳修全集》卷四一，页598。

③ 〔宋〕欧阳修：《外制集序》，《欧阳修全集》卷四一，页596。

④ 《容斋随笔》三笔卷一二"作文字要点检"条指出欧阳修《仁宗御飞白记》《御书阁记》《外制集序》等文章皆有此类疏失（页571—572）。

⑤ 王珪文集所收这类文章有《御制龙图天章阁观三圣御书诗序》存世（《华阳集》卷三四，《丛书集成初编》第1916册，页437—438）。该文通篇行文严谨，自称为"臣"，堪称典型的词臣手笔。

⑥ 参见丁功谊：《人情与礼制的冲突——濮议中的欧阳修》，《宁夏社会科学》2013年第3期；王云云：《北宋礼学的转向——以濮议为中心》，《安徽大学学报》（哲学社会科学版）2010年第2期。

打破太学生受到优待的成规,严厉排击"太学体"之风,忽略苏轼试文在作赋、用典方面的缺陷(具体参见后文),对之加意拔擢,最终引领了北宋一代的文风。此亦为欧氏文化观念卓异表现之一端,这种思想上优长是工具化面目的王珪所不具备的。

嘉祐二年(1057)王珪作为副主考协助欧阳修衡文取士[1],可谓是亲历了欧氏倡导古文的事件。不过王珪的文章理念与古文之学无所关联,我们无法在古文家的谱系中为其找到位置。他协助欧氏,只能算是欧氏公事程序上的配合者,而非文章事业上的同道者。该年苏轼科考、及第过程中有一处细节颇值注意,从中或能觇见王珪在知贡中的态度立场与行事作风。

该年苏轼在诗赋之试中"笔力豪骋,不能屈折于作赋",对于赋文考试的写作规范颇有逾越,"已为他考官所落矣"。后因欧阳修激赏其策论《刑赏忠厚之至论》,有意忽略了其文"皋陶曰杀之三,尧曰宥之三"的臆造典故之弊[2],才予破例,将苏轼自落第之列举为进士。至于先前遵守成规、黜落苏轼的"他考官",当为一名副主考,但此人究竟为谁,目前史料并无明载。值得注意的是,王珪本年知贡判卷时曾对诗赋考试表露过特别的关注,其当时有诗《仁字卷子》云:

> 文昌清晓漏声疏,曾看飞泉落笔初。诗人池塘似灵运,赋传宫殿学相如。春官不下真朱点,阴注将成淡墨书。

---

① 日本学界于2011年发现欧阳修佚札,其中存有嘉祐二年(1057)欧氏向王珪交代具体知贡事务的书信,从中颇能见出当时王珪协助欧氏知贡的细节,参见〔宋〕欧阳修:《与王文恭公》之三,〔日〕东英寿校校,洪本健笺注:《新见欧阳修九十六篇书简笺注》,上海:上海古籍出版社,2014年,页97。
② 《石林燕语》卷八,页115。

见说丹台名第一，蕊章须诏侍严徐。①

该诗表达了对一份糊名考卷的欣赏之意，激赏该名考生文采超群，言其当被置于省试榜首荐至朝廷。该诗并未言及该生所试策论、帖经、墨义的内容，但却在颔联中着意称道其所试诗赋的水平，分别以谢灵运、司马相如之才拟之。

此外，苏轼及第以后写有一封《谢王内翰启》呈递王珪，其内容颇能与"不能屈折于作赋"之事相参证：

窃以取士之道，古难其全。欲求倜傥超拔之才，则惧其放荡，而或至于无度；欲求规矩尺寸之士，则病其龌龊，而不能有所为。……伏惟内翰执事，天材俊丽，神气横溢。奇文高论，大或出于绳检；比声协句，小亦合于方圆。盖天下望为权衡，故明主委之黜陟。轼之不肖，与在下风。顾惟山野之见闻，安识朝廷之忌讳。轼亦恃有执事之英鉴，以为小节之何拘。执事亦将收天下之遗才，观其大纲之所在。骤置殊等，实闻四方。②

苏轼登科后作有五封谢启，向当时五名知贡考官致谢，此为其一。这五封谢启行文各有揣度，撰述绝不草草。在致其他四名考官的谢启中，苏轼或是言及对方的古文取向，或是言及共有的四川乡谊③。唯独对王珪，苏轼着意详论了文风之别，提出"倜傥超拔"以至放荡无度与"规矩尺寸"以至龌龊无为两种不同的文风。称己限于"山野之见闻"，不识朝廷忌讳，以致为文

---

① 《华阳集》卷三，《丛书集成初编》第 1912 册，页 28。诸葛忆兵《宋代科举资料长编·北宋卷（上）》将该诗作年系于嘉祐二年(1057)（南京：凤凰出版社，2017年，页 497）。

② 〔宋〕苏轼著，孔凡礼点校：《苏轼文集》卷四六，北京：中华书局，1986 年，页 1338。

③ 参见苏轼《谢韩舍人（绛）启》《谢欧阳内翰书》《谢梅龙图（挚）书》《谢范舍人（镇）书》，《苏轼文集》卷四六、卷四九，页 1339—1340、1423—1426。

"以为小节之何拘"，此显指前者而言，而颇能与其科考"不能屈折于作赋"之事相印证。在致谢的礼节上，苏轼固然称道王珪文章"大或出于绳检""小亦合于方圆"，兼具"超拔""规矩"之长，又能观大纲所在，将己擢为进士。但以前述王珪长于辞章及典章的背景来看，其为文真实的取向应是更为倾向于"规矩"一端。然则此启其实是微妙地透露出了苏轼与王珪之间文章理念的异调①。

王珪以其对诗赋之试的重视态度及本身辞章手笔的"规矩"准绳，对于举子试文，特别是诗赋骈偶、押韵、用典等规则当会着意讲究。即此而言，虽无史料可以明证当时黜落苏轼之"他考官"必为王珪，但王珪对于苏轼的逾矩试文难取欣赏态度，应是可以想见。苏轼对此恐亦有所知闻②，故在启文中特论文风差异，以微示其意。

然而，这种文章观念之异的现象并未在知贡事务中造成任何人际关系的不谐，王珪抑或"他考官"终是迁就于欧阳修的领衔之权，在取士问题上从未提出异议，此亦可视为一种人事上的因循姿态，与前论王珪依势俯仰的政风在本质上并无二致。

① 关于王珪对于科考试文的态度，有一则相关史料可以述及。马永卿《懒真子录》载："王禹玉年二十许就扬州秋解，试《瑚琏赋》。官韵：'端、木、赐、为、宗、庙、之、器。'满场中多第二韵用木字，……而禹玉独于第六韵用之，……则其奇巧，亦异矣哉。"（〔宋〕马永卿撰，崔文印校释：《懒真子录校释》卷二"瑚琏赋押木字"条，北京：中华书局，2017年，页18）此为王珪早年参加解试的一则轶事。其试赋用韵于规则内尽量翻新出奇，令人耳目一新。此颇能见出王珪对于试文规则的揣摩用心，与苏轼的逾越规则正可形成比照。

② 苏轼及第所撰《谢欧阳内翰书》有云"不意执事擢在第二"（《苏轼文集》，页1424）。之前学界长期认为此"第二"即是指苏轼的省试名次，曹家齐、陈安迪论文《苏轼进士科名次甲第考释——兼说宋朝进士甲乙丙科问题》（《中国史研究》2018年第1期）经过较详辨析，指出"第二"并非苏轼的省试名次，而是省试之中论的单科名次。苏轼试赋失利，欧阳修将其论擢为第二名，提升了整体名次，使其终得通过省试。然则由此可知，当时苏轼对于自己在省试中诸科成绩的情况、诸位考官的意见定然了解甚详。他对于王珪抑或"他考官"对其试文的态度应也是颇有知闻的。

不过这种因循在欧氏知贡的权力语境中，并未直接展示出权力施受双方的笼罩屈从之势，而是在文化层面上更多地显示出一幕人情合和、风雅诗意的景观。欧阳修《归田录》追忆该年知贡"锁院"时主副考官间"欢然相得，群居终日，长篇险韵，众制交作，笔吏疲于写录，僮史奔走往来，间以滑稽嘲谑，形于风刺，更相酬酢，往往烘堂绝倒，自谓一时盛事，前此未之有也"①。欧氏在如此"锁院"唱和的氛围中主导取士之权，其权力的表达于无形中被这种文人式的雅趣柔和化了。

元丰年间苏轼遭到新党打击，身陷乌台诗案。王珪在政治上并不属于新党一派②，亦无史料记载他与苏轼此前存有私人的仇怨③，然而，如本节开头所引《续资治通鉴长编》的记载，他却借苏诗"世间唯有蛰龙知"之句极力倾陷苏轼，略不念及二人往昔副座主与门生的渊源④。同为嘉祐二年（1057）进士出身的章惇在乌台诗案中曾致力援救苏轼，他就此事诘问王珪，

---

① 《归田录》卷二，页32。

② 王珪身后一直遭到新党人物的非议，赠谥屡屡被剥，参见《王珪传》、《宋才子传笺证·北宋前期卷》，页642—643。

③ 现存苏轼文集中涉及王珪的文献，只有前引《谢王内翰启》一篇文字，王珪所存著述中则无内容直接涉及苏轼。不过王珪曾为苏洵作过挽诗《挽霸州文安县主簿苏明允》（《华阳集》卷五，《丛书集成初编》第1912册，页47—48）。由此当可推知王珪、苏轼在相当长的时间里应存有较为友好的关系。至于王珪后来为何要着意倾陷苏轼，现存史料并无记载。台湾地区学者刘昭明著作《苏轼与章惇关系考——兼论相关诗文与史事》作过一些推测，认为有可能是因为苏轼曾对王珪希承上旨，主张对西夏用兵的政见深致不满，触怒了王珪，因此引发其报复（台北：新文丰出版公司，2011年，页193—233），但刘著并无充分论据证成其说。

④ 王珪、苏轼之间关系由旧日的师生之谊发展到后来王珪必欲置苏轼于死地，此事在宋代士林中至为罕见。与之形成比照者可以提及苏轼与其另一名副座主韩绛的关系。韩绛亦非古文家，难称苏轼文章事业的引领者。但直至韩绛晚年致仕以后，苏轼对其依旧保持着门生的趋奉态度，参见《侯鲭录》卷四"东坡戏题韩子华新宠鲁生诗"条，页100。韩绛卒后，苏轼为其撰写祭文，虽未如称道欧阳修"斯文有传，学者有师"（〔宋〕苏轼：《祭欧阳文忠公文》，《苏轼文集》卷六三，页1937）一般在文化的高度上标举韩绛，但也极写韩绛门第、仕宦之盛（参见〔宋〕苏轼：《祭韩献肃公文》，《苏轼文集》卷六三，页1945—1946）。可以说，韩、苏关系体现的正是科举师生之间人情的常态。

《闻见近录》载："子厚（按：即章惇）诘之曰：'相公乃欲覆人之家族耶？'禹玉曰：'它舒亶言尔。'子厚曰：'亶之唾亦可食乎？'"①面对章惇之诘，王珪推卸己责，将倾陷之由指为他人之言，此中尤可见出其摇曳俯仰的面目。然则可以想见，王珪之陷苏轼，更多地当是在新党劾苏之际一种见风使舵的行为。王珪此事与其在嘉祐时协助欧阳修拔擢苏轼之举貌似扞格矛盾，但究其本质，皆本于其一贯追随权力的姿态。王珪终身持有如是守成因循的作风，可以试想，设若嘉祐二年（1057）进士科考的其他条件不变，但领衔主考由王珪这类人物来担当，那么的确很难想象此年科考会对宋代文学史产生显著的积极意义。

二　嘉祐主贡之中的翰苑权力：以刘敞学宦为参照

刘敞较之王珪，则代表了另一种士大夫学仕的类型。刘敞亦崇尚古文②，但他在北宋时期更以经义之学见称于世，其年资虽浅于欧阳修，不过士林中颇有将其文章学问与欧氏相提并论者，如《邵氏闻见后录》云："刘中原父（按："中"字似衍，刘敞字原父，又作原甫）望欧阳公稍后出，同为昭陵（按：即仁宗）侍臣，其学问文章，势不相下。"③又《避暑录话》言及刘敞颇有以经学之长挑战欧氏之迹：

> 庆历后，欧阳文忠公以文章擅天下，世莫敢有抗衡者。刘原甫虽出其后，以博学通经自许，……文忠论《春秋》多取平易，而原甫每深言经旨。文忠有不同，原甫间以谑语

---

① 〔宋〕王巩撰，戴建国整理：《闻见近录》，《全宋笔记》第 2 编第 6 册，页 26。
② 《故朝散大夫给事中集贤院学士权判南京留司御史台刘公行状》载："（刘敞）至年十五，乃更习为古文。"（《彭城集》卷三五，页 917）
③ 《邵氏闻见后录》卷一八，页 140。

酬之，文忠久或不能平。①

欧、刘学术理念的分野在于欧阳修主张平易之论、人事之道，议论经学不喜深究性命之理②，刘敞则致力通过深解经义来探讨性理之奥。刘敞《公是先生弟子记》载欧氏论性之语："学者虽毋言性，可也。"又载刘敞的辩驳之论："性者，仁义之本，……圣人唯欲道之达于天下，是以贵本。今本在性而勿言，是欲导其流而塞其源，食其实而伐其根也。"③学界已然指出，刘敞的学旨彰显出欧氏后一辈士大夫的儒学求索在思想深度上对欧氏的超越④，此一胜出之势自可视为刘敞思想的超卓所在。可以试想，如果刘敞能有机缘像欧氏一般引领士林的文风，那么北宋士人阶层的古文写作或许会因此而向思想更为深刻的方向发展。

然而，在仕宦方面，刘敞所拥有的权力却远不及欧阳修，刘敞虽也进入朝廷词垣，但其最高职事只是至和至嘉祐年间所任的知制诰⑤，终其一生未能仕至如欧氏一般翰林学士的地位⑥。嘉祐末至治平时期，韩琦、欧阳修分任丞相、参知政事。作为主导朝政的宰执之臣，韩、欧对刘敞的态度于褒贬助扼之间颇为

---

① 〔宋〕叶梦得撰，徐时仪整理：《避暑录话》卷上，《全宋笔记》第 2 编第 10 册，页 237。其中"文忠久或不能平"之句流露出欧阳修与刘敞论学关系的不谐之处，对此学界已有注意，参见［马来西亚］陈湘琳：《欧阳修的文学与情感世界》，上海：复旦大学出版社，2012 年，页 78—83。

② 参见《欧阳修的治学与从政》，页 22—26。

③ 〔宋〕刘敞撰，黄曙辉点校：《公是先生弟子记》（与《刍言》合刊）卷四，上海：华东师范大学出版社，2010 年，页 65。

④ 林岩《北宋科举考试与文学》（上海：上海古籍出版社，2006 年，页 120—132）、朱刚《唐宋"古文运动"与士大夫文学》（页 60—62）等著述列举有相当数量的人事例证来展现欧阳修的后辈士大夫对于性理之学的好尚，此一潮流在思想深度上超越了欧氏一辈人物，其中朱著明确提及了刘敞。

⑤ 刘敞于至和元年至嘉祐五年（1054—1060）任知制诰，参见《刘敞年谱》，《宋人年谱丛刊》第 4 册，页 2070—2095。

⑥ 刘敞曾于至和二年（1055）假翰林学士出使辽国，并非真除其职，参见《刘敞年谱》，《宋人年谱丛刊》第 1 册，页 2073。

复杂，在此略引两则史料。刘攽所撰刘敞行状载：

> 公（按：刘敞）与欧阳公永叔相厚，及欧阳参知政事，尝为丞相韩公（按：即韩琦）言，公所为不如谤者之言也。久之，韩公谢曰："虽失之东隅，可以收之桑榆乎？"欧阳曰："公能如是，大善。"将还公为翰林学士，会上（按：即仁宗）不豫，事且寝。①

《能改斋漫录》载：

> 英宗尝语及原父，韩魏公对以有文学。欧阳文忠公曰："刘敞文章未甚佳，然博学可称也。"②

嘉祐间欧阳修曾举荐刘敞担任翰林学士，然而韩琦久以"谤者"之议而未予应允，至治平年间，韩琦始向英宗称道刘敞文学之能，欧氏却又论其文章未佳。宰执如此踌躇反复的态度导致刘敞在通向翰苑的仕途上始终迁延不进。刘敞本人对此仕途偃蹇颇致怨怅之意，曾"顾官属曰：'诸君闻殿前挥使郝质乎？已拜翰林学士矣。'或以为疑者，徐笑曰：'以今日之事准之，固当如此耳。'"③郝质为北宋武将，不谙文辞，刘敞却有意讹言郝质已任翰林学士，借以发泄自己不得其职的愤懑情绪。

更值寻味的是，刘敞还曾将翰苑职事的阙失与己当下文名的不彰相关联。《避暑录话》载："（刘敞）终不得为翰林学士，将死，戒其子弟无得遽出其集，曰：'后百余年，世好，定当有知我者。'"④由于缺乏翰苑地位的凭依，刘敞在当代难以彰显显赫的文名，他对此引为憾事。此中颇能见出翰林学士的职衔在

---

① 《故朝散大夫给事中集贤院学士权判南京留司御史台刘公行状》，《彭城集》卷三五，页935—936。
② 《能改斋漫录》卷二"注疏之学"条，《全宋笔记》第5编第3册，页35。
③ 〔宋〕徐度撰，朱凯、姜汉椿整理：《却扫编》卷上，《全宋笔记》第3编第10册，郑州：大象出版社，2008年，页125。
④ 《避暑录话》卷上，《全宋笔记》第2编第10册，页237。

士林之中所具有的无可比拟的话语权的优势，而这一情势在欧、刘之别的比照中表现得尤为明显。以下我们来征引一则关于刘敞的科举史料，以之映衬嘉祐二年（1057）欧阳修的知贡之事。

刘敞曾在皇祐五年（1053）进士科考中以判吏部南曹事之职担任殿试考试官①，该科状元郑獬在夺魁以后有书信致刘敞云：

> 乃者某以进士较试于天子廷下，是时阁下以文章论议，被选为考试官，得某之卷，独以为可冠群进士。诸公或难之，而阁下争曰："此文似皇甫湜，今朝廷用文取士，为朝廷得一皇甫湜，岂不善也！"于是诸公不能夺，而竟处为第一。它日放榜，士大夫籍籍皆传道阁下之语如此。其（按："其"似为"某"之讹）始闻之，则愧曰："在韩退之门下，用文章雄立于一世者，独李翱、皇甫湜、张籍耳。然翱之文尚质而少工，湜之文务实而不肆，张籍歌行，乃胜于诗，至于他文不少见，计亦在歌诗下。使之质而工，奇而肆，则退之作也。"②

郑獬向刘敞的推举表达谢意，由此论及唐代韩门一派的古文，比较了韩愈与其门人文风的高下之别，称道韩文有"质而工，奇而肆"的风格。于郑獬此封书信的背景及内容，我们应颇能联想到嘉祐二年（1057）苏轼及第后致欧阳修的《谢欧阳内翰书》，其有云："盖唐之古文，自韩愈始。其后学韩而不至者为皇甫湜。学皇甫湜而不至者为孙樵。自樵以降，无足观矣。"③同是科举考试，刘敞赏识郑獬，郑獬寄信言志，欧氏提携苏轼，苏轼

---

① 刘敞当时的职任参见《刘敞年谱》，《宋人年谱丛刊》第 4 册，页 2068。

② 〔宋〕郑獬：《刘舍人（敞）书》，《郧溪集》卷一四，《宋集珍本丛刊》第 15 册，页 129。

③ 《谢欧阳内翰书》，《苏轼文集》卷四九，页 1423—1424。

致书拜谢,二信皆言及对于韩愈古文的推崇之意,可谓既具相似之背景,复有相近之义旨,共同体现出北宋儒学思潮下韩文对于科举文风的深刻影响。然而,此二事在宋代士林乃至后代文学史叙述中的显晦却有天壤之别:郑信被掩抑在文献的烟海之中,难被广泛知闻;苏信则成为北宋古文发展中凸显欧、苏文宗统序的经典论据,被一代一代的文士学者反复征引。思考其中差异,或许有不同原因可以探讨,但有一个重要因素不容忽视,即刘敞、欧阳修在各自事中所居地位其实有明显的高下之别:刘敞所任的吏部南曹之职较为低微,其在科举中的职事亦只为殿试考试官。宋代殿试的主导者为皇帝本人,其试所设考试官额员众多,职务在于协助皇帝衡文取士,单个考试官对于试文的取舍只具一定的参议资格,并不能掌握决策权①,其中刘敞与郑獬的关系并非正式的座主与门生②。故而刘敞议论科举文风,表达古文立场,其影响力较为有限。郑信所谓"士大夫籍籍皆传道阁下之语如此",更多只是当时士宦津津乐道于时下科举夺魁的热门话题,而并非关注其中提倡古文的导向,因此这一事件很难在文化史的层面彰显意义。嘉祐二年(1057)之事则完全不同,欧阳修是以翰苑之职承接朝廷明诏而领衔知贡,即所谓"恭承王命,亲执文柄"③。他表率士林,拔擢后进,引领古文发展,其文风的取向尤其令人瞩目。而此中欧氏与苏轼的关系为正式的座主、门生之谊,欧、苏文章事业传承的统序即缘此而奠定,因此在文化史上具有标志性的

---

① 参见《中国科举制度通史·宋代卷》,页267—274。

② 与此类似的情况可参见《挥麈录》前录卷三所载刘安世、马巨济之事:"刘器之(按:即刘安世)晚居南京(今商丘),马巨济涓作少尹。巨济廷试日,器之作详定官所取也,而巨济每见器之,未尝修门生之敬,器之不平,因以语客。客以讽巨济,巨济曰:'不然。凡省闱解送则有主文,故所取士得以称门生。殿试盖天子自为座主,岂可复称门生于他人? 幸此以谢刘公也。'客以告器之,器之叹服其说,自是甚欢。"(页19—20)

③ 《谢欧阳内翰书》,《苏轼文集》卷四九,页1424。

意义。

据史料所载，蒙刘敞赏识的郑獬亦为当时的知名文士，其出身太学，尚未登科时已然"辞藻振时"，夺魁之际更为同试进士共所推服，皆以"好状元"誉之①。后来郑獬仕至中书舍人、翰林学士，神宗曾召其草诏，赐以金莲烛送归词垣②，前节已然述及此为有宋一代词臣的殊荣。对此我们不妨作一假想，如若皇祐五年（1053）刘敞是以翰林学士领衔知贡，以此拔擢郑獬，二者师生分定、文名相续，日后同耀翰苑、瞩目当代；而欧阳修则终身未能位列翰苑，嘉祐二年（1057）亦无机缘提携苏轼等人，那么我们今天看到的北宋文化史，或许就是另外一番景观了。虽此假想终非史实，但由之我们应能深切地感受到欧氏嘉祐主贡背后权力因素的重要性。

嘉祐四年（1059）刘敞以知制诰之职知贡，不过他并未主贡，而是以第三人身份同知贡举③。如本节开头征引《滹南遗老集》中史料所述，曾在嘉祐二年（1057）科考中遭受欧阳修贬斥的刘幾更改姓名，于该年再试，竟被时任殿试考试官的欧氏荐举为状元，此可视为欧氏排抑"太学体"的一则余波事件，刘敞由此诟病欧氏"有甚凭据"。《滹南遗老集》的作者王若虚解释刘幾之所以登科，是因为其改变了试文文风（此有确证，参见后文引刘幾墓志），终得到欧氏的认可。更即此评价云："原父素与公（按：即欧阳修）争名，故多讥戏之语。"④联系前述刘敞在论学中挑战欧氏之迹，笔者认为此评大致近情。不过具体到该

①〔宋〕王得臣撰，黄纯艳整理：《麈史》卷上，《全宋笔记》第1编第10册，页12。

②参见《宋史》卷三二一《郑獬传》，页10418。

③参见《宋登科记考》，页252。该年知贡考官依次是：翰林学士胡宿（主贡）、翰林侍读学士吕溱、知制诰刘敞（同知贡）。刘敞在三人中职衔最低，为第三人身份。

④《滹南遗老集校注》卷三三，页378。

事中,恐怕当时刘敞所欲争之"名",更多地应在于职权位望。嘉祐二年(1057)欧氏以翰苑仕位领衔知贡,能够自主地表达自身的文章理念,并予以实际的施行,洵可谓"甚有凭据"。而这种自主性,对于两年以后尚只能以第三人身份同知贡举的刘敞而言,是难以企及的。参以前论刘敞不得翰林学士的愤懑心理,我们有理由想见,此处刘敞"有甚凭据"之讥的背后,所流露的应是些许的妒羡之意,而此正是其仕宦权力远逊欧氏之现实的一幕生动的写照。

三 嘉祐主贡之中翰苑权力的适度性:以王安石学宦为参照

王安石则代表了第三种士大夫的学宦类型。在学术思想上,王安石作为欧阳修的后一辈人物,亦明显地表现出对于经义、性理之学的好尚,如前文所言,此可视为在儒学求索的思想深度上对欧氏的超越。以本节所论的范围,我们可略举王安石与刘敞的学术渊源来作说明。晁说之《题王深甫书传后》载嘉祐时王、刘论学之事:"古有谈止之士,谓众人之谈止于斯一人也。当是之时,诸公席上之谈,往往止于介甫(按:即王安石),而介甫之谈,则又(为)原甫而止也。"[1]从中颇可见出王氏对于刘敞学识的钦服。在阐释经义方面,《郡斋读书志》引元祐史官之说云:"庆历前学者尚文辞,多守章句注疏之学,至敞始异诸儒之说,后王安石修《经义》(按:即《三经新义》),盖本于敞。"[2]径言王氏经义出于刘敞之学,此说是否准确,当然有值得商榷

---

① 〔宋〕晁说之:《景迂生集》卷一八,《景印文渊阁四库全书》第1118册,页345。
② 〔宋〕晁公武撰,孙猛校证:《郡斋读书志校证》卷四,上海:上海古籍出版社,2011年,页143。

之处①，但其提示出刘、王经义学说有旨趣相近的一面。在探讨性理方面，《公是先生弟子记》载王安石论性之语："性者太极也，情者五行也。五行生于太极，而后有利害。"又载刘敞的辩驳之论："王子之言，其谓人无性焉可也。夫太极者，气之先而无物之物者也，人之性亦无物之物乎？圣人之言人性也，固以有之为言。"②王、刘对于性之概念的持论虽有不同，但此差异已属于性理之学内部的具体探讨，显异于前论欧、刘厌言、喜言性理之别。王安石在学术思想的渊源上有超卓可称之处，然而他推行自身学说的权力语境却远远超过了欧阳修翰林学士知贡职权的适当界限。

本节开头所引《上仁宗皇帝言事书》显示出王安石在科举制度层面排斥诗赋、改革文风的意图，其在力度上颇有超轶欧氏嘉祐主贡之势。此议在仁宗之时未予施行，但至神宗时代却得到了实现——熙宁四年（1071）朝廷诏令科举主试经义，罢除诗赋。当然，此一制度更改在当时并非由王安石一人意见所致，而是朝议主流的意向所趋，学界对此已有论述③。本节所要着重述及的则是王氏于此背景下以超轶翰苑的宰相地位及超于常格的皇权支持，通过科举来强制推行一己经义之学的权力运作及其消极影响。

我们先来看王安石对于翰林学士职权的超越。熙宁元年（1068）王氏曾短暂担任翰林学士。《宋史》中有一则史料述及

---

① 除《郡斋读书志》以外，《能改斋漫录》卷二"注疏之学"条（《全宋笔记》第 5 编第 3 册，页 35）、《困学纪闻》（《困学纪闻注》卷八《经说》，页 1192）亦有相近之说。不过当代学者在实际对比刘敞《七经小传·尚书》与今人所辑王安石《三经新义·尚书新义》之后指出，就对《尚书》具体经义的阐释而言，王著对于刘敞的借鉴之处并不多，参见杨韶蓉：《对"王安石修〈经义〉盖本于敞"的考查——兼论〈三经义〉"剿取"〈七经小传〉之说》，《儒家典籍与思想研究》第 8 辑，北京：北京大学出版社，2016 年，页 37—52。

② 《公是先生弟子记》卷四，页 60。

③ 参见《北宋科举考试与文学》，页 97—109。

韩琦对于王氏翰苑之任及宰相之任的可否意见,颇能微妙地暗示出这两种职事权力语境的差异:

> (韩琦)守相(州),陛辞,神宗曰:"卿去,谁可属国者,王安石何如?"琦曰:"安石为翰林学士则有余,处辅弼之地(按:即宰相之职)则不可。"①

韩琦认可王安石当下的翰苑职事,但反对将其擢为宰相。关于个中原因,《宋史》未予叙及。我们可参之以《续资治通鉴长编》所载元祐时期朝臣论议苏轼的一则史料:

> 苏轼文章学问,中外所服,然德业器识,有所不足,此所以不能自重,⋯⋯为翰林学士,讨论古今,润色帝业,可谓极其任矣,不可以加矣。若或辅佐经纶(按:即任宰相之职),则愿陛下以王安石为戒。②

苏轼其事在此不作讨论,我们会在下节中详论。这里值得注意的是,该段文字语涉王安石,又言及"文章学问""德业器识"在翰林学士与宰相职事上的优长与弊端,颇能映衬、补充前引韩琦之言。由此应可想见,韩琦之所以认可王安石担任翰林学士,当在于对其文采学问的欣赏,翰苑的职权更多地体现于言辞修撰的文事领域,文学之士于此自可施展其才;至于反对王氏晋升宰相,则当是对其刚愎性格的担忧,因为宰相执掌总领全局之权,刚愎之人拥权过多容易引发极端的事件。

　　然而,王安石终是超轶翰苑、仕至宰相,更凭借皇权的超常信任,在神宗一朝掀起巨大的波澜。就其经义之学一端而言,熙宁五年(1072)神宗与王安石论及经义,即表达过要使王氏经

---

① 《宋史》卷三一二《韩琦传》,页 10229。此事系年参见《王安石年谱长编》,页 801。
② 《续资治通鉴长编》卷三八八,页 9444。

义独尊士林，"令学者定于一"的意愿①。次年王安石即奉敕在国子监置经义局，训示《诗》《书》《周礼》三经之义，网罗了相当数量的门生故吏及新进进士入局，授以职官，参修经义。八年(1075)《三经新义》成，朝廷予以镂版颁行，赐太学及诸州府学。从此王氏经义逐渐成为科考的权威导向，风行于场屋，其势至哲宗绍述时代仍很焜炽②，甚至有延续至南宋初期的迹象③。

王安石经义作为一种学说，在学术思想上自有可取之处，然而政治权力的强制推动使其成为科考准制度化的标杆，则扭曲了士林对于这种学说的正常接受，可以说过度的权力介入遮蔽了其思想本身的价值④。从熙宁、元丰至南宋时代，士大夫阶层对王氏经义统领科举的弊端屡有议论，目前学界对于相关史料多有搜集⑤，在此可略举苏轼《答张文潜县丞书》：

> 文字之衰，未有如今日者也。其源实出于王氏。王氏之文，未必不善也，而患在于好使人同己。自孔子不能使人同，……而王氏欲以其学同天下！地之美者，同于生物，不同于所生。惟荒瘠斥卤之地，弥望皆黄茅白苇，此则王氏之同也。⑥

---

① 《续资治通鉴长编》卷二二九，页 5570。
② 以上史事的时间节点参见《王安石年谱长编》，页 1595—1596、1603—1610、1846—1848、1858、2235—2236。
③ 参见[日] 近藤一成：《王安石的科举改革》，刘俊文主编：《日本中青年学者论中国史·宋元明清卷》，上海：上海古籍出版社，1995 年，页 157—158。
④ 葛兆光《中国思想史》作为一部贯通国史的宏观著作，其书第二卷第二编第一节《洛阳与汴梁：文化重心与政治重心的分离》将神宗时代描述为王安石行政权力与退居士大夫道学追求的对立(上海：复旦大学出版社，2013 年，页 164—171)。林岩《北宋科举考试与文学》作为一部宋代文化研究的专门著作，指出葛著忽略了王安石对性理之学的追求，王氏此一学术思想的倾向其实颇能与道学的理念契合(页 140)。这种忽略的现象恰恰反映出王安石的过度权力对其自身思想价值的遮蔽，注重历史宏观叙述的论者对于王安石的整体印象，往往易于不自觉地偏侧至其政治权力一端。
⑤ 参见《北宋科举考试与文学》，页 141—151。
⑥ 《苏轼文集》卷四九，页 1427。

苏轼议论文章风气的演变，对王氏经义提出批评，指出其学的负面影响主要在于王安石依凭权势"以其学同天下"的举措。此举非但未使士林文章的写作向思想深刻的层面发展，反而迫使文风趋同，丧失了多元而充盈的内涵，走向教条式的枯槁境地。苏轼特以"荒瘠斥卤""黄茅白苇"的衰败之象喻之。绍述时代，进士科考长期以王氏经义取士，文士写作水平普遍下降，已然难以从中选拔合格的四六制诰手笔，朝廷不得不另设立词科之试作为补救①。然则此科之设当可视为王氏经义之弊体现于制度层面的一个明显的标志。

欧阳修以翰林学士主贡的权力语境则与王安石推行经义的情况完全不同。欧氏的权力被限制在适当的范围内，之于科考，欧氏的古文主张并未成为如王氏经义一般准制度化的标杆。诚然，早在庆历新政时期，欧阳修曾上《详定贡举条状》②，向朝廷提出过贡举重策论轻诗赋的制度之议，此议被视为欧氏古文取士的先声③。但至嘉祐时，欧氏使用官方权力提倡古文的举措只集中体现于嘉祐二年(1057)此一年的主贡事件，具有态度的倾向性，但并不具有制度的长期性与强制性。而且应试举子在欧氏主贡之事中有相当自由的舆论空间：当时以"太学体"落第的一派人物即敢于公开对欧氏表达不满，即如第一章引《续资治通鉴长编》载："嚣薄之士，候修晨朝，群聚诟斥之，至街司逻吏不能止。"另外，欧氏主贡权力运用的指归主要在于发现、提携后进的文章彦才，科考后欧氏在致梅尧臣的书信中如此赞誉苏轼："读轼书，不觉汗出，快哉快哉！老夫当避路，放他出一头地也。可喜可喜。"④此言颇可与欧氏曾经称道、告诫王

---

① 参见祝尚书：《宋代词科制度考论》，氏著：《宋代科举与文学考论》，郑州：大象出版社，2006年，页158。
② 《欧阳修全集》卷一〇四，页1593—1594。
③ 《欧阳修的治学与从政》，页88—89、173—174。
④ 《与梅圣俞书》之三〇，《欧阳修全集》卷一四九，页2459。

安石之语相参："此人文字可惊，世所无有。盖古之学者有或气力不足动人，使如此文字，不光耀于世，吾徒可耻也。""孟、韩文虽高，不必似之也，取其自然耳。"①欧氏尊重后进个性、才情的自由发展，并不要求他们与前贤保持一同，甚至甘愿自作退让以展后进之才，此与王安石聚后进于一局为己著述，"以其学同天下"的作法迥然有异。

欧阳修以如是权力作用于科举，表达古文主张，排击"太学体"。在短促的事件史中，此举引起过"士人纷然，惊怒怨谤"的争议，但在长时段的文化史中，则终究得到了士林的普遍认同，欧阳发等撰《先公行状》载："其后，稍稍信服。而五六年间，文格遂变而复古。"②此一接受过程的波折性所折射的正是这种权力语境的适度性——欧氏的主贡之权既能引发士人的普遍关注，又充分给予了他们平心选择、自由接受古文之风的空间与时间。士林在长时段的范围里认可欧氏的主张，更多是基于文化发展的必然趋势，而非政治权力的刻意笼罩。

不过，前引《先公事迹》所述欧阳修文章理念被接受的过程，只有"稍稍信服"等语，陈述终嫌过于简略。如果说在长时段的历史中，王安石经义所产生的文风弊端自有熙、丰至南宋众多的批评言论，以及绍述词科之设的史事作为具体的佐证，那么欧氏的古文主张之渐由士林推服，也应当有具体的人事言论予以印证。在此我们可以试绎史料，列举与欧氏相对立的

---

① 这些言论为曾巩《与王介甫第一书》所转述（〔宋〕曾巩撰，陈杏珍、晁继周点校：《曾巩集》卷一六，北京：中华书局，1984年，页254—255）。

② 《欧阳修全集》附录卷二，页2637。法国年鉴派史学家布罗代尔（Fernand Braudel）研究地中海历史，提出著名的"长时段"理论，认为历史分为三种，其一为几乎静止的环境史，其二为节奏缓慢的社会史，其三为短促动荡的事件史。参见〔法〕费尔南·布罗代尔著，唐家龙、曾培耿等译，吴模信校：《地中海与菲利普二世时代的地中海世界（第一卷）》第一版序言，北京：商务印书馆，2017年，页8—10。该理论将同一的研究对象置于不同的历史语境之中进行观照，阐述了不同层面的历史意义，以上正文采用"长时段"一词，是对这一理念的借鉴。

"太学体"一派人物的言行来作较详的论述。

传世文献明确记载"太学体"文风的代表人物只有刘幾，其人留传著述、事迹较少①，难以直接据以论述他对欧阳修古文之学的态度。不过在此可引两则间接的史料相参考察。《直斋书录解题》载：

> 世传煇（按：即刘幾）既黜于欧阳公，怨愤造谤，为猥亵之词。……（刘幾）盖笃厚之士也。肯以一试之淹，而为此憸薄之事哉？②

宋代士林中曾流传刘幾因落第而丑诋欧阳修的传闻，《解题》揆以刘幾人格，认为此事不当属实，目前亦无以确考其事究竟之有无。不过就历史通性的真实而言，我们应颇能就此察知嘉祐二年（1057）时欧、刘文章见解的尖锐对立之势。然而，至治平二年（1065）刘幾卒，士人杨杰应刘幾族人之请撰《故刘之道（幾）状元墓志铭》，则明载嘉祐间欧、刘相涉的往事，对欧氏的古文事业称颂有加：

> 先是，皇祐、至和间，场屋文章以搜奇、抉怪、雕镂相尚，庐陵欧阳公深所疾之。及嘉祐二年知贡举，则力革其弊，时之道亦尝被黜。至是（按：指嘉祐四年科考），……（欧阳修对刘幾）更相激赏，……由是场屋传诵，辞格一变。议者既推欧阳公有力于斯文，而又服之道能精敏于变也。③

---

① 刘幾文集已佚，其著述存世绝少，《全宋诗》第 12 册录其诗五首（北京：北京大学出版社，1993 年，页 7908—7910），《全宋文》录其文六篇（曾枣庄、刘琳主编：《全宋文》第 76 册，上海：上海辞书出版社，合肥：安徽教育出版社，2006 年，页 130—136），皆未涉及欧阳修，亦未见有史料记载嘉祐四年（1059）以后他与欧氏有过交涉。

② 《直斋书录解题》卷一七，页 500。

③ 〔宋〕杨杰撰，曹小云校笺：《无为集校笺》卷一三，合肥：黄山书社，2014 年，页 437。

以常情度之，墓志撰写的基调定然是充分遵循了亡者的意愿，然则这段内容颇可间接视为刘幾对于欧阳修古文之学的最终态度。可见嘉祐至治平数年之间，刘幾的文章取向究是发生了根本的转变，他终是钦服于欧氏的主张。

除了刘幾，学界一直在致力搜检史料，希望能够找出更多"太学体"一派的人物。目前已有相关研究较有根据地指出，至和、嘉祐年间在太学学习、于嘉祐四年（1059）进士及第的朱长文颇有迹象沾染"太学体"之风①。检视现存朱长文熙宁、元丰时期撰成的著述，其称及欧阳修之处，则已明言欧氏"文章绝出一时"②"学博而醇，文正而奇，一代之师"③。看来朱氏虽然濡染"太学体"在先，但在以后的岁月里亦是服膺于欧氏引领文风的气魄与作为，颇可与上论刘幾之事相参。

除此而外，本节还要提及另外一名人物王得臣。王得臣于皇祐至嘉祐年间求学于太学，长达十年之久④，皇祐四年（1052）曾"举国学进士"⑤，即在太学得到发解的资格，不过其亦至嘉祐四年（1059）方才得以进士及第⑥，与刘幾、朱长文为同年关系。然则王得臣亦可算为是"太学体"风气的一名沾染者，他颇有可

---

① 参见朱刚：《"太学体"及其周边诸问题》，《文学遗产》2007 年第 5 期，后收入《唐宋"古文运动"与士大夫文学》，页 58—82。

② 〔宋〕朱长文纂辑，何立民点校：《墨池编》卷一〇，杭州：浙江人民美术出版社，2012 年，页 311。按：《墨池编》总体上为朱长文纂辑之书，但该书卷九、卷一〇又自成一书，名《续书断》，为朱氏自撰，以上引文即出于此。

③ 〔宋〕朱长文：《琴史》卷五，《景印文渊阁四库全书》第 839 册，页 59。朱长文《续书断》撰成于熙宁七年（1074），《琴史》撰成于元丰七年（1084），参见陈志平：《朱长文年谱》，氏著：《北宋书家丛考》，上海：上海书画出版社，2014 年，页 207、214。

④ 王得臣《麈史》卷上载："安定胡翼之（按：即胡瑗），皇祐、至和间国子直讲，朝廷命主太学。时千余士，日讲《易》。予（按：即王得臣）执经在诸生列。"又《麈史》自序言："予年甫成童，亲命从学于京师。凡十阅寒暑，始窃一第。"（《全宋笔记》第 1 编第 10 册，页 19,5）王得臣于嘉祐四年（1059）登科（见后文），由此倒推十年，当可知其皇祐至嘉祐间一直在太学学习。

⑤ 《麈史》卷中，《全宋笔记》第 1 编第 10 册，页 34。

⑥ 参见《宋登科记考》，页 254。

能经历过嘉祐二年（1057）科举考试的失利。对于欧阳修的态度，王得臣不似刘、朱，他长期保持着嘉祐二年（1057）"太学体"人物的排拒心理，此于其日后的著述《麈史》中颇能见到迹象。《麈史》为王得臣晚年于政和五年（1115）铨次旧闻撰成的一部笔记①，其书多处提及欧氏，对欧氏屡有指摘，我们爬梳史料，共可列举四例：

> 欧阳文忠公《答李翊论性书》："性非学者之所急，而圣人之所罕言也。或因而及焉，非为性而言也。"……临邛计都官用章谓予曰："性，学者之所当先，圣人之所致言。吾知永叔卒贻后世之诮者，其在此书矣。"

> 永叔《早朝诗》曰："月在苍龙阙角西。"甚美。然予按汉之四阙，南曰朱雀，北曰元武，东曰苍龙，西曰白虎。今永叔诗意，盖以当前门阙状苍龙，故云月在西也。盖不用汉阙耳。

> 庆历间，滕子京谪守是邦（按：即巴陵郡），尝欲起巨堤以捍怒涛，使为弭楫之便。先名曰"堰虹堤"，求文于欧阳永叔，故述堤之利详且博矣。碑刻传于世甚多。治平末，予宰巴陵，首访是堤。郡人曰："滕未及作而去。"

> 欧阳文忠公、苏洵明允各为世谱。……窃怪文忠以谓不知姓之所自，而昧昭穆之序，则禽兽不若也。其讥诃亦至矣。然欧阳氏得姓凡几年，其间文学之士盖亦多矣。文忠公始为之谱，斯言恐未为得也。②

上引之例对于欧阳修，一则引证其学术失宜，二则指摘其作诗失典，三则暗讽其撰述失实，四则讥刺其言论失当。王得臣该书之成距欧氏主贡之事已近六十载，然其之于欧氏仍是多存讥

---

① 《麈史》的撰述经过参见《麈史》自序，《全宋笔记》第 1 编第 10 册，页 5。
② 《麈史》卷中、卷下，《全宋笔记》第 1 编第 10 册，页 38、48、57、67。

贬，这在某种程度上似可视为他对嘉祐二年（1057）科考旧事一个难以释憾的心结。然而，即便是持有如此的排拒态度，王得臣亦只能挑剔欧氏著述言谈的细末枝节，却无从置喙欧氏引领文风的荦荦大端，此颇能从反面映衬出欧氏古文之学在当时的深入人心。

上述以刘几、朱长文、王得臣为个案，从正反两面考察了"太学体"一派人物在长时段的历史里对于欧阳修倡导古文的态度：积极者已全然服膺于欧氏的文章卓识，消极者虽在人事上尚存排拒心理，但亦难对欧氏的文章见解发表正面的批评。此一态势并非权力笼罩的结果，而是士林自由接受的趋向，其当可为"其后，稍稍信服。而五六年间，文格遂变而复古"之语作一个较详的注脚，而又能与苏轼批评王安石经义的言论中"荒瘠斥卤""黄茅白苇"之象形成一层鲜明的比照。

在比较欧阳修、王安石二者的权力语境之余，我们还可略加述及王珪在王安石经义之学背景下的行事作风与形象面貌。此颇能与其在嘉祐二年（1057）知贡中的表现形成一层参照，从侧面来补充上论欧、王权力之异的观点。

熙宁年间，朝堂计议科举主试经义、罢除诗赋之初，王珪并不予支持，他曾站在固守成规的立场上上递《议贡举庠序奏状》云："若乃贡举，以诗赋策论取人，盖自祖宗以来，收揽天下豪俊，莫不用此，臣不敢轻议。"[1]然而，随着经义取士的实际推行，王安石经义局的正式设立，王珪则追随权势，开始转而推崇王氏经义。熙宁七年（1074）王安石向朝廷上呈新修《诗·二南》经义，神宗令王安石、王珪等人赴资政殿听读经义[2]，王珪即有

---

[1] 《华阳集》卷七，《丛书集成初编》第 1912 册，页 73。陈元锋《论"嘉祐四友"的进退分合与交游唱和》[《江西师范大学学报》（哲学社会科学版）2014 年第 1 期] 较早征引该则史料，述及王珪对于罢黜诗赋的反对态度。

[2] 参见《王安石年谱长编》，页 1699。

诗恭维王安石称："述作虽寻前圣远，讨论犹待后贤通。汉庭无更矜他说，自有匡衡发帝聪。"①明言朝廷应排斥他说，将王氏之学定于一尊，此语显是为迎合前述熙宁五年（1072）神宗独尊王学的论调。王珪这种先守成规、后依权势的姿态与前论其在嘉祐二年（1057）知贡时的行事作风如出一辙。

然而，王安石主政的政治生态迥异于欧阳修主贡的文化氛围。在欧氏的权力语境中，王珪尚能以"锁院"唱和的风雅形象示人。在王安石推行新政、新学的强硬手腕下，王珪的形象则矮化为奴颜卑骨的不堪面目，此点在宋代史料中屡有提及。如《邵氏闻见录》引唐坰劾王安石之语："吕惠卿、曾布，安石之心腹；王珪、元绛，安石之仆隶。""珪奴事安石，尤惧不了。"②吕惠卿、曾布之辈在某种意义上尚可称为王安石政治思想的同道者，王珪则只能算作王安石权势下卑微的顺从者。又《续资治通鉴长编》引鲜于绰《传信记》载王珪卒后，士林对其嘲讽之诗有"喏喏佞翻王特进（按：即王安石）"之句③，亦特言及王珪谄媚王安石。至徽宗宣和年间晁说之作《感事》诗议论当下人才凋零、士论空阔，末两句云："怪来高论空无验，可是岐公（按：王珪被封岐国公）作宰衡？"诗后自注注明末句事典云："王荆公在嘉祐间言：人才虽乏，不曾教王禹玉作宰相；至熙宁中，公乃荐王代作相焉。"④该注言及王安石曾在嘉祐时评价王珪，对其并不许以宰相之才，由此颇可察知王安石在学术思想、行政魄力

---

① 〔宋〕王珪：《依韵和吴枢密上王相公同召赴资政殿听读诗义感事》，《华阳集》卷四，《丛书集成初编》第1912册，页37。

② 《邵氏闻见录》卷一三，页144。

③ 《续资治通鉴长编》卷三五六，页8518。

④ 《景迂生集》卷七，《景印文渊阁四库全书》第1118册，页142。该诗作年考证参见张剑：《晁说之研究》，北京：学苑出版社，2005年，页244。刘成国《评张剑〈晁说之研究〉》较早提示出晁说之《感事》末两句寓有讽刺之意，值得更深入地探讨（刘扬忠、王兆鹏、刘尊明主编：《宋代文学研究年鉴（2004—2005）》，武汉：武汉出版社，2007年，页327）。

方面其实并不欣赏王珪。而至熙宁时却又荐王珪代任宰相,此可视为王安石政治上的一种笼络手段①,因为王珪的依顺姿态为他推行新政、新学提供了相当的便利。王安石、王珪的关系展现的正是完全意义上的官场权力的施受之势,他们二人的笼罩屈从之态全然失去了欧氏主贡中文人雅趣的柔和感。此亦为欧阳修、王安石权力语境之异一幕生动的展示。

四　余论

以上将王珪、刘敞、王安石三者的经历作为欧阳修周边士大夫学术、仕宦的三种类型,建构了一个参照的体系:王珪处翰林学士之位,思想却流于守成、因循;刘敞的学术思想颇为深刻,仕宦却不至翰苑;王安石的思想亦见深刻,但其权职却超越翰苑而至宰相。以这三者的生平轨迹与嘉祐二年(1057)欧阳修主贡之事进行关联、对比,可以从不同侧面映衬出欧氏超卓思想与翰苑权力结合的形态。如果说目前学界对于欧氏文章事业的研究,较为主流的倾向仍是在古文思想谱系的内部进行考察,以求探析欧氏思想本身的抽象义旨,那么本节则是从词臣文化的背景出发,在欧氏思想之下铺垫了一层具体生动的历史情境。在这其中,思想之间的对比并非被置于抽象的层面进行论述,而是在文宗特立个性与官僚因循面貌的异相上展示彼此的分野,权力之间的比照则更是以翰林学士的职任作为考察的基点,将不同职事放在具体的政务中予以呈现。我们由之可以清晰地察见词臣职任在仕宦地位的层面对于欧阳修文章事业的支撑之力。

①　现存史料并无明确记载王安石举荐王珪代相之事,不过据《王安石年谱长编》所考,王安石曾于熙宁八年(1075)致启王珪,请其代辞左仆射之职(页1849),其中或亦有举王珪代相之意。举人代职在宋代官场中往往只具有礼仪上的意义,不过其可为被荐者提供一个见重于朝廷的机会。参见邓小南:《宋代文官选任制度诸层面(修订本)》,北京:中华书局,2021年,页203—204。

　　然而，欧阳修的文宗位望与词臣职任又并非全然同调，他这两种角色彼此之间亦有扞格之迹值得寻绎。前文已然提及欧氏曾站在古文家的立场上对词臣的制诰骈文发表批评意见，此可视为其文宗身份对于词臣职任的超轶之势。而在另一方面，欧氏虽然批评制诰，但却并不能在实际施为的层面来革新其文体。欧氏引领古文事业的影响所及，主要还是囿于士人阶层的范围，而绝不涉及代表皇权意志的制诰之文。对此陈寅恪先生即有云："至于北宋继昌黎古文运动之欧阳永叔为翰林学士，亦不能变公式文之骈体。……然则朝廷公式文体之变革，其难若是。"①可见欧氏思想之所及，亦有其权力所无法触及的所在。

　　而且，当欧阳修实莅词垣草制之务时，其对于公事程序中的制诰手笔亦曾表达过明确的称赏之意。草拟制诰例来以文思敏捷为贵，即所谓"（制诰）除目所下，率不一二时，已迫丞相出。故不得专一思虑，工文字"②。第一章已然述及刘敞在草制方面才思出众，关于他连草九制之事，除去刘攽所撰行状而外，《渑水燕谈录》还有一番别样的记载：

　　　　刘原父文章敏赡，尝直舍人院。一日，追封皇子、公主九人，方下直，为之立马却坐，一挥九制成，文辞典丽，各得其体，真天才也。欧阳文忠公闻而叹曰："昔王勃一日草五王策，此未足尚也。"③

与词垣之吏站在制度的幽微之端指摘刘敞其事有所不同，欧阳

---

　　①　陈寅恪：《元白诗笺证稿》，北京：生活·读书·新知三联书店，2001年，页120。

　　②　《外制集序》，《欧阳修全集》卷四一，页596。

　　③　〔宋〕王辟之撰，吕友仁点校：《渑水燕谈录》（与《归田录》合刊）卷六，北京：中华书局，1981年，页72。欧阳修《集贤院学士刘公（敞）墓志铭》亦提及此事，参见《欧阳修全集》卷三五，页526。

修对其词垣草制的倚马之才赞赏有加，以至将其与唐代王勃相拟并论。此一态度与欧氏本人平生总体推崇古文的立场反差鲜明。由此我们当能想见，总体崇古的欧氏绝非是时刻抱持鄙薄骈文的态度，在实际的草制事务中他更多地应是掩抑了个人的文章好恶，屈志去适应、融入公事程序，认同其中的行事规范、评价标准——这样他的仕宦职事才能正常地进展下去。然则此事颇能显现出词臣职任对于欧氏文章事业的笼罩之迹。

踵武于欧阳修的词臣地位、文章事业，元祐时期苏轼进入词垣掌行制诰，亦是在同一时期，其文章宗主的声望得以确立。第一章中我们曾引苏轼撰作高太后受册制文之事，以其初步论述制度规矩对词臣个性的笼罩之势。其实那只是苏轼词垣生涯的一个方面而已。如果更为全面地考察苏轼的词垣生涯，就会发现他的文宗位望之于词臣职任呈现的是时而相辅相成、时而受其笼罩、时而对其超越的错综态势——此即是本章后续内容所要着意抉发的意蕴。需要说明的是，不同于欧氏词垣事迹中有嘉祐主贡此一标志性的文学事件，苏轼的词垣生涯相对而言较为平淡，并无类似特出之举可以称述。对此我们需要花费更多的精力寻找切入点，以利论述苏轼文章事业与仕宦职事的相互关系。以下分两节内容讨论苏轼的词垣生涯：前者在总体上勾勒元祐时期苏轼文宗与官僚两重身份的交错分合之势；后者聚焦于元祐年间（1091）苏轼在词垣所撰的一篇应制之作《上清储祥宫碑》，以个案研究的形式呈现苏轼官僚、文宗身份在政治语境与文化语境中的存在形态。

附论　郑獬的“太学体”背景及其对欧阳修的态度

本节已然论及刘幾、朱长文、王得臣三人的“太学体”背景。除此而外，还有出身太学、皇祐五年（1053）状元及第的郑獬颇值探讨。之前已有学者指出此人亦当为"太学体"一派的人物，主要根据即是前引郑獬致刘敞的书信。该信透露刘敞称赏郑獬殿试试文有皇甫湜之风，皇甫湜之文在唐代即以怪奇艰涩著称于世[1]，郑獬对于古文的宗尚如是沿着皇甫湜式的方向发展，当属于"太学体"的旨趣[2]。笔者颇为认同这一说法。如果郑獬确是以"太学体"应考而夺魁，那么后续必会有大量应考士子追武其艰涩文风。这或许就能解释其后一次科考即嘉祐二年（1057）的场屋之风对"太学体"趋之若鹜的现象。

那么郑獬以其"太学体"的背景，对于欧阳修又持怎样的态度呢？郑獬在其以后的仕宦生涯中颇有与欧氏同朝为官的经历，但就现存史料而言，欧、郑二氏除去在公事程序中有过一些交集[3]，在私交上未有过从，这或许能在一定程度上显露二人关系的疏离。另值特别注意的是，在郑獬的传世文集中，其较为私人的撰述文字有且唯有一处提及欧阳修，其内容颇堪寻味。嘉祐三年（1158）郑獬为诗僧文莹撰《文莹师诗集序》云：

> 文莹师自荆州访我于涢溪之上，出其所为歌诗一巨轴。……（文莹）少之时，苏子美（按：即苏舜钦）尝称之，欲挽

---

① 《太平广记》记载皇甫湜之文"文思古謇，字复怪僻"，以至同时之裴度"不能分其句读"（〔宋〕李昉等编：《太平广记》卷二四四"皇甫湜"条，北京：中华书局，1961年，页1890）。

② 参见许瑶丽：《再论嘉祐"太学体"与"古文"的关系》，《西南民族大学学报》（人文社会科学版）2011年第1期，相关内容后收入氏著：《宋代进士考试与文学考论》，上海：上海古籍出版社，2015年，页70。

③ 相关史料参见欧阳修在官场例行的通问书启《回郑钱二舍人谢新除书》（《欧阳修全集》卷九六，页1461）及郑獬两篇《赐观文殿学士刑部尚书知亳州欧阳修乞致仕不允诏》制文（《郧溪集》卷九，《宋集珍本丛刊》第15册，页73）。

致于欧阳永叔，以发其名，而莹辞不肯往，遂南游湖湘间。①

文莹亲访郑獬，郑獬为其诗集作序。序文叙及文莹早年受知苏舜钦，称当时苏氏欲将文莹推荐给欧阳修，以扬显其名，被文莹推辞。然而文莹自撰之《湘山野录》所述却与此言颇有出入，其云：

> 公（按：即欧阳修）尤不喜浮图，文莹顷持苏子美书荐谒之，迨还吴，蒙诗见送，有"孤闲竺乾格，平淡少陵才"，及有"林间著书就，应寄日边来"之句，人皆怪之。②

文莹叙己曾持苏舜钦荐书拜谒过欧阳修，欧氏虽不喜释氏之说，但仍对其颇为赏识，题有赠答之诗，文莹引以为荣。文莹所叙具载欧氏赠诗之句，其说可信。郑獬蒙文莹亲访求序，嘉祐三年（1058）正是欧阳修声名隆重、宗主文坛之时。以常情度之，郑獬撰序，应会着力表彰欧、文的这段交往。然而郑序却一反常情地否认其事，这一矛盾之处令人思考。笔者颇疑此中缘由当有欧、郑人情隔阂的因素存在：此年为嘉祐二年（1057）的次年，"太学体"一派中或颇有人物对欧氏此前的排抑之举尚未释憾，其中或即有郑獬。他作为以"太学体"登科的先达之辈，基于自身在太学的学缘③，对于欧氏应存有相当的不满之意。

---

① 《郧溪集》卷一四，《宋集珍本丛刊》第15册，页135。郑獬《文莹师诗集序》之文并未明载作年，但文中有"（文莹）出其所为歌诗一巨轴。方予之躬事先垄，揽涕松下，而未能尽阅也。及兹北归"之语，可知该序作于郑獬为父守制结束、回归朝廷之时。胡银元《郑獬年谱简编》载郑獬之父卒于嘉祐元年（1056）五月（南京师范大学2008年硕士学位论文，页57）。为父守制时间为二十七个月，则郑獬守制结束当在嘉祐三年（1058）八月左右，而该序所作时间即当在该年。

② 《湘山野录》卷上，页15。

③ 郑獬颇以自身太学的出身为荣，颇有称述之语，如其赠答太学人物的诗作《酬余补之见寄》云："入京共收太学第，姓名头角相撑磨。"《酬随子直十五兄》云："白袍大袖何纷披，来居太学森兰芝。"《郧溪集》卷二六，《宋集珍本丛刊》第15册，页229—230)另值注意的是，郑獬与前文所论屡屡指摘欧阳修的王得臣渊源尤其深厚，王得臣早年从郑獬问学，谊属师生，《宋元学案补遗》列王得臣为郑獬门人（参见〔清〕王梓材、〔清〕冯云濠编撰，沈芝盈、梁运华点校：《宋元学案补遗》卷六，北京：中华书局，2012年，页743)，后同在太学学习（王得臣对郑獬的言论、事迹多有称述，参见《麈史》卷上、卷中、卷下，《全宋笔记》第1编第10册，页6、12、20—22、34、54、72—73、83)。

文莹向其求序,知其立场,为迎合其意,特讳言自己与欧氏的交往,故致郑序否认文莹谒欧之事。

另值一提的是,王珪曾作为同知贡举参与过皇祐五年(1053)的知贡①。在此次"太学体"受到推崇的科考中,王珪与郑獬谊属副座主与门生的关系。郑獬释褐后首授将作监丞、通判陈州之职,王珪为其撰写除官制文,称道其"才词丰华"②。王、郑日后亦多有时日同在朝廷任职,目前亦无文献直接记载二人在公事以外的交往事迹③。不过,有一则史料或能间接透露他们的私交情况,颇可与前述郑獬《文莹师诗集序》透露出的人事隔阂形成比照。熙宁三年(1079)王珪在翰林学士承旨任上有《乞知青州札子》云:

> 臣以孤陋之学,久尘禁林,终无所补。自仁宗朝,累曾乞出外。比亦数于朝廷乞京东、西一闲郡,未遂私诚。今闻郑獬以疾求罢青州,傥使臣得代獬行,臣虽齿发蚤衰,犹能勉力民事。④

郑獬晚年在知青州事任上因疾求罢,同时王珪在翰苑任上礼仪性地例行递交请求外放的奏札⑤。王珪此札提出希能替代郑獬,外任青州。我们由札中行文颇能体会出王、郑的私交之好:

---

① 参见《宋登科记考》,页 221。
② 〔宋〕王珪:《前乡贡进士郑獬可将作监丞通判陈州制》,《华阳集》卷二九,《丛书集成初编》第 1915 册,页 372。
③ 关于王珪、郑獬在公事程序中的交集,郑獬撰有《翰林学士给事中王珪可承旨制》(《郧溪集》卷一,《宋集珍本丛刊》第 15 册,页 5)。另外,王、郑曾共同参加过仁宗的赏花钓鱼会,在会上皆赓和过仁宗的诗作,后世编撰郑獬文集时误将王珪和诗当作郑獬和诗,参见王传龙、王一方:《王珪〈华阳集〉的误收、辑佚与流传》,《中州学刊》2016 年第 2 期。
④ 《华阳集》卷八,《丛书集成初编》第 1912 册,页 91。
⑤ 王珪于熙宁三年(1070)由翰林学士承旨升任参知政事(参见《王珪传》,《宋才子传笺证·北宋前期卷》,页 639),正是其仕宦得意之时。故其上奏请求外任,只是朝廷的臣僚例行逊让职事的礼仪性姿态。

对于郑獬，王珪奏称希代其职，又能直言其名，略无避讳，他们二人当是就此代任之议有过通问或是互存默契，不必顾忌可能产生的嫌隙。王、郑的这种人事关系正符合座主、门生之谊的常态。由此我们可以想见，对于"太学体"，王珪绝不似欧阳修持坚定的排拒立场，其处"太学体"见重的科考语境，应是依随当下风气而与太学人物保持和睦的关系；及至欧氏打破科考成规、锐意改革文风之际，其于当面亦不愿拂逆欧氏之意，而能协助其事——这种两可的态度亦是王珪因循作风的一贯表现。

第三节　官僚体系之中的文章宗主
——苏轼词垣生涯探析

李廌《师友谈记》载：

> 东坡尝言：文章之任，亦在名世之士，相与主盟，则其道不坠。方今太平之盛，文士辈出，要使一时之文有所宗主。昔欧阳文忠常以是任付与某，故不敢不勉。异时文章盟主，责在诸君（按：即苏轼门人），亦如文忠之付授也。[1]

苏轼《东坡志林》载：

> 元祐元年，余为中书舍人，时执政患本省事多漏泄，欲于舍人厅后作露篱，禁同省往来。余曰："诸公应须简要清通，何必裁篱插棘！"诸公笑而止。明年，竟作之。……唐时得西掖作窗以通东省，而今日本省不得往来，可叹也。[2]

上述两则史料，前则记载了苏轼对于本朝文运的议论之语，他

---

① 〔宋〕李廌撰，孔凡礼点校：《师友谈记》（与《曲洧旧闻》《西塘集耆旧续闻》合刊）"东坡以异时文章盟主勉门下诸君"条，北京：中华书局，2002 年，页 44。

② 〔宋〕苏轼撰，王松龄点校：《东坡志林》卷二"禁同省往来"条，北京：中华书局，1981 年，页 30。

在有宋一代文章事业传承的统序中标举自己的位置,自视为欧阳修文宗地位的承接者,勖勉门下之士日后继承己任,以使文道不坠。后则是苏轼担任中书舍人期间的一件轶事,其就中书省官厅隔离与否的事宜表达了与宰执不同的意见,但所言终究未被采纳。这两则史料展现了两种截然不同的语境:前者彰显了苏轼作为文章宗主,以一代文运自任、张扬豪迈的理想情怀;后者则透露出他身处官僚体系,受到职权限制,相对于宰执阶层位卑言轻的现实境遇。在苏轼生平经历中,上述两种语境之间的张力颇值注意。

元祐元年至八年(1086—1093)苏轼历任中书舍人、翰林学士、承旨的词臣之职,此为苏轼宦途最为显达的一段时期。但就诗文的撰述而言,此期又被认为是其文学创作的"歉收期",学界已然指出此期繁忙的政治事务与激烈的党争事件占据了苏轼关注的中心,妨碍了他的文思,故鲜有杰出的作品产生①。此一论断在阐述事实的同时也引发了思考的契机,提示出苏轼的词垣生涯中文章事业与仕宦环境之间存在着某种张力值得注意。然而,这种张力的存在,又并非仅仅单纯直白地体现在诗文质量的高下之比,还更为微妙复杂地呈现于仕位声望的起伏之迹、心态行止的动静之端。我们如能站在仕位声望、心态行止的层面,从前述文章宗主、官僚体系两种语境的差异来审视苏轼的词垣生涯,就会发现,这其实也是他文章抱负与仕宦境遇之间纠葛最深的一个时期:此期的词臣职任既是苏轼文宗位望资以成立的仕宦凭依,又是官僚政治的主流意向对于苏轼仕途所作的一种限制。苏轼居于词垣,既摛文擅藻、矜才压众,展现出一代文宗的特立风采,同时也受到官场利益的牵挽羁

---

① 参见王水照:《苏轼创作的发展阶段》,氏著:《苏轼研究》,北京:中华书局,2015 年,页 6—7。

绊，流露出因势俯仰的官僚面貌。本节将对此中问题一一作出探析，以求总体勾勒元祐苏轼文宗与官僚两种身份交错分合的态势。

一 文宗身份与仕途限制：元祐背景下苏轼的词臣之任

我们首先在元祐时代背景下探讨苏轼词臣之任的意义，此一问题可以分别从文学与政治两个方面来作阐述。就文学的方面而言，元祐苏轼的词臣之任为其在士林中树立文宗的位望提供了宦位的支撑。元祐之前苏轼文名已显，其在熙宁、元丰创作了大量杰出的诗文，广为朝野称扬，已经充分显露出一代文豪的气象。然而熙、丰时苏轼毕竟多是担任地方官或遭遇贬谪，长期远离令人瞩目的朝廷。神宗对于苏轼的文才固然极为欣赏，如其曾"与近臣论人材，因曰：'轼方古人孰比？'近臣曰：'唐李白文材颇同。'上曰：'不然，白有轼之才，无轼之学。'"[1]又"当其饮食而停箸看文字，则内人必曰：'此苏轼文字也。'神宗每时称曰：'奇才！奇才！'"[2]但由于政治见解的不同，神宗对苏轼始终未予实质的拔擢。当时苏轼的文名、职事可谓颇为不符。

直至元祐时期，皇权的实际掌握者高太后才将苏轼升为词臣，擢入翰苑，并公开称此一任命"是神宗皇帝之意"[3]。可谓在政治同调的基础上，更表达了对于苏轼卓异文才的超格赏识。此期苏轼文名、职事相得益彰，词臣职任以其士林宗师的象征意义极大地提升了苏轼的影响力，支撑了其文宗位望的成立。对此可略陈三点理由：其一，此期苏轼仕至翰林学士，达到了与

---

[1] 〔宋〕陈岩肖撰，牛埜点校：《庚溪诗话》卷上，《宋诗话全编》第3册，页2794。

[2] 《续资治通鉴长编》卷四〇九，页9965。

[3] 《续资治通鉴长编》卷四〇九，页9965。

至和、嘉祐间欧阳修一般的地位，欧、苏文宗位望相承的统序之能建立，除了古文理念、成就的承续次序及彼此科场座主、门生的关系而外，苏轼此一与欧氏相埒的仕宦凭依不容忽视，这是他得与欧氏并重于士林的必要条件①；其二，元祐三年（1088）苏轼在翰林学士任上主持贡举②，主贡之权能够在士林中积累深厚的资望，此亦是其文宗位望得以成立的一个重要因素；其三，象征苏轼文宗位望的"苏门四学士"的文学群体亦是在元祐时期齐聚朝廷，苏轼以词臣之尊表率担任馆职的黄、张、晁、秦，故才有此"四学士"之谓。

对应在文章事业中以一代文宗自任的情怀，苏轼对于自身文才投射于仕宦上的期许，亦着落在对词臣之任的向往之意上。苏轼《东坡志林》有过这样一段记叙：

> 轼倅武林（按：指熙宁年间通判杭州）日，梦神宗召入禁中，宫女围侍，一红衣女童捧红靴一双，命某铭之。觉而记其一联云："寒女之丝，铢积寸累；天步所临，云蒸雷起。"既毕，进御，上极叹其敏，使宫女送出。③

苏轼述及熙宁年间自己于地方任职期间曾于梦中被召入神宗宫廷撰作靴铭，蒙神宗叹赏文思敏捷，并记有精绝联句。在此梦中，苏轼所任之职俨然是皇帝身边擅长辞藻的文学侍从。梦境自可视为现实意识的一种曲折反映，苏轼内心亦必期待自己

---

① 《侯鲭录》卷一"东坡十余岁拟谢对衣并马表"条载："东坡年十余岁，在乡里，见老苏诵欧公《谢宣召赴学士院仍谢赐对衣金并马表》，老苏令坡拟之，其间有云：'匪伊垂之带有余，非敢后也马不进。'老苏喜曰：'此子他日当自用之。'至元祐中，再召入院作承旨，仍益之云：'枯羸之质，匪伊垂之带有余；敛退之心，非敢后也马不进。'"（页45）该则史料所载是否确有其事，尚有待于甄别，不过其在文化史的层面上体现了一种通性的真实，展示出士人阶层对于翰苑位望的瞩目，以及欧、苏在文名、仕宦上的相承之势。苏轼踵武于欧氏仕至翰林学士，此为他能接续欧氏成为新一代文宗的必要条件。
② 参见《苏轼年谱》，页812。
③ 《东坡志林》卷一"梦中作靴铭"条，页17。

能够作为一代词臣手笔，以富赡文辞见知朝廷、闻名当时。然则元祐词臣之任可谓达成了苏轼多年以来的自期之志。

然而，从政治的方面来观照苏轼的词臣之任，则会发现一种别样的语境——苏轼的卓异才性之于元祐政治的整体氛围，有其格格不入的一面，他的词臣职事在某种程度上可以视为当时朝廷官僚政治的主流意向对其仕途作出的一种限制。《续资治通鉴长编》载元祐元年（1086）苏轼由中书舍人晋升为翰林学士之后不久，监察御史孙升奏言：

> 苏轼文章学问，中外所服，然德业器识有所不足，此所以不能自重，坐讥讪得罪于先朝也。今起自谪籍，曾未逾年，为翰林学士，讨论古今，润色帝业，可谓极其任矣，不可以加矣。若或辅佐经纶，则愿陛下以王安石为戒。①

时任朝廷谏官的孙升在文章造诣上承认苏轼之才，但在道德器识上却非议苏轼之行，指摘其德业不足，反对朝廷对苏轼再行擢升，使其进入宰执之列。宋史学界对于这则史料作出过较详的论析，指出孙升的言论代表了元祐朝廷官僚政治的主流态度，即主张在政治上维系"安静"、保守的局面。持此政见的官僚群体普遍担心苏轼这样一个在士林中具有高度影响力、在文化上具有强烈吸引力且性格过于鲜明的人物，一旦进入权力核心的宰执阶层，会有恃才立异、扰乱朝政的危险，所以主张将苏轼的仕宦限制于词臣职事之内②，充当在文辞上"润色帝业"的工具性角色。终元祐一朝，苏轼的仕宦历程的确体现了这种限制性，他的主要职事止于翰苑职任，从未晋升至宰执之列。虽然传统史家习惯将元祐之政描述为洛、蜀、朔三党之争的局面，

---

① 《续资治通鉴长编》卷三八八，页9444。
② 参见方诚峰：《北宋晚期的政治体制与政治文化》，北京：北京大学出版社，2015年，页60—68。

在此之中，苏轼被描述成蜀党的党魁，似乎时刻处于政争的焦点。然而当代的宋史学者更为详细地探究了元祐的政治，愈加明确地指出洛、蜀、朔党分野之说的片面性。较新的研究更为切实地将元祐的朝政阐述为女主固权、相党争权、台谏势力异论交侵等多种政治力量交错抗衡的政治生态。作为词臣的苏轼置身其中，更多是处于政治周边的位置，受到政治纷争的波及，而难有力量影响到政局的总体走向①。朝廷作为官僚体系中职位人事最为交错复杂的所在，其运行机制是要尽量将体制中人限制在仕宦职事之内，充当工具角色。中央政局各种权势的牵挽抗衡更易于使人深陷人事利益的网络，难以抽身自拔。苏轼置身词垣，自也必然受到这一仕宦氛围的笼罩与限制。

以上从文学与政治两个方面论述了元祐时期苏轼词臣之任的意义。可以想见，苏轼居于此一位势，其文宗声望之下，皇权的超格赏识、士林的瞩目一时、期愿的终至达成必会促发其追求一己才情的张扬；而官场氛围的笼罩与限制却又难免会对其理想与个性产生一定的束缚力。考察元祐时期苏轼在词垣中的诸多人事，我们确实可以发现苏轼的心态与行止交织相错地展现出了文宗特立之风与官僚因循之风的两重面貌。一方面，苏轼立于朝臣之列，于日常的言谈撰述中，颇为鲜明地表现出矜才压众的风度，彰显着文章宗主在文化上的优越感，此之于官场普遍循规蹈矩的氛围而言，自是一种特立超轶的风采。而在另一方面，官场氛围的人事利益亦侵蚀着苏轼文章事业中的理想与人情，苏门一派人物置身此中，颇为微妙地流露出了因势俯仰的官僚作风。此一态势深刻地揭示出苏轼词臣仕历中文学与仕宦之间张力的所在，以下分别对这两个方面作出详

---

① 参见《北宋晚期的政治体制与政治文化》，页38—76；王化雨：《政事、政争与政局：北宋元祐吏额事件发微》，《史林》2016年第1期。

细的论析。

二 戏谑群侪：文章宗主的矜才压众

元丰七年(1084)苏轼由黄州量移汝州，途经当涂，曾观瞻李白墓碑，作有《李太白碑阴记》，其文云：

> 士以气为主。方高力士用事，公卿大夫争事之，而太白使脱靴殿上，固已气盖天下矣。……夏侯湛赞东方生（按：即东方朔）云："开济明豁，包含宏大。陵轹卿相，嘲哂豪杰。笼罩靡前，跆籍贵势。出不休显，贱不忧戚。戏万乘若僚友，视俦列如草芥。雄节迈伦，高气盖世。可谓拔乎其萃，游方之外者也。"吾于太白亦云。①

苏轼述及唐代李白在宫廷役使高力士脱靴的事迹，叹赏其"陵轹卿相，嘲哂豪杰。笼罩靡前，跆籍贵势""戏万乘若僚友，视俦列如草芥"的气魄，对于李白以天纵英才睥睨群侪的傲世风度颇为神往。而至苏轼任职词垣之时，这种李白式的风度在他自身的行止中亦颇有体现。

考察元祐时期苏轼的词垣事迹，有一个现象令人印象深刻，即苏轼立于朝臣之列，特喜为戏谑嘲哂之语，相当明显地表现出一种矜才压众的风度。对此蔡京次子蔡絛《铁围山丛谈》有云："东坡公元祐时既登禁林，以高才狎侮诸公卿，率有标目（按：指起绰号）殆遍也。"②此语虽出于新党人物之口，但并不失为有据之言。我们先引苏轼任职中书舍人期间的两则轶事。《高斋漫录》载：

① 《苏轼文集》卷一一，页348—349。此文编年考证参见《苏轼文集校注》卷一一，张志烈、马德富、周裕锴主编：《苏轼全集校注》第11册，石家庄：河北人民出版社，2010年，页1092。
② 〔宋〕蔡絛撰，冯惠民、沈锡麟点校：《铁围山丛谈》卷三，北京：中华书局，1983年，页59。

126

　　东坡与温公（按：即司马光）论事，公之论与坡偶不合，坡曰："相公此论，故为鳖厮踢。"温公不解其义，曰："鳖安能厮踢？"坡曰："是之谓鳖厮踢。"①

《孙公谈圃》载：

　　司马温公之薨，当明堂大享，朝臣以致斋不及奠。肆赦毕，苏子瞻率同辈以往，而程颐固争，引《论语》"子于是日哭，则不歌"。子瞻曰："明堂乃吉礼，不可谓歌则不哭也。"颐又谕司马诸孤不得受吊。子瞻戏曰："颐可谓糟糠鄙俚叔孙通。"闻者笑之。②

苏轼与时任左仆射的司马光因议政而产生异议，与时任崇政殿说书的程颐就丧仪而出现争执，学界对其多有征引，以之论述苏轼与此二人在政事、学术方面的不合。而我们如果再加体会这两事的意蕴，当能于人事分歧的语境之外更感受到一层文辞的意趣：苏轼非议司马光的政见，以至俏之"鳖厮踢"喻之，使其未及反应；揶揄程颐的礼法，以辛辣之"糟糠鄙俚叔孙通"嘲之，博得众人噱笑。苏轼在表达反对立场的同时，也以机敏的谑语显示了自身文章才思的高人一等。除这两事以外，苏轼任职词垣时还曾以"司马牛"之号戏谑司马光为政执拗③，以"坤爻六二之动""顾屠肉案"之语戏谑左仆射吕大防、翰林学士顾临身材肥硕，以"奉大福以来绥"之句戏谑翰林学士许将旧时程文，以"九子母丈夫"之号戏谑知开封府事钱勰家有九子④，以"捣残姜

————————

　　① 〔宋〕曾慥撰，俞钢、王燕华整理：《高斋漫录》，《全宋笔记》第4编第5册，页111—112。该事系年参见《苏轼年谱》，页728。

　　② 〔宋〕孙升述，〔宋〕刘延世录，赵维国整理：《孙公谈圃》卷上，《全宋笔记》第2编第1册，页143。该事系年参见《苏轼年谱》，页711—738。

　　③ 参见《铁围山丛谈》卷三，页60。

　　④ 苏轼戏谑吕大防之事参见后文。苏轼戏谑顾临、许将、钱勰之事参见〔宋〕曾敏行撰，朱杰人整理：《独醒杂志》卷五，《全宋笔记》第4编第5册，页160。

桂有余辛"之句戏谑中书舍人曾肇诗韵连绵①，以"避夫子塔"之喻戏谑中书舍人刘攽所得风疾②，等等。以上事迹历历可谓是李白式"陵轹卿相，嘲哂豪杰"之举的表现。在这些事迹中，我们可以择取苏轼戏谑吕大防之事作一较详的论析。其事的背景是词臣撰作制诰文书的日常公务，苏轼的表现则超轶了自身工具性的职事角色，生动地彰显出一代文宗摛文擅藻、以文自矜的风度。

《宋史》载元祐三年（1088）四月事："以吕公著为司空、同平章军国事，吕大防为尚书左仆射兼门下侍郎，范纯仁为尚书右仆射兼中书侍郎。"③这是当时朝廷任命宰执的一件政治事务，吕公著、吕大防、范纯仁的此番任职对于当时政局的运作有其意义。元祐时期朝廷任用宰执，有意在左、右仆射的宰相职事之上再设立平章军国事或同平章军国事之职，以位高望重之臣担任，目的是更好地集中权力，以配合高太后垂帘听政的摄政方式④。此番任命事先由高太后与二吕及范氏商议决策⑤，对此三人皆有重用。当时苏轼亦参与其事，不过他并不能参加决策，而是作为翰林学士负责草拟三人的任命诏书。在官僚系统的政事程序中审视此一事务，苏轼的仕宦身份相对于以上位居权力核心的宰执之臣而言，只是属于周边人物的角色，他只能在工具性的意义上履行词臣的草制之务。

然而，我们如果考察苏轼关于此事的自叙内容及其所撰

---

① 《西清诗话》卷下，《宋诗话全编》第 3 册，页 2515。

② 〔宋〕何薳撰，张明华点校：《春渚纪闻》卷六"苏刘互谑"条，北京：中华书局，1983 年，页 95。

③ 《宋史》卷一七《哲宗纪一》，页 326。

④ 参见《北宋晚期的政治体制与政治文化》，页 50—57。

⑤ 《续资治通鉴长编》卷四〇九据吕大防家所藏敕札及奏稿文献，记载了此番任命以前高太后与吕大防的商议之语（页 9964—9965）。揆诸情理，高太后当时必也与吕公著、范纯仁有所商议，只是相关文献现已不存。

的制诰文字,就能于此事公事程序的语境之外发现一层别样的文学情韵。在彼之中,苏轼的自我期许超越了工具性的局限,彰显出文章宗主自矜文采、嘲哂卿相的风度,而位高职重的宰执之臣则俨然成了他挥洒辞藻的陪衬。为说明这些,我们先引王巩笔记《随手杂录》,其书载有当时苏轼的草制之事:

> 子瞻为学士,一日,锁院,召至内东门小殿,时子瞻半醉,命以新水漱口解酒。已而入对。授以除目:吕公著司空、平章军国事,吕大防、范纯仁左、右仆射。……子瞻亲语余如此。①

王巩称此段内容是苏轼"亲语"相告,自可视为对苏轼本人自叙之言的转录。南宋李焘编撰《续资治通鉴长编》,对以上《随手杂录》的记载有所征引,但对草制前苏轼醉酒之事却未予采录②。显然,醉酒属于较为私人化的叙述,并不适宜纳入传统的政治史著。然而,醉酒也正因为这种私人叙述的独特性质,益发能够引起当今研究者探求古人深曲心意的兴趣。我们如果仔细体味苏轼特意叙及此一情节的用意,或许就会联想到唐代李白待制翰林时期一则相似的事迹:"李白在翰林多沉饮。玄宗令撰乐辞,醉不可待,以水沃之,白稍能动,索笔一挥十数章,文不加点。"③显然,苏轼醉酒草制与李白醉酒撰辞的情节如出一辙。我们当然并不因此要质疑苏轼这段自叙的真实性,但由此应能想见,苏轼叙其醉酒,当是存有自比李白的用意,此即是

---

① 〔宋〕王巩撰,戴建国、陈雷整理:《随手杂录》,《全宋笔记》第 2 编第 6 册,页 57—58。
② 《续资治通鉴长编》卷四〇九,页 9965。
③ 〔唐〕李肇撰,聂清风校注:《唐国史补校注》卷上,北京:中华书局,2021年,页 12。

他自矜文思敏捷之心态的表现。①

苏轼在此草制职事中撰有《除吕大防特授太中大夫守尚书左仆射兼门下侍郎加上柱国食邑实封余如故制》，中有两句云"果艺以达，有孔门三子之风；直大而方，得坤爻六二之动"②。《苕溪渔隐丛话》引《东皋杂录》对此有相关记载云：

> 东坡善嘲谑，以吕微仲（按：即吕大防）丰硕，每戏曰："公真有大臣体，《坤》六二所谓'直方大'也。"后拜相，东坡当制，有云："果艺以达，有孔门三子之风，直方而大，得坤爻六二之动。"……微仲不悦。③

《易·坤》六二爻辞有"直方大"之语④，苏轼在制文中用此语典戏谑升任左仆射的吕大防身材的肥硕，在庄严的制诰文本中寓以诙谐的嘲哂之语，此一特立之举颇令吕大防感到尴尬不快⑤。《东皋杂录》为徽宗时人孙宗鉴所撰的笔记⑥，及至两宋之际的叶梦得撰《石林燕语》，亦备载其事⑦。可见苏轼此一制诰谑语的轶事令人印象深刻，在士林中流传颇久，在其后三四十年的时间里还一再被人提及。显然，就此草诏之事的文学语境而

---

① 当然，有宋一代叙述词臣醉酒草制者非只苏轼一人。苏耆《次续翰林志》即叙及其父苏易简任职翰苑时，曾"剧饮，寝于直庐"，适逢"中人宣召……以水沃面"，于醉中"草王密使名显驳麻"，事后"自以为神助"（参见《翰苑群书》卷九，《翰学三书》第1册，页72）。此一叙述亦是在标榜词臣的文采。

② 《苏轼文集》卷三八，页1095。

③ 《苕溪渔隐丛话》后集卷二六，页191。

④ 〔三国·魏〕王弼、〔晋〕韩康伯注，〔唐〕孔颖达等正义：《周易正义》卷一，《十三经注疏》，页18。

⑤ 苏轼在制文中嘲哂吕大防，此或亦源于他轻视吕大防的态度。苏辙曾有言："吕微仲性暗，边事、河事皆乖戾，故子孙不远。"〔〔宋〕苏籀撰，张剑光、李相正整理：《栾城先生遗言》，《全宋笔记》第3编第7册，页159〕此一对吕大防的贬语虽出自苏辙之口，但应能间接地反映苏轼的态度。

⑥ 孙宗鉴的生平参见〔宋〕许翰：《朝奉大夫充右文殿修撰孙公（宗鉴）墓志铭》，《襄陵文集》卷一一，《景印文渊阁四库全书》第1123册，页581—584。

⑦ 《石林燕语》卷一〇，页149。

言,苏轼是彰显才思、受到瞩目的中心人物,而位列机枢的吕大防则成了他的衬托。

苏轼在词垣中以文章宗主的自矜之意逞才压众、戏谑群侪,此可视为其对官场守常氛围的一种超轶。值得一提的是,北宋时位居词垣而喜好矜才戏谑者除了苏轼,尚有杨亿,他们二人的行止作风颇能形成参照。《五朝名臣言行录》载:"杨文公(按:即杨亿)已居内制,杨性诙谐,好嘲诮,凡僚友无不狎侮。"①其中"狎侮"一语亦见于前引《铁围山丛谈》所评苏轼之句。又宋代诗话、笔记多载杨亿任职翰林学士时受到宰相丁谓戏讽,不惮其权势之盛,旋以谑语回讽之事②。此又颇能与苏轼戏谑吕大防事相参。杨亿神童出身,早登馆阁词垣,为北宋前期的诗文领袖,其在当时士林中的地位略等于元祐时期的苏轼。杨、苏相似的戏谑之举皆是卓异人物傲世态度的表现。

然而,以上所述仅为事实的一个方面。反之,苏轼置身朝廷,周遭的人事环境对其文章事业亦非没有影响。我们如能将苏轼文宗位望的重要凭依,即此前所提及的苏轼关于宋代文章统序的叙述,置于元祐官场的历史实态中观照,就会发现官场现实利益的牵绊对于苏轼"文统"叙述中的理想抱负与道义人情产生了一种潜移默化的侵蚀作用,此即可视为官僚体系因势俯仰的因循之风对于苏轼的笼罩之势。

三 被侵蚀的文章统序:官僚体系的笼罩

本节开头已然提及苏轼关于宋代文章统序的叙述,即其自身接续了欧阳修的文宗之任,又引领着门下之士的文章事业。

---

① 〔宋〕朱熹撰,李伟国校点:《五朝名臣言行录》卷五之一,朱杰人、严佐之、刘永翔主编:《朱子全书(修订本)》第12册,上海:上海古籍出版社,合肥:安徽教育出版社,2010年,页140。
② 参见《诗话总龟》前集卷三八引《有宋佳话》,页370;《闻见近录》,《全宋笔记》第2编第6册,页17;《独醒杂志》卷一,《全宋笔记》第4编第5册,页120。

此一"文统"观念作为苏轼文章宗主位望一层重要的背景，在士林中得到了相当范围的认可①。前文亦已论及元祐苏轼的词臣之任，在仕历上既踵武于至和、嘉祐欧氏的宦迹，又表率了门下担任馆职的黄、张、晁、秦。的确，单纯就仕宦的衔职来看，元祐苏门人物在仕途上的进展态势确实相当契合地呼应了苏轼"文统"叙述中的承接次序。然而，我们如能在官僚体系的历史实态中更为深入地探究苏门的此段仕历，就会发现官场中背景复杂、利益交错的人事关系其实迥异于"文统"中理想化的文章之交。苏门人物置身宦途，亦会务实地寻求资源、追随权势建立官场人脉，谋求自处与晋升之道，而其所取径时而亦难免与"文统"师承中的道义人情发生偏离。即此意义而言，官场利益的牵挽羁绊对于苏轼的"文统"理想其实更多地产生了一种侵蚀之力。虽然这种侵蚀的迹象始终被掩抑于隐微的层面，并未演化为师友反目与叛离的显著事件，但是其负面的作用不能因此而被忽视。以下我们便就此中问题列举事例予以论述。

首先将"文统"叙述中欧、苏的师承之谊置于官僚体系的背景下考察，在此可由苏轼"元祐四友"的交游之事说起。元祐官场中存在着一个苏轼参与的交游群体，陆游《老学庵笔记》续笔记载："元祐四友：苏子瞻、钱穆公（按：即钱勰）、王仲至（按：即王钦臣）、蒋颖叔（按：即蒋之奇）。"②苏、钱、王、蒋究竟缘何并称为"元祐四友"，今存史料未予说明③。学界已有著述专门对此四人的生平交往进行了梳理，指出苏、钱、王、蒋早先存有交谊，元祐七年至八年（1092—1093）更曾齐聚汴京为官：苏轼

---

① 欧、苏相承的文统叙述是宋代诸多文统观念中的一种，有一定的代表意义，参见何寄澎：《唐宋古文运动中的文统观》，《唐宋古文新探》，页179—204。

② 〔宋〕陆游撰，李剑雄、刘德权点校：《老学庵笔记》续笔记，北京：中华书局，1979年，页138。

③ "元祐四友"之说仅见于上引内容。今《老学庵笔记》续笔记未存原本，而是由《说郛》辑出，以上所载或为摘引，而非全文，参见《老学庵笔记》续笔记，页141。

任翰林侍读学士①，钱勰任权户部尚书，王钦臣任工部侍郎，蒋之奇任户部侍郎。元祐时四人政见相近，多有过从，"元祐四友"之称或即缘此而来②。钱、王、蒋三人皆出自衣冠名门，家世渊源深厚：钱勰为吴越王钱镠后裔，翰林学士钱惟演从孙；王钦臣为侍读兼侍讲学士王洙之子；蒋之奇为枢密直学士蒋堂之侄③。苏轼门第不显，但得与他们交游并称，然则"四友"的性质颇可视为文章才士与世家人物之间的交际：苏轼的文名抬升了钱、王、蒋的格调，而三人的门第也衬托了苏轼的雅望。

然而，如以"元祐四友"的人事背景来比照"文统"叙述中苏门尊欧的立场，我们就会发现二者之间存在的分野。"四友"中颇有人物与欧阳修产生过严重的人事对立，如钱勰，其家族因欧氏纂修《五代史》时贬损吴越政权而衔恨欧氏，庆历五年（1045）钱勰族叔钱明逸任谏官，曾兴"张甥案"严厉地弹劾欧氏④，钱勰本人亦曾就此事对欧氏发表过尖刻的嘲讽⑤。又如蒋之奇，其原为欧氏科举门生，但后与欧氏反目，曾于治平三年

----

① 翰林侍读学士在严格意义上并非词臣之职，其主要职事是为皇帝讲解经史，而非撰作制文，只是在职名上系有"翰林"二字。不过，翰林侍读学士与翰苑词臣的关系又颇紧密，如其宿值之地即常在学士院内，参见《中国翰林制度研究》，页50—53。

② 参见曹容春《元祐四友诗歌研究》，闽南师范大学 2016 年硕士学位论文，页 28—31。笔者颇疑"元祐四友"之号是由"嘉祐四友"之号衍生而来。仁宗朝嘉祐年间，王安石、司马光、吕公著、韩维四人交游密切，号为"嘉祐四友"。不过亦有学者指出"嘉祐四友"之号并非嘉祐之时即已存在，而当出于南宋之人对于前代人物的想象与附会（参见赵冬梅：《大宋之变：1063—1086》，桂林：广西师范大学出版社，2020 年，页 148—149）。然则"元祐四友"之号应是"嘉祐四友"附会之说的再附会，亦当是后人对苏、钱、王、蒋交谊的想象，而非元祐之时即有。

③ 参见《宋史》卷三一七《钱勰传》，页 10349；卷二九四《王钦臣传》，页 9817；卷三四三《蒋之奇传》，页 10915。

④ 参见《欧阳修纪年录》，页 186—187。钱明逸为钱勰族叔，参见［日］池泽滋子：《吴越钱氏文人群体研究》附录二《北宋吴越钱氏略系图及钱氏一族著作》，上海：上海人民出版社，2006 年，页 184。

⑤ 参见《钱氏私志》，《全宋笔记》第 2 编第 7 册，页 66。

(1066)以"帷薄"事由极力攻击欧氏①。蒋氏劾欧之举尤其令人印象深刻,直至元祐年间尚被朝臣诟病。《续资治通鉴长编》载元祐六年(1091)事:"宝文阁待制、河北路都转运使蒋之奇为刑部侍郎。中书舍人孙升言:'之奇昔为御史,以阴私事中伤所举之人欧阳修,不当擢用。'"②可见蒋氏构诬座主的行径颇令时人不齿。钱、蒋之辈与欧氏对立如此,苏轼却依旧能与他们密切过从、无所嫌隙。思考其中原因,我们应能想见,官场交游与文章统序毕竟是两种不同的语境,苏轼虽在文章事业上诚恳地尊崇欧阳修,但要在现实的仕途中建立人脉、发挥影响,当是难以处处顾及宗文尊欧的理想。在官场交际的特定场合,他有时亦不免要缄默于毁誉欧氏的是非话题,而与利益中人维持融洽的关系,此当不必讳言。

其次将"文统"叙述中苏轼与门人的师承之谊置于官僚体系的背景下考察,在此可举苏轼与"四学士"中黄庭坚、秦观的关系作出论述。苏轼与黄、秦相知很深,自熙宁七年(1074)秦观题诗寺壁,元丰元年(1078)黄庭坚拜书致意,以求见知苏轼,直至元符三年(1100)、建中靖国元年(1101),秦观、苏轼相继去世,苏轼与黄、秦之间保持了长久的情谊③。考察苏轼与黄、秦交往的相关文献,触目所及者自是大量有关他们亲切过从的诗文之什。然而,除了此一整体印象,还存在着一些例外的史料值得关注。这些史料数量极少,但却微妙地透露出黄、秦的仕进之途其实亦颇有与苏轼异调的迹象④。

---

① 参见《欧阳修纪年录》,页 412—413。

② 《续资治通鉴长编》卷四六六,页 11134。

③ 参见郑永晓:《黄庭坚年谱新编》,北京:社会科学文献出版社,1997 年,页 68,351;徐培均:《秦少游年谱长编》,上海:上海古籍出版社,2002 年,页 40,579。

④ 关于史料的数量与深刻性之间的辩证关系,西方史家有较为深入的讨论。如意大利微观史学名家卡洛·金兹堡(Carlo Ginzburg)曾提出一种"常态之例外"(normal exception)的史料观,认为其比统计数量的史料观更为深刻。因 (转下页)

先来看黄庭坚。黄庭坚自元丰八年（1085）以秘书省校书郎之任入京，元祐时历任神宗实录院检讨官、著作佐郎、集贤校理等职①。从文章师承的角度来看，黄庭坚自是以"四学士"之一的身份拱卫着苏轼的文宗地位。而元祐元年（1086）苏轼除翰林学士之际亦曾礼仪性地举荐黄庭坚以自代②，体现了对于门下之士的推引之力。然而，在某些涉及官职实质晋升的事件中，黄庭坚的所为却展示出与苏轼隔阂的一面。《邵氏闻见后录》引王岩叟《系年录》云：

> 元祐六年三月，《神宗实录》成。著作郎黄庭坚除起居舍人，苏子由（按：即苏辙）不悦，曰："庭坚除日，某为尚书右丞，不预闻也。"已而后省封还词头，命格不行。子由之不悦，不平吕丞相（按：即吕大防）之专乎？抑不乐庭坚也？庭坚字鲁直，蚤出东坡门下，或云后自欲名家，类相失云。③

元祐六年（1091）三月黄庭坚因参与编修《神宗实录》，得到由著作佐郎升任起居舍人的机会，然而苏辙却对此有所不悦，原因是当时他未能预闻此一除命。其事颇堪寻味，宋人亦对之作出了一些推测。苏辙时任尚书右丞的执政之职④，宰相任官，他未

（接上页）为数量的优势往往会导致整体的歪曲，而一个真正例外的史料虽在统计上为少数，但却比一千种老套的文献更有启示，因为它更有助于提示研究者追踪忽视的细节与隐藏的真实，从而可以颠覆文献记载浅薄的一面。参见 Carlo Ginzburg and Carlo Poni. "The Name and the Game: Unequal Exchange and the Historiographic Marketplace", In *Microhistory and the Lost Peoples of Europe*. edited by Edward Muir and Guido Ruggiero, translated by Eren Branch, Baltimore and London: The Johns Hopkins University Press, 1991, pp. 7-8. 此一史料观对于笔者的论述颇具启发意义。

①　参见《黄庭坚年谱新编》，页 157、170、185、226。
②　参见《苏轼年谱》，页 739。
③　《邵氏闻见后录》卷二一，页 162—163。
④　苏辙于元祐六年（1091）二月升任尚书右丞，参见孔凡礼：《苏辙年谱》，北京：学苑出版社，2001 年，页 473。

能参与讨论，以此不满，容或有之。但更重要的原因恐怕还是针对黄庭坚，《续资治通鉴长编》引《刘挚日记》相当详细地记载了黄氏得到除命的过程：此事始于元祐五年（1090）十月，当时黄庭坚文才颇见赏于宰相吕大防与刘挚，他们已然拟下除目，之后又数次与当时的执政官傅尧俞、许将、苏颂等商议，最终于次年三月公布①。此事酝酿历时颇长，知情者亦众，以常情度之，作为被荐者的黄庭坚当会有所知闻②，但他显然未与苏轼兄弟互通声息。此举颇能显示出黄庭坚面对仕宦机遇，有越出苏门、另侪奥援的迹象，宜乎令苏辙感到不悦。

再来看秦观。秦观于元丰八年（1085）入汴京参加进士科考，当时他颇有奔走权门之事，已经开始从外围接触朝廷的权贵之臣，如其已然获知于担任知枢密院事的章惇，亦曾代人撰作贺启致意新晋升为左仆射的蔡确③。尤值注意的是，秦观更曾通过乡人之荐，以干谒信札投献蔡确之前的左仆射王珪，称："夫布衣之贱，获见知于宰相，此古人所以书亟上、日扫门而求者也。顾某之不肖，何以辱此？幸甚幸甚！"④同时秦观还为王珪之侄王仲甫撰写上递朝廷的表奏⑤。然而，就苏

①　参见《续资治通鉴长编》卷四五六，页 10930—10932。
②　正文列举了吕大防、刘挚、傅尧俞、许将、苏颂五名宰执之臣知情黄庭坚待擢起居舍人之事。有史料显示，元祐五年至六年（1090—1091）黄庭坚与其中人物颇有过从，即如苏颂。苏颂于元祐五年二月始任尚书左丞（参见颜中其、苏克福：《苏颂年谱》，长春：北方妇女儿童出版社，1993 年，页 334）。《丞相魏公谭训》载苏颂除尚书左丞以后，黄庭坚为其家寺撰文之事（参见〔宋〕苏象先撰，储玲玲整理：《丞相魏公谭训》卷一〇，《全宋笔记》第 3 编第 3 册，页 99—100）。由此可见黄庭坚与苏颂颇有私交，然则黄氏通过这类人事关系而预知自己待擢之事，是可以想见的。
③　参见《秦少游年谱长编》，页 271—275。该著载元丰八年（1085）秦观欲荐陈师道于章惇，显然秦观当时已获知于章惇。
④　〔宋〕秦观：《上王岐公论荐士书》，徐培均笺注：《淮海集笺注》卷三七，上海：上海古籍出版社，1994 年，页 1191。
⑤　参见〔宋〕秦观：《代王承事乞回授一官表》，《淮海集笺注》卷二六，页 873—875。

轼的人事经历而言，上节已然述及其与王珪的关系至为对立。王珪曾在"乌台诗案"中构陷苏轼咏桧诗句存有不臣之心，意欲置苏轼于死地。然则秦观的此一干谒途径颇可见出与其苏门背景的分野之迹①。当然，王珪卒于本年五月②，并未对秦观施以实质的提携擢用，苏、秦之交亦未因此而出现明显的嫌隙。

元祐年间秦观入朝担任馆职，他在官僚体系中寻求奥援，亦出现过与上述元丰之事相似的情况。元祐五年至六年（1090—1091）秦观历任秘书省校对黄本书籍、正字③，朝中臣僚普遍将其视为苏轼的门客④。不过其时秦观亦曾为任职中书舍人的孙升代作过相当数量的表奏书启⑤，俨然又似孙升的门下之士。孙升、秦观皆为高邮人⑥，二人当是因为乡谊而多有过从。然而，就立身处世的背景而言，孙升与苏轼显为异调，前文已然述及元祐元年（1086）孙升任职监察御史时曾奏称苏轼"德业器识有所不足，此所以不能自重"，公开对苏轼的行止作风发表非议。然则秦观与孙升相交，可以视为其仕进之途与苏门背

---

① 需要说明的是，王珪对于苏轼的构陷并未形诸公开的章奏，他是在与神宗私下对答的场合提及苏轼之诗，其事颇密。揆诸情理，元丰八年（1085）秦观作为应考士子，未必深悉其内情。即便如此，从中仍能见出官场复杂的人事关系对于苏门人物文章交谊的侵蚀之力。

② 参见《王珪传》，《宋才子传笺证·北宋前期卷》，页641。

③ 参见《秦少游年谱长编》，页406—437。

④ 如《续资治通鉴长编》卷四六三载刘挚私下对元祐朝政的叙议内容，其中即称："（秦）观，轼之客也。"（页11051）

⑤ 孙升于元祐六年（1091）三月权中书舍人，秦观为其作《代中书舍人谢上表》，七月正除该职，秦观又为其作《代中书舍人孙君孚（升）谢表》《除中书舍人谢执政启》，参见《淮海集笺注》卷二七，页896—897、892—893，补遗卷二，页1587。

⑥ 孙升为高邮人，参见《宋史》卷三四七《孙升传》，页11010。

景隐现的又一重张力①。

以上就黄庭坚、秦观之事作出了论述。关于"苏门四学士"与苏轼的交往，学界已然论及他们求知苏轼是始于苏轼任职或贬谪地方之时，而非显达的立朝时期，由此评价苏门交谊的性质在总体上是本于道义的文章之交，而非依附权势的利益之交②。此为确论，不过苏门人物随着所处的环境由地方社会转变为朝廷之后，他们之间关系基于现实的仕宦利益而产生了微妙的变化，此一迹象亦当是值得注意且予以承认的③。

四 余论

本节探析元祐年间苏轼立朝的仕位声望与心态行止，总体勾勒了他词臣生涯中文宗与官僚两种身份的交错分合之势，寻绎了他文章抱负与仕宦现实之间错综纠葛的关系，展现出这名卓异的文章宗主之于仕宦环境的超越性与局限性。下节笔者

---

① 以上由"元祐四友"及苏轼与黄庭坚、秦观关系之例论述了官僚体系的环境对苏轼文统理想隐微的侵蚀之力，于此可见官场利益的牵挽对于道义人情的破坏作用。其实，元祐时苏轼的仕宦生涯中并非没有这类极端的事件。即以章惇与苏轼的关系而言，二人为进士同年，彼此有着长期的交谊，不过在政治上却分属新旧两党。元丰时期，章、苏分别在中央、地方任职，地位悬隔，苏轼因为新党构陷而身陷"乌台诗案"，章惇能够超越党派之别，从私谊出发，对苏轼施以回护之力。然而至元祐时期，章、苏并立于朝，同处党争局面，苏轼在政治情势的推动下，难以顾及交谊，随众上章弹劾章惇，从此章、苏反目，结下不解之仇。关于这些事迹，参见《苏轼与章惇关系考——兼论相关诗文与史事》；彭文良：《〈宋史·苏轼传〉补证——以苏轼、章惇关系为中心》，《史林》2016年第6期。章、苏之事与本节所论之事在性质上其实颇有相通之处，不同者只在于章、苏之事未涉及"文统"理想，且分野之迹远为显著而已。

② 参见王水照：《"苏门"的形成与人才网络的特点》，《苏轼研究》，页39—41。

③ 苏轼、黄庭坚、秦观的行止所展示出师友关系的微妙变化，属于人情之常的范围。相比较而言，"苏门六君子"之一的陈师道的行止则表现出高度理想化的古典道义立场。陈氏因为追随苏、黄，与新党出身的连襟邢恕异调。其寒冬参加朝廷南郊祭祀，拒不接受邢家相借的裘衣，以至于中寒感疾而亡（按：此事中的邢恕，一说为赵挺之）。参见〔宋〕黎靖德编，王星贤点校：《朱子语类》卷一三〇，北京：中华书局，1986年，页3121—3122。

拟循着这样的思路，将考察的目光聚焦于元祐六年（1091）苏轼在翰林学士承旨任上所撰的一篇应制之作《上清储祥宫碑》，探讨这篇文章的相关史事，以此来呈现苏轼的官僚身份与文宗身份在政治语境与文化语境中的存在形态，期望以此个案事例的探研来具化本节的论旨。

本节结束之余，还有一个问题需要略加补论。上节考察欧阳修嘉祐主贡之中超卓思想与翰苑权力的结合形态，曾以王安石超越翰苑的宰相之权作为参照，论述了欧氏权力的适度性。本节论述苏轼是在词垣任上树立了文宗的位望。其实，不仅是树立之功，词垣职任还长久地维系了苏轼的文宗形象，此点亦可以王安石的相权作为参照来作说明。前引元祐孙升奏言反对将苏轼由翰苑词臣擢为宰执，称"（苏轼）为翰林学士，讨论古今，润色帝业，可谓极其任矣，不可以加矣。若或辅佐经纶，则愿陛下以王安石为戒"。上节曾将此言与熙宁元年（1068）韩琦品评王安石之言相参照："安石为翰林学士则有余，处辅弼之地则不可。"韩琦反对王安石担任宰相，孙升反对苏轼担任宰执，二者论调如出一辙，皆反映出官僚政治的主流意向对才华超群、性格逾矩之人的限制。王安石最终身列宰相，他进入权力核心以后，以"天变不足畏，祖宗不足法，人言不足恤"的豪情推行新政①，自是一种勇于超轶矩范的气魄。但即便如此，王氏亦难以摆脱官场固有风气的牢笼羁绊，他与原先极相亲善的门下之士吕惠卿之辈后来还是因为政治权力的争夺而交谊破裂，走向敌对，这类憾事历历载于史册②。王安石处于政治的核心，其卓异才性过分地倾注于利益攸关的政事，在人事上往往易于导致极端的后果。相比较而言，苏轼的地位则始终被限制在政治

① 《宋史》卷三二七《王安石传》，页 10550。
② 参见《宋史》卷四七一《奸臣传一·吕惠卿传》，页 13706—13708；邓广铭：《北宋政治改革家王安石》，北京：生活·读书·新知三联书店，2007 年，页 247—248。

上相对周边的词臣之职，其卓异才性更多是挥洒于逞辞擅藻的文事。上文所论官场风气对苏轼与黄、秦关系的侵蚀之迹始终被掩抑于隐微的层面，并未演变为师友之间的反目与叛离。然则可以说，词垣的职任可以算为苏门人物总体上的道义人情得以善终的原因之一①。

第四节　从应制之作到"不朽"之文
——政治语境与文化语境中的苏轼《上清储祥宫碑》

　　元祐年间苏轼在词臣任上撰有相当数量的应制之作。目前古典文学研究界对于这类著述的探讨，较为主流的取向多是从修辞研究的角度出发，将苏轼应制之作中的骈俪文句作为考察其四六文的资材，论述其中语句对仗、用典、铺陈的特点及其对同时代与后世文人的影响②。本节则希望接续上节的论旨，对之作一番别样的观照。上节已然指出，元祐的词臣职任既是苏轼文宗位望资以成立的仕宦凭依，又是官僚政治的主流意向对其仕途所作的一种限制。苏轼居于词垣，既彰显出矜才压众的文宗风度，又流露出因势俯仰的官僚作风。我们从中颇能见出，词臣职任与文宗位望虽紧密关联，但彼此更是本质各异的

---

　　① 《朱子语类》卷一三〇载朱熹的议论之语："东坡只管骂王介甫。介甫固不是，但教东坡作宰相时，引得秦少游、黄鲁直一队进来，坏得更猛。"（页 3112）朱熹设想苏轼担任宰相的情形，认为如是那样，苏门人物会使北宋政局变得更坏。此论当然有理学家观念偏颇的一面，但是有一点可以想见，即如若苏轼进入了权力的核心，那么苏门人物之间的关系因为仕宦利益的更多牵扯，将会变得更为复杂。

　　② 这类著述颇多，略举数种，如张仁青：《骈文学》，台北：文史哲出版社，1984 年，页 521—524；尹占华：《论苏轼的四六文》，《天府新论》1996 年第 6 期；陈祥耀：《苏轼与"宋四六"》，《文学评论》2000 年第 5 期；《宋四六论稿》，页 63—64；李成晴：《论宋人对苏轼制诰公文的文本"仿造"》，《档案学研究》2019 年第 1 期；等等。

两个概念：词臣职任属于官僚体系中的宦位职事，而文宗位望则是诗界文坛的雅望声誉。如果说词臣的仕位时刻受到政治权力的笼罩牵挽，随着朝政风候的变化而转移升降，那么文宗的声名则往往能够超然于政治权力之外，彰显出文化价值的永恒性。对于苏轼的词垣应制之作，我们亦可在词臣职任与文宗位望的交错分合之下来作考察。在词臣职任的意义上，苏轼的这类应制著述自是基于某种统治的基调，应朝廷之命而撰，体现了政权附庸工具性的特点，一旦此种统治基调消歇，其所撰述在政治上的功用也随即终结。然而，在文宗位望的意义上，这类著述中的某些篇章则会生发政治以外的文化意义，为时人所称慕、后人所追忆，转而成为苏轼个人诗文雅望一种具体的呈现，其文化价值因此而得以长存。由此可以说，苏轼的应制之作在某种程度上展示出了同一文本的两种生命形态：其在政治语境中的生命是有限而短促的，在文化语境中的生命却是持久而长存的。

基于以上观点，本节择取苏轼的一篇应制之作《上清储祥宫碑》来作详细的考察①。该篇碑文为元祐时期苏轼在翰苑的最高衔职翰林学士承旨任上奉敕而撰，意在宣扬元祐宽缓、安静的政治导向。碑文撰述作为中国古代金石活动的一种重要方式，以石碑作为文字的物质载体，承载着立言永垂的"不朽"理想。但随着元祐时代终结，绍述时代开始，政局改弦易辙，该文很快被下令禁毁，显露出应制之作工具功用"易朽"的一面。然而，除政治而外，该篇碑文还有延伸至文化一端的意义。在北宋士林的文事与舆论中，《上清储祥宫碑》成为士林关注的对

---

① 就笔者阅读所及，未见此前有学术著述对苏轼《上清储祥宫碑》作出专论，目前有一些关于苏轼碑志文的研究偶有简略内容提及该篇碑文，参见赵征：《苏轼的碑志文研究》，辽宁师范大学 2012 年硕士学位论文，页 7、10、15、19、28；王星：《苏轼刻石活动特点及其心理剖析》，《东南学术》2019 年第 1 期。

象。元祐碑立之时，士林对苏碑的称慕表现出苏轼文宗位望与皇权威势合和的一面；绍述碑毁以后，该文则转变成为苏轼文坛声名的象征，并不因皇权的打压而被舆论否认，展示出文宗位望之于政治的超然性。及至后代，《上清储祥宫碑》在文化上的影响依然延续，后代之人基于该文的追忆活动与文字更彰显出苏轼文宗位望超越朝代更迭的"不朽"意义。

一 元祐之政与应制之作：《上清储祥宫碑》的撰作

上清储祥宫为北宋时所建的皇家道教宫观，位于汴京朝阳门（后称新宋门）内道以北。该宫观始建于太宗朝，端拱至至道年间，太宗以其在藩邸时所受太祖赏赐之物贸易得资，建成此宫，初名"上清宫"；仁宗朝失火焚毁；神宗朝下诏重建，并以其为储蕴赵宋皇嗣福泽之地，改名为"上清储祥宫"；至高太后当政时出资，于元祐六年（1091）九月俾使建成①。上清储祥宫之于赵宋皇室具有权威象征与祷嗣方术两方面的意义：一则其始建因由关涉及太祖、太宗之间的"友爱"关系，可以视为太宗对自身承继太祖帝位合法性的一种策略化的强调，可谓从始建起，该宫观即被赋予了政治权威的象征意味；二则其在神宗时被增以"储祥"之号，由此又被附着上了为皇家祷嗣的方术功能。至元祐时期，上清储祥宫的重建意义在为哲宗祈求皇嗣的方术功能方面颇有弱化，而在凸显高太后主政基调的权威象征方面上却有相当明确的体现。

元祐时高太后与旧党群体的政治取向，一面在宣传的表述上高举神宗的旗帜，声称元祐之政秉承了神宗的遗意，另一面在实质的施为层面更改神宗的变法主张，力图恢复宽缓、安静

---

① 关于上述上清储祥宫的沿革，参见〔宋〕苏轼：《上清储祥宫碑》，《苏轼文集》卷一七，页 502—503；《续资治通鉴长编》卷三七、卷一四五、卷三〇三、卷四二〇，页 806、3494、7375、10165；《汴京遗迹志》卷八，页 113。

的政局①。在这样的策略下，高太后与旧党臣僚对于神宗的诸多政治遗产作出了相应的处理。这里可以元祐编修、颁赐《神宗皇帝实录》《神宗皇帝御制集》等官方文献之事为例作一略述：实录的编修名义上是要存神宗一朝政史之实，但当时旧党人物却借修纂该书之机，极力为己正名，排斥新党一派，并有意将神宗的立场与新党的政见区分开来②；御制集的编修名义上是要标举"神宗文章自万世不朽"的成就③，但因集中有相当篇幅涉及"峻斥大臣"即贬斥旧党的言论，高太后最终决定不予颁赐群臣④。可见以上二者作为神宗政治的遗存，其主旨之倾向、流传之显晦其实是由高太后与旧党的意志决定的。

上清储祥宫的性质与《神宗皇帝实录》《神宗皇帝御制集》颇有相近之处。其于神宗时下诏复建，亦可谓是神宗统治意志的遗存之一，但其营建工程却是在元祐时依靠高太后的支持而完成的：宫观的建造费用出自高太后私人的"妆粉钱"⑤，并由其亲信宦官陈衍总领工程⑥。上清储祥宫之建名义上是秉承了神宗的遗意，而实质上却象征着高太后的权威：宫观建成以后，出于高太后的一己之意，朝廷下达了宽赦天下罪囚的诏令⑦，另外，宫观中设有高太后的本命殿，哲宗前去宫观观瞻，须破格亲

---

① 参见朱义群：《"绍述"压力下的元祐之政——论北宋元祐年间的政治路线及其合理化论述》，《中国史研究》2017年第3期。
② 参见谢贵安：《宋实录研究》，上海：上海古籍出版社，2013年，页405—411。
③ 《续资治通鉴长编》卷四三四，页10455。
④ 参见《续资治通鉴长编》卷四五九，页10989。
⑤ 《汴京遗迹志》卷八引宋敏求《东京记》，页113。
⑥ 参见《宋史》卷四六八《宦者传三·陈衍传》，页13650；《齐东野语》卷一"梓人抡材"条，页13。
⑦ 对于宽赦之诏，当时朝臣颇有异议。王岩叟指出宋廷建造宫观，多无赦罪之先例，认为"赦无益于圣治"。高太后则称上清储祥宫不比其他宫观，"其中有三清"。吕大防又建议赦罪的范围"止及三京"，高太后则坚持"必及天下"。如是往复磋商，最后朝臣才作出让步（参见《续资治通鉴长编》卷四六六，页11139）。

入殿中焚香朝拜①。

《上清储祥宫碑》即是苏轼在上述政治背景下于翰林学士承旨任上撰成的一篇应制之作。苏轼担任承旨的时间颇短：元祐六年（1091）二月在知杭州任上除承旨之职，五月二十九日赴朝实受告命，八月五日即又外知颍州，实莅其位仅两月有余。在如此短暂的任职中，苏轼撰写《上清储祥宫碑》的用时却颇长，其文之作始于六月十八日奉诏撰文，其后苏轼于二十六日上《撰上清储祥宫碑奏请状》，奏请颁示宫观史料以资撰述并对文章体例提出建议，最终文成于七月，并予书石②。可以说《上清储祥宫碑》是苏轼在承旨任上耗时最长、思虑最详、用力最勤的一篇应制之作，并获得哲宗题额殊荣，立于皇家宫观之中，洵为苏轼应制之作的一篇代表作品。苏轼对上清储祥宫之于高太后权威的象征意义深有领悟，其文的撰作意涵绝不仅限于为皇家宫观重建作记的范围，而是通篇叙议隐显结合地紧扣高太后主政下宽缓、安静的政治主题，可以视为元祐之政的一篇代言之作。

《上清储祥宫碑》以散文之体撰成，主体分为三段，结尾附有四言铭文③。前段介绍上清储祥宫的历史沿革，苏轼以高太后的口吻阐述了营造宫观的节用理念："民不可劳也，兵不可役也，大司徒钱不可发也，而先帝之意不可以不成。"又叙及宫观建成后的效果："雄丽靖深，为天下伟观。而民不知、有司不与焉。"行文所谓不予劳民，不予役兵，不予动用国库之资、官府之力，虽其字面所称是就营造之事而言，但背后更为重要的暗示则是指元祐宽缓的政治导向。另外，文中带上"先帝之意"一

---

① 参见《续资治通鉴长编》卷四六六，页 11135。
② 以上苏轼任职翰林学士承旨始末、奉诏撰碑的时间节点参见《苏轼年谱》，页 952、975、989、978。
③ 参见《苏轼文集》卷一七，页 502—504。

笔,含蓄地将神宗立场与元祐之政作了一层关联。

中段论议道家中黄老之学与方士之言的本末区别①,指出黄老之学"以清净无为为宗,以虚明应物为用,以慈俭不争为行。合于《周易》'何思何虑'、《论语》'仁者静寿'之说",为道家思想的根本所在,与儒家经典有内在的契合。方士的各种飞仙丹药之术则为道家流派的枝末小节,提出对于道家理念的吸收应当重本轻末。进而又追溯了西汉以黄老之学理政,天下为治的史事。上文已然述及,上清储祥宫自神宗之时业已成为为皇家祷求子嗣的道教场所,被赋予了明确的方术功能。苏轼却有意弱化这一功能,将宫观的意义引申至无为、虚明、不争的黄老之学。此论与其说是出于苏轼个人的观念②,不如说是一种官方论述的策略,亦是在为倡导元祐的宽缓政治作出铺垫。

前两段从叙述宫观营造与论议道家学说两方面为元祐之政张本,尚停留在"隐"的层面。最后一段则更从"显"的层面宣扬其政：

> 臣观上与太皇太后所以治天下者,可谓至矣。检身以律物,故不怒而威。捐利以予民,故不藏而富。屈己以消兵,故不战而胜。虚心以观世,故不察而明。……本既立矣,则又恶衣菲食,卑宫室,陋器用,斥其赢余,以成此宫,上以终先帝未究之志,下以为子孙无疆之福。

这段话直接将宫观的重建纳入元祐之政的话语体系,明确述及其政"检身律物""捐利予民""屈己消兵""虚心观世"的内涵。并再次提及"先帝未究之志",加固了神宗遗意与元祐政治的关

---

① 与现代学术理念有所不同,苏轼将道教方士仍视为道家一派,其《上清储祥宫碑》云："(方士之言)皆归于道家,学者不能必其无。"

② 就苏轼个人而言,其对于道教方术有相当信仰与钻研,参见张振谦：《苏轼与〈黄庭经〉》,《宗教学研究》2010 年第 1 期；张振谦：《苏轼与道教内丹养生》,《哈尔滨工业大学学报》(社会科学版)2016 年第 6 期等。

联，使后者的合法性得到进一步的强化。

《上清储祥宫碑》由皇家宫观的碑记之体，平稳地过渡到元祐朝政的代言之旨，其间节用理念之阐发、道家思想之论议、汉代史事之征引、神宗遗意之关联，皆表述得稳重妥帖，略无枝蔓，共同拱卫着高太后主导的政治主题，充分展示出应制之作工具性的功用①。宋人在推崇元祐之政的论调下对《上清储祥宫碑》颇有赞赏之言，如陈岩肖言其文"叙事既得体，且取道家所言与吾儒合者记之，大有补于治道"②。晁公武则将该文与苏轼另一篇阐述元祐治政理念的文章《司马温公神道碑》（即《忠清粹德之碑》）等而观之③。

二 皇帝阙位与新党之劾：《上清储祥宫碑》政治上的"易朽"因素

元祐诏令苏轼为上清储祥宫撰文之初，朝廷并未明确规定撰文体例，苏轼上《撰上清储祥宫碑奏请状》特予建言："臣窃见朝廷自来修建寺观，多是立碑，仍有铭文，于体为宜。"④朝廷许其奏请。由此，该文的撰述之事与碑刻的"不朽"理想联系在了一起。然而，随着绍述之政到来，最高统治者由高太后一变而为哲宗，主导朝局的政治力量由旧党人物一变而为新党一派。苏轼的《上清储祥宫碑》作为元祐政治的遗存，很快遭到禁毁：苏轼本人遭贬，其碑文亦被朝廷敕令磨去，于绍

---

① 茅坤评苏轼《上清储祥宫碑》云："应制之文，非公之至者，而其所见与议亦自有典刑。"（〔明〕茅坤编：《唐宋八大家文钞》卷一四二，《景印文渊阁四库全书》第1384册，页688）

② 《庚溪诗话》卷下，《宋诗话全编》第3册，页2804。

③ 参见〔宋〕费衮撰，金圆整理：《梁溪漫志》卷四"毗陵东坡祠堂记"条，《全宋笔记》第5编第2册，页169。

④ 《苏轼文集》卷三二，页915。

圣四年(1097)改由哲宗朝的翰林学士承旨蔡京新撰①。短短数载，碑文更替，回视元祐立碑的"不朽"期愿，亦令人叹喟。可以说，此一事件为苏轼该篇应制之作政治功用的终结划定了明确的标志。

苏轼《上清储祥宫碑》的被毁自有绍述新党政治的大背景存在。而于此背景下我们如能再就文本内外的具体问题来探讨其文更为直接的"易朽"因素，则或许能对权力消长变更、人物升降转移之际，词臣应制之作存替去取的历史情势，获得一番更为真切的了解。考察苏碑内容及苏轼撰碑时外部的人事环境，可以发现，其实早在元祐之时，其碑就已然潜伏下了绍圣中被毁的伏笔，以下从两个方面来作论述。需要提前指出的是，作此论述，蔡京新撰《上清储祥宫碑》的相关文献颇具参照价值。虽然蔡碑全文已佚，但元代许有壬有《上清储祥宫记》一文，对蔡碑的片段文字有所征引，我们据之可睹其鳞爪。另外，宋代笔记文献对蔡京撰碑时的人事有所记载，亦可引为参证。

首先，就碑文内容而言，苏轼《上清储祥宫碑》的行文显示出哲宗皇帝身份的阙位。如前文所述，上清储祥宫之于赵宋皇室具有权威象征与祷嗣方术两方面的意义，以常情度之，词臣撰述宫观碑文，其主题必当要聚焦于皇帝本人的功业，并言及对其子嗣繁茂的祈愿。然而，元祐苏碑在凸显高太后主政权威的基调下对上述主题是颇有损抑的。对于皇嗣，当时哲宗尚未册立皇后②，苏碑未予涉及为哲宗祷嗣的内容③，这一阙失显露

---

① 参见佚名撰，汪圣铎点校：《宋史全文》卷一三下，北京：中华书局，2016年，页891。

② 哲宗于元祐七年(1092)册立皇后，参见《宋史》卷一七《哲宗纪一》，页334。

③ 苏轼《上清储祥宫碑》述及赵宋皇嗣，只是泛泛而言"宫之所在为国家子孙地""下以为子孙无疆之福"之语。

出哲宗的有欠成熟。至于皇帝功业，苏碑之文但凡提及哲宗之处，每每都要述及高太后。我们可以引述相关内容如下：

> 臣观上与太皇太后所以治天下者，可谓至矣。
>
> 皇帝若曰："大哉太祖之功，太宗之德，神宗之志，而圣母成之。……"
>
> 允哲文母，以公灭私。……佑我文母，及其孝孙。

在这些叙述中，高太后俨然成为赵宋历朝皇帝功德、意志正式的承接者，哲宗则并非以独立治政的君主形象示人，而更多是作为一名"孝孙"，陪衬于高氏"文母"的权威之侧。如此的文意显然有损于哲宗的威严。然则待至哲宗亲政以后，苏碑之难以久存，是能够想见的必然之事。

与苏碑形成鲜明比照的是蔡京碑文，许有壬《上清储祥宫记》保存有蔡碑论议赵宋皇嗣的一段文字：

> 宫（按：即上清储祥宫）在国东，为震，为春，为仁，于应为子孙。太宗作宫，子孙众多，笃生真宗，受封国者八王。火于仁宗。再造于神宗，亦子孙众多，受封国者九王。①

这段文字将上清储祥宫的兴毁与北宋太宗、真宗、仁宗、神宗子嗣的多寡作了对应的论述。可以想见，此当是为后文着重祈祝哲宗子嗣繁昌的内容作出铺垫。许有壬讥其"几于法巫医史之说……有以见宋之不能国也"②。蔡京碑文的立意或许不高③，然而在此更值注意者当是蔡碑作为工具性文本的论述基调。蔡碑所立的绍述时代，哲宗已然成年、册后、主政。以哲宗为主

---

① 〔元〕许有壬：《圭塘小稿》卷七，《景印文渊阁四库全书》第 1211 册，页 632。按：许有壬《上清储祥宫记》仅录有以上一段蔡碑文的内容，至于究竟是抄录原文还是概述大意，则不得而知。

② 《圭塘小稿》卷七，《景印文渊阁四库全书》第 1211 册，页 632。

③ 《庚溪诗话》卷下亦云："京之文（按：即蔡京《上清储祥宫碑》）类三舍举子经义程文耳。"（《宋诗话全编》第 3 册，页 2804）

导的朝廷在体制层面有一个阙失日益凸显，即哲宗无嗣，皇储乏人。因此，为哲宗祈求皇嗣是绍述外朝内廷日常之间必然涉及的话题。以蔡京为例，其担任翰林学士时即曾为哲宗宠爱的刘贵妃撰写帖子词，中有"三十六宫人第一，玉楼深处梦熊罴"之句①，所寓之意正是为哲宗祷子。在绍述如此的政治氛围中，上清储祥宫自当会由之前宣扬元祐之政的象征功能回归到为皇帝祈求子嗣的方术功能②。蔡京作此阐述，自为题中之意，其所展现的是一个以哲宗为中心的政治语境，迥异于苏碑以高太后为中心的论调。

其次，就撰碑外部的人事环境而言，元祐苏轼撰碑之初的事迹笼罩上了新旧党争的阴影。洪迈《容斋随笔》引述过北宋孔平仲《野史》的一则史料："苏子瞻被命作《储祥宫记》（按：即《上清储祥宫碑》），大貂陈衍干当宫事，得旨置酒与苏高会，苏阴使人发，御史董敦逸即有章疏，遂堕计中。"③董敦逸是一名与新党势力存有关联的人物，元祐六年（1091）任监察御史，曾上章弹劾苏轼，称"苏轼昔为中书舍人，制诰中指斥先帝事"④。学界将此董氏劾苏事件视为以后绍述新党反攻旧党的先声⑤。而由上引《野史》可知，当时董氏所劾内容并不止于苏轼旧日之言，更包括当下之事，其指摘苏轼撰碑时与宦官陈衍颇有酒宴相交的行为。此事在旧党当政期间并未危及苏轼的地位，然而

---

①　《墨庄漫录》卷四"蔡元长贴子词"条，页128。

②　哲宗朝对于上清储祥宫祷嗣方术功能的强调，还体现在对宫观住持的任命上。《续资治通鉴长编》卷四八九载绍圣四年（1097）六月事："诏江宁府，敦遣茅山道士刘混康，上京住持上清储祥宫。"（页11603）赵宋皇室任用刘混康，即有依其方术之长来增添皇嗣的考虑，此于徽宗朝的相关史料中颇可见出端倪。《挥麈录》后录卷二载："祐陵（按：即徽宗）登极之初，皇嗣未广，混康言京城东北隅地叶堪舆，倘形势加以少高，当有多男之祥。"（页56—57）

③　《容斋随笔》卷一五"孔氏野史"条，页197。

④　《宋史》卷三五五《董敦逸传》，页11176。

⑤　参见诸葛忆兵：《洛蜀党争辨析》，《南京师大学报》（社会科学版）1996年第3期。

待至绍述时期，又被新党重提，成为苏轼的一项罪名。《宋史》载绍述时事："张商英亦论：'衍交通宰相，御服为之赐珠；结托词臣，储祥为之赐膳。'盖指吕大防、苏轼也。"[①]此亦是苏碑难以存于绍述的一个具体因素。

与苏轼撰碑遭劾之因形成鲜明比照者则又可提及蔡京撰《上清储祥宫碑》之事，蔡條《铁围山丛谈》备载蔡京撰碑书石时所享朝廷的优厚待遇：

> （哲宗）改命鲁公（按：即蔡京）改更其辞（按：即《上清储祥宫碑》之文）。鲁公时为翰林学士承旨也。于是天子俾置局于宫中，上珰数人共主其事，号诸司者。凡三日一赴局，则供张甚盛，肴核备水陆，陈列诸香药珍物。公食罢，辄书丹于石者数十字则止，必有御香、龙涎、上尊、椽烛、珍瑰随锡以归。[②]

引文"上珰数人共主其事"之语颇值注意，由此可知蔡京撰碑时所享诸般酒食物件赏赐亦皆是由宦官居间料理安排，其事实类同于苏轼撰碑期间受到陈衍的招待，可见朝廷规制历来如此。然而在新党得势的时代里，苏轼之事成为被清算的话题，蔡京之事则被引为自矜宠遇的谈资，二者差异尤可见出政党派别相与倾轧的现实。

三 北宋士林的文事与舆论：《上清储祥宫碑》与苏轼的文宗位望

苏轼《上清储祥宫碑》作为一篇词臣应制之作，在北宋后期政治语境中的生命史展示出如上荣枯代谢的形态。然而，该篇碑文的意义并不止于政治一端，还延伸至北宋士林的文事活动

---

① 《宋史》卷四六八《宦者传三·陈衍传》，页 13650。
② 《铁围山丛谈》卷二，页 37。

与舆论见解之中，得到士人阶层的广泛关注，成为苏轼文宗位望一种具体的呈现。

首先，《上清储祥宫碑》相关史料的内容对于元祐时期苏轼所享的文宗位望有过表述，在此我们可引秦观的一首诗作《次韵蒋颖叔南郊祭告上清储祥宫》。元祐七年（1092）蒋之奇在户部侍郎任上奉诏祭告上清储祥宫，因作有《南郊祭告上清储祥宫》之诗，秦观作此和诗。蒋诗目前只有残句存世[①]，而秦诗则保留完整。秦诗有一联述及《上清储祥宫碑》之成，哲宗题额、苏轼撰文之事，云："标题动宸翰，撰次属鸿生。"[②]该联以"鸿生"称誉苏轼，"鸿生"一词较早见于汉代扬雄《羽猎赋》"于兹乎鸿生巨儒，俄轩冕，杂衣裳，修唐典，匡《雅》《颂》，揖让于前"之句[③]。秦观并未直接以翰苑词臣的职名指称苏轼，而是冠之以具有学术文化意味的"鸿生"。以此称代替职名，固然有使用韵字的考虑，但亦明确指向了词臣职事在文化雅望上的象征意义。此称之于苏轼尤是凸显出他有别于官僚面貌的文士风采。然则此"鸿生"之称即颇可视为对元祐时苏轼文宗位望的一种表述。

秦诗该联以"宸翰"与"鸿生"相对，将皇权威势与文宗位望并置，这二者之间的关系颇值思考：元祐碑立之时，苏轼的文宗词翰为皇权政治的导向发挥了润色之功，而皇权赋予的撰述之务亦为苏轼文宗声名的传扬提供了推助之力，二者可谓是相与合和、互为映衬。然而，文宗的位望又并非仅系于与皇权关联之

---

①　参见《全宋诗》第12册，页8035。《全宋诗》中此诗题作《上清储祥宫》。现存史料并未明确记载元祐七年（1092）蒋之奇有祭告上清储祥宫之事，但正文蒋诗诗题中有"南郊"字样，《续资治通鉴长编》卷四七七载元祐七年（1092）三月蒋之奇曾参议过郊祭典礼（页11359），揆其情理，他应是于该年有奉诏祭告南郊之事。

②　《淮海集笺注》卷七，页280。

③　〔梁〕萧统编，〔唐〕李善注：《文选》卷八，上海：上海古籍出版社，1986年，页397。

一端。此一位望还具有超轶皇权笼罩的文化意义——在士林之中真正彰显出文学的光辉，得到士人普遍的认可与推服，并不会因为皇权意志的一夕更改而被否定。然则文宗位望与皇权威势之间其实还存在着一层对峙的张力值得注意。《上清储祥宫碑》的意义在由词臣应制的政治语境一端向士林文事的文化语境一端延伸的过程中，真切地展示出文宗位望与皇权威势从合和到对峙的演变态势。正是在此态势之中，苏轼文宗位望之于政治的超然性逐渐得到了明晰的彰显。

《上清储祥宫碑》在北宋士林的传播情况最初显示出文宗与皇权合和的一面，在此可举元祐时期程颐与米芾的相关史事来作阐述。先来看程颐。元祐时期苏轼、程颐同属旧党，但如上节所论，他们学术多有不合，彼此之间颇存非议。然而，对于苏轼的《上清储祥宫碑》，程颐却表达过难得的赞许之意。《邵氏闻见后录》载：

> 东坡书《上清宫碑》云："道家者流，本于黄帝、老子。其道以清净无为为宗，以虚明应物为用，以慈俭不争为行，合于《周易》'何思何虑'、《论语》'仁者静寿'之说，如是而已。"谢显道（按：即谢良佐）亲见程伊川（按：即程颐）诵此数语，以为古今论仁，最有妙理也。[1]

程颐讲论理学，向门人谢良佐言及《上清储祥宫碑》，深赏苏轼能将道家清净无为的思想与儒家经典《周易·系辞下》"天下何思何虑"、《论语·雍也》"仁者静""仁者寿"之语合而论之[2]，指出其说最为切中儒学论仁的义理。

再来看米芾。元祐时苏轼与米芾之间多有切磋书法的雅

---

① 《邵氏闻见后录》卷五，页38。
② 参见《周易正义》卷八，《十三经注疏》，页87；〔三国·魏〕何晏等注，〔宋〕邢昺疏：《论语注疏》卷六，《十三经注疏》，页2479。

事，二人曾"对设长案，各以精笔、佳墨、纸三百列其上，而置馔其旁。……每酒一行，即申纸共作字。……薄暮，酒行既终，纸亦尽，乃更相易，携去，俱自以为平日书莫及也"①。南宋周密《云烟过眼录》载有一则关于米芾书法的史料，透露出元祐时苏、米二氏曾经共写《上清储祥宫碑》书法：

> 米老（按：即米芾）书自作《上清储祥宫碑》，川纸上大字书。……乃与东坡同作，米意极自得，然（按：此处似脱"谓"字）非为坡文压倒，则此老必叫屈也。②

苏轼与米芾切磋翰墨，以《上清储祥宫碑》之文作为选题来"同作"书法。米芾虽然颇将己书引为自得之作，但终是服膺、追慕苏轼，甘认己书难及苏书③。

　　以上程颐讲学、米芾习书之事的性质皆有别于朝廷政务，而属于士人阶层日常间文事活动的范畴。程、米在各自事中或

---

　　① 《避暑录话》卷下，《全宋笔记》第2编第10册，页289。魏平柱《米襄阳年谱》将其事系于元祐七年(1092)（武汉：湖北人民出版社，2013年，页88—89）。

　　② 〔宋〕周密撰，邓子勉点校：《云烟过眼录》（与《志雅堂杂钞》《澄怀录》合刊）卷上"王子才英孙号修竹所藏"条，北京：中华书局，2018年，页307。

　　③ 由苏轼、米芾同书碑文之事，我们颇能见出苏轼私下自写《上清储祥宫碑》书法之举。关于此点，还有一则史料可以互证。南宋末年元军攻陷临安，将大批图书、文物运至大都。元朝馆阁臣僚商挺、王恽等曾阅见其中有一幅《上清储祥宫碑》书法。王恽《玉堂嘉话》载："《上清储祥宫碑》墨迹。然后书老泉撰。商左山（按：即商挺）云：'盖避党祸故改云。'"〔元〕王恽撰，杨晓春点校：《玉堂嘉话》（与《山居新语》合刊）卷二，北京：中华书局，2006年，页69"老泉"为苏轼晚年自号，自南宋以来，颇有人误以其为苏洵之号（参见周本淳：《苏老泉就是苏东坡》，氏著：《读常见书札记》，南京：江苏教育出版社，1990年，页176—180）。元朝馆臣论以避祸改名，当是亦有此相沿之误。在元祐奉敕书石的《上清储祥宫碑》文本中，苏轼署以正式职衔"翰林学士承旨左朝奉郎知制诰兼侍读轻车都尉武功县开国子食邑六百户赐紫金鱼袋臣苏轼奉敕撰并书"，且置于碑文之前（这一职衔在《苏轼文集》所载的《上清储祥宫碑》文本中并未出现，但见于南宋韩侂胄刻《群玉堂帖》所收苏轼奉敕书石的《上清储祥宫碑》法帖，参见苏轼：《上清储祥宫碑》法书，上海书画出版社编：《苏轼法书集》，上海：上海书画出版社，1993年，页133—134。关于《群玉堂帖》，参见后文论述）。而该幅书法则署以"老泉"私号，且置于碑文之后，可见其并非奉敕而书，而当是苏轼私下自书。

是称赏苏碑义旨，或是追慕苏碑书法，二者彼此呼应，以点映面，从不同角度反映出《上清储祥宫碑》在北宋士林文化语境中的影响力，凸显了苏轼作为一代文宗所受的瞩目。然而，何以是苏轼该篇碑文，而非其他著述能在当时受到如此程度的关注？探讨个中因由，苏轼文宗位望背后皇权的推动之力实不容忽视——苏轼此文是以承旨手笔，应高后敕命，基于元祐政治的主旨所撰的一篇代言之作，并以帝王撰额的形式得到皇权正式的认可。士林特别瞩目、称羡其文，在某种程度上也是在表达追随元祐政治的姿态。其中程颐暂摒学说之异，着力称赏苏碑之举尤是显证。然则上述史事颇能反映出《上清储祥宫碑》在向文化语境延伸的过程中，文宗与皇权合和的一面，可以视为秦诗"标题动宸翰，撰次属鸿生"一幕具体的写照。

然而，以上所论只是事实的一个方面。在元祐时代结束以后的岁月里，《上清储祥宫碑》的传播则逐渐显示出文宗与皇权对峙的态势。在此可举绍圣苏碑被毁以后士林中流传的一首七绝诗作来作阐述，费衮《梁溪漫志》载：

> 东坡在翰林，被旨作《上清储祥宫碑》，哲宗亲书其额。绍圣党祸起，磨去坡文，命蔡元长（按：即蔡京）别撰。《玉局遗文》中有诗云："淮西功德冠吾唐，吏部文章日月光。千载断碑人脍炙，不知世有段文昌。"其题云："绍圣中，得此诗于沿流馆中，不知何人作也，戏录之，以益箧笥之藏。"此诗乃东坡自作，盖寓意储祥之事，特避祸，故托以得之。味其句法，则可知矣。①

《玉局遗文》即《玉局文》，为苏轼所撰的一部文集，现已亡佚②。

---

① 《梁溪漫志》卷四"东坡录沿流馆诗"条，《全宋笔记》第 5 编第 2 册，页 172。
② 参见卿三祥、李景焉：《苏轼著述考》，成都：四川大学出版社，2016 年，页 991。

《梁溪漫志》言《玉局文》中录有一诗，为绍圣年间苏轼于贬谪中所得，咏及唐代韩愈奉敕撰《平淮西碑》，后为朝廷磨去，命段文昌改撰的史事。此诗即为影射苏轼、蔡京《上清储祥宫碑》去取之事而作。宋人对于该诗多有关注、论议，有人认为此诗为苏轼自撰，又有人称其为苏轼同时代的其他人物所撰，所述不一，目前亦难以确考①。而之于本节，该诗更值玩味之处在于其将苏轼比作韩愈之言，苏轼愿意将之录入集中，士林又对之传扬甚广，至少能够表明他们对于此言的认同。

韩愈作为唐代古文运动的引领者，苏轼对之极为推崇，称道其"文起八代之衰，而道济天下之溺"②。更值注意的是，苏轼晚年遭贬，在追味平生遭遇之际，颇有言论将自身与韩愈的命运相类比，学界对之已有述及③。在此可略举苏轼《东坡志林》之语：

> 吾平生遭口语无数，盖生时与韩退之相似，吾命在斗间而身宫在焉。故其诗曰："我生之辰，月宿南斗。"且曰："无善声以闻，无恶声以扬。"今谤我者，或云死，或云仙，退之之言良非虚尔。④

苏轼另有相似的表述可见其题跋《书退之诗》⑤。苏轼借命格之论体悟平生遭际，并未对人生的失意抱以过多的怨望之情。在沉静的思考下，他将自己的际遇与韩愈的运命相关联，表述了一种必然的宿命感，揭示出卓尔文宗难以见容于世俗，易遭毁谤的命运。这番心境超脱了当下仕途的得失之心，一跃升华为

---

① 除了《梁溪漫志》，《苕溪渔隐丛话》前集卷三九亦推测其诗为苏轼自作（页265）。《庚溪诗话》卷下则云其为江端友所作（《宋诗话全编》第3册，页2804）。又《侯鲭录》卷二"临江军驿舍题诗"条小注云其为张耒所作（页64）。
② 〔宋〕苏轼：《潮州韩文公庙碑》，《苏轼文集》卷一七，页509。
③ 参见谷曙光：《韩愈诗歌宋元接受研究》，合肥：安徽大学出版社，2009年，页136—138。
④ 《东坡志林》卷二"东坡升仙"条，页44。按：原文中"南"讹作"直"，径改。
⑤ 参见《苏轼文集》卷六七，页2122。

与文章先贤气运相连的惺惺之意。上述《玉局文》之诗亦可在这一层背景下作此理解：绍述时的皇权威势虽然终结了苏轼的仕途，但苏轼的文宗位望亦已超轶了皇权的笼罩。在文章之事千古相承的意义上，苏轼接续于前朝韩愈的事业，此一文脉的承接延绵不绝，为苏轼所自许，更为士林舆论所普遍认可与称扬，并不会因为皇权意志的打压而被否认。《玉局文》诗于"断碑"之下仍然称道"吏部文章日月光"，这其中或许隐存着些许眷恋元祐之政的情结，但其句更为明确的义涵，则无疑是对苏轼文宗声名"不朽"的期愿。然则在这层语境中，《上清储祥宫碑》的意义逐步脱却了应制之作政权附庸的属性，渐而转化成为苏轼个人文坛雅望的一种象征。此一意义转变之迹折射出文宗与皇权对峙的张力，苏轼文宗位望之于政治语境的超然性终于由此而明晰地呈现了出来。

四 作为文宗位望的"不朽"：《上清储祥宫碑》在后代的回响

《上清储祥宫碑》在北宋的文化语境中最终展示出苏轼文宗位望之于政治的超然性。及至以后的南宋、金、元时代，这篇碑文仍然得到相当程度的关注：南宋理学家吕祖谦编选《皇朝文鉴》，将苏碑其文选入集中①；权臣韩侂胄编刻《群玉堂帖》，将苏轼奉敕书碑的书法收入其中②；金代文臣赵秉文（号"闲闲居

---

① 参见〔宋〕吕祖谦铨选，任远点校：《皇朝文鉴》卷七七，黄灵庚、吴战垒主编：《吕祖谦全集》第13册，杭州：浙江古籍出版社，2008年，页409—411。
② 参见《上清储祥宫碑》法书，《苏轼法书集》，页133—154。王澍考述称：《闲者轩帖考》云：《群玉堂帖》十卷，韩侂胄刻，……盖韩之客向若水精于鉴定，帖乃其手摹也。"〔清〕王澍著，马鲥点校：《淳化秘阁法帖考正》卷一一"群玉堂帖"条，杭州：浙江人民美术出版社，2017年，页221）学界对于《群玉堂帖》所收苏轼法帖的研究，有段成桂《群玉堂苏帖》及其他》（《吉林省博物馆学术论文集》第1辑，1986年，页223—225），不过该文较为简略，并未专门述及苏轼《上清储祥宫碑》法帖的渊源。南宋时期，《上清储祥宫碑》的碑刻虽早已不存，但苏轼奉敕 （转下页）

156

士")游览上清储祥宫旧地,作诗咏及苏碑;元代文臣许有壬承全真道士之请作《上清储祥宫记》,对苏碑义旨称颂有加①。其中赵秉文之事尤值注意,能够明确地彰显出北宋苏轼文宗位望的文化意义在有金一代的延续,很好地呼应于前述《玉局文》诗"吏部文章日月光"之句对于文宗文名"不朽"的期愿,对此我们来作详细的阐述。

　　南宋与金对峙的时代,上清储祥宫的所在地汴京久为金人所占。在金朝统治相当长的时间里,上清储祥宫"颓毁已甚"②。但随着金后期迁都于汴③,该宫观得到一定程度的重视,终被重新修葺。修葺后的宫观被删去"储祥"之号,改回初名"上清宫"(见后引文)。此处宫观对于金朝士大夫具有相当的吸引力,他们之中颇有人物乐于流连此地,咏叹苏轼文踪、标举诗书气度,创作有一定数量的诗文。这些诗文雅事以地缘因素,承载着对于苏轼的文化记忆,是金代文学史一道值得留意的景观,而这其中的中心人物为赵秉文。赵秉文为金代著名文臣,堪称金代中后叶的文章宗主。许有壬《上清储祥宫记》载:"金源氏复葺(上清储祥宫),翰林侍读学士赵秉文有文。"④赵秉文曾为重葺

(接上页)　书石的翰墨真迹尚存,因为迟至元代尚有对此墨迹的记载,胡祗遹《跋东坡储祥墨迹》云:"东坡大字忠义清雄,如颜平原(按: 即颜真卿),小字韵胜紧结,如李北海(按: 即李邕),《储祥宫碑》奉敕撰并书,文理正大,因事纳谏,字画谨密中,雍容自若,不为金注所动。"(〔元〕胡祗遹:《紫山大全集》卷一四,《景印文渊阁四库全书》第1196册,页258)明确提及其中有"奉敕撰并书"的文字。另外,揆以情理,北宋苏碑未毁时宋人必拓有相当数量的拓本,其中应有部分留存至南宋之时者。墨迹、拓本皆有可能成为《群玉堂帖》据以摹刻的资材。

　　①　参见《上清储祥宫记》,《圭塘小稿》卷七,《景印文渊阁四库全书》第1211册,页632。

　　②　南宋乾道五至六年(1169—1170)楼钥使金,经过上清储祥宫,对其状况有如是的记录(〔宋〕楼钥:《北行日录》卷上,顾大鹏点校:《楼钥集》,杭州: 浙江古籍出版社,2010年,页2093)

　　③　金宣宗贞祐二年(1214)金朝迁都汴京,参见〔元〕脱脱等:《金史》卷一四《宣宗纪上》,北京: 中华书局,2020年,页330—331。

　　④　《圭塘小稿》卷七,《景印文渊阁四库全书》第1211册,页632。

宫观撰有文章，但该文现已全佚，不详其体裁究竟为碑文，还是记文，或是否为奉敕所撰，也无以确考撰文的具体时间。不过可考赵秉文于金兴定元年至五年（1217—1221）任翰林侍读学士①。然则可以推知其文应是在此一时段内撰成。

赵秉文一生追慕苏轼文才、风度，于诗文中屡有述及②。而且他作为有金一代的诗文大家，更被喻为金朝之苏轼而加以尊奉，如元代郝经即称颂他为"金源一代一坡仙"③。赵秉文在金廷长期担任词臣，于兴定五年至天兴元年（1221—1232）仕至翰林学士④，与苏轼在元祐时的仕位相近，二人在各自时代中的士林雅望亦复相似。赵氏就上清（储祥）宫文之撰，颇有自矜接续苏轼文宗位望之意，其有诗《游上清宫二首》云：

> 霜叶萧萧覆井栏，朝元阁上玉筝寒。千年辽鹤归华
> 表，万里宫车泣露盘。日上雾尘迷碧瓦，夜深月露洗荒坛。
> 断碑脍炙人何在，吏部而今不姓韩。
> 暇日登临近吹台，夷门城下访寒梅。鳌头他日几人
> 在，尊酒而今一笑开。秋潦渗余村径出，夕舂歇处野禽来。
> 醉归扶路人争看，知是诗仙阆苑回。⑤

前诗"千年辽鹤归华表，万里宫车泣露盘"之句咏叹宋金易代，世事变迁，"断碑脍炙人何在，吏部而今不姓韩"则显然是对《玉局文》诗"千载断碑人脍炙""吏部文章日月光"的回应。赵秉文

---

① 参见王庆生：《赵秉文年谱》，氏著：《金代文学家年谱》，南京：凤凰出版社，2005年，页275—280。

② 王昕《赵秉文研究》（黑龙江大学2011年博士学位论文，页29—36）颇有内容述及赵秉文崇尚苏轼的文化心态。不过该文并未就上清储祥宫此一具体的地缘因素来讨论赵氏崇苏之事。

③ 参见〔元〕郝经：《闲闲画像》，《陵川集》卷一〇，《景印文渊阁四库全书》第1192册，页105。

④ 参见《赵秉文年谱》，《金代文学家年谱》，页282—297。

⑤ 〔金〕元好问编，张静校注：《中州集校注》丙集第三，北京：中华书局，2018年，页824—826。

在感叹苏轼《上清储祥宫碑》的同时，更以自撰上清（储祥）宫文，寓以自比苏轼之意。后诗"鳌头""阆苑"，是赵氏自指其清贵地位而言，"诗仙"则为自矜诗才高妙。赵秉文另还有七绝组诗《游上清宫四首》描述自己在上清（储祥）宫清修、赏景的生活①。值得注意的是，赵氏并非独自在上清（储祥）宫撰文咏诗，他的身边还簇拥着同僚门生相与酬唱赠答。例如与赵秉文同任金朝高阶文官的杨云翼有诗《闲闲公为上清宫道士写经并以所养鹅群付之诸公有诗某亦同作》云："会稽笔法老无尘，今代闲闲是后身。只有爱鹅缘已尽，举群还付向来人。"②咏及赵氏在宫观写经赠鹅之举，将之比作东晋王羲之写经换鹅之事。诗题中"诸公有诗"之语透露出当时参与唱和的还有其他人物。又如赵氏科举门生李献能有诗《上清宫梅同座主闲闲公赋》云："遨头词伯今何逊，一笑诗成字字香。"③恭颂赵氏宫观咏梅诗作格调之高，将其比作南朝梁何逊的咏梅之诗。"遨头"即"鳌头"，指代赵氏的清贵地位，"词伯"即文宗，指称其文坛雅望。

　　上述金代上清（储祥）宫的变迁及相关人事很值思考。金人删去"储祥"之号，显然是要除却其地前朝皇室宫观的身份标识，此中颇能见出朝代更迭之后上清（储祥）宫赵宋皇权象征意义的消亡。与之形成鲜明比照者则是以赵秉文为中心的士大夫宫观诗文唱和之事，这些事迹突破了异代的界限，在文化的意义上彰显出苏轼的文名在金朝的深远流传。上清（储祥）宫其地因为《上清储祥宫碑》其文，俨然成为彰显苏轼文宗风度的遗迹。赵秉文在此撰作诗文，追怀苏轼，进而凸显自己的清贵

---

　　①　参见〔金〕赵秉文著，马振君整理：《赵秉文集》卷九，哈尔滨：黑龙江大学出版社，2014年，页244—245。

　　②　《中州集校注》丁集第四，页1119。杨云翼兴定元年（1217）任翰林侍讲学士，兴定五年（1221）见任翰林侍读学士，元光元年（1222）除翰林学士（参见王庆生：《杨云翼年谱》，《金代文学家年谱》，页357，359—360）。

　　③　《中州集校注》己集第六，页1761。

地位与卓越才情，引发同僚门生的相与酬和，凭借此处宫观之于文坛地位的象征意义，亦建构了自身在有金一朝的文宗形象。以上皇权象征意义与文化象征意义的消长之势尤能展示出苏轼的文宗位望不仅能够超越一代政权笼罩，更能超越朝代更迭的"不朽"魄力。《上清储祥宫碑》作为文化文本的生命正是在这一场景中得以久存，可被视为对"吏部文章日月光"之句一声悠远的回响。

金朝士大夫追慕苏轼《上清储祥宫碑》而在宫观旧地流连唱和、标举文名的事迹颇能与苏轼《赤壁赋》的流传情况作一关联考虑。《赤壁赋》在后世的传播之迹，有中外人士组织模拟苏轼赤壁之游的赤壁会见载于史[①]。以上两类事迹的形式颇有相似之处，彰显出苏轼这两篇文章在后代所受到的推崇。然而，此二文在受到推崇的相似表征下，彼此内在的传播动力却有本质区别：《赤壁赋》作为苏轼文学情怀的凝聚之作，其享誉后世，主要有赖于文本内部文辞魅力的深入人心；《上清储祥宫碑》作为苏轼文宗位望的象征载体，其受瞩后人，则更多是来自文本外部显赫文名的推引。如果说《赤壁赋》以"清风明月"的自然之象展现了苏轼文学世界纯粹性的一面，那么《上清储祥宫碑》则是在一种对称的意义上，以深殿高阁的词垣景观将其文学世界复杂性的面相揭示了出来。

五　小结

本节在政治与文化两种语境中对苏轼《上清储祥宫碑》作出了论析，寻绎了该篇碑文的意义从应制之作到"不朽"之文的转变轨迹：该文作为宣扬元祐政见的代言之作于绍述时期即被

---

① 参见［日］池泽滋子：《日本的赤壁会和寿苏会》，上海：上海人民出版社，2006年；卞东波：《汉诗、雅集与汉文化圈的余韵——1922年东亚三次赤壁会考论》，《安徽师范大学学报》（人文社会科学版）2019年第1期。

禁毁，在政治上的生命是短促的。然而，该文又撰成于苏轼文宗位望树立之时，得到当时士林广泛的称赏追慕，并为后代之人追忆咏叹，作为苏轼文宗位望一种具体的呈现，超越了皇权的笼罩、朝代的更迭，在文化上的生命是长久的。本节将苏轼词垣任上文宗身份与官僚身份的交错分合之势呈现于一篇碑文的研究，可谓具化了上节的总体论旨。

　　本章将北宋诗文革新中的具体人事置于词垣场域与词臣群体的层面进行观照，呈现出梅尧臣、欧阳修、苏轼的文学事业、文学形象与词垣氛围之间的牵挽关系。从中颇能见出个体人物个性之于周遭仕宦环境，或是相辅相成，或是受其笼罩，或是对其超越的不同态势。其中欧、苏尤值注意，他们二人先后居于词垣，其词臣职事与文宗位望在总体上呈现出相辅相成之

《群玉堂帖·上清储祥宫碑》（局部），吉林省博物院藏，
引自《苏轼法书集》，页133—134

势：欧、苏的词臣之位为其自身文宗之望的成立提供了仕宦的支撑，而他们文宗的成就与风度亦提升了词臣此一职事在宋代文化史演进过程中的影响力。即此而言，欧、苏时代的词垣洵可谓是当时的文化中心，引领了士大夫文化发展的方向。

在第三章中，我们将要接续考察北宋诗文革新潮流过后即后欧、苏时代的词臣风尚，探讨欧、苏式文宗阙位的情况下宋代词垣的风貌发生了怎样的转变。这一内容亦是为第四章论述南宋词臣群体与理学群体的分野态势作出铺垫。

第三章 从文宗到官僚：后欧、苏时代词臣风尚的演变

《挥麈录》载：

> 元祐二年，东坡先生入翰林，暇日会张、秦、晁、陈、李六君子于私第，忽有旨令撰《赐奉安神宗御容礼仪使吕大防口宣茶药诏》，东坡就牍书云："于赫神考，如日在天。"顾群公曰："能代下一转语否？"各辞之，坡随笔后书云："虽光明无所不临，而躔次必有所舍。"群公大以耸服。[①]

《铁围山丛谈》载：

> 政和末，王安中骤迁中书舍人，往谢郑丞相居中。谓曰："君作紫微舍人，首草者何人词耶？"安中答："适一番官诰命尔。"郑丞相曰："若尔，君必入政府。居中闻前辈言，入紫微为舍人，首草番官诰词者号利市，必预政柄。居中当时亦是。盖数已验，君其入二府乎？"后果然。[②]

上述两则史料所载为北宋词垣的两件轶事：元祐时苏轼在翰林学士任上起草制诰，此一职事置于其与门下"六君子"雅集析文的语境中，显示出苏轼文才的卓尔不凡，彰显了他一代文宗的风范；徽宗朝王安中在中书舍人任上草拟诏书，与宰相议论词臣晋升之先兆，则完全是官场人物揣摩职事升降的作风。两事之中，这两类词垣人物文宗风范与官僚作风的比照颇值注意。

---

① 《挥麈录》余话卷一，页224。
② 《铁围山丛谈》卷三，页44。

　　第二章述及欧阳修、苏轼词学之臣与文章宗主的两重身份交织缠绕，其间固然有仕宦职事与文章事业的张力存在，但欧、苏毕竟在相当多的情境下能将自身超卓的文才气度与显赫的仕宦地位相结合，引领士林的瞩目与追随。相形之下，王珪式的人物只能作为陪衬角色，显现出工具化官僚的面貌。然而，待至苏轼的身影淡出历史舞台，其后辈人物于绍述之政、徽钦之朝的时代进入词垣、担任词臣，词垣之地再未扬显欧、苏一般文章宗主的气魄，词臣群体的形象相当一致地呈现出王珪式的风格，由文化的引领者沦为权势的迎合者。此一演变迹象不容忽视，颇可视为宋代士大夫精神轨迹转折的一个面相。本章的主体部分尝试参照诗文革新的文化背景，着重以新旧党争的政治背景来呈现这一演变之迹。

　　诗文革新自北宋初期发端，中间经过欧阳修的有力推动，至苏轼之时得以完成。新旧党争自神宗朝发端，中间新、旧两党轮番执政、交相攻伐，直至北宋灭亡而告终结。这两重背景前后相叠、各有偏侧地影响了词垣的氛围：前者使其勃发出文化的魄力，后者则使其深受权势的左右。以这两重背景审视欧、苏各自的词垣生涯，我们可在二者相似的文宗风范下察见不同的处世情态。欧阳修居于翰苑的嘉祐年间新旧党争尚未出现，政治环境相对平和，欧氏的风度更多是体现在引领诗文的意义上。元祐时代则已深陷党争局面，苏轼一派人物作为旧党中人不可避免地牵扯其中。苏门群体较之欧门群体较为单纯的文化意义，具有更复杂的政争内涵，他们在政治活动中更多表现出追随朋党权势的倾向①，此不必讳言。然而，在诗文革新的背景下苏轼的词垣风度毕竟具有超越性的意义，能在总体

---

　　① 关于"欧门诸子"与"苏门诸子"性质的比较，参见沈松勤：《北宋文人与党争》，北京：人民出版社，1998年，页204—218。关于元祐新旧党争期间苏轼维护朋党势力的行迹，参见同书页146—147。

上超轶政治的权势,展现出文化的价值。笔者认为这至少有三点因素可述。其一,元祐时苏门群体形成的基础是道德文章而非权势笼络。"四学士""六君子"之辈与苏轼的结交大多发生在苏轼仕宦显达以前,他们是本于诗文的志趣而拜入苏轼之门,师门交谊并不因为苏轼的政治失势而结束。尽管如第二章所论,元祐的官场氛围对苏门的"文统"道义产生过侵蚀之力,但其始终是被掩抑于隐微的层面。其二,元祐时苏轼亦通过科举自主地表达过自身诗学的好尚。北宋时关于科考内容,新旧两党以经义与诗赋相争,苏轼及其门人主张贡举试诗赋,在政治上固然有与新党立异的用意,但在文化上亦与其本身的文学好尚相一致,并因此在士林中广泛地传扬了苏黄的诗学,此亦其文化吸引力之一端①。苏轼诗赋取士的影响力虽不及欧阳修的古文取士,但在性质上却有相通之处。其三,皇权对于苏轼的认可主要在于文学方面。元祐时期皇权虽然支持旧党,但其擢用苏轼则更多是出于对其超卓文才的期许,而非政治势力的倚重,第二章引高太后称述神宗欣赏苏轼的"奇才"之论即是其证,这一论调是站在尊重士大夫之文的层面对苏轼表达的赞赏,明显超越了政治党派的倾向性。

考察后欧、苏时代的词垣氛围,诗文革新的背景已难论及。因为在苏轼之后,平易晓畅的诗文之风已然成为士林写作的常态,不能再以革新的性质视之,其时的词垣臣僚无法再以这一风尚引领士林,他们也未能提出其他能与诗文革新比肩的文化主张。新旧党争的背景则在北宋后期一直延续,与元祐不同之处在于新党当政、旧党遭贬。故而,着重在新旧党争的背景下考察当时词臣文化的演变,是本节探讨的应取之径。以下我们

---

① 参见萧瑞峰、刘成国:《"诗盛元祐"说考辨》,《文学遗产》2006 年第 2 期;沈松勤:《元祐学术与元祐叙事》,氏著:《宋代政治与文学研究》,北京:商务印书馆,2010 年,页 82—91。

择取苏轼后一辈词臣蔡京、翟汝文、叶梦得、汪藻、孙觌、慕容彦逢、王安中七人作为考察的重点，此七人在词垣的任期涵盖了哲宗绍述以及徽、钦的时段。其中蔡京为新党一派的代表人物，翟、叶、汪、孙、慕、王六氏在文化上受到过苏轼一派的影响，但在政治上却为新党权势所笼罩。笔者将在新党当政的语境下，通过探究此七人的事迹，考察当时词臣与权臣势力、新学科举、徽宗宫廷三方面的关系。此三方面正对应于上文论述苏轼词垣风度超轶朋党权势时所提及的师门道义、科举取向、皇权态度三点因素。我们希望通过这种比照，呈现后欧、苏时代的词臣作风向官僚一面转向的迹象。

一 权臣势力笼罩下的词臣行止：以蔡京、翟汝文、叶梦得、汪藻、孙觌为中心

考察权臣势力笼罩下的词臣群体，我们通过蔡京与翟汝文、叶梦得、汪藻、孙觌的关系作出论述。哲宗绍述以后，苏轼一派作为旧党遭到贬谪，蔡京以新党人物得到重用，成为显赫一时的权臣。蔡京于哲宗绍圣至徽宗崇宁年间进入翰苑担任学士、承旨①，在职事上取代了苏轼的地位。在文化上，蔡京更有凌驾苏轼的意图。蔡絛在《铁围山丛谈》《西清诗话》中屡屡述及苏轼、蔡京的翰苑轶事。对于苏轼，其有记叙云："东坡公元祐时既登禁林，以高才狎侮诸公卿，率有标目殆遍也。""东坡在北扉，自以独步当世，……曾子开（按：即曾肇）赋《扈跸诗》，押辛字韵，韵窘束而往返络绎不已。坡厌之，复和之'读罢君诗何所似，捣残姜桂有余辛'。"②不可否认，上述内容确实揭示出

---

① 蔡京于哲宗绍圣二年（1095）除翰林学士，绍圣三年（1096）除翰林学士承旨，其任此职直至徽宗崇宁元年（1102），参见曾莉：《蔡京年谱》，桂林：广西师范大学出版社，2020年，页59、62、126。需要说明的是，蔡京担任承旨期间，曾于徽宗继位初期一度去职。

② 《西清诗话》卷下，《宋诗话全编》第3册，页2515。

元祐苏轼立朝嘲哂群侪的倾向,此在第二章中已有论述。但蔡
絛颇有偏侧地记叙这类事迹,亦能觇见他是有意想将苏轼描述
成恃才傲物、出语尖刻的人物。与记叙苏轼迥异,蔡絛述及乃
父事迹,则大力标榜其涵养雅量,如其述蔡京在翰林学士承旨
任上曾因意外"堕于金明池",但"颜色不变,犹拍手大笑",时人
服其"伟度"。[①] 此中蔡京被着意描述为不拘小节、沉着大度的
翰苑文臣。蔡絛还有一则诗论将蔡京与苏轼的文学修养相比:
其议论应制诗作不须金玉辞藻的堆砌,由此称引蔡京推崇杜诗
之论,又声称苏轼曾品评王珪诗是"至宝丹",讥讽苏轼此评"何
金珠玳瑁之多也"。[②] 其议论背后隐然存有比较蔡、苏应制诗文
的用意:故意贬低苏轼馆阁文学的品位,将之置于蔡京之下。

　　以上一类记叙议论显示了贬苏崇蔡的倾向,生动地折射
出蔡京政治得势以后希图在词垣文化中凌驾苏轼的心态。他
隐然意欲掩盖此前苏轼的光辉,将自己塑造成为新一代的文
宗。而在事实上,蔡京自绍述至徽宗一朝,由学士升任宰
相,的确颇有馆阁词臣、文章之士奔走其门、簇拥其侧,政治
权势的笼络在表面上烘托出蔡京"文宗"的形象。翟汝文、
叶梦得、汪藻、孙觌四人即为蔡京的门下之客。《中吴纪
闻》载:

　　　　公(按:即翟汝文)文章甚古,所作制诰皆用《尚书》体,
　　天下至今称之。自宣、政(按:似当为政、宣,即政和、宣和)
　　以来,文人有声者,唯公与叶石林(按:即叶梦得)、汪浮溪
　　(按:即汪藻)、孙兰陵(按:即孙觌)四人耳。[③]

徽宗一朝,翟、叶、汪、孙文名并称,彰显于世。翟、叶于大观、政

---

① 《铁围山丛谈》卷三,页 51—52。
② 《西清诗话》卷上,《宋诗话全编》第 3 册,页 2489。
③ 〔宋〕龚明之撰,张剑光整理:《中吴纪闻》卷五"翟忠惠"条,《全宋笔记》第
3 编第 7 册,页 261。

和年间仕至中书舍人、翰林学士①，汪、孙资历较浅，徽宗时尚未进入词垣，至钦宗时期始掌制诰②，他们四人是后欧、苏时代词臣的代表人物。考察翟、叶、汪、孙的文化渊源，可以发现他们与苏门人物存有或深或浅的关联：翟汝文与张耒长期保有深厚的交谊③；叶梦得为晁补之之甥，元祐年间往来于晁家，见识过苏门人物的气度风采④；汪藻在诗学上仰慕黄庭坚为首的江西诗派，与诗派中人颇有往来⑤；孙觌被传童年即蒙苏轼称赏文思非凡，期为"璠玙"之器⑥。然而，在绍述以后的新党语境下，苏学遭禁，翟、叶、汪、孙受到蔡京权势的笼络：翟汝文于政和年间被蔡京"召用"至京供职⑦；叶梦得"以妙年出蔡京之门"⑧；汪藻曾献诗《上蔡太师生辰二首》于蔡京⑨；孙觌则为蔡京长子蔡攸所"引用"⑩。

蔡京门下罗致翟、叶、汪、孙，苏轼门下聚集"四学士""六君

---

① 翟汝文于大观二年(1108)、政和三年(1113)任中书舍人，参见《宋代京朝官通考》第2册，页94、96；叶梦得于大观元年(1107)除中书舍人兼直学士院，次年(1108)除翰林学士，直至三年(1109)罢职，参见王兆鹏：《叶梦得年谱》，氏著：《两宋词人年谱》，台北：文津出版社，1994年，页152—159。

② 汪藻在北宋时期的最高职衔为靖康二年(1127)所任的太常少卿兼权起居舍人，当时其尚未正式进入词垣，不过已有实际执掌制诰之务，如其靖康二年(1127)代元祐皇太后撰《皇太后告天下手书》，参见方星移：《汪藻年谱》，氏著：《宋四家词人年谱》，哈尔滨：黑龙江人民出版社，2008年，页242、245。汪藻的这一草制事迹在第四章中会予讨论。孙觌于靖康元年至二年(1126—1127)任中书舍人，二年(1127)兼权直学士院，参见《宋代京朝官通考》第2册，页103—104；同书第1册，页696。

③ 参见凌郁之：《翟汝文传》，《宋才子传笺证·北宋后期卷》，页603—604。

④ 参见《叶梦得年谱》，《两宋词人年谱》，页124、136。

⑤ 参见金建锋：《汪藻与江西诗派交游考》，《上饶师范学院学报》2007年第2期。

⑥ 参见《韵语阳秋》卷三，页47。

⑦ 〔宋〕李幼武纂集：《宋名臣言行录》别集上卷四，《景印文渊阁四库全书》第449册，页396。

⑧ 〔元〕方回选评，李庆甲集评点校：《瀛奎律髓汇评》卷二四，上海：上海古籍出版社，2005年，页1093。

⑨ 参见《汪藻年谱》，《宋四家词人年谱》，页226。

⑩ 参见《宋史》卷三七九《陈公辅传》，页11693。

子",此二群体在形式上似有相近之处,然而考其内涵,则可见出蔡京之门这种权臣势力笼络的人事关联与苏门基于文化认同而产生的道义之交其实是无法对等的。《寓简》载翟汝文、叶梦得之事:

> 翟公巽(按:即翟汝文)虽为蔡京所汲引,然抗直不为屈。初,代宰相作《贺日有戴承表》,末云:"……无不尔或承,……"京读终篇曰:"……欲以'臣不命其承'易之,……如何?"公巽曰:"胜矣,然业已供本。"竟不易。……京虽恶其不逊,然尚能容之。石林(按:即叶梦得)常喜道之。[1]

翟汝文代蔡京草拟贺表,拒不改动蔡京建议修改的文辞,为蔡京所厌恶。此事气氛迥异于本章开头所录"六君子"会于苏宅评析制文之事的情境,显示出翟氏在文化上与蔡京所存的隔阂。翟氏此举为叶梦得称道,叶氏自身的经历也体现出类似的情况,其依附新党,但亦曾劝说蔡京稍弛元祐党禁,后为蔡京所恶,受到排斥[2]。叶氏显然是基于共鸣而赞许翟氏。如果说蔡京与翟、叶的关系展现出权势笼罩与文化倾向的矛盾分歧,那么蔡京与孙觌的关系则更显示出权势更迭下的人情冷暖:蔡京得势之日,孙觌依附其门;蔡京失势以后,孙觌则立即上书朝廷,弹劾蔡氏"挟继志述事之名,建蠹国害民之政,祖宗法度,废移几尽"[3]。孙觌此举深为时人诟病,《挥麈录》载:

> 靖康中,蔡元长父子既败,言者攻之,发其奸恶,不遗余力,盖其门下士如……孙仲益(按:即孙觌)之类是也。李泰发光时为侍御史,独不露章,且劝勿为大甚,坐是责监

---

① 〔宋〕沈作喆撰,俞钢、萧光伟整理:《寓简》卷八,《全宋笔记》第4编第5册,页71—72。

② 参见《叶梦得年谱》,《两宋词人年谱》,页149—150、167。

③ 〔宋〕杨仲良著,李之亮点校:《皇宋通鉴长编纪事本末》卷一四八,哈尔滨:黑龙江人民出版社,2006年,页2485。

汀州酒税。谢表云："当垂涕止弯弓之射,人以为狂;然临危多下石之徒,臣则不敢。"士大夫多称之。①

在李光言行的映衬下,孙觌政治立场的反复无常毕现于世,孙觌与蔡京的离合完全是基于权力更替的利害关系。由此可见,与苏门的道义之交相比,蔡京之门的词臣群体更多呈现出的是以权势相交的官僚面貌。

二　新学科举笼罩下的词臣行止：以慕容彦逢为中心

探究新学科举笼罩下词臣群体的行止,我们可举慕容彦逢之事作一阐述。慕容彦逢为徽宗一朝的著名词臣,于崇宁、大观年间除中书舍人、权翰林学士②,其制诰之文号称"典严温厚""文采粲然"③。慕容彦逢与苏轼的渊源在于元祐三年(1088)的进士科考,是年苏轼主贡,慕氏登科④,苏轼与之谊属师生。是年科举在考试内容上虽未及恢复熙宁、元丰新党所罢除的诗赋之试⑤,不过苏轼衡文取士,有意排斥新学的经义之说,表现出对新学的反对态度⑥。然则慕容彦逢可以视为苏轼引领士林文化之时受到拔擢的人才。在绍述之后新党势力当权的时代里,元祐三年(1088)的进士群体中颇有人物因与苏轼的师生关系而受到贬抑。如当年登科者有王觌,其"以古文论周、秦强弱,见知东坡,置在前列,……政和中入掌书命,……未几,竟坐元

①　《挥麈录》余话卷二,页237。

②　慕容彦逢于崇宁二年至五年(1103—1106)任中书舍人,于大观元年(1107)权翰林学士,参见《宋代京朝官通考》第2册,页92—93;同书第1册,页688。

③　〔宋〕蒋璪:《慕容彦逢墓志铭》,〔宋〕慕容彦逢:《摘文堂集》附录,《景印文渊阁四库全书》第1123册,页490。

④　参见《宋登科记考》,页388、401。

⑤　参见祝尚书:《北宋后期科举罢诗赋考》,《宋代科举与文学考论》,页237。

⑥　参见《苏轼年谱》,页816。

祐学术斥去"①。在这样的情势下慕容彦逢撰文立言,颇为避讳提及苏轼。大观年间慕氏为士人单锷撰写墓志,言及元祐时期苏轼向朝廷上递单锷《吴中水利书》之事,只言"有献其说于朝者"②,即有意回避苏轼之名,以免受到牵连③。

慕容彦逢受到新党权势的笼罩,不仅体现为讳言苏轼,更表现于对新学科举的迎合之态。北宋晚期新学推崇王安石经义,科举罢斥诗赋、专习经义,由此导致文士写作水平下降,经义进士难以胜任朝廷制诰的撰作之务。作为补救,朝廷设置词科(即宏词科,后称词学兼茂科、博学宏词科),专试四六应制文体,培养制诰之臣④。词科之试虽为新学科举背景下的产物,但其辞章之学的取士标准与新学科举的经义主流颇有差异,因此仅被限于应用文类的考试范围,并不代表新学科举制度的主旨。

慕容彦逢懂得利用自身的辞章才能及新学科举的制度取向自处于官僚体系之中。绍圣二年(1095)词科首试,慕容彦逢即把握机遇,以鄂州崇阳知县之职应试,凭借辞章富赡得以入等⑤。不过他显然非常了解词科对于新学科举只是起补充的作用,其《谢试中宏词启》即云:"聿兴经术之学,斥去声病之科。焕乎人文,一变至道。……尚念应用之词,乃有设科之意。"⑥慕氏后经转官磨勘,于元符元年(1098)迁太学博士。他在新学的

---

①　〔宋〕周必大:《葛敏修圣功文集后序》,《省斋文稿》卷二〇,《周必大集校证》卷二〇,页289。王觌为周必大外祖父。

②　〔宋〕慕容彦逢:《单季隐(锷)墓志铭》,《摛文堂集》卷一五,《景印文渊阁四库全书》第1123册,页479。

③　参见孔凡礼:《〈艾子〉是苏轼的作品》,《孔凡礼古典文学论集》,北京:学苑出版社,1999年,页189。

④　参见《宋代词科制度考论》,《宋代科举与文学考论》,页158—174。

⑤　《慕容彦逢墓志铭》,《摛文堂集》附录,《景印文渊阁四库全书》第1123册,页487。

⑥　《摛文堂集》卷一三,《景印文渊阁四库全书》第1123册,页453。

语境中议论科举，绝不提倡自身擅长的辞章之学，而是着意贬低辞章，屡言经义之重，其上疏徽宗云："神宗皇帝以经术造士，故科举校所选之文，醇于义理，非深有得于经术者不能为也。绍圣纂承，惓惓以取士为先务，……臣愿陛下因秋试进士，……其所取以义理为先，文采为后。"①其发表先义理后文采的议论，这里所谓的义理，并非广义的儒家道德，而是专指新学经义而言。

由慕氏以上的言行，我们可以见出，其科举取向中凭依辞章之才的行事与鼓吹经术取士的议论是明显分裂的，这种分裂性正源于其对新学科举完全的迎合态度。他以这种迎合姿态努力适应新党权势的体制取向，谋取晋升与自处之道，自能左右逢源。慕氏墓志恭维其"五司文衡，一时俊杰，多出其门"②，看来他亦屡主贡举，拔擢多士，貌似具有一代文宗的气派。然而就实质而言，其与苏轼以自身诗学优长提倡诗赋取士的作为相比，显然缺乏以独立见解提出文化主张的气魄③，就更不必论与欧阳修嘉祐主贡文化意义的天壤之别了④。

三　徽宗宫廷笼罩下的词臣行止：以王安中为中心

论述徽宗宫廷背景下词臣群体的行止，我们以王安中作为

---

① 《宋会要辑稿》"选举"四，页5317。

② 《慕容彦逢墓志铭》，《摘文堂集》附录，《景印文渊阁四库全书》第1123册，页488。

③ 四库馆臣对于慕容彦逢人品颇有责词，云："检核所作，希睹谠言。惟多以献媚贡谀，荧惑主听。……希庙堂意旨所尚，曲加文饰。"（《四库全书总目》卷一五五《摘文堂集》提要，页1340）

④ 欧阳修少时为求进士及第，亦曾屈志研习骈文（参见〔宋〕欧阳修：《答陕西安抚使范龙图辞辟命书》，《欧阳修全集》卷四七，页662），但他后来入仕，则能坚持追求自身的文化主张，利用主贡之权引领古文运动的潮流，对此慕容彦逢是难以与之比肩的。

中心人物。王安中亦为徽宗时代词垣的精英，其于政和、宣和年间历任中书舍人、翰林学士①，为文"丰润敏拔，尤工四六之制"②。王安中与苏门一派人物颇存渊源，元祐八年（1093）苏轼知定州，元符年间晁说之任无极县令，王氏皆从其问学习文③。在文化上，王安中亦可算作追随苏轼的后学之一。

新党语境下的徽宗一朝，苏轼的学术、著作长期遭禁。不过在徽宗宫廷的氛围中苏轼其人其学并非是绝对禁忌的话题。如政和、宣和年间徽宗宠信道士林灵素，据传林氏曾对徽宗赋诗云"苏黄不作文章客，童蔡反为社稷臣"④，为苏门人物声辩。又如徽宗所宠之宦官梁师成自称苏轼出子，宋人记载梁师成"自幼警敏知书，敢为大言，……有老女医言苏内翰（按：即苏轼）有妾出外舍，生子，……（梁师成）自谓真苏氏子。每侍上（按：即徽宗）言及公，辄曰'先臣'，闻者莫不笑之"⑤。又《春渚纪闻》载徽宗搜集苏轼书画之事："（苏轼）翰墨之妙，既经崇宁、大观焚毁之余，人间所藏，盖一二数也。至宣和间，内府复加搜访，一纸定直万钱。"⑥由此可见，徽宗亦在一定程度上注意到苏轼。然而这种注意，是被限制在宠信方士、偏听宦官、耽玩书画

---

①　王安中于政和六年至七年（1116—1117）任中书舍人，政和八年至宣和元年（1118—1119）任翰林学士。参见《宋代京朝官通考》第 2 册，页 98；第 1 册，页 692。

②　《宋史》卷三五二《王安中传》，页 11126。

③　参见《苏轼年谱》，页 1125；〔宋〕朱弁撰，孔凡礼点校：《曲洧旧闻》（与《师友谈记》《西塘集耆旧续闻》合刊）卷七"王履道得势忘师"条，北京：中华书局，2002 年，页 185。

④　〔元〕赵道一：《历世真仙体道通鉴》卷五三，《续修四库全书》第 1295 册，上海：上海古籍出版社，2002 年，页 64。

⑤　〔宋〕陆游撰，孔凡礼点校：《家世旧闻》（与《西溪丛语》合刊）卷下，北京：中华书局，1993 年，页 206。

⑥　《春渚纪闻》卷六"翰墨之富"条，页 96。

的语境之中，颇类于宫廷俳优之娱①，与元祐时高太后在士大夫文章事业的层面褒赞苏轼的语境判然有别。可以说，在新党当权的时代里，苏学被徽宗宫廷的趣味刻意浅薄化了。

王安中的文化品格正适合于这种宫廷趣味，史料记载王氏发迹是由于梁师成的提携。《夷坚志》与《挥麈录》载有两则相关材料可资参照，前者云：

> 王履道（按：即王安中），……既到京师，……或曰："……某秀才乃梁太傅（按：即梁师成）客，……"王即与偕往。……见（秀才）列书画数十卷轴，悉为跋识其尾而退。王素习坡公翰墨，而梁自言为公出子，……（秀才）立驰马造梁第示之。次日有旨，除佐著作，盖梁已因上直荐之矣。②

后者云：

> 王履道……至京师，……会梁师成赐第初成，……（王安中）就其新堂大书歌行以美之，末云"初寮道人"，……时方崇尚道教，直以为神仙降临，……丞以报师成。师成读之，大喜，……荐之于上。③

上引材料述及王安中模习苏轼书法，此可视为其对于苏学的一种传承。他被梁师成举荐进入馆阁，其间涉及道教、宦官、书画之类人事，正对应于前述徽宗的宫廷趣味、俳优之娱。王安中在宫廷侍于徽宗之侧，非常迎合徽宗的好尚，宋代笔记多载王

---

① 徽宗曾与蔡攸在宫中相谑，互称为宋神宗与司马光，王夫之评其事为俳优之娱，参见〔清〕王夫之著，舒士彦点校《宋论》卷八，北京：中华书局，1964 年，页 152。徽宗宫廷在道士、宦官、书画的语境中涉及苏轼的话题，性质与之类似。

② 《夷坚志》支志丁卷一〇"王左丞进用"条，页 1047。

③ 《挥麈录》余话卷二，页 236。

氏撰述诗文歌颂宠妃、宫阙、果肴，见幸徽宗之事[1]，宋人评其"尤善四六，致位政府，别无他长"[2]。我们略引《幼老春秋》一则记载：

> 太上（按：即徽宗）赐燕，饮半酣，是时郑后有宠，……上出之郑氏簪玉花，上有双飞玉燕，……（王）安中即作诗进曰："玉燕双双扑鬓云，碧纱衫子郁金裙。神仙宫里骖鸾女，来侍长生大帝君。"太上大喜。[3]

王安中歌咏徽宗后妃的发簪，多引神仙事典，显然是有意迎合徽宗的道教信仰，在某种程度上显示了词臣文化降级为弄臣之文的趋势。

四　小结

以上通过蔡京、翟汝文、叶梦得、汪藻、孙觌、慕容彦逢、王安中七人的事迹，从权臣势力、新学科举、徽宗宫廷三个方面，探讨了后欧、苏时代词臣群体的行止。此一时期的词臣或是以权臣之势结成人事关联，或是分裂自身的文化取向以迎合制度，或是扮演宫廷文学弄臣的角色。七人之中，翟、叶、汪、孙、慕、王六氏接受过苏轼一派的影响。我们颇可作一假想，设若他们身处较为平和的政治环境，或许可以像"四学士""六君子"一般，成为苏轼文学事业真正的追随者。然而他们显然缺乏欧、苏的魄力，在新旧党争的政局中未能超轶权势的笼罩而充分展示文化的价值。他们逐渐失去了自发性的文化意识，其身

---

① 〔宋〕张知甫撰，孔凡礼点校：《可书》（与《墨庄漫录》《过庭录》合刊）"王安中应制诗"条，北京：中华书局，2002年，页398；《老学庵笔记》卷三，页36。

② 〔宋〕徐梦莘：《三朝北盟会编》卷五四，上海：上海古籍出版社，2008年，页407。

③ 《三朝北盟会编》卷五四，页407。

份之典型转变为权力语境下因势迎合的角色，就这一方面而言，他们可谓是踵武于王珪式的官僚面貌。这样的状况长久延续，终南宋一朝，词垣之中再未能出现欧阳修、苏轼一般引领文化潮流的大家巨子①。后世学者论及南宋士大夫文化精神的象征，唯能归之于朱熹、陆九渊的鹅湖之会与地方社会语境中的理学思潮②。在第四章中我们就要来重点考察南宋词臣群体与理学群体之间所呈现的文化张力。

---

① 不可否认，南宋一朝亦不乏有为后世文学史家所关注的文士担任词臣之职，如范成大于乾道、淳熙间任中书舍人、直学士院（参见孔凡礼：《范成大年谱》，济南：齐鲁书社，1985 年，页 194—209、357—358），及第一章提及的刘克庄于淳祐、景定间除直学士院、中书舍人。然而范、刘之辈显然不能如欧、苏一般凭借词垣位望成就经典的知言事件或是凝聚引人瞩目的文学群体，以此引领士林文化的潮流。词垣职事的意义之于他们而言，更多只是一段仕宦经历而已。这里可略引范成大《桂林中秋赋》自序的一段叙述："乙酉值三馆；丙戌与严子文（按：即严焕）游松江，……丁亥及以薄遽阳羡（按：即宜兴），……戊子守括苍（按：即处州）；己丑以经筵内宿；庚寅使虏，次于睢阳；辛卯出西掖，泊舟吴兴门外；壬辰始归石湖；而今复逾岭（按：指知静江府）。"（〔宋〕范成大：《范石湖集》诗集卷三四，上海：上海古籍出版社，1981 年，页 457）这段叙述颇具象征意义，范氏述及自己乾道元年至九年（1165—1173）中秋时的事迹，依次为值宿馆阁、游历松江、路经宜兴、镇守处州、内宿经筵、旅次睢阳、泊舟吴兴、回归石湖、出知静江，文中提及的"西掖"仕历，即是指其乾道六年（1170）十月至次年八月的中书舍人之任。这段仕历夹杂在范氏朝廷、地方社会的诸多经历之中，并无特显之处，只能供人匆匆一瞥而过。

② 江藩《国朝汉学师承记》综论有宋一代学术云："宋初承唐之弊，而邪说诡言，乱经非圣，殆有甚焉。如欧阳修之《诗》，孙明复（按：即孙复）之《春秋》，王安石之《新义》是已。至于濂、洛、关、闽之学，不究礼乐之源，独标性命之旨。"（〔清〕江藩著，钟哲整理：《国朝汉学师承记》卷一，北京：中华书局，1983 年，页 4）这段议论的褒贬态度暂不置论，所应注意者是其关注的范围。于北宋，其尚论及高居朝堂的欧阳修、王安石之学；于南宋，则只言及濂、洛、关、闽地方社会的理学流派，略未言及庙堂人物的学问旨趣。南宋理学思潮在地方社会中发展兴盛，理学不以科举为尚，而是引领基层广大士人群体追求儒学义理，为他们参与地方事务提供理论依据。西方宋史学界尤为注重探讨理学士人与地方社会的紧密关系，较为充分地论述过理学地方性的特点，参见 Robert P. Hymes：*Statesmen and Gentlemen: The Elite of Fu-chou, Chiang-hsi, in Northern and Southern Sung*. New York：Cambridge University Press, 1986, pp. 132 - 134；［美］包弼德（Peter K. Bol）著，［新加坡］王昌伟译：《历史上的理学（修订版）》，杭州：浙江大学出版社，2012 年，页 122—127。

附论　宋代词科与南宋词臣的身份特征

　　上文在新旧党争的背景中探讨慕容彦逢凭借词科进身仕途的事迹。词科作为宋代一种重要的科举考试类型，其初设置固然是为补救新学科考专试经义的弊端，但其产生的影响却绝不止于慕容彦逢一辈人物。南宋一朝，新旧党争的气氛逐渐消散，但词科的考试制度却长久地保留了下来，且词科资历愈渐成为博取朝中显宦的重要资本，士林竞逐之况甚盛，词科之学遂成一代显学，一直延续至南宋晚期方渐衰落。南宋庙堂中相当数量的精英分子，尤其是其中的词臣群体，多有过研习词科乃至应试入等的经历，这是他们有别于绝大多数北宋词垣人物的一层显著背景。关于词科的制度沿革、文化风尚、文章风貌、文学观念等方面的研究，学界已然积累有颇为丰富的成果①。本章拟在前人研究的基础上探讨词科的场屋氛围对士人文化的塑造之力，进而尝试论述词科风气浸染下南宋词臣对官僚、文士、学者三种身份的偏侧之势。需要说明的是，虽然笔者拟对词科论述的内容颇多，但该试毕竟属于新旧党争的一个衍生物，似未便将其与党争的背景等量齐观、并列对待。故此专设一篇附论探讨词科，以明其与前论党争的主从关系。

　　论述词科场屋对士人文化的塑造之力，我们可以将北宋进士科考作为参照面。进士科考的本质是士人谋取仕禄的一种途径，但北宋进士科场却更能于此性质之外显著地展现出文士精神的魄力，在某种意义上可以视为当时思想、文学界表达、实践观念主张的一个场域：在考制之议的层面，庙堂中人本于各

---

　　① 这里可以略举数种，如聂崇岐：《宋词科考》，氏著：《宋史丛考》，北京：中华书局，1980年，页127—170；《宋代词科制度考论》，《宋代科举与文学考论》，页158—174；管琴：《词科与南宋文学》，北京：北京大学出版社，2018年；钱建状、张经洪：《宋代词科与士人的文学交游》，《复旦学报》（社会科学版）2018年第4期等。

自文章理念之异，产生过诗赋、策论孰重孰轻，经义、诗赋孰存孰废的论议；在主持科考的层面，考官则往往凭借知贡之权将自身的文化立场贯彻于衡文取士的环节。北宋进士科场中，古文运动的勃兴气象最值称述，鲜明地呈现出文士风采的昂扬之态。

古文的趋尚在北宋之初只是少数士人的文学理念，随着儒学思潮的发展，至仁宗庆历以后始被士林广泛接受。在更后的时间里古文之风逐渐流行于进士科场，科举考官与应试士子的知遇之交往往系于对唐代韩愈一派古文的共同宗尚。如第二章论及皇祐五年（1053）殿试中刘敞对郑獬的赏识，嘉祐二年（1057）省试中欧阳修对苏轼的提携，皆是其例。其时韩愈古文虽未被明确纳入进士科考的制度要求，但在相当程度上已然成为考官、考生自行尊奉的文章典范。值得注意的是，嘉祐二年（1057）苏轼应试，一则短于试赋，二则臆造典故，在科考规制方面本来颇有失矩之处。但欧氏出于对苏轼策论古文之风的激赏，有意忽略了这些缺陷，将其自黜落之列擢为进士，尤可见出进士科场对于古文的推崇态度颇有超轶矩范的态势。其事传于士林，不但未引起舆论反感，反令时人对于苏轼"无不服其雄俊"①。而欧、苏之间古文文章事业的传承关系亦正缘此而得以初步奠定。

另须提及的还有元祐三年（1088）的进士科考。该年苏轼主贡，"四学士"之一的黄庭坚任参详官，"六君子"之一的李廌参加科考。李廌为当年有望登科的热门人物，但最终意外落榜。宋代士林对该事赋予了无限的遐想，有一种传闻称苏轼在行将"锁院"之际，曾遣人泄题与李廌，李廌不巧错失，以致科考

---

① 《石林燕语》卷八，页115。

失利。目前学界已然论证其说为伪①。但值得玩味的是宋人在采信其说的态度下对于此事的评议。罗大经曾议论云："余谓坡拳拳于方叔（按：即李廌）如此，真盛德事。"②罗氏以其说为实，但并未谴责其中存在的舞弊行径，反而将之赞誉为苏轼扶助门人的"盛德"之举。此一论议颇能反映宋人的舆论取向，从中可见士林对于苏门的推崇，已然超越了对科考制度原则性的坚持。然则此一传闻的意义当在于曲折地反映出元祐三年（1088）的进士科考因为苏门人物的深度参与，在宋人的观念里已非一次例行的考试，而更被着意想象为一则彰显苏门人情之美的事迹。

上述所论呈现出进士科场中古文思想发展的蓬勃气象：韩愈一派的古文受到公开的推崇与追摹，当代文宗的传承关系得以初步奠定，古文大家的气魄于现实与想象的层面超轶了科场的矩范，得到广泛的赞誉。与北宋进士科考形成鲜明比照的是词科的考试性质对文士精神内核的消解。宋代词科的考试内容为制、表、颂、箴、铭、序、记、檄书、赞等应制文类的写作③，考核应试者比事属辞的文才。从表面来看，重视用典、修辞的旨趣亦属文士研习文章的范围，但深究而言，其所试之文限于应用范围，在文义的表述上只能遵循御用式的代言论调，难如进士科考中的策论、诗赋甚或经义，相对易于触及士大夫道德、性情追求的层面。这一点在前引慕容彦逢《谢试中宏词启》中即有明示，其言绍述时引导士林、"焕乎人文"的科考内容在于进士科考的"经术之学"，词科只是作为"应用之词"，在"尚念"之下权且设置。此外，崇宁元年（1102）石𢒉词科入等后曾上《谢

---

① 参见钱建状：《苏轼元祐三年科场舞弊辨伪——兼论李廌落第原因》，氏著：《宋代文学的历史文化考察》，福州：福建教育出版社，2012 年，页 158—168。
② 《鹤林玉露》甲编卷五"李方叔"条，页 93。
③ 参见《词科与南宋文学》，页 84。

试中宏词启》,云:"此李唐开博士(按:此处指唐代博学宏词科)之途,虽韩愈有中书之黜。"①其以宋代词科比拟唐代博学宏词科之试,引及贞元八年(792)韩愈应试博学宏词而见黜的事典②,以之衬托词科入等之难。此与前述北宋进士科考尊奉韩文之况反差鲜明,尤可见出词科应用之文的考核意向与进士科场涌动的尊韩思潮在性质上的绝缘。

除去消解文士精神的内核,词科对士人文化还有一番塑造之力值得注意:其试对于精博地掌握知识有着极为严苛的要求,应试者必须广究名物制度之学,且保持行文绝不出现一字一典的偏颇,否则即遭黜落。这一点在南宋的词科史料中多有述及,我们略引其中两则史事。先来看《挥麈录》所载绍兴十二年(1142)洪适词科入等之事:

> 洪景伯(按:即洪适)兄弟应博学宏词,以"克敌弓铭"为题,洪惘然不知所出。有巡铺老卒,睨于案间,以问洪……洪笑曰:"非而(按:"而"通"尔")所知。"卒曰:"不然。我本韩世忠太尉之部曲,从军日,目见有人以神臂弓旧样献于太尉,太尉令如其制度制以进御,赐名克敌。"并以岁月告之。洪尽用其语,首云"绍兴戊午五月大将"云云。主文大以惊喜,是岁遂中科目,若有神助焉。③

洪适应试词科,初对"克敌弓"来历茫然无解,后蒙巡铺老卒告以韩世忠部曲旧事,才得完满作答。其事近于稗说,容或多有虚构夸张。然而,若从史料通性之真实的角度来看,该则记载却颇有意义。文中老卒指教洪适的情节很值玩味,老卒并非士

---

① 〔宋〕魏齐贤、〔宋〕叶棻编:《圣宋名贤五百家播芳大全文粹》卷三六,《宋集珍本丛刊》第95册,页497。
② 参见张清华:《韩愈年谱汇证》,氏著:《韩学研究》下册,南京:江苏教育出版社,1998年,页57。
③ 《挥麈录》第三录卷三,页201。

大夫辈中之人，文士辞章、道德、性情等诸般修养之于他自是
"非而所知"之事。其人之于文中叙事的作用而言，颇可视为名
物制度客观知识人格化的体现。由他之口叙述"克敌弓"的生
僻出处，乃至细致到不遗进献军前的具体年月，真切地展现出
词科之试对于知识精博程度的苛刻要求。他于意外中指教洪
适的情节，其实当是士林惊异于洪适名物制度学问造诣的一种
另类表述。

与上事形成反面参照者是真德秀《秘书少监直学士院徐公
墓志铭》所载南宋士人徐凤应试词科被黜之事：

> 始公（按：即徐凤）试博学宏辞，垂中矣，以一字疑而
> 黜，及是再试，又以一事疑而黜，朝论杂然称诎。知贡举曾
> 公从龙帅其僚荐于朝，谓公词精记博，非作者不能及，……
> 宜被褒擢，或籍记中书，备异时翰墨选。[1]

徐凤累试词科，皆以一字或一典见疑而见黜。最末一次考官激
赏其试文整体上"词精记博"的优长，以至极为罕见地为之上书
陈情，请求朝廷褒擢其人、留意其才，此与欧阳修嘉祐主贡破格
拔擢苏轼之举颇有相通之处，显现出主试者难得的怜才之意。
然而，与嘉祐之事结果不同，词科苛刻的录取规制终是将徐凤
排拒于外，致其终生未得入等[2]。

以上述及词科之试对文士精神内核的消解，以及对名物制
度之学精博造诣的严苛要求，词科以这两重作用力施加于应试
士人，塑造着他们读书治学的价值取向，对于南宋士大夫文化
产生了深远的影响。词科的竞逐者在如是的场屋氛围中钻研

---

① 〔宋〕真德秀：《西山先生真文忠公文集》卷四六，《宋集珍本丛刊》第 76
册，页 513。

② 关于徐凤应试词科是否入等的问题，宋代史料记载颇有矛盾之处，王水照
论文《王应麟的"词科"情结与〈辞学指南〉的双重意义》（氏著：《走马塘集》，上海：
复旦大学出版社，2016 年，页 81—94）作有较详的考证，指出徐凤最终未能入等。

应试，栽培习性，其中不少人日后进入朝廷，博取显宦，乃至成为词垣臣僚的中坚力量。可以想见，词科习性的相当成分应会长久地留存于这类词臣处世治学的风格之中①。我们如以文士、官僚、学者的三种身份标准审视这类词臣的身份特征，就会发现他们较之欧、苏，显示出晦于文士、显于考据学者的演变趋势，某种程度上可视其为官僚与考据学者两种身份的重合。在此，我们可以举南宋词臣洪迈的事迹为例作一阐述。

洪迈为南宋中期的著名词臣，早年未曾参加进士科考，是以任子身份直接进趋词科，并于绍兴十五年（1145）入等②，可谓是纯然以词科立身之人。洪迈于孝宗乾道间除权直学士院、中书舍人，淳熙间除翰林学士③。就官僚身份一端而言，洪迈仕至词垣的显赫宦位，达到了可与欧、苏相埒的地位。

然而在文士身份一端，洪迈却显得身影黯淡，这主要体现于诗歌写作水平的低下。中国古代士大夫诗歌的写作讲求抒写一己的人生志向、道德情操与审美趣味，是文士精神最为凝练的呈现，然而，洪迈却于此道无甚造诣。第一章曾引杨长孺议论两宋之际至南宋时期词臣侪辈"不能作诗"，其中所举之人即有洪迈。后世的诗评中洪迈诗作颇受非议，在此可举一例。洪迈曾跟随宋孝宗车驾出游，作有一首应制诗《玉津园喜晴》：

> 五更犹自雨如麻，无限都人仰翠华。翻手作云方怅望，举头见日共惊嗟。天公的有施生妙，帝力堪同造物夸。

---

① 朱熹《少师保信军节度使魏国公致仕赠太保张公（浚）行状上》云："词科之文……皆习为佞谀者，以佞辞易直谏，蠹坏士心，驯致祸乱，而人不知其废置之源盖在此也。"（刘永翔等校点：《晦庵先生朱文公文集》卷九五上，《朱子全书（修订本）》第 25 册，页 4353）此语对词科的诟病过于严厉，容有商榷。不过它提示出一个值得注意的事实，即士人的词科习性绝不会仅停留于竞逐场屋的阶段，而是会深远地影响到其人的品行，这当然也包括日后居于庙堂的行止。
② 参见《洪迈年谱》，页 60。
③ 洪迈的翰苑仕历在第一章第一节中已然述及，其外制词臣的仕历是乾道三年至四年（1167—1168）任中书舍人，参见《洪迈年谱》，页 231—249。

上苑春光无尽藏，何须羯鼓更催花。[1]

该诗引起孝宗属和，洪迈备感荣幸，特将其记于《容斋随笔》之中[2]。然而后世诗评家却对该诗致以贬评：元代方回评其"三、四用俪语熟套，盖四六者乃三洪之所长"。明代冯班评曰："宋人四六不佳，正坐此辈语，更以作诗，恶道也。宋人四六只取切对，不论用得用不得，洪氏尤甚，直恶文也。""三、四不通，四六恶语，二事用不得。"陆贻典评曰："'翻手作云'是何等语！而可用于'车驾临幸'题乎？"清代纪昀评曰："无奈头巾气耳。五句'的有'字不雅。"[3]上述评语历历指出该诗生硬套用四六熟句、用语不当、用词不雅的缺陷。可见洪迈的作诗水平与欧、苏一辈诗学大家相较而言，差距实不可以道里计。此正是他这一辈人物晦于文士身份的典型写照。

在考据学者身份一端，洪迈的身影则相当明显。洪迈一生耗费巨大心力撰作学术笔记《容斋随笔》，书中比比皆是探讨行文用词、名物制度等词科之文写作要素的内容，向世人鲜明地展示出词科之学的知识背景。颇值注意的是，该书讨论欧、苏之处甚多，但主要不是探讨欧、苏作为文士的道德与性情，而是从词科学问的角度出发，对欧、苏著述作考证式的观照，凸显出对于学问更为精密的追求。对于这一问题，笔者参稽词科之试的规范要求，对《容斋随笔》中相关内容的性质进行分类梳理，从文字故实、用语之忌、职官制度三个方面进行展示。

文字故实的准确运用是词科之试最为讲究的矩范。晚宋王应麟所编词科的备考用书《词学指南》征引词科中人之说云："前人援引经语欲合律度，截长为短，避重就轻，一字之间，必加

---

① 《鄱阳三洪集》卷八九，页811。
② 参见《容斋随笔》五笔卷五"玉津园喜晴诗"条，页889—890。
③ 《瀛奎律髓汇评》卷五，页226。

审订。"①词科之文的用字用典其实不仅限于经部，对史、子、集部的内容亦多囊括，特别讲求引用的有据与精确。洪迈研读欧、苏之文，尤为关注他们在此方面是否精审。对于欧、苏引用精当之例，《容斋随笔》颇有标示解说。如欧阳修《泷冈阡表》"回顾乳者剑汝而立于旁"之句中"剑"字颇难理解，洪迈征引《曲礼》郑注，指出其为"挟之于旁"之义，不应更以他字②。又如欧氏《乐郊诗》有"逶夷"一语，注释者不知何出，洪迈广征群书，指出此语有十二种异体写法，"逶夷"之体当出自《韩诗》之典③。至于欧、苏引用失当之例，《随笔》亦详予辩驳。如苏轼《二疏图赞》称述汉代疏广、疏受居官时抚恤三良臣盖宽饶、韩延寿、杨恽被诛的事迹，洪迈详究史籍，指出此三人被诛实是在二疏去官以后，苏文所叙存在史事的错倒④。又如苏轼《石砮记》称"用石为砮，则自春秋以来莫识矣"，洪迈搜检晋、唐史料关于石砮的记载，以证苏轼失考⑤。再如苏轼罗浮山诗自注中引及一则"五云书阁吏"蔡少霞梦中书碑的典故，洪迈考证指出其对该典的征引出现了牵混他典的错讹⑥。由此，洪迈对苏轼行文有欠严谨的现象提出过委婉的批评，称："作议论文字，须考引事实无差忒，乃可传信后世。……盖先生（按：即苏轼）文如倾河，不复效常人寻阅质究也。"⑦

　　用语之忌是词科之试颇为究心的行文关节，《词学指南》中专设"语忌"一章，提示研习者注意避免不吉、不恭等用语的弊

　　① 〔宋〕王应麟：《词学指南》卷一，张骁飞点校：《四明文献集（外二种）》，北京：中华书局，2010年，页395。
　　② 《容斋随笔》卷五"负剑辟咡"条，页71。
　　③ 《容斋随笔》五笔卷九"委蛇字之变"条，页934—935。
　　④ 《容斋随笔》卷四"二疏赞"条，页56。
　　⑤ 《容斋随笔》卷八"石砮"条，页103。
　　⑥ 《容斋随笔》卷一三"东坡罗浮诗"条，页173。
　　⑦ 《容斋随笔》卷四"二疏赞"条，页56。

端①。《容斋随笔》在这方面对欧、苏的行文提出过指摘。如欧阳修曾作《真州东园记》一文,洪迈考证指出"东园"在汉代为制作冥器的官府之名,绝不适宜用作园名②。又如上章提及欧氏在多篇皇帝御书及词臣制诰的记、序文章中自称为"予",而不称"臣",洪迈特予罗列,指为失体之语,并议论云:"作文字不问工拙小大,要之不可不着意点检,若一失事体,虽遣词超卓,亦云未然。前辈宗工,亦有所不免。"③

职官制度亦是词科之试所必须具有的知识储备,《词学指南》要求研习者对于"官制本末不可不精考"④。洪迈对欧、苏涉及官制的著述文字相当留意,其阅读欧氏文集,特别关注集中的"官爵、制词",以其"考之今制,多有不合",便将之"漫书于策",以"记典章随时之异"⑤。《容斋随笔》曾据欧氏《辞转兵部札子》考证熙宁元年未改官制时尚书六部迁官之制⑥。又据欧氏《袁州宜春县令赠太师中书令兼尚书令冀国公程公神道碑铭并序》考证北宋执政官无论转官、罢政,皆封赠三代的典例⑦。另据苏轼《谢兼侍读表》考证元丰改制时以吏部代替兵部铨选武官的制度革新⑧。在这些内容中,欧、苏之文俨然成为洪迈钻研官制沿革的资材。

在洪迈学究式的审视目光下,欧、苏的文胜之迹与失虑之处皆得到了学理化的阐释,应用之文则是被当作研究典章制度的史料加以详究。如果说欧、苏在宋代文化史上主要是以扬显

---

① 参见《词学指南》卷一,《四明文献集(外二种)》,页395。
② 《容斋随笔》五笔卷九"东不可名园"条,页935—936。
③ 《容斋随笔》三笔卷一二"作文字要点检"条,页571。
④ 《词学指南》卷二,《四明文献集(外二种)》,页422。
⑤ 《容斋随笔》五笔卷三"欧阳公勋旧封赠典"条,页865。
⑥ 《容斋随笔》四笔卷九"欧阳公辞官"条,页735—736。
⑦ 《容斋随笔》四笔卷一三"执政赠三代不同"条,页789。
⑧ 《容斋随笔》续笔卷一一"兵部名存"条,页352。

道德、性情的文士风采受到瞩目，那么洪迈对欧、苏著述的探研则彰显出考据学者的精湛功力，此中尤可见出前后二者文化身份的偏侧之异。在第一章中，我们曾征引《齐东野语》所载苏轼、洪迈的一则轶事论述其中"老吏述旧"的叙事元素：

> 洪景卢居翰苑日，尝入直，值制诏沓至，自早至晡，凡视二十余草。事竟，小步庭间，见老叟负暄花阴。谁何之？云："京师人也，累世为院吏，今八十余，幼时及识元祐间诸学士，今予子孙复为吏，故养老于此。"……曰："今日草二十余制，皆已毕事矣。"老者复颂云："学士才思敏捷，真不多见。"洪矜之云："苏学士想亦不过如此速耳。"老者复首肯容嗟曰："苏学士敏捷亦不过如此，但不曾检阅书册耳。"洪为赧然，自知失言。

若从本篇附论的论旨出发再予审视上述轶事，则颇可于通性真实的层面另外引申出一层别样的义涵——其微妙地揭示出苏、洪二氏身份的偏侧之势：苏轼掷书不检的风范展示了以强记自矜的文士之态，洪迈检讨书册的习惯则彰显出以考据为务的学者形象。前者在"文如倾河""遣词超卓"的"雄俊"才华下，不免会有引事差忒、称述失体的文字之误，后者于翻检书册、胪列材料的"质究"考证中，终能积累理据充分、迈越前贤的学问心得。及至晚宋，同样具有词科资历及词臣仕历的王应麟编成类书《玉海》，撰成学术笔记《困学纪闻》，对典故制度广事胪列、考证，可谓延续并光大了《容斋随笔》的旨趣。清代乾嘉时代考据之学大盛，当时有学者对于洪迈、王应麟的学术造诣表达过认同之意[1]。不过，我们亦须清醒地认识到，南宋词臣的考据学问主要是为其应制职事服务的，他们的学术追求尚未臻于"为己

---

[1] 江藩称道王鸣盛《蛾术编》考据学术之精时曾云："辨博详明，与洪容斋、王深宁（按：即王应麟）不相上下。"（《国朝汉学师承记》卷三，页40）

之学"的境界。即此而言,南宋词臣考据学者的身份始终从属于其官僚的身份。

南宋洪迈一派具有词科背景的词臣群体立身处世的依据显示出对朝堂官僚与考据学者两种身份的偏侧,此正与同时代理学一派人物地方社会的出身及崇尚义理的学旨形成鲜明的比照①。然则词科之学亦可视为南宋词臣群体与理学群体所存分野的一重重要背景。

---

① 清初黄宗羲、全祖望等人编纂《宋元学案》,对宋代理学学术资料广事搜集,尤所究心梳理理学群体脉络复杂的学术渊源与义理纷繁的论学旨趣。与之形成比照的是,该著未载洪迈传记,显现出对其人其学全然的忽视,此点很值玩味。

第四章　义理之学与辞章之学：
理学思潮与南宋词臣

　　理学思潮自北宋程颢、程颐而始，发展至南宋朱熹、张栻、吕祖谦、陆九渊等人的学说而大盛，形成学脉庞杂、义理纷繁的论学风潮。理学群体不以个人的仕宦显达作为人生的终极目标，而更多是在地方社会标举上古圣人传至当代大儒的"道统"，在形而上的层面探索儒学内在的义理，以求树立士人立身处世的道德准则，进而努力影响、改革朝政，以达成"得君行道"的理想。词臣群体则作为皇帝的侍从之臣，以清贵的仕位自矜，沿袭历来宫廷的文学传统，讲求应制文词外在修饰的学问，即摛文擅藻、数典用事的辞章之学，以此润色皇朝的宏业。有宋一代，理学群体的义理之学与词臣群体的辞章之学之间长期存在文化上的张力，此一张力在南宋时期尤甚，至南宋后期理宗朝正式推尊理学以后亦未消弭。笔者的前一部专著《周必大的历史世界：南宋高、孝、光、宁四朝士人关系之研究》曾专设"馆阁翰苑与义理之学：周必大与理学家的学术关系"一章，以南宋名臣周必大为个案，探讨其词臣的仕宦背景及文化取向与吕祖谦、朱熹等理学人物的境遇立场存在的分野①。本章将踵武前作的论旨，而扩大论述的范围，在南宋的时段里择取更多的人事来呈现上述两类士大夫文化旨趣的张力。

　　　　① 参见拙著《周必大的历史世界：南宋高、孝、光、宁四朝士人关系之研究》，南京：凤凰出版社，2016 年，页 232—271。笔者在该书中曾特别提及，该章探研南宋理学群体、词臣群体之间文化分野的学术思路颇受启于陈寅恪先生《唐代政治史述论稿》《元白诗笺证稿》有关唐代旧士族与新进士的分野之说，以及余英时先生《朱熹的历史世界》有关南宋"道学型"士大夫与"职业官僚型"士大夫的分野之说。

本章首先以周必大的一篇书序文《初寮先生前后集序》（《周必大的历史世界》并未论及该文）作为线索，梳理北宋晚期至南宋中期词臣群体的代表人物汪藻、孙觌、洪适、洪遵、洪迈、周必大与理学人物的人事分野，为全章定下总体基调。其次以个案研究的形式探讨南宋著名的理学家族武夷胡氏与南宋词臣群体的矛盾分歧，这一探讨涵盖了南宋初期至中期的时段。最后考察南宋后期士大夫真德秀的文化立场。真德秀促成理宗一朝正式推尊理学，是南宋理学官方化进程中的关键人物。然而，除此而外，真氏同时还是一名长期任职词垣、矜尚应制辞章的词臣。他虽在形式上揄扬理学，但并不能真正调和理学与词臣文化的分歧。理学义理与词臣辞章这两种相异的旨趣投射在真氏身上，并不显著地表现为不同人群行止议论的异趣，而是微妙地体现为同一人物身上文化立场的自我矛盾性。

第一节 "道统"之外——南宋词臣"文统"观探析

周必大《初寮先生前后集序》云：

> 一代文章必有宗，惟名世者得其传。天生斯人，固已不数。向非君师作而成之，则其道不坠于地者几希。若稽本朝，太祖以神武基王业，文治兴斯文，一传为太宗，翰林王公元之出焉。再传为真宗，杨文公大年出焉。长养尊用，风示学者。……至于仁宗、英宗、神宗，然后异才充满中外。其杰出如欧阳文忠公，……其门人高第尤多。惟东坡苏公崛起西蜀，嘉祐收以异科，治平欲蹑置翰苑，熙宁首待以国士，及遇哲宗，遂光显于朝。……晚守中山，尚书左丞王公（按：即王安中），世家是邦，博学工文词。年十六即

贡京师，后二年坡至，奇之。公亦自谓得师也。……时方讳言苏学，而公已潜启其秘钥。久之，徽宗旁求文士，召置馆阁。给札亲试，骤掌书命。……黄、张、晁、秦既没，系文统，接坠绪，谁出公右？[①]

以上引文为庆元六年（1200）周必大为王安中文集撰写的序文。该序提出北宋一朝的"文统"，列举了文章家从王禹偁至杨亿，至欧阳修，至苏轼，再至王安中的传承统序，叙及王安中青年时代在中山（今河北定州）受教于苏轼的经历，认为王氏担当了"文统"的延续。"文统"是韩愈提出的观念，传至北宋诗文革新时期，为唐宋士大夫文章之学重要的儒学背景。"道统"是宋代理学界标举的概念，理学群体建立上古圣人之道传承至当朝贤儒的统序，以此确立儒学的正统[②]。一般说来，"文统"与"道统"概念的关系非常紧密，甚至互为表里[③]，显示出文章之学与理学义理的相通之处。然而，该篇序文却并未涉及"道统"的理念，而是着意将北宋"文统"的传承系于太祖、太宗、真宗、仁宗、英宗、神宗、哲宗此一宋代皇权统治的序列之下。另外，该序的"文统"叙及杨亿与欧阳修，杨亿以繁缛典丽的"西昆"诗文闻名于世，欧阳修总体的文化主张则提倡平易疏朗的载道古文，在第二章中我们已然述及杨、欧之间文学理念的分野。该序却径将欧氏列于杨亿之后，似并不符合宋文精神传承的实际情况。以上这些信息显示出《初寮先生前后集序》的"文统"观念颇有别于通常的认识。

　　稍细思考《初寮先生前后集序》所叙王禹偁、杨亿、欧阳修、苏轼、王安中诸人以及周必大本人的仕宦出身，便可发现一个

---

① 〔宋〕周必大：《平园续稿》卷一三，《周必大集校证》卷五三，页788—789。

② 参见陈荣捷著，万先法译：《朱熹集新儒学之大成》，氏著：《朱学论集》，上海：华东师范大学出版社，2007年，页12—18。

③ 参见《北宋的古文运动》，页78—100。

共同点,即他们皆曾进入词垣,担任词臣。由此笔者认为,要准确理解该序的"文统"观念,须以词臣身份为切入口,寻绎一条宋代词臣文化传承的脉络,并以之与理学文化作出对比。该序字面所叙为王禹偁至王安中的承接序列,而我们则当以宋代理学思潮兴起、发展的时代背景作为平行的参照系,来重点考察苏轼至周必大的传承线索。如本书之前内容所述,苏轼列位词垣在元祐时期,王安中执掌诰命在徽宗时代。然而周必大出入词垣,却已迟至南宋孝宗一朝①,中间时间的间隔过大,显然还需要更多词臣来填补这一间隔。在此我们须再引《鹤林玉露》之说:"渡江以来,汪、孙、洪、周,四六皆工。"该语叙及南宋词臣,列举了汪藻、孙觌、洪适、洪遵、洪迈及周必大,其中汪藻、孙觌、洪迈的仕历我们此前已有述及。汪藻、孙觌的词臣生涯跨越两宋,文名延续于建炎年间,二者为两宋之际词垣的代表人物;洪适、洪遵是绍兴末年至孝宗执政早期的著名词臣②,洪迈、周必大则同在孝宗朝执掌诏诰③,四者是高宗后期至孝宗朝的词垣精英。由苏轼至王安中,至汪藻、孙觌,至三洪、周必大,代表着词臣的文化从北宋晚期至南宋中期传承的线索。此一传承与理学思潮自二程传至朱熹一辈人物的时段正相重合,但却展现出与理学文化截然不同的面相:这一时段的理学人物崇尚

---

①　周必大于绍兴三十二年(1162)九月除权中书舍人,参见《周必大年谱长编》,页112。此为他任职词臣之始,其时高宗已然传位于孝宗,只是尚未改元。

②　洪适于隆兴二年(1164)除权直学士院、中书舍人、直学士院,乾道元年(1165)除翰林学士,参见〔清〕钱大昕撰,〔清〕洪汝奎增订,张尚英校点:《洪文惠公年谱》,《宋人年谱丛刊》第8册,页5480、5483;洪遵于绍兴二十五年(1155)除权直学士院、权中书舍人,后为父守制,再回朝廷,于绍兴二十八年(1158)复为权中书舍人,次年正除其职,绍兴三十二年(1162)除翰林学士、承旨,直至隆兴元年(1163),参见〔清〕洪汝奎编,张尚英校点:《洪文安公年谱》,《宋人年谱丛刊》第8册,页5509—5510、5515—5516、5528—5534。

③　前述周必大权中书舍人之后,于乾道六年(1170)除权直学士院,八年(1172)除中书舍人,淳熙二年(1175)除直学士院,四年(1177)除翰林学士,六年(1179)除翰林学士承旨,参见《周必大年谱长编》,页228、242、284、297、314。

义理，鄙薄辞章，每每斥责能文之士为佻达之人，词臣群体则多奉苏轼的词垣辞采为圭臬，矜尚皇帝侍从的清贵出身及辞章之学，反对理学义理对于辞章的凌驾之势，这两类士大夫群体在理念与人事上存在长期的矛盾分歧。此一情况无形中促使南宋词臣在现实皇权之下建立自身的文学统序，以此对抗理学在道德上的权威。以如是的背景来审视周必大的序文，我们即可理解，该序的"文统"观念与理学的"道统"不仅不相表里，而且针锋相对。本节即以时代为序，来对此中人物的理念与人事作一梳理，以求呈现出南宋理学之士与词学之臣之间所存分野的总体态势。

一　从苏门背景看王安中与词臣文化

苏轼之于宋代文化史的意义是多元的，其思想观念、行止作风绝不囿于词臣文化，此在本书之前的内容中多有述及。本节限于论述的主题，仅在体制性的词垣氛围内讨论苏轼对后辈词臣的影响。笔者认为这主要体现于三个方面。其一，元祐时苏轼仕至翰林学士，实现了超卓文才与清贵仕宦的完美结合，后辈词臣对这一境遇倾慕有加。虽然北宋后期自绍述之政始苏门长期遭贬，苏轼的后辈词臣之中一度颇有讳言苏轼者，但他们依旧在私下间追习苏轼之文，内心中将元祐苏轼的文章与仕位作为自己的人生目标。至南宋朝廷礼敬苏轼以后，词臣群体则更是公然踵武、比附苏轼的词垣事迹。其二，苏轼任职翰林学士期间与理学家程颐学术理念不合，彼此在人事上多有矛盾，学界传统上将之视为元祐之学语境中蜀、洛两派的论争。而从本节论述的角度审视，则我们未尝不可将其视为词学之臣与理学之士之间所存的一道分野，这道分野在苏轼以后的时代里依然清晰可辨。其三，苏轼对文章的理解不同于理学之士道重于文的义理观念，他重视文辞，提出过以文词之长而致物理之妙的"辞达"之论①。在古文以外,苏轼兼擅四六应制之作,讲究骈偶华美的辞藻,曾有学者指出苏轼的制诰骈文促使宋代文章又复走上了追求骈俪的路途②。而这些亦为以后的词臣树立了榜样。

王安中作为苏轼的后学,自是无法与苏轼文化的多元性同日而语,在第三章中我们即曾以其事迹论述过后欧、苏时代词臣群体官僚化的面目。然而,王安中一生的议论与行事颇能与上述三个方面形成对应,体现出苏轼对于后辈词臣的影响,从这一意义上讲,王氏或许可以算为苏门的一种"末流"。首先来看王安中青年时代的词臣志向,王氏早年写过一封干进信札《上韩侍郎书》:

> (某)欲出而少试有年矣。……昔汉王襄为益州刺史,令州人王褒作《中和》《宣布》诗,以颂汉德,而何武等歌之上闻,即奏褒有轶材,诏襄为《圣主得贤臣颂》。……使参诸草木羽毛之类,有见于太平极治之世,则赓《宣布》之诗,裁《得贤》之颂,犹可为阁下勉焉,或不至于辱也。③

王安中向一名韩姓官员述及自己的生平抱负,期望凭借辞章之学得到援引。其以汉代文士王褒自比,称述王褒长于文词,为宣帝作诗撰颂,因而见用的事典④,此言明显反映出其以一代杰出词臣自任的理想。从这一角度来看,该信义旨其实与第二章所叙熙宁年间苏轼梦入神宗宫廷撰作靴铭之意颇有相通之处。王安中在中山师从苏轼学习辞章的时间是元祐八年(1093)⑤,

---

① 参见郭绍虞:《中国文学批评史上文与道的问题》,氏著:《照隅室古典文学论集》,上海:上海古籍出版社,2009年,页183—185。

② 参见《北宋的古文运动》,页174—180。

③ 〔宋〕王安中:《初寮集》卷七,《景印文渊阁四库全书》第1127册,页125。

④ 参见〔汉〕班固撰,〔唐〕颜师古注:《汉书》卷六四下《王褒传》,北京:中华书局,1962年,页2821—2829。

⑤ 参见《苏轼年谱》,页1125。

可以想见，此前苏轼与"四学士"词垣馆阁的盛事对于青年王安中定然有很大的勉励作用，他必会自期日后亦能成为这类臣僚。然则《初寮先生前后集序》叙述王氏从苏习文"自谓得师"，声称"黄、张、晁、秦既没"，由其"系文统，接坠绪"，此中所指当是颇寓踵武苏轼词垣职事的志向。而王氏日后也确实现了这一理想，《宋史》载："政和间，天下争言瑞应，廷臣辄笺表贺，徽宗观（王安中）所作，称为奇才。他日，特出制诏三题使具草，立就，上即草后批：'可中书舍人。'"①徽宗一朝，苏学依然遭禁，王安中则"潜启"苏文之"秘钥"，由是以辞章见幸于徽宗。

至于与理学的关系，王安中亦如苏轼，与理学人物颇存人事上的矛盾。元祐时期，词学之臣与理学之士的分野尚停留在文化学术的领域，到王安中的时代，二者的不合渐而波及军政边备的话题。宣和年间王安中除河北河东燕山府路宣抚使、知燕山府事，因为无法节制边地悍将而自求去职②。至靖康元年（1126）宋朝边事愈蹙，朝臣议论边备，王安中被追究前事③，受到理学家胡安国的参劾，胡氏劾词云："安中自大臣建节，知燕山府，委任重矣，而畏避童贯，专务蔽蒙，民力殚残，敌情变动，军食缺乏，师徒失律，略不上闻。数奏祥瑞，以固宠禄。"④值得注意的是，胡安国这番针对军务的严责之词中，夹有"数奏祥瑞，以固宠禄"的指摘之语，此颇可与上章所述王安中表贺瑞应、以辞见幸之事相参。从中我们能够察觉出理学家本于儒学道德，对词臣以辞章粉饰朝政的反感之意。而在以后的时代里，朱熹更是将

---

① 《宋史》卷三五二《王安中传》，页 11124。
② 《宋史》卷三五二《王安中传》，页 11125。
③ 王安中因为燕山府职事被参劾是在靖康元年（1126）九月，参见《三朝北盟会编》卷五四，页 406—407。
④ 〔宋〕胡寅：《先公行状》，〔宋〕胡寅撰，容肇祖点校：《斐然集》（与《崇正辩》合刊）卷二五，北京：中华书局，1993 年，页 524。

王安中归入"乱臣贼子"之列，斥其"做尽无限过恶"①。

在人事上与理学不和，对于文章之学，王安中亦如苏轼，与理学义理的主张格格不入。王氏《答吴检法书》议论为文之道云：

> （文）果何物哉？向上诸圣，虽寓此以见仁义道德之意，然文非仁、非义、非道、非德，实则辞也。《易》有圣人之道四，而以言者尚其辞。辞之为尚，欲以行远，不工则不达。谓"文曰道，吾不求工"，此非某之所敢知。将求天下之工于辞者，斯则有以验之。辞必工而可出，愈出而不穷，……（庄）周之论风，其辞若与风俱鸣于众窍，掩卷而坐，犹觉寥寥之逼耳。②

王安中这番议论虽然称引了孔子"《易》有圣人之道四焉，以言者尚其辞"之语，③但这只是在形式上借重儒家学说，实质却是对当时儒学"文道合一""道胜于文"的通行观念表达尖锐的反对意见。他公开称文章"非仁、非义、非道、非德"，而在于"辞工"，这与当时理学家、古文家的义理立场截然相悖，分明可见其欲使辞章摆脱义理凌驾的态度。考察此番见解的出处，我们或许能在苏轼"辞达"的议论之中找到渊源。王氏所谓庄子文辞写风"若与风俱鸣于众窍""犹觉寥寥之逼耳"的境界，正是苏轼"求物之妙，如系风捕影，能使是物了然于心者，……是之谓辞达"④议论的一则具体例证，由此似可见出王安中对于苏轼文论的承接之迹。

王安中的经历显示出苏轼影响之下一代词臣的成长历程，

---

① 《朱子语类》卷一二四，页 2973。
② 〔宋〕王正德辑：《余师录》卷三，王水照编：《历代文话》第 1 册，上海：复旦大学出版社，2007 年，页 395。
③ 《周易正义》卷七，《十三经注疏》，页 81。
④ 〔宋〕苏轼：《与谢民师推官书》，《苏轼文集》卷四九，页 1418。

这里有对词臣地位的向往之意，有与理学家的矛盾分歧，有对义理凌驾辞章的反对态度。王安中的事迹作为词臣文化的模式，在南宋词垣之中长期存在，此于他稍后的汪藻、孙觌的仕宦生涯中分明可见。

二　王安中模式的延续：汪藻、孙觌与词臣文化

汪藻、孙觌的词臣生涯跨越两宋之交，是高宗朝前期词臣的代表人物。南宋词垣臣僚颇有将汪、孙的辞章之学相提并论者，如称："汪彦章（按：即汪藻）、孙仲益（按：即孙觌）四六各得一体，汪善铺叙，孙善点缀。"①汪、孙一辈人物并不像王安中与苏轼有过较为密切的交往。然而寻绎史料，我们依然可以发现他们与苏轼在词垣文学上存在隐然的关联，这一迹象主要体现于孙觌的相关史料。第三章中我们曾简略引及葛立方《韵语阳秋》所载传闻中苏轼对童年孙觌期以"璠玙"之器的赞语，此一记载更完整的内容为：

> 坡（自儋州）归宜兴，道由无锡洛社，尝至孙仲益家。时仲益年在髫龀，坡曰："孺子习何艺？"孙曰："学对属。"坡曰："试对看。"徐曰："衡门稚子璠玙器。"孙应声曰："翰苑仙人锦绣肠。"坡抚其背曰："真璠玙器也！异日不凡。"……吾乡人士所知，辄记于此。②

葛立方为孙觌同时代的晚辈人物，与孙觌容或有过过从③，但他这段记载并非录自孙觌亲述，而只是得于乡邦人士的传言。另

---

① 以上评语为汪、孙的后辈词臣李邴所言，参见〔宋〕王大成撰，储玲玲整理：《野老纪闻》，《全宋笔记》第6编第6册，郑州：大象出版社，2013年，页406。
② 《韵语阳秋》卷三，页46—47。
③ 葛立方生于哲宗元符元年（1098），卒于绍兴年间。其人生平参见王兆鹏：《葛胜仲、葛立方年谱》，氏著：《两宋词人年谱》，页16—117；王志瑾、曹冬雪：《葛立方生平新考》，《文学遗产》2009年第3期。

外,周必大曾就引文中苏轼北归的背景,推考苏、孙相见的时间
当在徽宗建中靖国元年(1101),指出其时孙觌早已成年,与文
中言其孩童之岁不符①。显然,无论从史料来源,还是文本内容
来看,该则记载具体的真实性皆值怀疑。然而,我们如将这段
文字当作一则反映文化心态的史料对待,则或许能于其中发见
一层通性的真实。该文叙及苏轼与童年孙觌属对联语中有"翰
苑神仙"之言,苏轼称赞孙觌"异日不凡"。这一叙述明显指涉
辞章之学、词臣职事,由此,苏轼的褒奖期许即可视为对日后孙
觌词垣成就的预示。此一记载无论是否确有其事,其叙述方式
本身已然体现出时人对于孙觌作为一代词臣的称许态度。他
们特意以苏轼评语的形式来加强这种称许,尤可见出汪、孙一
辈词臣依旧是身处苏轼光辉的辐照之下。

汪藻、孙觌一辈人物与苏轼存有文化的关联,不过他们亦
如王安中,一生立身的依据主要限于词臣的职任。建炎年间,
汪藻任中书舍人,曾为孙觌撰写过两篇除官制文。前文《新除
中书舍人孙觌可待制与郡制》云:

> 兹用时髦之俊,复居词禁之华。……具官某早膺抡
> 擢,浸服禁严。文章为后学之宗,论议得近臣之体。……
> 方贾谊见思,欲召还于宣室;而仲舒厌事,颇不乐于京师。
> 宜升延阁之班,再付专城之寄。②

后文《孙觌知平江府制》云:

> 朕惟儒雅饰吏事,皆西汉之能臣;岳牧用词人,盖有唐
> 之旧制。……子牟虽在江湖,岂忘魏阙;汲黯宜居禁闼,毋

---

① 参见〔宋〕周必大:《孙尚书鸿庆集序》,《平园续稿》卷一三,《周必大集校
证》卷五三,页787—788。
② 〔宋〕汪藻:《浮溪集》卷一〇,《丛书集成初编》第1959册,页118。

薄淮阳。勉布中和，即还严近。①

汪藻两文皆为孙觌自词臣职任除授地方官而作②，充斥着"词禁""文章""近臣""宣室""延阁""词人""魏阙""禁闼""严近"等等词语，着意彰显出孙觌侍臣的出处，分明可见词臣对于自身清贵身份的矜尚及朝廷词垣的留恋。这种情结还更具体地反映在汪藻本人的事迹之中。绍兴元年（1131）汪藻自翰林学士之任出知湖州，次年其上递《乞修日历状》③，称自己任职翰苑时曾请修纂徽宗至高宗本朝的日历，希望能在湖州继任其事。此请得到许可，他遂自绍兴二年至八年（1132—1138）一直从事其事。皇帝日历的编纂为典型的馆阁职事，朝廷有时会委派翰苑词臣领衔其务。汪藻特意将此务由中央延续到地方，并对之"字字缀缉，七年于兹"④，这种勤勉之态尤可见出其深厚的词臣情结。

　　汪藻、孙觌的生涯同样延续着词臣与理学一派在人事上的分野，这尤其体现在孙觌的事迹之中。自靖康至建炎年间，孙觌一直在与理学人物相互攻击。徽宗朝晚期，理学家杨时因蔡京举荐，入朝为秘书郎、国子监祭酒⑤。靖康时蔡氏失势，孙觌称杨时曾有袒护蔡攸之语，对之"论奏不已"⑥，引起理学中人的

---

　　① 《浮溪集》卷一〇，《丛书集成初编》第1959册，页118。

　　② 钱大昕《跋孙尚书大全集》考孙觌仕历："靖康元年，……召还，试中书舍人，兼侍讲，权直学士院。建炎改元，以徽猷阁待制知秀州。……二年，起为徽猷阁待制，知平江府。"（〔清〕钱大昕著，陈文和、曹明升点校：《潜研堂文集》卷三一，陈文和主编：《嘉定钱大昕全集（增订本）》第9册，南京：凤凰出版社，2016年，页501）可知孙觌在担任权直学士院之后有知秀州、知平江府的外放仕历。

　　③ 参见《浮溪集》卷二，《丛书集成初编》第1958册，页22—24。

　　④ 〔宋〕汪藻：《进书札子》，〔明〕黄淮、〔明〕杨士奇：《历代名臣奏议》卷二七七，上海：上海古籍出版社，2012年，页3613。

　　⑤ 参见〔清〕张夏：《宋杨文靖公龟山先生年谱》，《北京图书馆藏珍本年谱丛刊》第21册，北京：北京图书馆出版社，1999年，页171—186。

　　⑥ 〔宋〕孙觌：《辞免再除中书舍人状》，《鸿庆居士集》卷八，《景印文渊阁四库全书》第1135册，页87。

不满，斥之为"诬"[1]。靖康之乱中孙觌作为词臣，为钦宗草拟降表，建炎以后又被胡安国参劾，被论"尝草降表，贬薄二圣，死有余责"[2]。至于汪藻，从现存史料来看，他与理学中人似无直接冲突，但这并不代表理学界对他的认可。绍兴年间，胡安国之子胡寅曾有信札寄送当时宰相，对朝廷"兼收并用"的用人之道致以微议，认为其事"不可不慎"，由是罗列了若干颇值商榷的任人事宜，其中即有"以汪藻、孙觌能文而使之掌制"一项[3]。其将汪、孙之名并置一处，可见是将二者等而视之，一并贬低。

汪藻、孙觌一辈词臣的文论也接续于王安中，与儒家道德保持着张力，此点在汪藻《答吴知录书》中表现得尤为明显：

> 孔子设四科，文与学一而已。……譬均之饮食，经术者，黍稷稻粱也；文章者，五味百羞也。用黍稷稻粱之甘，以充吾所受天地之冲和，固其本矣。若遂以五味百羞为无补于养生，皆废而不用，则加笾陪鼎、肴烝折俎，不当设于先王燕飨之时也。自王氏之学兴，学者偃然以经术自高，曰："……彼文章，一技耳，何为者哉？"……何异斥八珍不御，而以馇腐之糜强人？……又数年以来，伊川之学行，谓读书作文为妨道，皆绝而不为。今有人于此，终日不食，其腹枵然，扪以示人，曰"吾将轻举矣"，其可信乎？[4]

汪藻称引"孔子设四科"之事，此论与王安中《答吴检法书》相似，同样是借重儒学的语境来表达辞章之学对于义理的不满。

---

① 《朱子语类》卷一〇一，页 2573。

② 〔宋〕李心传编撰，胡坤点校：《建炎以来系年要录》卷一〇，北京：中华书局，2013 年，页 272。

③ 容肇祖点校的《斐然集》卷一八录有胡寅一封《寄赵秦二相》的信札（按：题中赵、秦指赵鼎与秦桧，其时二人并相），注其阙失三页（页 385），《全宋文》第 189 册据清经锄堂抄本补齐，以上引文即为所补的内容（页 328）。

④ 《浮溪集》卷二一，《丛书集成初编》第 1960 册，页 240。

北宋王安石新学重经义，二程理学重道德，二者皆鄙薄辞章，此一态度在士林之中长期存在。汪藻以"黍稷稻粱""五味百羞"比喻经术、文章的质、文之别，认为二者皆有用途，不应偏废。至于理学的道德，他则斥为"腹枵"，贬其为空洞言论。此种论调显然是着意强调辞章的重要性，拒绝将其视为经义、道德这些义理内容的附庸。

汪藻、孙觌的生涯显示出对前述王安中词臣模式的延续：他们身处苏轼光辉的辐照之下，矜尚制诰臣僚的辞章之学，保持着与理学一派的分野。然而值得注意的是，汪、孙一辈人物已不止于通过"破"的方式单纯表达辞章应该摆脱义理凌驾的主张，他们议论文章，更显示出以"立"的方式建构词臣"文统"观念的迹象。这主要体现于汪藻绍兴九年（1139）所撰的《苏魏公集序》：

> 宋兴百余年，文章之变屡矣。杨文公倡之于前，欧阳文忠公继之于后，至元丰、元祐间，斯文几千古而无遗恨矣，盖吾宋极盛之时也。于是丞相魏国苏公出焉，……一时高文大册，悉出其手。①

这是汪藻为北宋词臣苏颂文集所撰的一篇序文。该序议论宋代文运演变之势，将其系之于"宋兴百余年""吾宋极盛"此一赵宋皇权统治的语境之下。述及宋代的馆阁大手笔，则提出由杨亿至欧阳修，再至苏颂的传承，其中即涉及杨、欧的承接关系。种种迹象显示出该文与周必大《初寮先生前后集序》内容的相似性，颇可视为周序义旨之先声。日后三洪、周必大一辈人物正是踵武于此一思路，在一系列词垣职事实践的基础上，正式确立了南宋词臣的"文统"观念，并在此过程中与理学的义理产

---

① 《浮溪集》卷一七，《丛书集成初编》第 1959 册，页 194。

生过实质的冲突。

三 "文统"观的建立：三洪、周必大与词臣文化

洪、周一辈人物为高宗朝后期至孝宗一朝词臣的精英，洪适、洪遵、洪迈兄弟踵武其父洪皓，一门"四人入翰苑"[①]，周必大亦由制诰见幸孝宗，为时人称道"大诏令典册，孝宗皇帝犹特以属公"[②]。在洪、周的时代，苏轼已不再作为元祐党人遭受排斥，而是作为前代文宗，备受朝廷的礼敬、词臣的追武。在此我们略举洪迈、周必大两则事迹作一说明。《齐东野语》载：

> 洪景卢居翰苑日，尝入直，值制诏杳至，自早至晡，凡视二十余草。事竟，……洪矜之云："苏学士想亦不过如此速耳。"

周必大《跋御书》云：

> 淳熙五年十一月甲申，臣递直禁林中。……上曰："待以恶札赐卿。"……盖书白居易《七德舞》一轴。……臣伏思元祐中哲宗皇帝尝书居易《紫薇花》绝句，以宠学士苏轼。……意者以居易为元和学士时，……自能光明厥职。后世惟轼为无愧。故欲下臣师慕两贤之万一，以为报答欤？[③]

《齐东野语》的史料曾在第一、三章中引及，周必大受赐白居易诗之事也在第一章中提及，在此我们可从一个更新的角度来阐释二者的意蕴：洪迈自夸草制之速，周氏接受孝宗赏赐，其中骄矜、谦虚态度容或有异，但皆对比苏轼前事以为荣耀，于此分明

---

　　① 《直斋书录解题》卷六，页176。
　　② 〔宋〕陆游：《周益公文集序》，《渭南文集笺校》卷一五，页769。
　　③ 〔宋〕周必大：《玉堂类稿》卷一〇，《周必大集校证》卷一一〇，页1668—1669。

可见洪、周对于苏轼文采的踵武、比附之意。当然，这种踵武在发扬苏轼文学的同时，也将其限制在了词垣的语境之中。

洪、周一辈人物依旧延续着词臣群体与理学界的分野态势，为说明这一点，我们可由当时权臣汤思退的事迹入手。在宋金关系史上，汤思退作为秦桧的旧党在秦桧卒后继续发挥着军政上的消极作用，他于绍兴末年至隆兴年间力求与金议和之事历来受到史家的诟病。但这只是汤思退仕宦生涯的一个角色，除此以外，他还有过值得关注的词垣仕历。汤氏绍兴十五年（1145）应试词科，以极为难得的中等入等①，绍兴年间其在翰苑任职②，制诰文曾结集为《汤进之内外制》③。汤氏精擅辞章之学，连其政敌都称道其"文艺有余"④。此外他还颇善于拔擢文章之士，平生"所荐达士大夫多矣"⑤，南宋知名士大夫如范成大、张孝祥、陆游、程大昌、王质等人或是在科考中与汤氏结成师生之谊，或是在入仕之初受到过他的拔擢⑥。由是看来，汤思退在当时似颇有一代文宗的气派。三洪、周必大与汤氏的渊源亦很深厚。洪适曾协助汤氏，撰作制文诬毁汤氏的政敌张浚⑦。

---

① 参见《宋登科记考》，页 778。终南宋一代词科之试，绝大多数入等者皆被判为下等，以中等入等者仅有五人，参见《词科与南宋文学》，页 112。

② 汤思退自绍兴二十年至二十五年（1150—1155）见在权直学士院之任，参见《宋代京朝官通考》第 1 册，页 705。

③ 汤思退字进之。尤袤《遂初堂书目》收录有《汤进之内外制》（《景印文渊阁四库全书》第 674 册，页 483）。

④ 以上为陈俊卿所言，参见〔宋〕杨万里：《丞相太保魏国正献陈公（俊卿）墓志铭》，辛更儒笺校：《杨万里集笺校》卷一二三，北京：中华书局，2007 年，页 4735。

⑤ 〔宋〕陆游：《书包明事》，《渭南文集笺校》卷二五，页 1262。

⑥ 范成大、张孝祥为汤思退的科举门生，参见《范成大年谱》，页 112；韩酉山：《张孝祥年谱》，合肥：安徽人民出版社，1993 年，页 36—37。陆游、程大昌、王质在初入仕宦时受到过汤氏的提携，参见王曾瑜、贾芳芳：《陆游与汤思退、宋高宗——兼谈中国古代专制政权与士大夫的关系等》，《中华文史论丛》2013 年第 4 期；《宋史》卷四三三《程大昌传》，页 12858；王三毛：《王质年谱》，氏著：《南宋王质研究》，南京：凤凰出版社，2012 年，页 238—239。

⑦ 参见《宋史全文》卷二四上，页 1992。

洪遵曾因汤氏推荐，由外任官进入馆阁担任秘书省正字①，洪迈则是汤氏的词科同年。绍兴末、隆兴初，汤氏两度罢相，洪遵、洪适当值草拟罢相诏命，他们不顾牵连，不加一句贬斥之语。宋人评价洪氏兄弟"皆汤思退旧客"②。至于周必大，他进士及第、博学宏词科入等、馆职备选，皆曾受到过汤氏的提携举荐③。

汤思退与理学人物积怨甚深，绍兴末年宋金战争期间，他与张栻之父张浚在朝廷之中分别结成主和与主战两大政治派别，进行激烈党争，致使张浚最终被排挤去职。朱熹论及南宋边备，对汤思退尤加诟病，谓其"奸甚"，"还了金人四州"④。由汤氏的这层背景，我们可以见出洪、周与理学的分野。洪氏兄弟与理学的关系尤其紧张，朱熹就曾作诗讽刺洪遵，对其"宏达"之誉表示不屑⑤。对于洪迈的馆阁职事，朱熹亦斥为"没意思"⑥。至于周必大，他与理学人物的交往情况好于三洪，目前学界主流意见仍将其归入亲善理学的士大夫之列⑦。然而仔细寻绎史料，我们就会发现周氏与理学一派的立场存在微妙的分歧，在此略举一例：周必大曾为其前辈士大夫胡铨撰述《神道碑》，叙及张浚被汤思退排挤之事，但只称"侍郎王之望、侍御史尹穑皆主和，排张忠献公（按：即张浚）"。⑧ 行文有意回避了汤思退之名，这其中的缘由即是周氏基于与汤氏的深厚渊源而对

① 参见《宋史》卷三七三《洪遵传》，页 11565。
② 〔宋〕佚名编，汝企和点校：《续编两朝纲目备要》卷三，北京：中华书局，1995 年，页 54。
③ 参见《周必大的历史世界：南宋高、孝、光、宁四朝士人关系之研究》，页 46—48。
④ 《朱子语类》卷一三二，页 3169。
⑤ 〔宋〕朱熹：《观洪遵双陆谱有感呈刘平甫范仲宣二兄》，《晦庵先生朱文公文集》卷六，《朱子全书（修订本）》第 20 册，页 428—429。
⑥ 《朱子语类》卷一三〇，页 3133。
⑦ 参见《朱熹的历史世界：宋代士大夫政治文化的研究》，页 497。
⑧ 〔宋〕周必大：《资政殿学士赠通奉大夫胡忠简公（铨）神道碑》，《省斋文稿》卷三〇，《周必大集校证》卷三〇，页 465。

之作出的回护①。

洪、周一辈词臣除了追武苏轼，与理学人物存有分野之外，在文章观念上亦标举辞章之学，而此一迹象在洪迈的议论中表现得尤为明显。洪迈一生推崇辞章，对于贬抑辞章之论极为敏感。如杜甫《贻华阳柳少府》诗有"文章一小技，于道未为尊"之句②，洪迈因之在《容斋随笔》中专设"文章小伎"一条笔记，断然驳斥云："虽杜子美有激而云，然要为失言，不可以训。文章岂小事哉！"并于其后广引经籍文献，以证辞章之学的体大用宏③。在洪、周的著述之中，历历可见对于诗文骈偶、用典、用韵等问题的探讨。即以他们与汤思退交谊而言，洪迈《容斋随笔》、周必大《二老堂诗话》皆载有与汤氏赏析文词的事迹与言论，他们对于彼此辞藻大表"激赏"④，称道彼此所作诗文"用事精确如此"⑤"无一闲字"⑥，尤可见出其中辞章学问的背景。从此意义上讲，洪、周亦可谓延续了王安中的词臣模式。

不过这里更值关注的还是洪、周一辈的文章理念在汪藻《苏魏公集序》的思路下继续发展，最终于周必大《初寮先生前后集序》中明确提出词臣"文统"之论的历程。此一"文统"观念可谓是在"立"的意义上真正与理学的"道统"分庭抗礼。在汪、周两篇序文文本形成的时段中，洪、周颇有一系列词垣职事的

---

① 与周必大行文形成鲜明比照者是杨万里的《宋故资政殿学士朝议大夫致仕庐陵郡开国侯食邑一千五百户食实封一百户赐紫金鱼袋赠通议大夫胡公（铨）行状》，其文叙张浚遭到排挤之事云："宰相汤思退、参政王之望等坚主和议，遂罢张魏公（按：即张浚）兵柄。"（《杨万里集校笺》卷一一八，页4506）杨万里终生感念张浚诚学的教导，对汤思退深恶痛绝，之于此事自然直言无隐。

② 〔唐〕杜甫著，〔清〕仇兆鳌注：《杜诗详注》卷一五，北京：中华书局，2015年，页1589。

③ 《容斋随笔》卷一六，页205—206。

④ 《容斋随笔》四笔卷一五"经句全文对"条，页808。

⑤ 《容斋随笔》三笔卷八"四六名对"条，页519。

⑥ 《二老堂诗话》卷上"显仁皇后挽诗"条，《杂著述》卷一五，《周必大集校证》卷一七七，页2734。

实践值得注意。我们如果考其本末，就能发现，这些职事的意义衔接于汪、周两文的内涵，且在事实层面上与理学一派的理念产生过冲突，可以具体地呈现这一辈词垣人物"文统"观形成的过程。

首先来看周必大为吕祖谦《皇朝文鉴》作序之事。淳熙六年(1179)吕祖谦在馆职任上奉敕编成北宋诗文总集《皇朝文鉴》①。虽然该书之纂属于馆阁之务的公事范围，但吕氏却着意将个人的理学立场贯彻其中。叶適曾亲闻吕氏谈及编书的理念，将其概括为"大抵欲约一代治体归之于道"②。这里所谓的"道"，主要指理学义理而言。书成以后，周必大作为翰林学士奉旨为该书作序，其《皇朝文鉴序》云：

> 国家一有殊功异德卓绝之迹，则公卿大夫，下至于士民，皆能正列其义，绂饰而彰大之，……天启艺祖，生知文武，……列圣相承，治出于一。……盖建隆、雍熙之间其文伟，咸平、景德之际其文博，天圣、明道之辞古，熙宁、元祐之辞达。……嗟乎，此非唐之文也，非汉之文也，实我宋之文也，不其盛哉！③

这篇序文将北宋文运的演变置于赵宋帝王的权威之下，以年号标示出太祖传承至哲宗的序列，此论不仅呼应之前《苏魏公集序》的语境，更几乎等同于此后《初寮先生前后集序》的阐述。周必大该序为应制之作，明确表达御用论调自是题中应有之义。不过，我们如能将此论置于词学之臣与理学之士的文化张力下，再予审视其中意义，则或许可以进而将之视为词臣的辞章之学为摆脱义理凌驾而作出的另类声明。前述王安中、汪藻

---

① 参见杜海军：《吕祖谦年谱》，北京：中华书局，2007年，页243。
② 〔宋〕叶適：《习学记言序目》卷四七，北京：中华书局，1977年，页695。
③ 《玉堂类稿》卷一〇，《周必大集校证》卷一一〇，页1670。

曾经引述孔子言行，以"辞工"为尚，以"五味百羞"为喻强调过辞章的重要性。然而，这种以文章自身特性为诉求的立论，终究是被限制在儒学叙述的范围内，难以真正与理学标举的道德权威抗衡。即以孔子所设四科而言，其主次轻重依次是德行、言语、政事、文学①，文学显然逊于德行。然则辞章之学要加强自身的话语权，就必须别求更为有力的依据。皇权作为现实的政治权威，既是词臣群体现实依附的对象，又与理学凭依的儒学道德权威存在着张力②。词臣以皇权为依托标榜辞章，颇可形成与理学义理抗衡的态势。理学人物对于《皇朝文鉴序》的反应即印证了此一相抗之势：吕祖谦对该序非常不满，据说他读毕序文之后，便"命子弟藏之"③；后来叶适基于吕氏理念，更明确指摘道："安得均年析号各擅其美乎？……此序无一词不谄，……盖此书以序而晦，不以序而显。"④这里所谓的"均年析号"之"谄"，正是批评周氏以辞章依附皇权的姿态⑤。

　　其次来看洪、周编纂制诰之文及纂述词臣史料之事。绍兴三十二年（1162）洪遵编纂《中兴以来玉堂制草》，备录南渡以来"将相之除拜、后妃之封册、诏旨之颁、乐语之奏、上梁之文、布政之榜"各种制诰⑥，乾道八年（1172）周必大接续其书而编《续

---

① 参见《论语注疏》卷一一，《十三经注疏》，页2498。
② 包弼德论及理学文化的立场，其中就有所谓"否定政治权力——即皇帝或者朝廷——在价值领域内的权威"，参见［美］包弼德著，杜永涛译：《宋明理学与地方社会：一个12至16世纪间的个案》，［美］张聪、［美］姚平主编：《当代西方汉学研究集萃·思想文化史卷》，上海：上海古籍出版社，2012年，页43。此中可以见出皇权的政治权威与儒学的道德权威之间分庭抗礼的态势。
③ 〔宋〕吕乔年：《太史成公编皇朝文鉴始末》，《皇朝文鉴》附录，《吕祖谦全集》第14册，页893。
④ 《习学记言序目》卷四七，页696。
⑤ 《皇朝文鉴》的编修过程始终贯穿着理学文化与馆阁词垣文化的冲突，笔者对此有过详论，参见《周必大的历史世界：南宋高、孝、光、宁四朝士人关系之研究》，页245—257。
⑥ 〔宋〕洪遵：《中兴以来玉堂制草序》，〔宋〕王应麟辑：《玉海》卷六四，扬州：广陵书社，2016年，页1247。

中兴制草》①。乾道九年(1173)洪遵编纂《翰苑群书》,辑录唐宋以来翰苑掌故笔记②,淳熙九年(1182)周必大又踵武其事而作《玉堂杂记》③。以上文本的纂述明确彰显出词臣文化的特色,其中涉及制诰文献的铺排与词垣事迹的搜求,尤有助于梳理词臣文化承接的脉络。由此我们可以想见,纂述者因为此一事务,在其意识之中应颇易于酝酿一条历朝词臣传承的统序。以这种统序观念审视前辈士大夫的事业,许多人物作为词臣的身份会被着意强调,而他们在文化史上其他的意义则相应会被淡化。在此可举欧阳修之例作一说明。本书此前内容已然探讨了欧阳修身份的多元性:其既为执掌制诰的著名词臣,又是文道并重的古文大家。然而在洪、周一辈的词垣语境中,欧氏作为词臣的身份被着意加强了。这一情况在周必大的言论中表现得尤为明显,如其《续中兴制草序》开篇即云:"嘉祐中,欧阳修建言,学士所作文书,皆系朝廷大事。示于后世,则为王者之谟训。藏之有司,乃是本朝之故实。"④其编纂词臣制诰,即明确以欧氏之言作为依据。此外周氏还曾向孝宗奏称:"臣窃观自唐至本朝,优待词臣,异乎他官,⋯⋯其最可慕者,陆贽、欧阳修而已。"⑤又其《掖垣类稿序》云:"国朝知制诰掌外制,是谓从官,⋯⋯以词头授词臣具草,⋯⋯不容少缓。故欧阳文忠公《外制序》云:'除目每下,率不一二时,已迫丞相出,不得专思虑,工

　　①　参见〔宋〕周必大:《续中兴制草序》,《省斋文稿》卷二〇,《周必大集校证》卷二〇,页290—291。

　　②　参见〔宋〕洪遵:《翰苑群书题记》,《翰学三书》第1册,页113。

　　③　参见〔宋〕周必大:《玉堂杂记序》,《杂著述》卷一二卷前,《周必大集校证》卷一七四卷前,页2701。

　　④　《省斋文稿》卷二〇,《周必大集校证》二〇,页290—291。

　　⑤　《翰林学士选德殿对札子》,《奏议》卷七,《周必大集校证》卷一四〇,页2156。

文字.'"①这种言及词垣掌故必称欧氏的论调显示出周必大是将欧阳修作为词臣前辈而景仰的。

与词臣不同，理学人物则从理学义理的立场评价欧阳修。如朱熹曾作《读唐志》，言及欧氏"三代而上，治出于一，而礼乐达于天下；三代而下，治出于二，而礼乐为虚名"的议论，认为此为"古今不易之至论"②。这是因为欧氏《新唐书·礼乐志》认为上古圣君兼具内圣外王，三代以后王者渐渐不具道德，而有德者则不得王位，内圣与外王不再合一，此意与理学的"道统"观念相合，故为朱熹称道。又杨万里《六一先生祠堂碑》称："繄斯文之鼻祖兮，肇集成乎素王。……塞道统之三绝兮，畴再延孔氏之光。"③更是将欧氏归入理学"道统"之列④。

周必大则不愿承认欧阳修言行与理学理念的关联。余英时先生《朱熹的历史世界》考述过这样一则公案：庆元二年（1196）朱熹称欧阳修曾经自述"学道三十年"⑤，周必大极力否认此说，认为欧氏绝无"学道"之语，此语只是后学增饰之言，由此朱、周之间引发争辩。余先生从政治史的角度认为当时周氏身处庆元党禁，对理学颇为避讳⑥。而如以本节所论的背景评价其事，则或许亦可将其视为词学之臣与理学之士对欧氏评价迥异而引起冲突的一例事证⑦。基于周必大的这种态度，我们来审视《苏魏公集序》及《初寮先生前后集序》所叙杨亿、欧阳修

---

① 〔宋〕周必大：《掖垣类稿》卷一卷前，《周必大集校证》卷九四卷前，页1325。

② 《晦庵先生朱文公文集》卷七〇，《朱子全书（修订本）》第23册，页3373。

③ 《杨万里集笺校》卷一二一，页4703。

④ 当然，杨万里该文所提及的"道统"与朱熹的"道统"观有所差异。朱熹虽然称道欧阳修某些与理学义理相近的观点，但是将欧氏排除在"道统"之外。

⑤ 〔宋〕朱熹：《考欧阳文忠公事迹》，《晦安先生朱文公文集》卷七一，《朱子全书（修订本）》第24册，页3432。

⑥ 参见《朱熹的历史世界：宋代士大夫政治文化的研究》，页504—506。

⑦ 笔者曾就此作出较详的论述，参见《周必大的历史世界：南宋高、孝、光、宁四朝士人关系之研究》，页257—270。

的承接关系，就不难理解，在汪、周词垣式的语境中，杨、欧的意义统一于彼此词臣身份的一致，皆被叙述为词垣文化统序中的重要环节。至于杨、欧个人对于文、道取向的实际差异，则被作序者刻意回避了[①]。

以上就是洪、周一系列词垣职事的实践。它们在时段上处于汪、周两序之间，在意义上涉及宋代文运的演变、皇权传承的序列以及词臣统序观的酝酿，能够衔接两序的内涵，并与理学理念产生过实质的冲突。可以说，它们为南宋词臣"文统"观念形成的过程提供了具体的事件背景。

撰作《初寮先生前后集序》的庆元六年（1200）周必大已然致仕数载[②]。在致仕的岁月中，周氏的词垣情结依然延续，这一情结在其主持校勘《文苑英华》一事上颇能得到体现。淳熙八年（1181）周必大在翰林学士承旨任上曾领衔校勘过北宋太宗时期编纂的《文苑英华》[③]，当时因为与事者工作潦草，校勘水平并不理想。周氏致仕后又与其家乡庐陵的士友重新校勘该书，于嘉泰四年（1204）完成。同年周氏撰《文苑英华序》，该序通篇以"臣"自称，俨然是应制文本的语式，并言期望通过此事得以"广熙陵（按：即太宗）右文之盛，彰阜陵（按：即孝宗）好善之优，成老臣发端之志"[④]。这显然又是一个将词垣职事延续至地方生活的事例，颇与前述汪藻在湖州编纂《日历》之举相似，从中分明可见周氏确实是将词垣职事作为自己终生的事业。

《初寮先生前后集序》正可视为周必大致仕以后词垣情结

① 朱刚《唐宋四大家的道论与文学》曾经讨论过汪、周两序所叙杨亿、欧阳修相承的现象，该书从杨亿的"主观追求"出发，认为杨亿为人正直，反对谄媚，在精神上与古文家有契合之处，只是在文学表达的"客观效果"上与古文背离（北京：东方出版社，1997年，页200—202）。此一观点是从序中人物的思想进行论述，值得参考。本节则是从作序者的立场进行论述，所取的角度有所不同。

② 周必大于庆元元年（1195）致仕，参见《周必大年谱长编》，页449。

③ 关于周必大领衔校勘《文苑英华》之事，参见《玉海》卷五四，页1054。

④ 《平园续稿》卷一五，《周必大集校证》卷五五，页815。

的另一产物，该篇序文基于王安中的经历，终于将一代文运、现实皇权与词臣统序同置于一篇之内，明确提出"文统"之谓。此一"文统"观念依附赵宋皇室的政治权威，标举历朝词臣的文学传承，矜尚皇帝侍从的清贵出身，彰显制诰手笔的辞章学问。其内涵显现出与理学"道统"异趣的文化立场①。

本节以周必大书序文所显现的南宋词臣"文统"观念为线索，对苏轼、王安中，汪藻、孙觌与三洪、周必大的事迹进行了梳理，总体呈现出北宋晚期至南宋中期词学之臣与理学之士的分野态势。以下两节我们将进一步以个案研究的形式展现此一态势下更为具体的人事活动。在研究过程中，因为史料文献发掘与论述角度选取的因缘际会，笔者之于理学一派特别注意到宋代理学家族武夷胡氏，颇觉将胡氏族中人物的行止与其同一时期词臣群体的作风作出比照，能够很好地佐证本章的论旨。故此，这两节的内容皆联系胡氏一族的人事而展开：前节将考察的目光聚焦于胡寅，以绍兴五年(1135)胡寅任职中书舍人期间的一段仕宦经历为线索，论述他于南宋建国之初反思靖康之变的时代情绪中，与词臣群体如吴开、莫俦、孙觌、胡交修、汪藻之辈在行止作风、制文撰述等方面所产生的矛盾龃龉；后节则以绍兴三十一年(1161)洪迈为胡宪所撰的《馆阁送胡正字诗序》为线索，在高、孝两朝的史事背景下，对作为理学门第的胡氏家族与作为词臣世家的洪氏家族进行比较观察，探讨这两族人物在学术文化、门风家法及仕宦际遇方面的差异。这两节的内容涵盖了南宋初期至中期的时段。

---

① 笔者曾以单篇论文的形式发表过本节的研究内容，其后马东瑶有论文《论周必大的"士大夫文统"观》(《文艺研究》2021年第12期)亦关注到《初寮先生前后集序》的文本，不过该文并不很认同笔者的观点，其认为周必大的"文统"观体现的其实是儒家道德背景下文士的文学责任感与社会责任感。笔者的观点当然有可议之处，不过马文并未论及《初寮先生前后集序》的着落点即王安中其人的道德与行止，这似乎也是值得商榷的。

上文论及汤思退拔擢多士,在南宋前期的士林之中似颇有一代文宗的气派。然而,更为具体地考察汤氏其人一生的行迹,我们就会发现他与欧阳修、苏轼的身份特征存在本质的差异:欧、苏勇于追求一己的道德与性情,个人行止往往能够超越官场的矩范惯例,对于后进的提携多本于文章事业的期许之意,鲜明地彰显出文士精神的内核价值;汤思退的所虑所为则多囿于仕宦之谋,其惯于对官场规则拿捏揣度,跟随权力俯仰摇曳,拔擢后进之举亦不出仕宦笼络的性质,更多表现出官僚的风格作派。其所谓的文宗气派,其实更接近于我们在第三章中所论蔡京的形象。以下我们就专设一篇附论来对此中问题作出探讨。

附论　汤思退的“文宗”气派

汤思退的生平资料远不及欧、苏丰富多元。然而,正是这些数量相对有限、性质相对单一的材料,反而更有利于明晰地把握汤氏的身份特征。考察这些史料内容,笔者发现一个显著的现象,即其中大多数文献皆涉及汤氏生平仕宦的话题。在记叙个人行止方面,不少史料直接述及汤氏仕宦际遇的轶闻。如《玉照新志》载汤氏年幼之事,言其父在迁官之际病亡,汤氏家人先秘不示人,往京师取得授官告身以后方予举哀,汤氏由是获得了荫庇的资格[1]。又如《夷坚志》载汤氏科考之事,叙其在应试词科期间曾前往日者韩慥家问命,被许以“即日亨奋”、日后宰相的仕禄佳运[2]。再如《宋史》载汤氏任职参知政事时的事迹,述及当时秦桧病危,曾召汤氏“属以后事”,并“赠黄金千两”,汤氏“虑其以我期其死,不敢受”,以至被高宗误认为“非桧

---

① 参见〔宋〕王明清撰,戴建国、赵龙整理:《玉照新志》,《全宋笔记》第6编第2册,页147。
② 参见《夷坚志》丁志卷七“汤史二相”条,页595。

党"而得以擢为知枢密院事①。以上所述，从获得荫庇到词科入等，从身居参政到擢升知枢，乃至最终登位宰相，几乎涵盖了汤氏一生的履历。其所叙人事既有费心的揣度经营，又有巧合的因缘际遇，还有必然的命运预示，在在折射出时人对于汤氏顺达仕途的强烈兴趣。在这一语境中，汤氏俨然是以一名成功官僚的形象受瞩于世。

除了以上对仕宦际遇的直接称述，另外还有一类记叙汤思退文才学识的史料，亦多夹有描述汤氏仕宦作风的情节。如《宋诗纪事》引《湖海新闻》载：

> 宋高宗一日坐寝殿，汤丞相思退侍立。上曰："卿家处州，有何异迹？"思退曰："臣乡有石僧，题咏云云。"遂大称旨。本无此诗，彻夜遣人归，刻石石僧之旁。②

又如《老学庵笔记》载：

> 汤岐公（按：即汤思退）初秉政，偶刑寺奏牍有云"生人妇"者。高庙（按：即高宗）问："此有法否？"秦益公（按：即秦桧）云："法中有夫妇人与无夫者不同。"上素喜岐公，顾问曰："古亦有之否？"岐公曰："古法有无，臣所不能记。然'生人妇'之语，盖出《三国志·杜畿传》。"上大惊，乃笑曰："卿可谓博记矣。"益公阴刻，独谓岐公纯笃，不忌也。③

以上两则史料，前则汤思退向高宗吟咏诗作，后则其在高宗与秦桧之间称引旧史，分别涉及文词、典故的学问背景。汤氏对于文词、典故的运用发挥时刻伴随着揣摩规则、追随权力的用心。其在君主、权臣面前彰显己才，但不失分寸的拿捏姿态，于

---

① 参见《宋史》卷三七一《汤思退传》，页 11529—11530。
② 〔清〕厉鹗辑撰：《宋诗纪事》卷四七，上海：上海古籍出版社，2013 年，页 1198—1199。
③ 《老学庵笔记》卷八，页 109。

事后寸阴必争、滴水不漏的补遗措置,历历显现出官场中人圆滑处世的老练手段。

在拔擢后进方面,汤思退的举动亦多限于官僚语境的层面。前文所叙受其提携的诸多知名文士,虽各自在诗文、学术的领域颇有建树,但与汤氏的关系却主要限于仕禄之交,并没有上升至文道之交的高度。他们奔走汤氏之门、簇拥汤氏之侧,但并不足以凝聚为一个类似欧门、苏门文士群体的"汤门"。

受擢诸人中,张孝祥与汤思退交往的史料尤能生动展现出汤氏的官僚面相。绍兴二十四年(1154)张孝祥状元及第,汤氏为该年科考的副主考。张氏作为科举门生,在以后的仕宦生涯中屡有书启致意汤氏,表达感激。中有一封《除礼部郎官谢汤右相》启文云:"某重惟父子,悉累门阑。"①言及不仅己身,而且己父张祁亦受到过汤氏的提携。《老学庵笔记》载有一则汤氏与张氏父子交往的轶事:

> 张晋彦(按:即张祁)才气过人,然急于进取。子孝祥在西掖时,晋彦未老,每见汤岐公自荐。岐公戏之曰:"太师、尚书令兼中书令,是公合作底官职。余何足道!"所称之官,盖辅臣赠父官也,意谓安国(按:即张孝祥)且大用耳。晋彦终身以为憾。②

张祁、张孝祥奔走汤思退门下,其事颇能令人联想到苏洵、苏轼奔走欧阳修门下之事,二者皆是才士父子求知尊长的事迹。然而,与欧氏以文章事业期许苏氏父子迥然不同,汤氏对于张氏父子的态度更多的是官场作派。其虽器重张孝祥,但只是期以后来"辅臣"的显赫仕位,而非异日文宗的文章声名。对于张祁,汤氏则致以长官式的傲慢,以因子封赠之衔对其肆意嘲谑,

---

① 《于湖居士文集》卷二二,页219。
② 《老学庵笔记》卷一,页8。

略无顾忌，与前述其在君主、权臣面前的谨言慎行正形成上恭下倨的鲜明比照。绍兴末至隆兴年间，张孝祥因自身力主抗金的政治立场，与汤思退政敌张浚的交往日益密切[1]。汤氏手下谏官尹穑便以"出入张浚、汤思退之门，反复不靖"的罪名对其弹劾[2]，使其去职，此事背后的授意者应即汤氏本人。然则彼时汤氏对张孝祥已然不念往昔师生之谊，他采取的是全副的官场手段予以倾轧。

第二节　胡寅与南宋初期的词臣

《宋史·儒林传五·胡寅传》载：

> 寅上言："近年书命多出词臣好恶之私，使人主命德讨罪之词，未免玩人丧德之失，乞命词臣以饰情相悦、含怒相訾为戒。"故寅所撰词多诰诫，于是妒忌者众。[3]

胡寅为两宋之际著名的理学家，出自宋代理学世家武夷胡氏，为理学宗师胡安国的养子。胡氏家族对于传承二程之学，推动理学思潮在南宋一朝的兴盛发展卓有贡献[4]。以上引文所述为胡寅在南宋初期的一段仕宦经历：绍兴五年（1135）胡寅除中书舍人，该年其在此任上上书朝廷，诟病当时词臣的制诰文风普遍流于"玩人丧德"的弊端，其自身所草制文则多寓"诰诫"之语，因而引来众多妒忌者[5]。然则身处词臣之位的胡寅何以对

---

① 参见《张孝祥年谱》，页 86、97、100—102。

② 《宋会要辑稿》"职官"七一，页 4951。尹穑出自汤思退门下，参见《周必大的历史世界：南宋高、孝、光、宁四朝士人关系之研究》，页 55—56。

③ 《宋史》卷四三五，页 12921。

④ 参见〔清〕黄宗羲原著，〔清〕全祖望补修，陈金生、梁运华点校：《宋元学案》卷三四，北京：中华书局，1986 年，页 1170—1171。

⑤ 胡寅担任中书舍人及上书诟病词臣的时间参见容肇祖：《胡寅年谱》，《崇正辩 斐然集》附录，页 674—675。

词臣群体施以此番诟病呢？如果我们以本章的论旨作为背景来审视这件史事的意义，则颇可将其视为理学界的个体人物进入词垣，而与其中氛围产生矛盾龃龉的一例事件。其作为一则个案，可为本章展示宋代理学之士与词学之臣的分野态势提供一个具体的观照视角。

如上节所述，元祐时期词学之臣与理学之士辞章、义理的分野之迹尚停留在文化学术的领域，在往后时代里，二者的不合渐而波及军政边备的话题。及至两宋之际，这两类人物更是共同经历了靖康之变的洗礼，二者纸面的议论被演绎为乱世中的行藏。他们的尚文之风与崇道之论置于国变之中，具化为政治生涯实际出处的不同：理学家多能坚守义理之正，词臣群体则颇有人流露出有失臣节的行迹。上引胡寅的这段仕宦经历正发生于国变以后不到十年的时间里，当时士大夫的言论无处不带有反思靖康的时代情绪，胡寅对于词臣的这番诟病亦不例外。其可以作为一条线索，提示我们本于靖康的背景，来观照南宋初期理学人物与词臣侪辈的对立之势。下文笔者将首先考察靖康之际词臣群体总体的行止作风，列举他们临危失节之事；其次述及胡安国、胡寅父子基于自身的理学义理与道德优势对这些词臣的诟病之论，以及词臣的辩驳之词；再次，回到上引《宋史》所载的事件，详析胡寅上书非议词臣的思想背景，及其草拟"诰诫"制文的特立之风，以此重构胡寅与词垣氛围之间充斥矛盾的历史情境。

一　靖康之变与词臣行止

词臣由朝廷的文学优选担任，矜尚辞章之学容或可被称为这一仕宦群体较为一致的文化立场。但要论及对内治国理政、对外边备外交的具体事务，宋代词臣中不同的个体人物自是各有主张，并不足以呈现明确一致的政治立场。然而，详绎两宋

215

之际的史料文献，我们却能发现一个难以回避的事实，即在靖康之变的时事危局中，词臣群体面对家国之难，于立身出处的抉择上颇为一致地显露过有失臣节的行迹。此一事实在某种程度上，颇可视为本书第三章所论后欧、苏时代词臣群体迎合权势的处世态度在极端环境下恶化的结果。以下我们就来针对此中人事作一阐述。

靖康元年(1126)闰十一月，金军攻破汴京，俘虏徽宗、钦宗及大批京师臣僚，并于次年三月立张邦昌为傀儡皇帝，建立伪楚政权。当时宋廷词臣多留滞京师，他们之中颇有人物屈服金人、依附伪楚，使这一群体在总体上留下了明显的政治污点。在此可以列举吴开、莫俦、孙觌、胡交修、汪藻五人的事迹。靖康之际，吴开任翰林学士承旨，莫俦任翰林学士[1]，胡交修任起居郎[2]，孙觌、汪藻之职于第三章中已然述及：孙觌时任中书舍人兼权直学士院，汪藻时任太常少卿兼权起居舍人。其中胡、汪二氏当时虽未正式除授词臣之职，但已实际参与或是掌行制诰之务(详见后文)，所以亦归之于词臣之列。

关于吴开、莫俦，《宋史翼·奸臣传·吴开传》载："京城失守，……金人遣使检视府库，开遽出，与翰林学士莫俦首引金使入库中。……金人议立张邦昌，令开密谕意，自拥戴以至册命，开、俦朝入暮出，传道指挥，京师人谓之'捷疾鬼'。"[3]靖康之变中吴开、莫俦媚侍金人，积极谋划建立伪楚之事，二人品行卑劣，为时人所不齿，是宋廷的失节之臣。南宋建立以后，吴、莫被贬斥远地[4]。孙觌在靖康中最令人诟病之举是为钦宗草拟降表，朱熹《记孙觌事》云："靖康之难，钦宗幸虏营。虏人欲得某

---

① 参见《宋代京朝官通考》第1册，页695。
② 参见《宋代京朝官通考》第2册，页554。
③ 《宋史翼》卷四〇，页1066。
④ 吴开被贬永州，莫俦被贬全州，参见《建炎以来系年要录》卷六，页169。

文（按：即降表），钦宗不得已，为诏从臣孙觌为之，……（孙觌）一挥立就，过为贬损，以媚虏人，而词甚精丽，如宿成者。"[①]孙觌后来又在张邦昌伪楚政权中任权直学士院。南宋建立以后，他被李纲参劾，亦贬谪远地[②]。关于胡交修，据孙觌的相关的书信文献透露，靖康时他也参与了降表的撰写，后来亦因此而被参劾，此事我们后文再加叙述。

汪藻之事较为复杂，须作更为详细的考察。汪藻在靖康时的行止似乎好于以上四人。靖康二年（1127）他为滞留汴京的元祐皇太后撰写《皇太后告天下手书》，支持后来的高宗赵构承袭皇位、延续宋祚，为后人所表彰，称道为"中兴之一助"[③]。然而，如果我们仔细考察这封诏书成篇的经过，就可发现此诏其实是汪藻与伪楚政权合作的产物。《建炎以来系年要录》载该年事：

> 元祐皇后《告天下手书》曰……先是，侍御史胡舜陟上疏请后降诏诸路，使知中国有主，康王（按：即赵构）即位有日，以破乱臣贼子之心。吕好问言："今日布告之书，当令明白易晓，不必须词臣。"遂命太常少卿汪藻草书，御封付御史台看详，然后行下。[④]

元祐皇太后孟氏原为哲宗废后，靖康之变时后宫有位号者皆北迁，惟孟氏以废独存。伪楚政权建立以后，张邦昌为表示自己僭位的迫不得已及对宋朝的依旧忠心，将孟氏迎入宫中，尊为"元祐皇后"，并以她的名义发布《皇太后告天下手书》，劝请赵

---

① 《晦庵先生朱文公文集》卷七一，《朱子全书（修订本）》第24册，页3406。
② 关于孙觌任伪楚权直学士院事及李纲参劾孙觌之事，参见《建炎以来系年要录》卷六，页170。
③ 《鹤林玉露》丙编卷三"建炎登极"条，页283。
④ 《建炎以来系年要录》卷四，页120—121。

构登基①。由上述引文可知，当时促成汪藻代履行词臣职务草成《手书》之文者为胡舜陟与吕好问。靖康中胡、吕二氏皆滞留汴京，对于伪楚政权，他们一面劝说张邦昌反正归宋，一面也接受伪朝的任命，以"陛下"尊称张氏②，胡、吕后来回归宋廷，其行止节操亦遭非议③。由此看来，汪藻的《手书》其实是伪楚政权的一篇文书。其文固然对拥戴高宗即位有所帮助，但也明显带有与伪楚合作的印记，如其中有云：

> 众恐中原之无统，姑令旧弼以临朝。虽义形于色，而以死为辞。然事迫于危，而非权莫济。内以拯黔首将亡之命，外以舒邻国见逼之威，遂成九庙之安，坐免一城之酷。④

以上数句所言，在在是为张邦昌的开脱之辞。从这一意义上讲，汪藻其实是充当了伪楚词臣的角色。除去《手书》以外，汪藻在伪廷中还草拟过《群臣上皇帝劝发第一表》《上皇帝劝进表》等⑤，这些文书与《手书》相似，虽是为劝请赵构登基而作，但文中亦多有美饰张氏之词。

那么宋朝士人又是如何评价汪藻与伪楚政权之间关系的呢？笔者在现存宋代文献中并未发现当时有人就此问题参劾汪藻或是对其作出直接的评议，故只能别依一些间接的材料来作考察。建炎元年(1127)张邦昌回归宋廷以后被贬至潭州，当时已任中书舍人的汪藻负责撰写责词《张邦昌责授昭化军节度副使潭州安置制》，徐自明《宋宰辅编年录》载："张邦昌责词，汪

---

① 参见《宋史》卷二四三《后妃传下·孟皇后传》，页8634—8635。

② 《建炎以来系年要录》卷四载建炎元年(1127)四月事："丙寅，邦昌令寺观建圣寿节道场，至壬申罢。侍御史胡舜陟言于邦昌曰：'臣窃见陛下正位元宏，……'"(页112)

③ 参见《宋史》卷三七八《胡舜陟传》，页11670；同书卷三六二《吕好问传》，页11332。

④ 《浮溪集》卷一三，《丛书集成初编》第1959册，页148。

⑤ 《浮溪集》卷三，《丛书集成初编》第1958册，页27—28。

藻所行也。士大夫往往能诵之。"①言及当时士大夫极为谙熟这篇责词，以至多能背诵其文。这一现象颇存微意，就此可引明代陈绎《金罍子》的一则议论与之参证：

> 汪藻代张邦昌《劝进表》云："天下屯危，方苦存亡之未定。而古人事业，惟观济否之何如。使生灵相顾以无归，虽沟渎自经而奚益？辄慕周勃安刘之计，庶伸程婴存赵之忠。"……及邦昌安置，当草制，乃云："方宗社有非常之变，乃人臣思自尽之时。而不能抗虎狼强暴之威，徒欲为鼠雀偷生之计。"何一事而先后是非迥绝耶？……徒随其人之升沉用舍以为是非邪？正文人无学识操行乃尔。②

陈绎议论汪藻撰写制文臧否张邦昌忠奸，随其沉浮，前后毁誉之词差异过大，严厉诟病汪藻操行的阙失。查阅汪藻《浮溪集》，其为伪楚所作《群臣上皇帝劝发第一表》所谓"虽沟渎自经而奚益"，及后来所撰《安置制》所谓"乃人臣思自尽之时"，历历见载书中③，前后矛盾之处明显可见。迟至明代，士人议论前史，尚能作此对比联想，以洞照行止之微，然则南宋士大夫之亲历时事者阅览汪氏前后文辞，则更能体会其中的时势更替、人情冷暖。《宋宰辅编年录》载士大夫谙熟张氏责词，于此颇可想见，其一方面或许是因为当时确实有人称赏该文的事辞允切、指称得当，另一方面则恐怕未必无人借以抉发汪藻曾与伪楚合作的前事，以寓今昔差别的讥贬之意。

《三朝北盟会编》引《靖康小雅》诟病靖康时诸臣"或失节求

---

① 〔宋〕徐自明撰，王瑞来校补：《宋宰辅编年录校补》卷一四，北京：中华书局，1986年，页885。

② 〔明〕陈绎：《金罍子》中篇卷一一，《四库全书存目丛书》子部第85册，济南：齐鲁书社，1995年，页248。

③ 《浮溪集》卷三，《丛书集成初编》第1958册，页27；同书卷一二，《丛书集成初编》第1959册，页137。

存，或叛为敌用，或乘势为奸利，或托疾病而不出，或缄默坐视"，其所列举人物颇多，而吴开、莫俦、孙觌、胡交修、汪藻五人姓名即赫然在列①。此中可以显见词臣群体节操的阙失：后欧、苏时代，其众身处新旧党争的环境已然显露出因势俯仰的摇曳姿态，于此国难之际，则更屈服金人威势，卑词以书降表，巧言以饰伪朝②。其辞章之学在靖康时事的映衬下确实显示出了文格软媚的一面。

二　胡安国、胡寅父子对词臣的非议及词臣的辩驳

两宋之际，胡安国作为一代理学宗师，以研治《春秋》学享誉儒林。在其毕尽一生精力撰著的《春秋传》中，胡安国着意宣扬了华夷内外之辨及君臣尊卑之别的理念，此在金人入侵、伪朝僭立的时代背景中对稳固南宋政权具有积极意义③。对于身处国事变故之中的士人，胡安国要求他们能够守持中正的节义，即所谓"事有恶者不与为幸，其善者不与为贬""天下之大伦有常有变，……贤者守其常，圣人尽其变，……处父子君臣之变而不失其中也"④。以这种议论的义旨来比照上文所述，分明可见词臣群体的失节之行确实是处于胡安国理学理念的对立面上。

那么靖康国难之际，胡安国的遭际与行止又是如何呢？胡

---

① 参见《三朝北盟会编》卷八七，页652。

② 汪藻《吴开莫俦散官安置制》云："朕惟国家励名节于百年之余，尊士夫于众人之上。非以周旋于闲暇，盖将责望于艰危。……具官某，早缘推择，进躐近班，当君亲蒙犯于氛埃，至臣子盗称于名字。"（《浮溪集》卷一二，《丛书集成初编》第1959册，页145）。这一段责词作为对靖康词臣群体包括汪藻在内行止的评价，确实颇为合适。

③ 参见刘玲娣：《胡安国政治思想及其实践略论》，《史学月刊》2002年第6期；张运生：《上下尊卑与义利之辨——胡安国〈春秋传〉政治理念解读》，《船山学刊》2010年第3期。

④ 〔宋〕胡安国：《胡氏春秋传》卷一一，《景印文渊阁四库全书》第151册，页92。

寅《先公行状》载靖康元年(1126)八月胡安国除中书舍人,十月即外放知通州①。然则当年闰十一月金军攻破汴京时他已然离京,避免了与金人接触,可谓是"事有恶者不与为幸"。至于胡寅,汴京陷落时他作为校书郎留滞京师,但在事乱时"逃太学中以避乱"②,由此避免了与金人及伪朝的牵扯,亦保持了宋朝臣子的操节。

靖康之际胡安国、胡寅未有陷身失节之事,南宋初期他们父子基于自身的理学理念及道德上的优势,对于靖康失节词臣颇有贬斥之议。上节之中我们已然述及胡安国、胡寅非议汪藻、孙觌之事:胡安国曾参劾孙觌"尝草降表,贬薄二圣,死有余责",此为建炎元年(1127)事,胡安国时任给事中的谏官之职③。胡寅则在寄致宰相的信札中微议朝廷"以汪藻、孙觌能文而使之掌制"的用人之举,此为绍兴八年(1138)事④。除此而外,胡寅还非议过吴开、莫俦。绍兴五年(1135)朝廷赦免吴开,许其自便,命胡寅草制,胡寅拒绝,由此上《缴吴开逐便》奏章指斥吴、莫"将祖宗一百六十年神器,泣涕来往,交割与叛臣张邦昌","贷死投荒,失刑甚矣"⑤。对于胡交修,胡寅亦曾致以贬责,孙觌《(致)朱侍御(倬)书》之二透露过胡寅参劾胡交修之事:

> 宰相何㮚、刑部侍郎程振、起居郎胡交修与某(按:即孙觌)四人同撰(降表),而某下笔。……后数年,胡交修从台州来访,某曰:"有谤公表中毁宗庙两语,……乃胡寅所

---

① 参见《斐然集》卷二五,页 524、527。
② 《建炎以来系年要录》卷二,页 57。
③ 参见《宋代京朝官通考》第 2 册,页 505。
④ 上节引及该信,该信所寄对象是其时并相的赵鼎与秦桧。赵、秦并相的时间为绍兴八年(1138)三月至十月,参见《宋代京朝官通考》第 1 册,页 38。
⑤ 《斐然集》卷一五,页 319。

为也。"①

该信回忆靖康宋臣草拟降表之事，言及胡交修亦参与其中，后为胡寅所劾。所谓"毁宗庙两语"，指靖康降表中"祸延祖宗，将隳七庙之祀"一句②，该句语涉皇室宗庙，胡寅当是据此奏论胡交修对赵宋祖考有不敬之罪。信中提及胡交修是"从台州来访"时得知被劾之事的。绍兴十年（1140）冬胡交修始除知台州事，十二年（1142）正月即卒于该任③。然则他被胡寅参劾当在此一时段或稍前。

对于胡安国、胡寅的非议，词臣群体绝不予以承认，以孙觌《（致）朱侍御书》之二为例，该信即载有他与胡交修的辩驳之词：

> 交修又曰："今有谈人短长，如其人朋友亲戚在坐，则不敢谈矣。又有谈父兄之短于子孙之前者，小必遭诟骂，大必致论诉，岂有人臣为人主作文而毁宗庙，不待识者而后知其不然矣！"某曰："……风俗之衰，变乱黑白，颠倒是非，君父尚不免，如某么么，何足道哉！"④

胡交修、孙觌对答之间，称"岂有人臣为人主作文而毁宗庙"，这即是在暗示降表之撰是为钦宗代言，得其许可，并非他们私自表述隳毁宗庙。从中我们颇能体会胡、孙的言外之意是要将草拟降表的罪责尽归于钦宗。这正体现出这类人物悦主耳目、临事卸责的行事作风，他们有亏臣节的推诿态度与理学之士以义

---

① 《鸿庆居士集》卷一二，《景印文渊阁四库全书》第 1135 册，页 130—131。

② 〔金〕佚名编，金少英校补，李庆善整理：《大金吊伐录校补》，北京：中华书局，2001 年，页 352。

③ 胡交修知台州时间参见〔宋〕孙觌：《宋故端明殿学士左朝散大夫致仕安定郡开国侯食邑一千户赐紫金鱼袋赠左中大夫胡公（交修）行状》，《鸿庆居士集》卷四二，《景印文渊阁四库全书》第 1135 册，页 462。又《建炎以来系年要录》卷一四四载："（绍兴十二年正月）端明殿学士、知台州胡交修卒。"（页 2711）

④ 《鸿庆居士集》卷一二，《景印文渊阁四库全书》第 1135 册，页 131。

理自任的道德担当确乎异调。

进入南宋以后,孙觌撰有多篇书序、墓志、行状文字,大力称述汪藻、莫俦、胡交修的学行,与胡氏父子的非议之词形成鲜明的比照。如其《浮溪集序》云:

> 公(按:即汪藻)馆阁时,方以文章为公卿大臣所推重,……后十五年,公以儒生宿学当大典册,……所谓常、杨、燕、许诸人,皆莫及也。①

又如其《翰林莫公内外制序》云:

> 公(按:即莫俦)尝以中书舍人直学士院,一夕召公独草六制,……公解衣据案,一挥而就。……去国二十年,每读公书,两朝(按:指徽宗、钦宗两朝)文物之盛炳然在目。②

又如其为胡交修所撰行状云:

> 公(按:即胡交修)两除词掖(按:即词垣),三侍经幄,再入翰林为学士。……父祖子孙,皆以文章翰墨为邦国之华。③

在这些公开撰述的文章里,孙觌丝毫不及对靖康往事的反思,而是极力表彰他这些词垣同侪们的辞章之学、典册手笔以及所承受的朝廷宠遇,从中分明可见词垣中人本于自身清贵位势的优越感,以及相与矜夸、炫示士林的张扬态度。

以上述论中我们基于靖康国难的历史背景,考察了理学家胡安国、胡寅父子与当时词臣群体行事、议论的不合,展示出他

---

① 《鸿庆居士集》卷三〇,《景印文渊阁四库全书》第1135册,页299。
② 《鸿庆居士集》卷三〇,《景印文渊阁四库全书》第1135册,页304—305。
③ 《宋故端明殿学士左朝散大夫致仕安定郡开国侯食邑一千户赐紫金鱼袋赠左中大夫胡公行状》,《鸿庆居士集》卷四二,《景印文渊阁四库全书》第1135册,页462—463。

们两方的对立态势。绍兴五年(1135)胡寅除中书舍人，以理学家的身份立场而进入词垣任职。可以想见，胡寅与周遭的词臣群僚因为观念立场的不同，彼此之间应颇易于产生矛盾分歧，而前引《宋史·胡寅传》所谓"妒忌者众"之语正印证了这一点。以下我们就从这一角度来对此事的意义作出详细的探析。

三 胡寅在词垣中的言行及与词臣的矛盾

绍兴五年(1135)胡寅任职中书舍人期间，上奏过多封《轮对札子》，其中第二封言及词臣文风之事：

> 臣闻孔子定《书》，载帝王典诰誓命之篇，垂法万世，其要在于教戒箴警，初无溢美溢恶之辞。所谓大哉王言，言之必可行也。臣窃见比年以来，书命所宣，多出词臣好恶之私意。遇其所好，则誉庄、跖为夷、齐；遇其所恶，则毁晋棘为燕石。极意夸大，有同笺启；快心摧辱，无异诟骂。使人主命德讨罪之言，未免于玩人丧德之失。是岂代言为命之法哉？夫文者，空言也；言而当则为实用，善者帖焉，恶者惧焉，其有益于治，不在赏罚之后矣，而非空言也。曾谓是可忽乎？臣愚伏望陛下申谕外制之臣，以饰情相悦，含怒相訾为戒。褒嘉贬绌，务合至公。词贵简严，体归典重。庶几古昔诰命之意，以成一代赞书之美。取进止。①

以上言论指摘了词臣撰书制诰之文有失代言之义，前引《宋史》胡寅本传所载即源于此文。胡寅上奏此札，就词垣当下之事发表议论，字面上并未直接提及靖康之事。但如果我们深入追索此封奏札的思想背景，则颇能寻绎出其中反思靖康的情绪印记。

---

　　① 《斐然集》卷一〇，页216。

首先来看此札中指摘词臣操品的内容。胡寅批评朝廷词臣撰作制文，凭一己好恶之私极意毁誉大臣，是为"玩人丧德"之失。这一批评与他对靖康词臣失节的诟病所涉话题虽有不同，但批判的态度却有相通之处。为阐述清楚这一点，我们可举汪藻的一则事例以为参照。杨万里《诚斋诗话》载：

> 李纲罢相被谪，汪彦章行词云："朋党罔上，有虞必去于驩兜；欺世盗名，孔子有诛乎正卯。"又云："专杀尚威，伤列圣好生之德；信谗喜佞，为一时群小之宗。"客有问彦章者曰："内翰顷有启贺伯纪（按：即李纲）拜相云：'孤忠贯日，正二仪倾侧之中；凛气横秋，挥万骑笑谈之顷。'又云：'士讼公冤，亟举幡而集阙下；帝从民望，令免胄以见国人。'与今谪词，一何反也？"彦章曰："某此启自直一翰林学士，渠不用我，故以后词报之。"①

李纲建炎元年（1127）五月除右仆射，八月除左仆射，同月罢相，十一月因张浚参劾，被贬至鄂州居住②。时任中书舍人的汪藻为之撰《李纲落职鄂州居住制》③，文中多有丑诋之词。当时士人由此联想到李纲除右相之际汪藻所撰的《贺李纲右丞启》④，文中多有美饰之语，前后二文反差过大，以此询问汪藻。汪藻答称李纲任相期间不曾将自己擢为翰林学士，故以丑词报复。汪藻所为正合胡寅对词臣"遇其所好，则誉庄、跖为夷、齐；遇其所恶，则毁晋棘为燕石""饰情相悦，含怒相訾"的责备之语。而《诚斋诗话》中士人将汪藻的制诰与书启相提并论，又可与胡寅"极意夸大，有同笺启"之言相参证。于此可见，汪藻其事反映

---

① 《杨万里集笺校》卷一一四，页4388。
② 以上时间节点参见《建炎以来系年要录》卷五、卷八、卷一〇，页137、226、229、269。
③ 《浮溪集》卷一二，《丛书集成初编》第1959册，页138。
④ 《浮溪集》卷二三，《丛书集成初编》第1960册，页263—264。

出的情况正对应于胡寅所指摘的内容。李纲被贬之际，胡安国曾经上疏为其辩护①，胡氏父子对于李纲罢相的本末定然了解甚详，胡寅很有可能阅读过汪藻的这篇责词。然则颇可想见，绍兴五年（1135）胡寅撰述这封奏札之时，汪藻的往事或许正是萦绕在其心中的事件之一。另需说明一点，胡寅上递奏札，其字面所述主要是针对"外制之臣"而言，这或许是因为其时胡寅位居中书舍人，职是之故，不便越级对内制词臣表达意见。而《诚斋诗话》记载士人与汪藻对答称其为"内翰"，则汪藻当时已任翰林学士②。由此可见，胡寅所指出的这种问题其实在内制词臣亦所难免，可以说存在于整个词臣群体之中。

前文所述靖康前后汪藻为张邦昌撰写表文、责词之事颇可与以上事件作一比较。笔者承认二事所涉的时事有所差异：前者关乎国难之时臣子的出处大节，后者则是一朝之中官僚的个人恩怨。然而察其内涵，我们则可发现二事皆展现了汪藻在权势更替之际，根据一己得失利害见风使舵的行事作风。二事前后相承，某种程度上反映出词臣群体缺乏原则的处世态度一直未见改观。这些事迹对于胡寅而言，自然皆是文人无行与丧德的表现。他议论靖康前事，诟病词臣的失节行止，处于词垣之中，又非议他们日常的撰文。此二议论虽所处场合及所论问题有所差异，但其所持的批判态度却是一脉相承的。从这一意义上可以说，该封奏札隐然延续了胡寅反思靖康的情绪。

其次来看此札中矫正词垣文风的意见。胡寅主张撰作制文须"词贵简严，体归典重"，此一议论虽在札中表述得较为简略，但亦值得注意，颇可与胡寅中书舍人任职期间的其他议论如"夫有志于世者，立德立功是谓不朽，若夫词章末技，非予所

---

① 胡安国所上疏文见《建炎以来系年要录》卷一〇，页 271—272。
② 汪藻于建炎四年至绍兴元年（1130—1131）任翰林学士，参见《汪藻年谱》，《宋四家词人年谱》，页 261—265。

以望于多士也""议论持正而弗阿,文词务实而有补"相参证①,
可谓秉承了理学之士反对辞章藻饰的一贯态度。除此而外,此
论其实还寓有反思靖康国难的意义。为说明这一点,我们可引
胡寅在词垣中所撰的一篇制文《朱震中书舍人》与之相参:

> 昔者周穆继南征之后,而无讨贼之心,至于平王为东
> 迁之君,而无兴复之志。观其书命,与成、康之世无异,君
> 子是以知周德之衰矣。呜呼！有能宣我恻怛难喻之情,如
> 奉天制书,以助中兴之烈者乎！②

该篇制文言及周代穆王南征、平王东迁以后,朝中书命之辞依
然与成、康升平之世无异,不存讨贼复兴的志愿。此即是以议
论周史而影射靖康以后宋廷词臣依旧只凭辞章之学粉饰朝廷,
无以扬显恢复之志的弊端。该则议论正可视为胡寅提倡"简
严""典重"文风背后的意蕴,他希望词垣作出改变,摒弃粉饰之
风,以简洁庄严的制诰之文使人心谨肃于中兴事业。

　　以上便是对胡寅奏札思想背景所作的考察。胡寅的主张
并不仅仅停留于奏札的议论,他撰写制诰,更身体力行地实践
了自己提倡的文风,此即其《宋史》本传所谓"所撰词多诰诫"。
胡寅的这些言行最终招来"妒忌者众"的敌视。下文即拟以"所
撰词多诰诫""妒忌者众"的片段记叙为由头,来详细考索胡寅
以反思靖康的诫语草制,因而引发忌恨的人事经历。然而检览
史籍,笔者却未能发现现存文献载有相关具体的史事,这使得
此一考察工作无法获得可资利用的直接材料。面对这一局限,
我们只能借助"了解之同情"的历史想象力,合理参稽间接的旁
证材料来映照上述的片段记叙,试图提供一种虽不中亦不远的

---

　　① 〔宋〕胡寅:《张嵲秘书省正字》《刘大中中书舍人》,《斐然集》卷一二,页
261、263。
　　② 《斐然集》卷一二,页266。

描述，尽量弥补史料的不足。笔者并不期待此一论述能够精确还原史事的本来面貌，而更愿意将之称为一番重构的工作。

我们先来征引一则有关胡寅草制的史料。《宋会要辑稿》载绍兴五年(1135)七月三日事：

> 直学士院胡交修言："胡世将乞宫观，令学士院降诏不允者。契勘世将系是从侄，所撰词显属妨碍。"诏差中书舍人胡寅权直学士院撰行。①

本年胡交修任直学士院，胡寅在中书舍人任上曾权直学士院之职代胡交修为其从侄胡世将草拟乞请宫观的不允诏书，以就其回避亲嫌之意。此一草制之务见录于《宋会要辑稿》，本为官方档案中一则例行公事的记录，略不存褒贬扬抑之意。然而，就本节的论述而言，该事对于重构胡寅词垣草制的人事环境却具有特殊的价值：我们如果以之与其他史料记载相参稽，即会发现，其事既勾连着因靖康前事而存在的人事龃龉，又能牵引出制文诫语所带来的不悦观感，颇可揭示胡寅与其周遭词垣氛围的不谐之迹。

首先来看其事所勾连的基于靖康前事的人事龃龉，此主要指胡寅与胡交修的关系而言。前文已然述及绍兴十年至十二年(1140—1142)或稍前胡寅参劾胡交修撰书降表之事。绍兴五年(1135)参劾之事虽未发起，不过亦可想见，因为对靖康前事观点、立场不同，当时胡寅与胡交修的交往绝不会亲密，胡寅对于靖康的一贯论调甚或会使胡交修感到难堪。

其次来看其事牵引出的对于制书诫语的不悦观感，此主要指胡寅为胡世将所撰的制诰而言。胡世将其人在前文未予论及，关于他靖康时的出处大节及与胡寅的人事关系，现存文献

① 《宋会要辑稿》"职官"六，页3188。

并无明确记载,不过我们可以通过间接史事来作一番推究。高宗当政初期的绍兴元年(1131)八月胡世将任吏部员外郎,其时他有一件向高宗陈情之事,《建炎以来系年要录》载:"胡世将奏其兄唐老靖康中尝建议除上(按:即高宗)为大元帅,且为之请谥。上曰:'当时之事,亦偶然耳,何功之云?'"①胡世将之兄胡唐老在靖康之乱中身陷敌手、屈事金人②。他去世后,胡世将称述他曾有过拥戴高宗之举,为之向朝廷请谥,高宗不以为然。此事虽主要关涉胡唐老的是非功过,但从其侧面颇能见出胡世将在靖康中没有失节之迹,否则他很难向高宗提出此请。另外,此事之后一个月,胡世将即由吏部员外郎转官为监察御史③。他的此番改任在官阶上虽不算升迁④,但其新职是在朝中担当监察之责,其本身行止应无明显的污点可被他人指摘,这益可见出胡世将此前没有失节之迹。然则之于靖康前事,胡寅、胡世将之间应不存在明显的对立之势。

不过,绍兴七年(1137)赵鼎曾在一封奏札中有过如是的进言:"今之清议所与,如刘大中、胡寅、吕本中、常同、林季仲之徒,陛下能用之乎?妒贤党恶,如赵霈、胡世将、周秘、陈公辅,陛下能去之乎?"⑤赵鼎向高宗臧否当时人物,明确将胡寅、胡世将归入褒扬、贬抑截然不同的两个群体。即此议论,我们固然无法认定胡寅、胡世将存有必然的矛盾冲突,但应是颇能觇见他们二人的行止异趣、风评不同,然则由此当可推知此二胡之间的关系至少是渊源颇浅、人事疏离的。

那么胡寅在公事程序中会以怎样的文风来为胡世将这样

---

① 《建炎以来系年要录》卷四六,页976。
② 参见《宋史》卷四五三《忠义传八·胡唐老传》,页13333。
③ 参见《建炎以来系年要录》卷四七,页998。
④ 元丰改制后,吏部员外郎的品阶为正七品,监察御史为从七品,参见《宋代官制辞典(增补本)》,页220、421。
⑤ 《建炎以来系年要录》卷一一四,页2131。

的人物撰述乞请宫观的不允诏书呢？很可惜，胡寅所草的这篇诏书未能收入其集，已然亡佚。然而，在不久以后的十月，胡寅另撰有一篇《胡世将兵部侍郎》制文，存于《斐然集》中。同是为胡世将所撰的制诰，通过考察后一篇文章的语态，我们或许能够想象出已佚不允诏的某些风格。其文云：

> 六官贰卿，侍臣高选，古大夫之职也。闻事而不闻政，大夫耻之。然则守绳墨簿书之细，而于周公分职之本旨不及知焉，岂侍臣之体哉？具官才气敏达，辅以艺文，由持橐之近联，当维藩之重寄，具有声实，孚于师言，兹用召还，为小司寇。今四郊多垒，奸宄窃发，尔其思明邦禁、诘暴乱之道，祗佐戎辟，勿以有司自处。尚克钦哉！①

这篇制文不尚辞藻的偶切、铺陈，对于胡世将的褒赞只是简单数语。与之形成鲜明比照者则是文中多所阐发的"诰诫"之词，如"守绳墨簿书之细，而于周公分职之本旨不及知焉，岂侍臣之体哉"，这是以反问的语气训示胡世将不应仅仅墨守职事的细枝末节，而当充分领会上古圣贤设官分职的宏远义旨。又如"尔其思明邦禁、诘暴乱之道，祗佐戎辟，勿以有司自处"，则是以耳提面命的语气告诫其不应消极地因循于职分之常，而当积极有为，深刻领悟臣子明法止暴之道，勠力为君主效命②。这篇制文在靖康之变后"四郊多垒，奸宄窃发"的时事背景下，显示出严肃甚至是严厉的态度。从中我们或许可以想见胡寅为胡世将所撰的不允诏书也有类似的风格。胡寅这类制文的风格彰显出理学之士超越职守常态的义理追求，为理学中人所称

---

① 《斐然集》卷一三，页 280。
② 胡寅另有《吕祉权兵部侍郎》制文，中有"勿以司存之常守"之语（《斐然集》卷一三，页 273），语意与"勿以有司自处"相同。

赏,如朱熹对门人论及南宋"西掖制词"(即外制制词)时即有云:"胡明仲(即胡寅)文字却好。"①

胡寅这种"诰诫"式的笔法并不符合其周遭词臣群体例行的制诰文风,即以有关胡世将的除官制文而言,除去以上胡寅所撰的一篇以外,尚有数篇存世。其中绍兴三年至四年(1133—1134)张纲任职中书舍人期间撰有四篇有关胡世将的制文②,我们略取其中一篇《胡世将除礼部侍郎》与胡寅制文作一比较:

> 朕当艰难之时,尤谨于礼;故凡典司之任,必择其人。眷乃秩宗,实为高选;若时置贰,用采公言。具官某风猷静渊,器质通敏。蚤发挥于事业,浸扬历于禁严。炳若词章,深得代言之体;粹于议论,屡殚造膝之忠。昇方面以宣劳,总中权而兼制。化行里俗,荒畴渐复于春耕;令肃兵屯,外户不闻于夜闭。方渴论思之助,宜还表著之联。往副六卿,遂典三礼。夫出维周翰,既已臻卖刀买犊之风;则入备汉仪,岂复忧拔剑击柱之事。勉励凤夜,用副简求。

绍兴四年(1134)正月胡世将除礼部侍郎③,张文之作早于胡寅所撰一年有余。张文虽然也言及"艰难"的时事背景,但其整体的风格却是典型的升平气象:其文辞藻华丽,语态舒缓,句式骈俪,内容铺陈,中有大量褒奖之语,略无一句训诫之词。张纲此篇制诰是当时词臣代言除官制文的正格之体。可以想见,胡世将阅及张文,当会悦怿于其辞的温雅宽缓。相形之下,胡寅的

---

① 《朱子语类》卷一三九,页 3316。

② 张纲中书舍人的任期参见《宋代京朝官通考》第 2 册,页 111—112。其所撰四篇胡世将除官制文依次为《胡世将知镇江府》《胡世将除礼部侍郎》《胡世将除刑部侍郎》《胡世将除徽猷阁直学士知洪州兼安抚制置使》,参见〔宋〕张纲:《华阳集》卷一、卷五、卷六,《景印文渊阁四库全书》第 1131 册,页 4、29、32—33、35—36。

③ 参见《宋代京朝官通考》第 3 册,页 469。

文风则明显显得峻切了。前已论及胡寅、胡世将之间本就关系疏远，然则胡世将阅及胡文，面对其中论议的严厉措辞，其内心恐难免生发不悦甚或愠怒之意。至于其他词臣，恐怕也会对胡文迥异群伦的风格感到不以为然。

通过以上考察，可以见出《宋会要辑稿》所载的这件史事蕴含着两重对立的张力，即胡寅与周遭词臣在政治立场与撰文风格上的格格不入。这两重张力交织关联地隐现于一则史料之中，我们以其为线索来寻觅资材，搭设框架，选择角色，体味情绪，重构了一个充斥着潜在矛盾的历史情境。胡寅身处其中，既无法与周遭的词臣群侪达成妥协，又难以取悦领受制诰的对象，势必招致多方的敌视。于此，这番论述或许可以为前述《宋史》"所撰词多诰诫""妒忌者众"的片段记叙提供一个间接的注脚。

本节以胡寅的仕宦经历为线索，论述了其在反思靖康之变的时代情绪中与词臣群侪产生的矛盾龃龉，此一个案研究揭示了南宋初期理学之士与词学之臣分野之势的一个面相。本节所述的胡安国、胡寅父子为理学界中性格刚烈的人物，以他们的言行来比照词臣群体的作风，更易于凸显对立两方的张力，此对本章分野之说的论旨而言，自是尤有印证之效。然而，必须说明的是，本章论旨的性质属于一种理想型的建构，而非定律式的判断。其实，在微观个体层面的考证上，我们颇能觅得该论旨的反证之例。南宋初期，以理学家身份进入词垣任职者并非仅有胡寅一人，而这类士人的性格又非个个皆如胡氏父子刚烈。他们之中亦不乏作风和缓者，这类人物任职词垣，一方面既能守持理学义理的中正之道，另一方面又能与词垣的常态氛围存有相当余裕的融通空间，从而展示出有别于胡氏的风度——当时与胡安国交谊深厚的理学家朱震即是此例。以下我们增设一篇附论，在介绍朱震理学背景、词臣履历的基础上，详析其在词垣中草制、行事的风格。期望此一论述能以一则个体的实例为本章论旨适用的范围划定一条明晰的界限。

附论 朱震在词垣中的制文撰述与行止作风

朱震出自谢良佐门下，为程颐的再传弟子，以研治《易》象之学著称于世①。朱震与胡安国交谊甚笃，《宋元学案》将其列为"武夷讲友"②。朱震年龄虽长胡安国两岁，但登科、入仕较胡氏为后达③，所以反是他在早期仕宦中受到胡安国的赏识与举荐④。绍兴四年（1134）朱震被高宗征辟入朝，在赴与不赴间颇为踌躇，曾向胡安国请教"出处之宜"⑤。后朱震终是入朝，在经筵为高宗讲解《春秋》，又向胡安国借阅所著《春秋》传注，胡氏因而向其备言自己研治《春秋》的心得体会，勉励其"要当正学以言，不当曲学以阿世"⑥。绍兴七年（1137）胡安国向朝廷进献所著《春秋传》，朱震特请高宗予以嘉奖⑦。绍兴八年（1138）二月、六月胡安国、朱震相继亡故⑧，高宗曾云："杨时物故，胡安国与震又亡，朕痛惜之。"⑨以二者并举于二程高弟杨时之后。南宋荆门军学曾建有并祀胡安国、朱震的祠堂，名之为"胡文定朱

---

① 参见《宋元学案》卷三七，页1252—1253。
② 参见《宋元学案》卷三四，页1180。
③ 朱震生于熙宁五年（1072），胡安国生于熙宁七年（1074），参见《宋人传记资料索引》，页585、1591；胡安国绍圣四年（1097）进士及第，朱震政和五年（1115）年进士及第，参见《宋登科记考》，页439、563。
④ 《宋史》卷四三五《儒林传五·朱震传》载朱震仕宦早期，胡安国对他的赏识与举荐："（朱震）登政和进士第，仕州县以廉称。胡安国一见大器之，荐于高宗，召为司勋员外郎。"（页12907）
⑤ 《先公行状》，《斐然集》卷二五，页558。
⑥ 《先公行状》，《斐然集》卷二五，页553。
⑦ 参见《建炎以来系年要录》卷一〇九，页2051。
⑧ 参见《建炎以来系年要录》卷一一八、卷一二〇，页2198、2245。
⑨ 《宋史》卷四二八《道学传二·尹焞传》，页12735。

汉上庐"(胡安国谥文定,朱震世称汉上先生)①。以上事迹在在可以见出胡、朱渊源的深厚。

朱震略迟胡寅数月,于绍兴五年(1135)八月担任中书舍人②。其除官制文《朱震中书舍人》即由胡寅所撰,前文已然论及胡寅该文对于当时词臣以辞章粉饰朝廷的指摘态度。在此番基调之下,胡寅称赞他这位父执辈的人物"学博而造深,行和而志正,以道献替"③。这里所谓的"道",主要是指理学义理而言。胡寅显然是期待朱震掌行制诰,亦能以理学家的义理担当来矫正词臣的浮华风气。朱震以后的词垣职任颇有晋升,于绍兴六年(1136)除翰林学士,从此居于翰苑,直至八年(1138)卒前致仕④。

朱震没有别集传世,其制诰篇什大多已然亡佚,《全宋文》辑得其少数几篇制文,如《尹焞除崇政殿说书告词》《释罪囚德音》《赵鼎罢左相制》《张浚罢右相制》《秦桧拜右相制》⑤。在这有限的数篇文章中,我们依然可以一窥朱震的草制之风。此中《赵鼎罢左相制》《张浚罢右相制》两篇尤值注意,此二制文为绍兴六年至七年(1136—1137)朱震在翰林学士任上为赵鼎、张浚先后罢相之事而撰,颇涉南宋初期赵、张二相相与对立的时政背景。朱震在人事上与赵、张存有明显的亲疏之别,且又亲身受到过二相失和事件的波及。然则他掌行二制,会怎样品评人物、属词运藻？对此我们来作一较详的考察,并进而以之与前

---

① 参见〔宋〕王象之：《舆地纪胜》卷七八,北京：中华书局,1992 年,页2564。

② 参见《宋代京朝官通考》第 2 册,页 113。

③ 《斐然集》卷一二,页 266。

④ 参见《宋代京朝官通考》第 1 册,页 700—701。

⑤ 参见《全宋文》第 142 册,页 174—177。《全宋文》据《宋宰辅编年录》录《韩世忠除枢密使制》一文,云为朱震所撰(同册,页 177—178)。但该文写作时间为绍兴十一年(1141),朱震早在绍兴八年(1138)已卒,恐《宋宰辅编年录》本身记载有误。

文所述胡寅、词臣群侪草制的不同格调进行比照，如是庶几能够察见朱震制文风格之一端。

赵鼎、张浚皆为两宋之际亲善理学的士大夫，然而绍兴五年至六年（1135—1136）二人分任左、右丞相时①却在内朝事务、边地守战等问题上颇存嫌隙分歧，是相对立的两派人物。在人事关系上，朱震与张浚往来疏远②，而与赵鼎至为密切，一直受到赵鼎举荐与提携。绍兴四年（1134）即是时任参知政事的赵鼎向朝廷推荐朱震，才有高宗征其入朝之事③。又绍兴五年（1135）高宗建资善堂，令时为皇子的孝宗出阁入堂，就傅读书，又是赵鼎提出朱震堪任赞辅孝宗的翊善之职。然而亦即此事，成为赵鼎、张浚之间"始有隙"的导火索④。南宋时期立场倾向赵鼎的史著《赵鼎事实》记载："是时建资善及命官（按：即任命翊善之职）与出阁之日，适张浚在外，故憸人得以间之。"⑤其言委婉地透露出当时张浚因在外治事，未及参议孝宗就学的事宜，由此对赵鼎颇怀嫉妒之意⑥。此事关涉朱震，然则他可谓是亲身受到赵、张失和事件的波及，而与张浚存有隐然的对立。

绍兴六年（1136）赵鼎、张浚在对外守战问题上产生分歧，

---

① 参见《宋代京朝官通考》第 1 册，页 37—38。

② 现存史料并未显示朱震与张浚存有私交，二人只是在公事程序上有过交集，如《建炎以来系年要录》卷一○八载绍兴七年（1137）事："翰林学士、兼侍读朱震引疾乞在外宫观，不许。先是，董弅免官，震乃白张浚求去。"（页 2030）又张浚之子张栻与其门人陈概在答问之间有云："某近裒集伊川、横渠（按：即张载）、杨龟山（按：即杨时）《系辞说》未毕，亦欲年岁间记鄙见于下。如汉上之说杂而不知要，无足取也。"（〔宋〕张栻：《南轩集》卷三○，杨世文点校：《张栻集》，北京：中华书局，2015 年，页 1228）张栻全然否定朱震的《易》学，此显非是对父执辈人物的语态，由此颇可察知朱震、张浚关系的疏远。

③ 参见《宋史》卷四三五《儒林传五·朱震传》，页 12907。

④ 参见《建炎以来系年要录》卷八九，页 1727。

⑤ 《建炎以来系年要录》卷八九，页 1728。

⑥ 关于赵鼎、张浚之间的矛盾，可参见管琴：《行状文本书写与历史真实的显隐——以朱熹〈张浚行状〉为例》，《文艺研究》2019 年第 12 期。

赵鼎建议高宗退居临安以为守计，张浚则主张高宗驻跸金陵以图战机。此时适逢张浚所辖部曲击溃伪齐攻势，张浚借此却敌之功，讽侍从、台谏等弹劾赵鼎，赵鼎自亦上章求去，遂罢相，出知绍兴府①。朱震掌行《赵鼎罢左相制》，对于赵鼎略无贬语，而多致赞辞，如称扬其"惇厚以有容，静重而不挠。金石弗移于燥湿，盐梅交致于和平"，等等。此一论调以朱震与赵鼎的深厚渊源而言，自为题中应有之义。而更值注意的是，不同于胡寅制文文辞峻切，力图凸显国祚危难的艰险时局，朱震该文语态舒缓，着意营造的是国运昌隆的太平气象。如其称道赵鼎出知绍兴府时即有云："崇止足以辞荣，虽高勇退；尚清闲而闭阁，谅以优为。矧兹瓯粤之区，无若会稽之善。在形势有金汤之固，于封圻为唇齿之邦。不劳施为，可以卧治。"②此段铺陈之辞俨然是在描述一幕朝中宰相退居地方、清简政务、安享尊荣的治世之景，略无"四郊多垒，奸宄窃发"的时艰之迹可寻。从此一意义上讲，朱震的制诰文风与胡寅之文并不同调，而属于词臣群体润色升平的正格之体。

赵鼎去位不久以后的绍兴七年（1137），张浚任人失宜，导致淮西宋军内讧相杀，叛附金人③。他因此亦被参劾罢相，其罢相制文仍由朱震掌行。以前述朱震亲近赵鼎，而与张浚隐然存有对立的态势度之，我们应可想见，其时朱震私下对于张浚未必不存微议。又当时言官弹劾张浚，普遍致以严责之词，如谓其"轻而无谋，愚而自用，德不足以服人，而惟恃其权""轻脱寡谋，失机败事""妄作威福，……其罪合诛"等④，似已为评判张浚的过责奠定了基调。然则朱震会以怎样的言辞来草拟这篇制

---

① 参见《宋宰辅编年录校补》卷一五，页1014。
② 《全宋文》第142册，页176。
③ 参见《宋宰辅编年录校补》卷一五，页1020。
④ 《宋宰辅编年录校补》卷一五，页1020—1021。

文呢？通览《张浚罢右相制》，我们却未能发现文中存有任何丑诋或是严责的言论。其文首先称述张浚以往的功绩，谓其"顷尝奋身，事朕初载。入勤王室，位冠枢机；出捍疆陲，谋颛帷幄"等等，所言较为符合张浚立身行事的大端；其次述及张浚当下的错失，指其"抚御失当，委付非才，军心乖离，卒伍亡叛。邮传沓至，骇闻怨怒之词；封奏踵来，请正失谋之罚"。用语亦颇平和，只是叙述兵变其事本身，并未如言官之众借贤愚之辩、权德之议施以严责之评；篇末云"枸邑遣兵，邓禹致威权之损；街亭违律，武侯何贬抑之深。尚继前修，往图来效"①，则更是以东汉协助光武建国而威损枸邑之邓禹②及三国辅佐蜀汉存续而痛失街亭之诸葛亮比拟张浚，期之以承续前善、以图后效之功，其言所寓慰勉劝励之意甚明。朱震这篇制文能够摒除私交的亲疏，以中允的态度评价张浚的功过，这一作为与前述汪藻因不得翰苑之职，即以制词诋毁李纲为骥兜、少正卯，谓其"伤列圣好生之德""为一时群小之宗"之举相较，二者境界的云泥之别自可立判。从此一意义上讲，朱震的制诰文风又可谓秉持了理学人物中正的道德，而与词臣群体"饰情相悦，含怒相訾"的风气界限分明。

　　由以上对朱震制文的论析，我们颇能觇见理学人物置身词垣的另一种风度：朱震掌行制诰，既能恪守理学义理的中正之道，又与词臣群侪的通行文格存有相当余裕的融通空间。如果说胡寅制文展示出理学中人严峻刚烈、义理责人的一面，那么朱震制文则彰显了此中人物敦厚和缓、仁恕待人的一面。

　　朱震在词垣中的和缓态度并不仅仅停留于制文撰述的内

① 　《全宋文》第 142 册，页 175。
② 　参见《后汉书》卷一六《邓禹传》，页 603—604。

容与风格,还反映在日常处事的行止之中,与胡寅之辈亦可形成对照,对此我们可举二事作一论述。首先来看陈公辅排击理学之事。绍兴六年(1136)十二月时任左司谏的陈公辅上章攻击程颐一派的理学之士,指斥其为"趋时竞进、饰诈沽名之徒"①。当时朱震在朝而"不能诤"②,未对陈氏的章奏作出反驳。此事继续发酵,至次年正月,朝廷因陈氏章奏而诏禁伊川之学,中书省草就录黄,已然转呈尚书省礼部准备镂板颁行。中书舍人董弅阻止其事,上书为理学声辩,被罢职外放。彼时朱震方才跟随董弅之后,上书引疾,乞请宫观,以这一姿态间接表达维护理学的立场③。当时胡安国、胡寅父子居于地方④,胡安国有书信致胡寅,对朱震的所为颇有非议之词:

> 子发(按:即朱震)求去晚矣。当公辅之说才上,若据正论力争,则进退之义明。今不发一言,默然而去,岂不负平日所学?惜哉!且复问宰相云:"某当去否?"既数日,又云:"今少定矣。"此何等语?遇缓急则是偷生免死计,岂能为国远虑?平生读《易》何为也?⑤

胡安国对于朱震,一则不满其回应迟缓,认为早在陈公辅上书之初,其就当据理而争,不应耽搁时日;二则指摘其行事低调,只以乞祠的形式"默然而去",未能作出正面的抗争;三则诟病其态度犹豫,多为商量迁延之语,了无决绝取义之概。在这番言论的陈述下,朱震与胡氏父子行止作风的缓急之别可以立见。

---

① 《建炎以来系年要录》卷一〇七,页 2019。
② 《建炎以来系年要录》卷一〇七,页 2020。
③ 参见《建炎以来系年要录》卷一〇八,页 2028—2030。
④ 胡安国自绍兴五年(1135)奉祠家居,参见《先公行状》,《斐然集》卷二五,页 553;胡寅时在严州任职,参见《胡寅年谱》,《崇正辩 斐然集》附录,页 678。
⑤ 《建炎以来系年要录》卷一〇八,页 2030。

其次来看朝议徽宗丧仪之事，《建炎以来系年要录》载绍兴七年（1137）元月事：

> 丁亥（按：即二十五日），……得（金朝）右副元帅宗弼书，报道君皇帝（按：即徽宗）、宁德皇后相继上仙。……时事出非常，礼部长贰俱阙，……一时礼仪（按：即徽宗丧礼），皆秘书省正字、权礼部郎官孙道夫草定。方议论之际，翰林学士朱震多依违（按：即依顺之意）人，或罪其缄默。①

又载同年二月事：

> 庚戌（按：即十九日），吏部尚书孙近等请谥大行太上皇帝曰"圣文仁德显孝"，庙号徽宗。于是监察御史已上先集议，而后读谥于南郊。用翰林学士朱震，给事中、直学士院胡世将请也。②

以上两则史料虽分载《要录》两处，但所记皆为南宋朝廷处理徽宗丧礼的事宜，且彼此时隔不出一月，自可视为同一事件过程中的人事活动。理学人物本于儒学义理的深厚修为，往往自许且被许为深究古礼精义的专家，故其辈多乐于就仪礼问题阐发并坚持自身的独到见解。如第二章引《孙公谈圃》载元祐时程颐依据《论语》之义，力阻群臣在明堂礼后吊祭司马光之事，即是此中显例。朱震时以著名理学家的身份立朝，适逢徽宗崩逝北地，朝中礼官缺员，可以想见，他自会被众人期待来主导朝廷遥奠徽宗的特殊丧仪。然而，朱震的作为却是以"缄默"之态"依违"旁人，略未表达自身的独到见地，宜乎为时人所诟病。颇值注意的是，当时胡世将任直学士院，亦在翰苑供职，朱震与

---

① 《建炎以来系年要录》卷一〇八，页2036。
② 《建炎以来系年要录》卷一〇九，页2045。

之共同向朝廷提出"读谥于南郊"的仪式之请。朱、胡的此番共议或可看作朱震"依违"旁人的一则具体实例。前文述及胡寅草拟胡世将的除官制文，对其多致严厉训示之语，此处朱震则似颇有"依违"其人的迹象，于此比照下，朱震、胡寅行止作风的缓急之别似又可得一展示。

朱震的行止显示出理学中人的另一番作派，他进入词垣，虽在道德观念上与词臣群侪有所出入，但于实际处事中却可与之达成一定程度的融通。朱震之事以其反证的性质，颇可作为一道屏障，防止本章建构的理想型的分野之说被过度地使用。

第三节　理学门第与词臣世家
——胡、洪二族之比较

洪迈《馆阁送胡正字诗序》云：

> （胡宪）归有日，馆阁之士八人，举故事，载酒肴，祖之于国东门之外，相属赋诗。鄱阳洪迈独拱手言曰："先生之去，美矣，而其所以去则不可。夫翘关负乘、击剑驰马，加一日之老亦惫耳，况过七十者乎？至于雍容在廷、标榜后进、坐乎安车蒲轮之上，惧不能老而已，而先生去之，是使黄发皤皤之士，终不一朝居也。且陛下择官以处，奉钱廪粟，岁时诸恩泽甚厚，非所谓无人子思之侧者；满朝贤大夫注意高仰，无公孙子侧目辕固之嫌；儒生文士执弟子礼，恐不得一解颜笑，无有骊驹狗曲之诮。而先生居之若不释然者，往来眉眉，不惮烦于道路，吾党之士未有所闻于先生，若之何？"同舍生嗒曰："畴昔之岁，先生且对延英，以病告，上书公车，卓卓然五千言。今皆略施行。其有补于朝廷多矣，子之云云奈何？"迈竦然曰："迈有罪。"酒阑以往，诸公

　　诗且成，迈醉不遽，惭不暇诗，独序其所以然者。①

胡宪为胡安国从侄，是宋代知名的理学家。洪迈该篇序文撰于绍兴三十一年（1161），当时胡、洪二氏同在朝廷馆阁任职，胡宪任秘书省正字②，洪迈任国史馆编修官③。胡宪时年七十六岁，以老求去，朝廷准其致仕。馆阁同侪依循惯例以诗酒送行，洪迈在席上写下该序。该序以俳谐体的文风撰成，拟设了洪迈与"同舍生"的一番对答之辞。文中洪迈逞辞用典、铺陈议论，称胡宪致仕之事"美矣"，但不当以年老之由求去，因为年老居朝，正可享受尊荣，标榜后进。至于胡宪究竟应以何种原由而去，洪迈并未明言。文中进而列举了"同舍生"的反驳之语，宣称胡宪曾经"上书公车"，有补朝政。最后洪迈"竦然"谢罪。细玩该序的行文，我们可以感知其中所存的微意：其文其实是在以言非若是之辞暗讽胡宪立朝，老而无为。由此可见，该序隐现着胡宪、洪迈关系的不谐之迹。在南宋文化史的脉络中审视这一迹象，笔者认为其不仅显现出他们二人的私交情况，而且还更能间接地揭示出胡、洪两个家族的分殊形势，即理学门第武夷胡氏与词臣世家鄱阳洪氏之间为学处世的旨趣之异。

---

　　① 《鄱阳三洪集》卷九九，页 922。该文之中有几则典故须略作注释："无人子思之侧"之典出自《孟子·公孙丑章句下》："昔者鲁缪公无人乎子思之侧，则不能安子思。"（〔汉〕赵岐注，〔宋〕孙奭疏：《孟子注疏》卷四下，《十三经注疏》，页 2699）"公孙子侧目辕固"之典出自《史记·儒林列传·辕固生传》："今上（按：即汉武帝）初即位，复以贤良征固。诸谀儒多疾毁固，曰固老，罢归之。时固已九十余矣。固之征也，薛人公孙弘亦征，侧目而视固。固曰：'公孙子，务正学以言，无曲学以阿世！'"（〔汉〕司马迁撰，〔南朝·宋〕裴骃集解，〔唐〕司马贞索隐，〔唐〕张守节正义：《史记》卷一二一，北京：中华书局，2013 年，页 3794）"骊驹狗曲之诮"之典出自《汉书》卷八八《儒林传·王式传》："博士江公世为《鲁诗》宗，至江公著《孝经说》，心嫉式，谓歌吹诸生曰：'歌《骊驹》。'式曰：'闻之于师：客歌《骊驹》，主人歌《客毋庸归》。今日诸君为主人，日尚早，未可也。'江翁曰：'经何以言之？'式曰：'在《曲礼》。'江翁曰：'何狗曲也！'式耻之。"（页 3610）
　　② 参见郭齐：《胡宪法行实考》，《宋人年谱丛刊》第 7 册，页 4175。
　　③ 参见《洪迈年谱》，页 116。

　　宋代的武夷胡氏与鄱阳洪氏作为两个文化家族，分别以理学义理、词臣辞章享誉士林。胡氏家族历三代名世，第一代为胡安国，第二代有胡宪、胡寅、胡宏（安国子）、胡宁（安国子），第三代有胡大原（寅子）、胡大正（寅从子）、胡大壮（宏子）、胡大时（宏子）、胡大本（宁子）；鄱阳洪氏历两代名世，第一代为洪皓，第二代有洪适、洪遵、洪迈。以上所列胡氏之三代与洪氏之两代，彼此在政坛学界活动的时间基本重合，皆贯穿了北宋末期至南宋前、中期高、孝、光、宁四朝的时段，颇可算为著称于同时的两个家族。然而，就现存史料而言，传世文献却绝少记载胡、洪二族有过直接往来交涉的事迹，受到这一局限，历来的研究者颇难获得一个由头来关联考虑此二家族的人事。有鉴于此，《馆阁送胡正字诗序》可谓具有独特的史料价值，该文展现出胡、洪二族成员之间一个难得的交集，向研究者提供了一个思考的契机，提示出将两族相与联系进行考察的可行性。本节即以此思路从学术文化、门风家法及仕宦际遇三个方面来对比胡、洪二族之间的差异。进而在此基础上，回到上引《馆阁送胡正字诗序》之撰的时事背景，重构胡宪、洪迈在馆阁共事的历史情境，寻绎此中人物彼此之间的紧张关系。这则个案研究能够从家族比较的角度为本章所论南宋理学之士与词学之臣的分野态势提供又一个具体观照的视角。

一　胡、洪二族的学术文化之异

　　胡氏家学推崇理学义理，洪氏家学矜尚词臣辞章，二族学术文化的畛域分界至为明显。胡寅为胡安国所撰行状载：

　　　　公（按：即胡安国）少时，有作为文章立名后世之意，其后笃志于天人性命之学，乃不复作。故召试辞免之奏曰："少习艺文，不称语妙。晚捐华藻，才取理明。既觉昨非，更无余习。"《文集》十五卷，皆不得已而应者。靡丽无益，一语不及。①

胡安国虽然少习辞章之学，但后来抛弃此业，转而追求义理修养，并终身鄙薄丽辞华藻。相对于此，洪氏一族则以标举文辞为尚。洪适曾述及自己与弟研习词科的事迹：

> 时河南复为王土，(某)尝拟宰臣贺表，以"齐人归郓谨之田"对"宣王复文武之土"，舅氏爱其语，谓某曰："甥若加鞭不休，词科不难取。"乃同二弟闭门习为之，夜不安枕者余岁。既试，偶中选。②

二洪研习词学，得到舅氏鼓励，进取词科考试，此事颇能见出其家的词学氛围。洪迈《容斋随笔》有"吾家四六"条笔记，专录兄长及己所撰的制诰佳句，以为垂范后人之资③。对于理学义理，洪氏中人虽有一定知识上的兴趣④，但终不能服膺其学。洪迈即曾指摘"经典义理之说最为无穷，以故解释传疏，自汉至今，不可概举，至有一字而数说者。……用是知好奇者欲穿凿附会，固各有说云"⑤，对于义理讲论的繁复表示不屑。

以上所述展示出胡洪二族对于义理、辞章褒贬扬抑的迥异态度。然而，值得注意的是，义理、辞章之于胡、洪而言，并不仅仅是两块不同的治学畛域，还更作为两种相异的思考取径，导引着二族人物对于其他方面学问的探求。胡、洪二族治学范围虽多分界，但亦有共同好尚的领域，我们如能留意观察二族在这些领域的相关撰述，则颇可察见这样一个现象，即胡、洪本于

---

① 《先公行状》，《斐然集》卷二五，页 560。

② 〔宋〕洪适：《盘洲老人小传》，《鄱阳三洪集》卷三三，页 331。

③ 参见《容斋随笔》三笔卷八，页 520—525。

④ 洪迈《容斋随笔》即有称引理学的内容，如其书卷二有"信近于义""刚毅近仁""忠恕违道""求为可知""里仁"连续五条笔记，虽未提及朱熹《论孟精义》书名，但却系摘录该书而成。参见许净瞳：《〈容斋随笔〉成书研究》，北京：中国社会科学出版社，2013 年，页 57—58。

⑤ 《容斋随笔》续笔卷二"义理之说无穷"条，页 237—238。

各自义理、辞章的倾向，往往会于同一知识领域的研习实践中形成不同的治学理路。此一现象很值探究，颇能揭示学识背景对于士人思维方式的影响作用。以下我们就来考察胡、洪二族研治史学的情况，以之对此中问题作一较详的论述。

检视胡、洪二族的著作门类，可以发现他们皆好研习史学。胡氏家族的史著有胡宏的《皇王大纪》、胡寅的《读史管见》等①。洪氏家族的史著有洪适、洪迈合撰的《唐书补过》，洪迈的《节资治通鉴》等②。另外，洪迈《容斋随笔》虽不属于纯粹的史著，但其书对前代及本朝的史书、史料、史事作有大量辨证，极具史学价值③。然而，相同的好尚领域并不代表相同的治学理路，从义理、辞章的不同倾向来观照胡、洪二族治史的取径，我们能够清晰地见出二者的分野之迹。《唐书补过》《节资治通鉴》已然亡佚，难以参考，在此可举《皇王大纪》《读史管见》《容斋随笔》三著论之。

《皇王大纪》为胡宏绍兴十一年（1141）撰成的编年史著④，上起盘古，下讫周末；《读史管见》为胡寅绍兴二十五年（1155）撰成的史学论著⑤，评述了《资治通鉴》所载三家分晋至五代十国的史事。胡宏《皇王大纪》自序云：

> 我先人（按：即胡安国）上稽天运，下察人事，述孔子，

---

① 参见《宋史》卷四三五《儒林传五》之《胡寅传》《胡宏传》，页 12922、12926。《读史管见》亦称《致堂读史管见》。

② 参见沈如泉：《传统与个人才能——南宋鄱阳洪氏家学与文学》，成都：巴蜀书社，2009 年，页 343、355。

③ 学界已颇有著述论及《容斋随笔》的史学成就，参见徐兴无：《〈容斋随笔〉中的西汉史研究》，莫砺锋编：《第二届宋代文学国际研讨会论文集》，南京：江苏教育出版社，2003 年，页 871—890；李哲：《从〈容斋随笔〉看洪迈的史学思想》，陕西师范大学 2011 年硕士学位论文；马艳：《〈容斋随笔〉史学成就研究》，安徽大学 2013 年硕士学位论文。

④ 参见陈祺助：《胡五峰年谱》，《鹅湖》1986 年第 2 期。

⑤ 参见《胡寅年谱》，《崇正辩 斐然集》附录，页 696。

承先圣之志，作《春秋传》，为大君开为仁之方，深切著明，配天无极者也。愚承先人之业，辄不自量，研精理典，泛观史传，……夫生之者，人也。人仁，则生矣。生，则天地交泰，乾坤正，礼乐作，而万物俱生矣。是故万物生于性者也，万事贯于理者也。……若太极不立，则三才不备，人情横放，事不贯，物不成，变化不兴，而天命不几于息乎？愚是以将求友于天下，……此《皇王大纪》之所以书也。①

胡大壮为《读史管见》作序云：

先大父文定（按：即胡安国）以经学受知于高宗皇帝，奉诏纂修《春秋传》，弘纲大义，日月著明。……司马文正（按：即司马光）所述《资治通鉴》，事虽备而立义少。伯父（按：即胡寅）用《春秋》经旨，尚论详评，是是非非，治乱善恶，如白黑之可辨。后人能法治而戒乱，趋善而去恶。人君则可以保天下、安兆民而为明君；人臣则能致其身、尽臣节而为良臣；士、庶人则可以不陷于不义而保其家。于天地间岂小补云乎哉？苟不知著书之意，徒耽玩词采，以资为文，以博闻记，则失先贤之旨，而无益于大用矣。②

由以上两序，分明可见《皇王大纪》与《读史管见》理学义理的思考取径。胡宏、胡寅踵武胡安国《春秋》学的理念撰成这两部著作，旨在为士人立身处世确立天理、道义的标准。胡氏家族以义理的高标作为治史的旨趣，他们品评其他史著，对司马光记事详赡的《资治通鉴》尚不免有"立义少"的微议，对于另一类"耽玩词采，以资为文，以博闻记"的史撰，则更严厉指斥为"失

---

① 〔宋〕胡宏：《皇王大纪序》，吴仁华点校：《胡宏集》，北京：中华书局，1987年，页164—165。

② 〔宋〕胡大壮：《读史管见序》，〔宋〕胡寅：《致堂读史管见》书前，《四库全书存目丛书》史部第279册，页758。

先贤之旨，而无益于大用"，其所斥对象即是以辞章为旨趣的著述。

洪迈《容斋随笔》所展现的治史理路正展现出辞章之学的思考取径。第三章中我们已然论及《容斋随笔》词科之学的知识背景。其书探研史学，时而亦会明确显露对于辞章的特别兴趣。例如该书"汉书用字""迁固用疑字""史汉书法""史记渊妙处"等数条笔记议论《史记》《汉书》，详细探讨了司马迁、班固行文用字之妙[1]，俨然是将这两部史著当作修习文辞的范本。又如该书有一条"僭乱的对"笔记云："王莽窃位称新室，公孙述称成家，袁术称仲家，董卓郿坞，公孙瓒易京，皆自然的对也。"[2]洪迈阅读两汉乱臣史事，并未生发治乱之思，而是对乱臣所立国号、所建城垒的名称产生兴趣，指出这些名称彼此间能够构成工整的对仗关系。

以上所引笔记皆是在字面上明确将史学与辞章关联一处，此在《容斋随笔》中究属少数。然而，这并不代表该书其他貌似单纯的史论笔记就不寓有辞章的旨趣，在此我们亦可举例说明。观察《容斋随笔》史论之法，可以发现一个显著特点，即洪迈特喜将性质相似或是相关的史事胪列于同条笔记中以资议论，此即所谓整齐史事之法，这种情况在书中俯拾皆是[3]。笔者仔细研读此类笔记，发现了两则极具启发性的例证。其一为"羌戎畏服老将"条史论：

---

① 《容斋随笔》卷七、续笔卷七、续笔卷九、五笔卷五，页 93、302—303、330—331、888—889。

② 《容斋随笔》续笔卷七，页 303。

③ 徐兴无《〈容斋随笔〉中的西汉史研究》论述洪迈研读《汉书》的方法，即论及整齐史事之法（《第二届宋代文学国际研讨会论文集》，页 879—880），可资参阅。当然，整齐史事之法并不限于洪迈对西汉史事的处理，而是广泛地体现于其对所有朝代历史的阅读心得之中。另须说明的是，徐文并未将整齐史事与研习辞章关联考虑。

　　汉先零羌犯塞，赵充国往击之。羌豪相数责曰："语汝
　亡反，今天子遣赵将军来，年八九十矣，善为兵。今请欲一
　斗而死，可得邪！"充国时年七十六，讫平之。……乃知羌、
　戎畏服老将如此。班超久在西域、思归，故其言云："蛮夷
　之俗，畏壮侮老。"盖有为而云。①

其二为"记张元事"条史论：

　　自古夷狄之臣来入中国者，必为人用。由余入秦，穆
　公以霸，金日磾仕汉，脱武帝五柞之厄。……倘使中国英
　隽，翻致力于异域，忌壮士以资敌国者，固亦多有。贾季在
　狄，晋六卿以为难日至；桓温不能留王猛，使为苻坚用；唐
　庄宗不能知韩延徽，使为阿保机用，皆是也。②

以上两条史论，前者辨证羌、戎之族作战畏服汉唐老将之事，后
者考述中国、夷狄任人互用对方英才之举，二者罗列人事颇多，
文长不暇具引。通览这两条史论的全篇文字，可见其内容皆仅
限于整齐史事，绝未涉及辞章之论。然而，考察前文提及《容斋
随笔》"吾家四六"条笔记所录洪迈自撰的制诰佳句，可以发现
中有两则骈句之构思与这两条史论颇存关联。其一为《向起赠
官词》之句：

　　驰至金城郡，方思充国之忠；生入玉门关，竟负班超
　之望。

其二为《萧鹧巴词》之句：

　　随会在秦，晋国起六卿之惧；日磾仕汉，秺侯（按：金日
　磾封秺侯）传七叶之芳。③

────────

①　《容斋随笔》五笔卷一，页841—842。
②　《容斋随笔》三笔卷一一，页554。
③　《容斋随笔》三笔卷八，页524、523。

前者是洪迈为已故宋将向起赠官之事所撰的制词，引及汉代赵充国、班超的事典，与"羌戎畏服老将"条史论所列史事正相对应，尤其是班超事典，制词所谓"生入玉门关"、史论所引"蛮夷之俗，畏壮侮老"，同出于《后汉书》所载班超边关上疏请归之语①。后者是洪迈为契丹归正人萧鹧巴撰写的制词，引及春秋随会、汉代金日磾的事典，后事可直接在"记张元事"条史论中觅见，而且彼此句式相似，只是陈述角度稍有变化②，前事则与史论中"贾季在狄，晋六卿以为难日至"史事同出于《左传》所载赵宣子之语③，制词未引用"贾季在狄"，显然是因为这则典故的性质不适于比拟契丹人的归宋之举。

由以上史论、制词的紧密关涉，我们可以想见《容斋随笔》在整齐史事的同时，其实也寓有储备事典的用意。洪迈平日读史，留意比物连类条列记事，待至构思文辞，则于胪列史事中择取所需，铺张成句，此中尤可见出词臣手笔的獭祭之功。洪迈制诰文集现已不存，无以觅得其大量制诰篇什与其史论内容广加比照。然而，仅由"吾家四六"条笔记所录数量有限的制诰骈句，我们即能举出两则明例以证其史论、制文之关联。以此见微知著，应可真切地感知到洪氏治史背后"耽玩词采，以资为文，以博闻记"的旨趣。

以上所论胡、洪研治史学的事例生动地展现出义理、辞章

---

① 《后汉书》卷四七《班超传》载："（班超）自以久在绝域，年老思土。十二年，上疏曰：'……蛮夷之俗，畏壮侮老。臣超犬马齿歼，常恐年衰，奄忽僵仆，孤魂弃捐。昔苏武留匈奴中尚十九年。今臣幸得奉节带金银护西域，如自以寿终屯部，诚无所恨，然恐后世或名臣为没西域。臣不敢望到酒泉郡，但愿生入玉门关。'"（页1583）

② 笔记所谓"金日磾仕汉，脱武帝五柞之厄"，制词所谓"日磾仕汉，秺侯传七叶之芳"，二者句式基本相同，只是一者就汉代社稷而言，一者就金氏家世而言。

③ 《左传·文公十三年》载："晋人患秦之用士会（按：即随会）也。夏，六卿相见于诸浮。赵宣子曰：'随会在秦，贾季在狄，难日至矣。若之何？'"（〔晋〕杜预注，〔唐〕孔颖达等疏：《春秋左传正义》卷一九下，《十三经注疏》，页1852）

的不同倾向对于二族思维方式的深远影响。胡、洪二族以不同的思考取径作用于同好之知识领域，终而形成了相异的治学理路。此一现象在显见的畛域分别之外，更能于微妙的思维层面呈现胡、洪二族学术文化的分野。

二　胡、洪二族的门风家法之异

胡、洪二族的门风家法亦存在显著的差异。胡氏门风甚谨，家法甚严，胡安国本人"言必有教，动必有法，燕居独处，未尝有惰容慢色，尤谨于细行"①。对族中弟子亦勤于规诫："每子弟定省，必问其习业，合意，则曰：'士当志于圣人，勿临深以为高。'不，则颦蹙曰：'流光可惜，无为小人之归。'"②又"子弟或近出燕集，虽夜已深，犹未寝，必俟其归，验其醉否，且问其所集何客，所论何事，有益无益，以是为常"③。对于声色之事，胡安国颇为戒拒。其曾以无暇侍亲之由拒绝纳妾，《先公行状》载其"为太学官，同僚为谋买妾，既卜姓矣。叹曰：'吾亲待养千里之外，何以是为？'亦终身不复买也"④。又曾以徽、钦二帝被拘北国而拒绝接侍姬之奉、饮宴之乐，《伊洛渊源录》载绍兴二年（1132）其"赴阙过上饶，有从臣家居者，治馔延公（按：即胡安国），饰姬妾，请令出奉卮酒为寿。公蹙然曰：'二帝蒙尘，国步阨陧，岂吾徒为宴乐之日，敢辞。'"⑤这些事迹历历可见作为理学门第的胡氏家族极具严谨的家风。

相形之下，洪氏一族家法颇有荡弛之迹，显示出文人放纵佻达的一面。即以声色之事而言，《容斋随笔》载绍兴十二年

<hr>

① 《先公行状》，《斐然集》卷二五，页556。
② 《先公行状》，《斐然集》卷二五，页556。
③ 〔宋〕朱熹撰，戴扬本校点：《伊洛渊源录》卷一三，《朱子全书（修订本）》第12册，页1101。
④ 《先公行状》，《斐然集》卷二五，页555—556。
⑤ 《伊洛渊源录》卷一三，《朱子全书（修订本）》第12册，页1101。

（1142）事：

> 先公（按：即洪皓）在燕山，赴北人张总侍御家集。出侍儿佐酒，中有一人，意状摧抑可怜，扣其故，乃宣和殿小宫姬也。坐客翰林直学士吴激赋长短句纪之，闻者挥涕。其词曰："南朝千古伤心地，还唱《后庭花》。旧时王、谢，堂前燕子，飞向谁家？怳然相遇，仙姿胜雪，宫髻堆鸦。江州司马，青衫湿泪，同是天涯。"①

此为洪皓出使金国、耽留燕山时的一则事迹。与胡安国因二帝蒙难而拒绝声色饮宴不同，洪皓忧国则是寓亡国之悲于声色饮宴之中。于此比照，已能见出二者作风之异的迹象。南宋笔记《谈薮》则更是明载洪适、洪迈爱好声色之事：

> 洪文惠（按：即洪适）、文敏（按：即洪迈）兄弟皆畏内，虽少年贵达，家有声妓之奉，往往不能快意。王宣子（按：即王佐）知饶州，景伯家居丧偶，宣子吊焉。主人受吊已，延客至内斋，唤酒小酌，甫举杯，群妾坌出，素妆靓态，黛色粉光，不异平日，谑浪笑语，酒行至无算。景伯半酣，握王手曰："不图今日有此乐。"宾主相顾一笑。后二十年，宣子谢事归越，景卢来为守，时已鳏居。暇日，宣子造郡斋，景卢留款，亦出家姬侑席，笑谓王曰："家兄有言，不图今日有此乐。"王为绝倒。②

洪适在正妻亡故、尚值吊礼之际，竟与友人耽享姬妾宴乐之娱，津津然为笑谈之语，且为洪迈踵武追模。此文所叙，谑近于虐，士林辗转传言世家轶闻，容或有所夸张。然而，此则轶闻的性质却颇可与二洪的两则自叙文献相参证。洪适曾自述："某独

---

① 《容斋随笔》卷一三"吴激小词"条，页168。又《容斋随笔》五笔卷三"先公诗词"条亦载其事，并叙及其年为"壬戌"（页860），即绍兴十二年（1142）。
② 传〔宋〕庞元英撰，金圆整理：《谈薮》，《全宋笔记》第2编第4册，页198。

当内外制。兵事反覆，书诏填委，或一日屡易。既寻盟，首为贺生辰使。上谓副介龙大渊曰：'前日洪某侍玉辂上，见其容貌甚悴，岂有声色之奉邪？方欲大用之，可往谕朕意，令其自爱。'"[1]洪迈曾自述："予在临安试词科第三场毕出院，时尚早，……因至抱剑街（访名娼孙小九家），……置酒于小楼。夜月如昼，临栏燔爇。两烛结花灿然若连珠，……孙满酌一觥相劝曰：'学士必高中，此瑞殆为君设也。'已而予果奏名赐第。"[2]洪适草拟制诰，洪迈得中词科，皆系职守、科名要事，然亦不免与声色之事勾连。由此可以想见，声色玩赏在洪氏一族中当为至常之事，然则《谈薮》所述轶闻即便不具具体之真实，亦应具有通性之真实。

以上由声色之事的论述展现出胡、洪二族门风家法的异趣，目前并无史料记载胡、洪二氏曾就此中问题互致评议，不过我们可以列举一则旁证材料。《鹤林玉露》载：

> 胡澹庵（按：即胡铨）十年贬海外，北归之日，饮于湘潭胡氏园，题诗云："君恩许归此一醉，傍有梨颊生微涡。"谓侍妓黎倩也。厥后朱文公（按：即朱熹）见之，题绝句云："十年浮海一身轻，归对黎涡却有情。世上无如人欲险，几人到此误平生。"[3]

胡铨为南宋时期著名的抗金人士，曾因抨击秦桧而被流放多年，其政治立场与气节广为士林称颂。就私人生活而言，胡铨有爱好声色的一面，曾有一联诗句上句道及君恩之重，下句接言侍妓之美。此事为理学家朱熹所知闻，其以道德的洁好对胡铨的"人欲"深致不满。以此旁证来观照胡、洪门风之异，可以

---

① 〔宋〕洪适：《盘洲老人小传》，《鄱阳三洪集》卷三三，页 332。

② 《夷坚志》支志景卷八"小楼烛花词"条，页 944。按：原文中"燔"讹作"凡"，径改。

③ 《鹤林玉露》乙编卷六"自警诗"条，页 229。

想见他们二族日常的行事作风是难以相容的。

三 胡、洪二族的仕宦际遇之异

除了学术文化、门风家法，胡、洪二族南渡后的仕宦际遇亦有差别。对此我们可以从与权力核心的亲疏关系以及科举事业的进退姿态两方面的因素出发，考察二族人物在南宋政局中转移升降的不同态势。

首先来看胡氏家族。南宋政局中，胡氏一族与权力核心的关系呈现出由近转远的态势。在高宗朝前期相当长的时段里，胡氏与当政宰相的关系颇为密切。绍兴元年（1131）秦桧首度为相，第一代的胡安国即受其拔擢，史载"绍兴初，秦桧为亚相，引安国侍经席"[1]，当时胡安国仕至中书舍人[2]。绍兴四年（1134）赵鼎拜相，第二代的胡寅又得其提携，仕至中书舍人兼权直学士院[3]。绍兴八年（1138）秦桧再相，胡氏仍然受到长期的关照，如胡宁即"因其父兄与桧厚，故召用之"[4]，除敕令所删定官[5]。然而，至高宗朝后期，胡氏却与权力核心愈渐疏离，他们与秦桧的政见分歧逐渐显现，最终与之交谊破裂，反受到秦桧的排击。绍兴十九年（1149）"桧知宁兄徽猷阁直学士致仕寅之贫，因其往剑州省觐世母，遗以白金。寅报书曰：'愿公修政任贤，勿替初志；安内攘外，以开后功。'桧以为讥己，始怒之"[6]。

---

[1] 《续编两朝纲目备要》卷四，页 68。关于秦桧与胡氏家族的密切关系，学界已有明确的论述，参见陈振：《略论南宋时期"宋学"的新学、理学、蜀学派》，氏著：《宋代社会政治论稿》，上海：上海人民出版社，2007 年，页 296—301。

[2] 参见《宋代京朝官通考》第 2 册，页 110。胡安国始除此官在绍兴元年（1131）。

[3] 上节论述胡寅代胡交修草制之事时曾述及胡寅时权直学士院。

[4] 《建炎以来系年要录》卷一六〇，页 3037。

[5] 参见《宋史》卷四三五《儒林传五·胡宁传》，页 12926。胡宁除此官职为绍兴十八年（1148）或稍前。

[6] 《建炎以来系年要录》卷一六〇，页 3037。

胡寅由是长期被贬,谪居于岭南之地新州①。以后虽然秦桧亡故、政治更化,但胡氏家族的第二、三代人物再未与权力核心产生紧密的联系。其中胡宪虽入馆阁,但并未见重于任何宰执之臣。在科举事业方面,胡氏一族呈现出由进转退之势,族中第一代的胡安国、第二代的胡寅皆为进士出身②,但第二代的其他人物及第三代的所有人物皆未中进士或根本无意科考。第二代中,胡宪是以布衣特赐进士,长期担任地方州学教授③,胡宁是由荫庇入仕,所授职事不高④,胡宏则未曾入仕。他们三人的志趣更多的是在地方讲论理学,而非追求朝堂的仕位。胡宏对于地方理学的贡献尤大,为开创湖湘学派的学统发挥了关键作用⑤。第三代人物的学行普遍延续了胡宪、胡宁、胡宏式的理学志趣,在此可以略举其中较有名望的胡大时作一阐述。胡大时一生未入仕途,而勤于修习理学。他在继承胡氏家学的同时,还从张栻问学,湖湘学者推其为"第一"。张栻卒后,他又受业于陈傅良,最后师事陆九渊,且与朱熹保持长期的通问⑥。《宋元学案》将之列为"五峰(按:即胡宏)家学""南轩(按:即张栻)门人""止斋(按:即陈傅良)门人""戴氏(按:即戴溪,为陈傅良的理学同调)门人""象山(按:即陆九渊)门人""晦翁(按:即朱熹)门人"⑦。这些转益多师的学谊尤可见出其人在地方社会中深厚的理学渊源。

---

① 胡寅于绍兴二十年至二十五年(1150—1155)被贬新州,参见《胡寅年谱》,《崇正辩 斐然集》附录,页692—697。

② 胡安国为绍圣四年(1097)进士,胡寅为宣和三年(1121)进士,参见《宋登科记考》,页439、617—618。

③ 胡宪于绍兴六年(1136)特赐进士,于是年至绍兴十二年(1142)担任建州州学教授,参见《胡宪行实考》,《宋人年谱丛刊》第7册,页4172—4173。

④ 参见《宋史》卷四三五《儒林传五·胡宁传》,页12926。

⑤ 《宋元学案》卷四二论胡宏"卒开湖湘之学统"(页1366)。

⑥ 参见《宋元学案》卷七一,页2368。

⑦ 参见《宋元学案》卷四二、卷七一、卷五三、卷五八、卷四九,页1386、2368、1732、1733、1930、1594。

胡宏曾有书信致秦桧云：

> 今相公丈（按：即秦桧）曲敦故旧，欲先人身后不即衰落，将使某兄弟各遂其志，愿人以所长表见于世，此诚莫大之德。若用不以其才，则丑拙陈露，非所以成其美矣。长沙湘西岳麓山书院元是赐额，祖宗时尝命山长主之，今基址皆在，湘山负其背，文水萦其前，静深清旷，真士子修习精庐之地也。……今若令潭守与漕臣兴复旧区，重赐院宇，以某有继述其先人之志，特命为山长，……于以表朝廷崇儒广教之美。①

该信写于绍兴十七年（1147），当时胡氏与秦桧尚未公开对立，没有进士出身且无仕历的胡宏淡泊宦途，婉拒了秦桧的提携之意，要求进入岳麓书院修习儒学。此封书信所涉的人事颇具象征意义，能够凝练地展现出上文所论胡氏一族淡出权力核心及科举事业的变迁之势。显然，就南宋高、孝、光、宁四朝的政局而言，胡氏是一个逐渐边缘化的家族，他们最终融入了地方学术的语境。

其次来看洪氏家族。洪氏在南宋政局中的际遇与胡氏截然相反。在高宗朝前期相当长的时间里，洪氏一直远离权力的核心，第一代的洪皓建炎三年（1129）出使金国，自此长期耽留北地，直至绍兴十三年（1143）始得归朝，之后极短暂地担任权直学士院，随即因为数忤秦桧而被外放地方，以后再未进入中央任职②。然而，第二代的洪氏兄弟却在科举事业上取得了极大的成功。三洪亦如胡氏中人，因受荫庇未曾参加进士科考即授官职。但他们却追求难度更高的词科之试，且皆得入等，此

---

① 〔宋〕胡宏：《与秦会之》，《胡宏集》，页 104—105。

② 参见〔清〕洪汝奎编、张尚英校点：《洪忠宣公年谱》，《宋人年谱丛刊》第 7 册，页 4226—4246。

一资历为三洪铺平了日后通向馆阁词垣的道路。另外，三洪与高宗朝后期的主政宰相汤思退关系密切。秦桧亡故以后，汤思退活跃于政坛，于绍兴二十七年至三十年（1157—1160）历任右、左仆射①，绍兴三十一年（1161），因为政争一度罢相，但在朝中仍拥有广泛的人脉，并于不久以后的孝宗隆兴元年（1163）复相②。洪氏兄弟与汤思退渊源深厚，本章第一节已然叙及汤氏在仕宦上对于他们的提携之举。基于科举进取及与权力核心的接近，洪氏家族在南宋时期的仕宦逐渐显达：洪遵在高宗朝晚期进入词垣，于绍兴三十二年（1162）仕至翰林学士承旨；洪适在孝宗朝初期进入词垣，并由之短暂登位参知政事、右仆射；洪迈的词臣职任则起于乾道三年（1167）的中书舍人兼权直学士院，讫于孝宗朝末淳熙十五年（1188）的翰林学士。

洪迈《容斋随笔》"词学科目"条笔记叙及词科入等者的仕宦前途：

> 其以任子（按：指因父兄功绩荫庇得官之人）进者，汤岐公至宰相，王日严（按：即王曮）至翰林承旨，李献之（按：即李巘）学士，陈子象（按：即陈岩肖）兵部侍郎，汤朝美（按：即汤邦彦）右史，陈岘方进用，而予兄弟居其间，文惠公至宰相，文安公（按：即洪遵）至执政，予冒处翰苑。此外皆系已登科人，然擢用者，唯周益公至宰相，周茂振（按：即周麟之）执政，沈德和（按：即沈介）、莫子齐（按：即莫济）、倪正父（按：即倪思）、莫仲谦（按：即莫叔光）、赵大本（按：即赵彦中）、傅景仁（按：即傅伯寿）至侍从，叶伯益（按：即叶谦亨）、季元衡（按：即季南寿）至左右史，余

---

① 参见《宋代京朝官通考》第 1 册，页 40。
② 参见《宋史》卷三七一《汤思退传》，页 11530；[日] 寺地遵著，刘静贞、李今芸译：《南宋初期政治史研究》，台北：稻禾出版社，1995 年，页 452—455。

多碌碌。①

又同书"词臣益轻"条笔记言及词臣改除外任官的衔职问题：

> 治平以前，谓翰林学士及知制诰为两制，自翰林罢补
> 外者，得端明殿学士，谓之换职。熙宁之后，乃始为龙图
> （直学士），绍兴以来愈不及矣。……襃擢者，仅得待
> 制，……余以善去者，集英修撰而止耳。②

洪迈上述两条笔记亦具象征意义，其将词科之学、词臣之职置于官场升降、仕宦待遇的语境之中，所举人事之多、衔职之细，尤能体现洪氏家族对于科举、仕途的热切态度，此与前引胡宏信札的淡泊心境正可形成鲜明的比照。显然，在南宋前、中期的政局中，相比较胡氏边缘化的趋势，洪氏家族是一个逐渐核心化的家族。

四　重构胡宪、洪迈馆阁共事的历史情境

以上从学术文化、门风家法及仕宦际遇三个方面对胡、洪二族进行了对比考察，展示出二族之间的分野。以下我们即以此作为铺垫的底色，再回到本节开头所述《馆阁送胡正字诗序》之撰的时事背景，来致力还原胡宪、洪迈在馆阁共事的历史情境。然而，除了这篇诗序，胡、洪二人交往的直接史料付之阙如，这使得此项工作难以达到细节的真实。对此我们依然可以采取上节探研胡寅词垣草制事务时所运用的重构之法，试图参稽旁证材料来提供一种虽不中亦不远的描述。

在此先引朱熹《籍溪先生胡公（宪）行状》一段史料：

---

① 《容斋随笔》三笔卷一〇，页539—540。
② 《容斋随笔》四笔卷一二，页777—778。

　　（胡宪）改秘书省正字。人谓先生（按：即胡宪）必不复起，而先生一辞即受，虽门人弟子莫不疑之。到馆下累月，又默默无一言，人益以为怪。会次当奏事殿中而病不能朝，即草疏言："虏人大治汴京宫室，势必败盟。今元臣宿将惟张浚、刘锜在，而中外有识皆谓虏果南牧，非此两人莫能当。惟陛下亟起而用之，臣死不恨矣。"时二公皆为积毁所伤，上意有未释然者。论者虽或颇以为说，然未敢斥然正言之也。至先生始独极意显言，无所顾避。疏入，即求去，诸公留之不得。①

这段引文记载了胡宪任职秘书省正字之事的本末，以之与其他史料相参稽，我们可以发现，其文蕴含着胡宪与洪迈之间两重对立的张力，能够呼应《馆阁送胡正字诗序》的内容。以下分别论之。

　　首先，胡宪赴朝廷馆阁担任秘书省正字的时间为绍兴三十年（1160），其时年七十五岁②，当时士林舆论普遍认为此事并不相宜，即如《行状》所谓"人谓先生必不复起""虽门人弟子莫不疑之"。在士林之中，胡宪被认可为一名地方社会理学语境里的年高长者，以义理自任，重道轻文，馆阁则是朝廷的清贵官署，其中臣僚大多矜尚辞章，志于晋升词垣，成为皇朝的代言手笔，二者学术文化的分野颇为明显。洪迈正是馆阁文化的典型人物，其世业辞章，高中词科，职事清贵，热切仕进。绍兴三十一年（1161）洪迈三十九岁，其兄洪遵已然有过翰林学士之任，洪迈本人虽尚未除授词臣之职，但亦已开始实际承担草制之务③，可谓是正在向正式进入词垣的仕途上前进。以洪迈的立场审视胡宪，其为一科举失意、长期蹭蹬、门第渐凋、固执义理

①　《晦庵先生朱文公文集》卷九七，《朱子全书（修订本）》第 25 册，页 4504。
②　参见《胡宪行实考》，《宋人年谱丛刊》第 7 册，页 4175。
③　该年洪迈为朝廷草拟《贺谢完颜亮表》，参见《洪迈年谱》，页 124。

的衰朽之辈①。以胡宪的立场审视洪迈，则为一耽于文华、不尚义理、门风不谨、急于仕进的轻薄后生②。二者之间所构成的此一重紧张关系分明可感。洪迈《馆阁送胡正字诗序》言及"无公孙子侧目辕固之嫌""无有骊驹狗曲之诮"，即是用汉代公孙弘以辕固生之老对其侧目、江公讥讽王式称引《曲礼》为狗曲的典故影射这种张力，而其所谓的"无"，应只是一种言是若非的说辞——在馆阁同侪送别胡宪的场合，洪迈自是不会以明示之语来表达他对胡宪的嘲讽。

其次，绍兴年间理学一派人物在对金立场上多支持抗金③。《行状》述及胡宪在馆阁中上疏，倡言对金备战，荐举张浚、刘锜入朝任事，此议于无形中与洪迈又构成了另一重紧张关系。张

---

① 洪迈《夷坚志》三志壬卷二"胡原仲白鹇诗"条专记胡宪科举考试失利、长期蹭蹬布衣之事："建安胡原仲宪，宣和中，赴省试于京都。留中途，夜梦对白鹇而赋长篇。既觉，但能记四句云：'惟余虚名在，长江与苍山。不逢尧舜世，终此若鸟闲。'念之不乐，且起为同途士友言，以为方从事进取而得此诗，前岐事不可知，必老死布衣，无为汲汲西笑也。诸友强挽之行，竟不第。绍兴中，用赵简公（按：即赵鼎）荐，诏召之，辞以母老，乃补官，就教授本州。诰词云：'朕闻尧舜之世，天下无穷人。'然后恍悟前语。"（页 1480）在此叙述中，洪迈以科举成功者的傲慢而轻视胡宪的态度是可以想见的。《夷坚志》三志壬卷成书于庆元四年（1198）（参见《洪迈年谱》，页 487），洪迈时已七十六岁。然则以上所述在某种程度上颇可视为洪迈对于胡宪生平的盖棺定论。

② 由上论胡、洪二族之异的内容，我们当可推断胡宪对洪迈少有许可。又程颐曾谓："人有三不幸：年少登高科，一不幸；席父兄之势为美官，二不幸；有高才能文章，三不幸也。"（〔宋〕程颢、〔宋〕程颐：《河南程氏外书》卷一二，王孝鱼点校：《二程集》，北京：中华书局，2004 年，页 443）理学界指摘年少登高第、为美官、能文章的一类人物，即是认为他们的作风易于流于佻达放纵，而洪迈正是这类人物的典型。

③ 绍兴年间，理学人物大多支持对金作战，反对与金和议。作为理学代表人物的朱熹曾谓："言规恢于绍兴之间者为正，言规恢于乾道以后者为邪。"（〔宋〕李性传：《饶州刊朱子语续录序》，《全宋文》第 318 册，页 425）至孝宗乾道以后，理学人物才逐渐反对贸然对金作战，开始接受较为持重的自治之策，参见张维玲：《从南宋中期反近习政争看道学型士大夫对"恢复"态度的转变（1163—1207）》，新北：花木兰文化出版社，2010 年，页 72—82。

浚、刘锜皆为南宋初期力主抗金的士大夫①，而三洪所依附的汤思退则为主和派的代表，二者为彼此尖锐对立的政敌。秦桧亡故以后的绍兴二十六年（1156），时尚贬谪永州的张浚曾经上疏朝廷，倡言抗金，时任知枢密院事的汤思退"见之大恐"，利用台谏势力攻击张浚，使其依旧永州居住，并奏称"张浚行遣极当"②。至于刘锜，汤氏执政期间亦对其"摈不复用，意其颓败废弃之余，无复英锐果敢之气"③。洪迈基于汤思退党派的立场，对于张浚、刘锜一类人物无所许可④。可以想见，他面对胡宪此番上疏的言论，自当是不予认同的。

洪迈这番不予认同的态度投射在《馆阁送胡正字诗序》之中，表现为行文上的刻意回避之迹。该序亦涉及胡宪此番上疏之事——其拟设"同舍生"之语，言及"上书公车"，即是指称此事。然而，序文对于其事只是如是含糊带过，回避叙述胡宪言政荐人的具体内容，此与前文洪迈大事铺陈己言，暗讽胡宪的文风形成了鲜明的比照。此样行文殊堪玩味，笔者认为其背后应存有洪迈深曲的用心。考察当时馆阁送别胡宪之人，除去洪迈作序，另有七人赋诗，赋诗者中有王十朋。王十朋时任秘书省校书郎⑤，为坚定的抗金论者。其送别之诗《送胡正字分韵得来字》尚存，诗中王氏以相当篇幅叙及胡宪上疏举荐张浚之事，对之赞誉有加：

---

　　①　参见《宋史》卷三六一《张浚传》，页 11297—11311；卷三六六《刘锜传》，页 11399—11408。

　　②　《建炎以来系年要录》卷一七五，页 3349—3350。

　　③　《建炎以来系年要录》卷一八五引《中兴圣政》，页 3581。刘锜后被汤思退激怒至死，参见《建炎以来系年要录》卷一九七，页 3873。

　　④　洪迈的态度在多年以后的一件政事中颇有体现：淳熙十五年（1188）廷臣议论高宗功臣配飨之事，洪迈作为汤思退旧客，有意将张浚排斥在外，遭到张浚门生杨万里的严厉斥责（参见《杨万里年谱》，页 363—366）。

　　⑤　参见〔清〕徐炯文编，李文泽校点：《梅溪王忠文公年谱》，《宋人年谱丛刊》第 8 册，页 5197。

胸中万卷可医国，首荐廊庙真人才（自注：胡上书荐张和公）。人言朝奏暮必逐，天颜独为忠言开。崇文三馆不浪辟，端为天下收奇瑰。平时论议即涵养，富贵岂以三缄媒。西京老儒作符命，苍黄投阁良可哀。何如皇朝有欧范，开口不惮干霆雷。[①]

以上王十朋诗句在在可与前引《行状》相印证，其所称述可谓直抒胸臆。洪迈在如是的场合撰写这篇《馆阁送胡正字诗序》，一方面固然可对已然致仕之胡宪的政见不屑一顾，但在另一方面，却也不得不顾及馆阁同侪王十朋之辈的立场。所以他在铺陈己言之后，亦提及上疏之事。不过其显然不愿对之渲染铺叙，故而只以一笔略及，不置深论[②]。

以上所述两重对立的张力交织关联地隐现在《籍溪先生胡公行状》之中，呼应于《馆阁送胡正字诗序》的内容，重构了胡宪、洪迈馆阁共事的历史情境，显现出其中人物存在的紧张关系。这一情境既反映出胡宪、洪迈个人关系的不谐，更是胡、洪二族分野态势的一个具体呈现。

本节以洪迈《馆阁送胡正字诗序》为线索，对宋代武夷胡氏与鄱阳洪氏二族的学术文化、门风家法以及仕宦际遇三个方面

①　〔宋〕王十朋：《诗集》卷一四，梅溪集重刊委员会编，王十朋纪念馆修订：《王十朋全集（修订本）》，上海：上海古籍出版社，2012年，页232。按：张和公即张浚。
②　与洪迈同出汤思退门下且在对金立场上持主和政见的周必大（周必大的对金主和政见参见《周必大的历史世界：南宋高、孝、光、宁四朝士人关系之研究》，页53—56）当时亦在送别胡宪的臣僚之列，有诗《胡原仲正字特改官除宫观（馆）中置酒饯别会者七人以先生早赋归去来为韵人各赋一首仲得早字》存世。该诗全文云："西伯王业兴，海滨归二老。汉家念羽翼，坐致商山皓。恭惟陛下圣，尊德继雍镐。先生学孔孟，不但遗编抱。致身虽苦晚，闻道岂已早。昨随弓旌召，着脚立蓬岛。夜陪藜杖青，朝奏囊封皂。第令坐台阁，不减照乘宝。思归独何事，岂为子规恼。祠官厚禀假，命秩略资考。恩荣固无愧，出处吾有道。漫漫七闽路，去去春风好。都门送别处，怀抱要倾倒。相思常情耳，再拜请善祷。临雍有故事，乞言非苹草。指期褰蒲轮，未可迹如扫。"（《省斋文稿》卷二，《周必大集校证》卷二，页21）该诗只言及胡宪道德之高及所受朝廷恩泽之厚，言及胡宪上疏，只含糊称"朝奏囊封皂"，略未涉及举荐抗金人物的内容。从中亦可觇见周氏对此事的回避态度，颇可与洪迈之举相参。

进行了对比,寻绎了胡宪、洪迈馆阁共事中存在的紧张关系。此一家族比较的个案研究以北宋后期的时代作为考察的起点,论述的重心则偏侧在南宋前、中期的时段,揭示出理学之士与词学之臣分野之势的又一个面相。

本节所论的胡宪为朱熹少年时代师事的武夷三先生之一①,与朱熹存有正式的师生之谊,《宋元学案》将朱熹列为"籍溪(按:胡宪)门人"②。在南宋士大夫的论学语境中,朱熹曾经指摘过洪迈在馆阁词垣中的著述。于此,我们可以增设一篇附论,在理学之士与词学之臣分野的背景中探讨朱熹、洪迈的学术关系。此在某种程度上亦可算为以胡氏家族经历比照词臣群体行止的一种延伸。

附论 朱熹、洪迈的学术关系

朱熹、洪迈为同一时代的士大夫,不过二人交游颇疏。朱熹在政治上对洪迈无所许可。绍兴三十二年(1162)洪迈使金,面对金人侮辱未能挺身抗争,被劾有辱使命而罢职③,朱熹当时即曾评价此事云:"近日逐去洪迈,稍快公论。"④乾道三年(1167)洪迈因有结交近习的行迹,被时任参知政事的陈俊卿参劾去位。淳熙十五年(1188)朱熹为陈俊卿撰写行状,详载其事,明录当时陈氏对洪迈的奏劾之言:"奸险谗佞,不宜在人主左右。"⑤以此间接表达自己的相似立场。

---

① 参见束景南:《朱熹年谱长编(增订本)》,上海:华东师范大学出版社,2014 年,页 72—76。
② 参见《宋元学案》卷四三,页 1404。
③ 参见《洪迈年谱》,页 171—172。
④ 〔宋〕朱熹:《(致)魏元履》之二,曾抗美、徐德明校点:《晦庵先生朱文公别集》卷一,《朱子全书(修订本)》第 25 册,页 4837。该信系年参见陈来:《朱子书信编年考证(增订本)》,北京:生活·读书·新知三联书店,2011 年,页 24。
⑤ 〔宋〕朱熹:《少师观文殿大学士致仕魏国公赠太师谥正献陈公(俊卿)行状》,《晦庵先生朱文公文集》卷九六,《朱子全书(修订本)》第 25 册,页 4464。

然而，在士大夫的论学语境中，朱熹、洪迈之间又颇有互相称引之迹。《朱子语类》即载有朱熹对洪迈辨伪之学的评议："洪景卢《随笔》中辨得数种伪书皆是，但首卷载《欧帖》事，却恐非实。"[①]朱熹对洪迈《容斋随笔》中辨证伪书的观点多有认同，只就一则碑帖的真伪问题与洪迈持论有所不同[②]。又《语类》载朱熹对洪迈文风的评价："今人作文，好用字子。如读《汉书》之类，便去收拾三两个字。洪迈又较过人，亦但逐三两行文字笔势之类好者读看。"[③]朱熹颇为欣赏洪迈撰文有古人文风，指出其摹古功夫胜过常人。洪迈对于朱熹学说亦有引述，其中显见之例为《容斋随笔》讨论《诗·大雅·生民》中"诞"字的用法，指出"新安朱氏（按：朱熹）以为发语之辞，是已"[④]，朱熹的这一说法见于其《诗集传》中[⑤]。另外，据本节前文注释所引，已有学者发现《容斋随笔》中有"信近于义""刚毅近仁""忠恕违道""求为可知""里仁"连续五条笔记，虽未提及朱熹《论孟精义》书名，但却系摘录该书而成。

以上所述四例属于日常论学之事，从中能够见出洪迈与朱熹对于彼此学说的关注。除此而外，朱、洪之间更有一桩学术公案可以述及。这里须提及洪迈参修的《四朝国史》一书。《四朝国史》为绍兴二十八年至淳熙十三年（1158—1186）南宋官修的史著，备载北宋神、哲、徽、钦四朝之史，参修官员众多。洪迈参修该书历时甚久，于绍兴年间修撰神、哲、徽三朝之《纪》，乾道中修撰钦宗之《纪》，淳熙时又撰四朝《列传》部分。编修该书

---

① 《朱子语类》卷一三八，页 3278。
② 洪迈对于这则欧帖的考证参见《容斋随笔》卷一"欧率更帖"条，页 1。
③ 《朱子语类》卷一三九，页 3322。
④ 《容斋随笔》五笔卷八"承习用经语误"条，页 927。
⑤ 参见〔宋〕朱熹撰，朱杰人校点：《诗集传》卷一七，《朱子全书（修订本）》第 1 册，页 676。

可谓是洪迈生平极为重要的馆阁词垣的事业[①]。然而,对于这部史著,朱熹却两番致以指摘之意。对此束景南《朱子大传》已有论述,很具启发性[②]。惟束著着意将洪迈阐释为反理学的阴谋论者,行文中对其贬斥过深,对于某些人事的评断亦可商榷。在此我们可以从理学之士与词学之臣文化分野的角度来对其事重作一番论述。

《四朝国史》编成以后的淳熙十五年(1188),朱熹与洪迈相遇于江西玉山,朱熹向洪迈借阅该书,朱熹《记濂溪传》载:

> 戊申(按:即淳熙十五年)六月,在玉山邂逅洪景卢内翰,借得所修《国史》(按:即《四朝国史》),中有濂溪(按:即周敦颐)、程、张等传,尽载《太极图说》。盖濂溪于是始得立传,作史者于此为有功矣。然此说本语首句但云"无极而太极",今传所载乃云"自无极而为太极",不知其何所据而增此"自""为"二字也。夫以本文之意,亲切浑全,明白如此,而浅见之士犹或妄有讥议。若增此字,其为前贤之累,启后学之疑,益以甚矣。谓当请而改之,而或者以为不可。昔苏子容(按:即苏颂)特以为父辨谤之故,请删国史所记"草头木脚"之语,而神祖(按:即神宗)犹俯从之,况此乃百世道术渊源之所系耶?正当援此为例,则无不可改之理矣。[③]

以上引文反映出朱熹对于《四朝国史》的一番指摘。《四朝国

---

① 参见凌郁之:《南宋修〈四朝国史〉考》,《苏州铁道师范学院学报》2000 年第 2 期。

② 参见束景南:《朱子大传》,北京:商务印书馆,2003 年,页 704—723。

③ 《晦庵先生朱文公文集》卷七一,《朱子全书(修订本)》第 24 册,页 3410。据《朱熹年谱长编(增订本)》所考,朱熹于本月罢兵部郎官,还任旧职江西提刑(页 902),故此时其有趋赴江西、经行玉山之事。据《洪迈年谱》所考,洪迈本年五月罢翰林学士,改知镇江府(页 420),其如自临安径往镇江,定然不会经过玉山。笔者颇疑其当是自临安先行还家鄱阳,再往镇江任职,故才可能与朱熹相遇于玉山。

史》作为官修史书，首次为宋代理学的开山人物周敦颐立传，并在传文中录有周氏《太极图说》"自无极而为太极"之语。朱熹赞许立传之举，但却反对传中所载此语，认为原文当作"无极而太极"。《国史》多出"自""为"二字，使得文意改变，会引发后学疑惑。朱熹此论当被置于南宋理学界的论学背景中来理解。

淳熙十五年（1188）朱熹与陆九渊之间又起争辩，此次他们争论的话题为《太极图说》是否为周敦颐所撰。本年四月陆九渊致信朱熹，声称《太极图说》并非周氏所撰。陆九渊针对该文开篇"无极而太极"之语，指出"无极"为道家理念，儒家经典从未出现过"无极"一词，周氏服膺儒学，其文不会以"无极"冠首。朱熹则坚称《图说》为周敦颐所撰，"无极"是周氏的发明。朱熹将"无极"解释为无形，阐述"无极"与"太极"是二而一的概念，认为周敦颐是用"无极"来标注"太极"的形而上性。朱、陆这场辩论一直持续至次年结束①。

朱熹借阅《四朝国史》正是其与陆九渊辩论《太极图说》的时期。《四朝国史》录有《太极图说》之文，承认其为周氏所撰，同于朱熹观点，为朱熹所乐见。然而书中称引该文，却首作"自无极而为太极"，"自""为"二字在语势上明显是将"无极"与"太极"别为两物，此则有悖于朱熹将二者视为一体的见解，故又为朱熹所不悦。朱熹认为此二字之增无据，他援引北宋苏颂为父苏绅辩谤、修改《国史》的先例②，希望朝廷史官能予删去二字。然而他的这一期愿最终未得实现，绍熙四年（1193）朱熹作《邵

---

① 关于朱、陆辩论《太极图说》"无极""太极"之事，参见陈荣捷：《朱陆通讯详述》，《朱学论集》，页172—174；陈来：《朱子哲学研究》，北京：生活·读书·新知三联书店，2010年，页451—454；何俊：《南宋儒学建构》，上海：上海人民出版社，2013年，页211—220。

② 《宋史》卷二九四《苏绅传》载："绅与梁适同在两禁，人以为险诐，故语曰：'草头木脚，陷人倒卓。'"（页9814）至于苏颂为苏绅辩谤，请求修改《国史》，删去"草头木脚"之语的史事，现存史料似未见记载。

州州学濂溪先生祠记》云：

> 史氏之传先生（按：即周敦颐）者，乃增其语曰"自无极
> 而为太极"，则又无所依据而重以病夫先生。故熹尝欲援
> 故相苏公请刊《国史》"草头木脚"之比，以正其失，而恨其
> 力有所不逮也。①

朱熹的仕位较低，难有能力说服朝廷对《四朝国史》作出修正，由是表达了"力有所不逮"的无奈感慨。此事在某种意义上颇可视为理学人物以其学说立场对馆阁词垣的编撰之业所作的一种尝试性的干预。朱熹希望通过修改字句的方式将自己的理学理念引入《国史》的表述，以此获得官方层面的认同。

除去《太极图说》文词之辨，朱熹还对洪迈编修《四朝国史》采用孙觌见闻的举措表达过指摘之意。乾道三年（1167）洪迈修撰该书时曾向朝廷建言：

> 窃见前敷文阁待制致仕孙觌在靖康中实为台谏、侍从，
> 亲识当时之人，亲见当时之事。其年虽老，笔力不衰。乞诏
> 觌以其所闻见撰为蔡京、王黼、童贯、蔡攸、梁师成、谭稹、朱
> 勔、种师道、何㮚、刘延庆、聂昌、谭世勣等列传；及一朝议论
> 事迹，凡国史、实录所当书者，皆令条列，上送本院。②

本书此前对孙觌颇有论述，其人人品低下，北宋后期蔡京得势之际，他依附其门，失势之后，则立刻反噬，展现出行止立场的见风使舵。靖康中其为钦宗草拟降表，用词过为贬损，专务谄媚金人，事后亦略无悔意，百计卸责。然而，在词臣文化的语境中，孙觌又作为一代代言手笔的精英人物，文华才学受到推崇。洪迈以词臣身份编修国史，向朝廷举荐孙觌，特言"其年虽老，

---

① 《晦庵先生朱文公文集》卷八〇，《朱子全书（修订本）》第24册，页3804。
② 《宋会要辑稿》"职官"一八，页3517—3518。

笔力不衰"。此中颇能见出洪迈对他这名词臣前辈的追慕。朱熹则本于理学的道德立场而严加诟病其事，《朱子语类》载朱熹议论云：

> 洪景卢在史馆时，没意思，谓靖康诸臣，觊尚无恙，必知其事（按：即徽、钦两朝史事）之详，奏乞下觊具所见闻进呈。秉笔之际，遂因而诬其素所不乐之人，……昔王允之杀蔡邕也，谓："不可使佞臣执笔在幼主旁，使吾党蒙讪议。"允之用心，固自可诛，然佞臣不可执笔，则是不易之论。①

朱熹对洪迈举荐孙觊修史极为不满，指出孙觊借撰著史传之机厚诬其同时之人，所述与史实相去甚远。他由此引述东汉王允语典②，称其事为佞臣执笔。笔者认为他的这一"佞臣"之谓，实寓兼指孙觊、洪迈之意。

第四节　真德秀的词臣背景与理学取向

上述三节内容所举诸多人事展现出南宋前、中期理学群体与词臣群体的分野态势。及至南宋后期，在理学官方化的进程中，此一态势有所改观：词垣中颇有人物开始尊奉程朱之道，成为倡导理学的主流人物。他们一面摛文擅藻，精心揣摩制诰文书的辞章，另一面也称引前哲，专注讲论"道统"先贤的义理。彼时理学文化与词臣文化在表面上似乎呈现出一派合和之势。然而，如果深入探究这类人物的行事作风，我们就颇能发现，在他们内在的文化观念里，理学义理与词臣辞章的取向其实并未

---

① 《朱子语类》卷一三〇，页 3133。

② 《后汉书》卷六〇下《蔡邕传》载王允之语："方今国祚中衰，神器不固，不可令佞臣执笔在幼主左右。"（页 2006）

合和，而是依然呈现出相与抗拒的张力。如果说南宋前、中期理学、词垣文化的分野之迹较为明显地展示为不同人群行止议论的异趣，那么及至后期，此一迹象则更为微妙地体现为同一人物文化立场的自我矛盾性。

真德秀即是此类人物的典型代表。一方面，真氏作为庆元党禁以后理学复振的重要推动者，于宁、理两朝在朝廷提倡程朱之道，在地方讲论理学义理，前一举措为南宋晚期理学的官方化作出了重要的贡献。另一方面，他又是其时代的著名词臣，以词科出身，仕经馆阁词垣，制诰之文结集为《翰林词草四六》①。在真德秀个人内在的文化立场中，以上两种身份的价值观念共存而互斥。本节以真氏生平中词科入等、馆阁任职、地方讲学、翰苑就事四段经历作为背景，来详细探究其与理学界中人物、学术的远近关系，以此寻绎真氏词臣背景与理学取向之间存在的紧张态势。

一　从韩侂胄党的人事背景看真德秀的词科之试

词科之试为北宋后期至南宋一代词臣群体普遍矜尚的科举背景，此在本书第二章中已有详论。南宋前、中期理学之士与词学之臣分野态势的一个面相即表现为理学人物对于词科普遍的排斥态度。颇有史料记载当时士人初欲进趋词科，后经理学宗师开谕，转而服膺义理的事迹。如杨万里"初欲习宏词科"，后经张栻劝导"此何足习，盍相与趋圣门德行科乎"，遂"大悟，不复习，作《千虑策》，论词科可罢"②。又如刘清之"欲应博学宏词科。及见朱熹，尽取所习焚之，慨然志于义理之学"③。朱熹《学校贡举私议》一文即曾议论："词科则又习于谄谀夸大

---

①　参见《宋史》卷四三七《真德秀传》，页12964。
②　《鹤林玉露》甲编卷三"德行科"条，页47—48。
③　《宋史》卷四三七《儒林传七·刘清之传》，页12956。

之词，而竞于骈俪刻雕之巧，尤非所以为教。"①杨、刘二氏后来皆成为孝宗朝知名的理学人物。

真德秀对词科的态度则与杨万里、刘清之迥然不同，他从始至终都在追求词科的成功，并于开禧元年（1205）应考入等②。而且更为微妙的是，真氏的词科背景还涉及反理学一派的人事渊源。真德秀进趋词科的时间是宁宗朝的庆元党禁及其稍后时期，考察真氏研习词科的师承关系，以及得以词科入等的人脉资源，颇能察见他很有得于理学的对立面——韩侂胄一派人物的助力。对此我们来作一详述。

首先来看真德秀研习词科的师承关系。这里要提及真氏的词学之师傅伯寿与倪思，傅、倪二氏皆曾中博学宏词科，为当时的著名词臣③。庆元五年（1199）真德秀进士及第后曾上谒时知建宁府的傅伯寿"请问作文之法"，所问者即为词科的"科目之文"④。嘉泰四年（1204）倪思知建宁府事，颇为赏识真德秀才华，又"以词科衣钵传之"⑤。

傅、倪二氏本于词臣背景提倡词科之学，在庆元党禁的背景下更倾向韩侂胄党，与理学中人存在政治分野。傅伯寿的这一行迹至为明显，《宋史翼·傅伯寿传》载：

> 及韩侂胄用事，伯寿首以启赞，……侂胄喜甚，力荐之。召除中书舍人、直学士院。庆元元年，……伯寿承侂胄意，草诏妄诋善类。……伯寿尝（对朱熹）执弟子礼，憾

---

① 《晦庵先生朱文公文集》卷六九，《朱子全书（修订本）》第 23 册，页 3363。
② 参见林日波：《真德秀年谱》，华中师范大学 2006 年硕士学位论文，页 44。
③ 傅伯寿、倪思分别于乾道八年（1172）、淳熙五年（1178）中博学宏词科，参见《宋登科记考》，页 990—991、1040。傅伯寿于庆元二年至三年（1196—1197）任翰林学士，倪思于淳熙十六年至庆元二年（1189—1196）任直学士院，参见《宋代京朝官通考》第 1 册，页 715—717。
④ 〔宋〕真德秀：《傅枢密文集序》，《西山先生真文忠公文集》卷二七，《宋集珍本丛刊》第 76 册，页 221。
⑤ 《齐东野语》卷一"真西山"条，页 12。

> 元晦（按：即朱熹）登朝不荐己。及元晦罢归，请辞侍从职
> 衔，得旨依旧秘阁修撰、宫观差遣。伯寿行词有"大逊如
> 慢，小逊如伪"语，士论薄之。……值元晦卒，伯寿以党禁
> 故，不上闻，遣人致赙元晦家，元晦家辞焉。①

傅伯寿原出朱熹门墙，后因衔恨不得朱熹举荐，转而投向韩侂
胄一派，在庆元党禁中承韩氏之意草诏诋毁理学中人。其撰写
朱熹宫观制词，颇致贬损之语。朱熹亡故以后，朱熹家人拒绝
傅氏赙仪，显然是将其逐出了朱门。

倪思的行迹则较为隐晦。魏了翁为倪思撰写墓志，记载倪
思从朱熹立朝至庆元党禁时期的言行，承认倪思并非理学人
物，言其与亲理学的宰相赵汝愚关系"不合"，在朱熹入朝、朝众
瞻视的情况下，其对朱熹"见之如他日"，但是绝对否认倪思在
党禁时期与韩侂胄党联合排压理学②。此一说法其实颇有讳饰
之处，《续宋中兴编年资治通鉴》载：

> （庆元二年）二月，知贡举叶翥、倪思、刘德秀奏论文
> 弊，上言伪学之魁，以匹夫窃人主之柄，鼓动天下，故文风
> 未能丕变。乞将语录之类，尽行除毁。是科取士，稍涉义
> 理，悉见黜落。"六经"、《语》、《孟》、《中庸》、《大学》之书，
> 为世大禁矣。③

庆元二年(1196)为庆元党禁初期，当年的进士科考充斥着党禁
的气氛，韩侂胄党徒刘德秀等人把持知贡之权，对理学士人大
加贬斥。倪思亦知贡举，且与之共为一议。由此亦可见出倪思
倾向韩党、排压理学的姿态。

---

① 《宋史翼》卷四〇，页 1073。
② 参见〔宋〕魏了翁：《显谟阁学士特赠光禄大夫倪公(思)墓志铭》，《重校鹤
山先生大全文集》卷八五，《宋集珍本丛刊》第 77 册，页 519。
③ 〔宋〕刘时举撰，王瑞来整理：《续宋中兴编年资治通鉴》卷一二，北京：中
华书局，2014 年，页 269。

傅、倪二氏倾向韩侂胄一派，与理学门庭存有分野，真德秀却追随他们研习词科之学。尤其是庆元五年（1199）真氏求教傅氏之举，当时正值党禁，真氏却与理学的敌对者过从密切，此事日后遭到微议。与真德秀关系颇为密切的叶绍翁在《四朝闻见录》中对此有过一段议论：

> 文忠（按：即真德秀）犹及文公（按：即朱熹）之时，时党禁，莫之敢见。文忠已中乙科，以妇翁杨公圭勉之同谒乡守傅伯寿，尽传公（按：即真德秀）之业，未几中选，故不及门云，惜哉！①

叶绍翁对于真德秀在党禁中追随傅伯寿而不拜谒朱熹表示惋惜，这其实是对其举致以微词的一种委婉表达。

其次来看真德秀得以词科入等的人脉资源。《四朝闻见录》载：

> 真文忠公、留公元刚字茂潜，俱以宏博应选。时李公大异校其卷，于文忠卷首批云"宏而不博"，于留卷首批云"博而不宏"，申都台取旨。时陈自强居庙堂，因文忠妻父善相，识文忠为远器，力赞韩氏，二人俱置异等。②

真德秀应试词科，考官李大异评其试文"宏而不博"，本有指瑕之意，但经过真氏岳父奔走权门请托关照，最终得以入等。其岳父所托之人陈自强原为韩侂胄的童子师，后依附韩氏门庭，成为其党徒③，时任右丞相④。《四朝闻见录》言陈自强为推举真德秀而"力赞韩氏"，此"韩氏"当即韩侂胄无疑，叶绍翁故意以"氏"字讳其全名。由此可见，真德秀的词科入等，就其事内

---

① 《四朝闻见录》丁集"庆元党"条，页150。
② 《四朝闻见录》甲集"宏而不博博而不宏"条，页16。
③ 参见《宋史》卷三九四《陈自强传》，页12034。
④ 参见《宋代京朝官通考》第1册，页47。

情而言,颇有借力于韩党人脉之处①。

真德秀亲身经历庆元党禁,对于当时理学中人与韩侂胄党的尖锐对立,以及傅伯寿、倪思、陈自强的政治立场定然知之甚详。他内心亦定非常清楚,自身的词科师承及入等的诸多人事与理学门墙存有深刻的分野。

二　真德秀、杨简在馆阁中的关系

嘉定元年(1208)四月,时任太学博士的真德秀上递《戊辰四月上殿奏札》三章,次月为闰四月,即被召试馆职,旋除秘书省正字,由是进入馆阁。以后真氏历任校书郎、秘书郎、著作佐郎、起居舍人等馆职,并于嘉定二年(1209)以权直学士院的身份进入翰苑任职②。他这段馆阁词垣的生涯直到嘉定七年(1214)外放才告终结。

上递《戊辰四月上殿奏札》为真德秀跻身馆阁的前奏事件。其札三章内容言及权臣当政之时妄开兵端、排击正道、刑罚失据的种种弊端,要求朝廷进行革新。其中的第二章多有为理学的声辩之论,如云:"正心诚意以为学,修身洁己以为行,士大夫常事也。柄臣则以好名嫉之,立为标榜,以遏天下趋善之门。于是伪学之论兴,而正道不行矣。"③学界颇有意见将此议论视为真氏为理学的正名之始④。然而,就其札的时事背景与整体意义而言,此与其说是为理学的正名之举,不如说是一种时政

---

① 真德秀词科入等,就其事表面看来,与反理学的政治立场并无直接关系,因为开禧元年(1205)庆元党禁已弛数年,而且,与真德秀同时入等的留元刚为留正之子,留正正是党禁中被韩党排击的宰相之一(参见〔宋〕樵川樵叟:《庆元党禁》(与《元祐党籍碑考》合刊),《丛书集成初编》第763册,页1)。此时留元刚应试词科,而当权之韩党并未阻挡其功名之途,可见党禁时期的政治倾轧至此已经消弭。不过真氏定会意识到自己词科入等的人事背景与理学一派所存在的分野。

② 参见《真德秀年谱》,页50。

③ 《西山先生真文忠公文集》卷二,《宋集珍本丛刊》第75册,页654。

④ 参见《真德秀年谱》,页50。

271

的需要。该札上递数月之前的开禧三年(1207)十一月,韩侂胄因北伐失败而被诛杀①。嘉定初元,政治更化,真氏当此之际,审时度势,于军政、文化、刑法诸多方面着意阐发与韩氏旧政相异的见解,以期符合朝廷当下的政治需求。他之所以能于上奏后迅速晋升,极有可能是因为其建言有助于朝廷时需的舆论导向。而至于当时真德秀个人在文化上对于理学的实际态度究竟如何,则又别为另一问题,还须作更为审慎的考察。以下我们可以通过辨析真氏与杨简在馆阁中的交往关系作一论述。

　　嘉定元年(1208)杨简以六十一岁之年召除秘书郎②,与时年三十一岁的真德秀同在馆阁供职。杨简出于陆九渊之门,长期担任路府州县的僚属。韩侂胄党当政时期,其十余年间居家著述讲学,为一名典型的地方社会出身的理学家。嘉定初元杨简以高年得授馆职,与时值壮年的真氏成为同僚,此一情形与上节所论胡宪、洪迈之事颇有相似之处。杨简推崇义理之学,对于辞章持有明确的排斥态度,如其《论治务》曾有议论:"骈俪之文,大不典雅,惟助浮华,不可不罢。"③显然,他的这一立场与崇尚摛文擅藻的馆阁氛围格格不入,易于引发人事上的不谐。真德秀《慈湖先生行述》载:"先生(按:即杨简)以秘书郎召,……同僚有过,微讽潜警,初不峻切,而听者常懔然。"④《四朝闻见录》载:"慈湖(按:即杨简)尝为馆职,同列率多讥玩之。"⑤以上述两则材料相参,我们颇能察见杨简与馆阁同僚关系的对立之迹:杨简以理学自居,以义理责人,同僚则视为迂阔

---

　　① 参见《宋史》卷三八《宁宗纪二》,页746。

　　② 参见〔清〕冯可镛、〔清〕叶意深:《慈湖先生年谱》卷二,《宋人年谱丛刊》第10册,页6640。

　　③ 〔宋〕杨简:《慈湖先生遗书》卷一六,董平点校:《杨简全集》第9册,杭州:浙江大学出版社,2015年,页2205。

　　④ 《西山先生真文忠公文集》卷三五,《宋集珍本丛刊》第76册,页339。

　　⑤ 《四朝闻见录》甲集"心之精神是谓圣"条,页41。

之态，而对其嘲讽有加。真氏所谓"微讽潜警，初不峻切"，当只是一种讳饰的表达。

那么真德秀本人与杨简在馆阁中的关系又是如何呢？真氏《慈湖先生行述》又载：

> 一日见谓曰："希元（按：即真德秀）有志于学，顾未能忘富贵利达，何也？"某恍然莫知所谓。先生徐曰："子尝以命讯日者，故知之。夫必去是心而后可以语道。"先生之于某，可谓爱之深而教之笃矣。惜其时方缪直禁林，役役语言文字间，故于先生之学虽窃一二，而终未获探其精微。①

杨简虽然称赏真德秀"志于学"，但更多是在责备他耽于卜卦问命，未除富贵之心，并未将他引为道德追求上的同路者。真氏亦言及当时自己正"役役语言文字间"，对杨简之学则未能"探其精微"。显然，其时真德秀对于通向显达仕途的辞章之学更为热衷。嘉定七年（1214）真氏在朝任职期间曾接受过该年词科应试者的拜谒请益，还使人自贡院誊录词科试文，与友人津津然品评其中文章的"纯莹"风格②，举止作派俨然是词科学问的权威人物。由此可见，当时的真德秀在文化上并不能够真正实践理学的义理主张，其在馆阁中虽不至于是"讥玩"杨简之

---

① 《西山先生真文忠公文集》卷三五，《宋集珍本丛刊》第76册，页339。

② 参见《四朝闻见录》甲集"词学"条，页20。《四朝闻见录》并未明载以上事迹的具体时间。不过该事涉及徐凤应试词科的事迹。据"词学"条笔记所载，徐凤平生进趋词科曾"三试有司"。其首次应试被黜，试前发生过借阅《山河两界历》的纠葛。中次则因考官疑其试文"平侧失律"而被黜。末次所撰试文在尚未拆号时被真德秀赞以"纯莹"，此即以上正文所述之事。词科考官本将徐凤试文置于异等。然而其事随后出现波折，其文未被发现赘用《周礼》典故而遭指瑕，考官"遂申都台（按：即尚书省）付国子监看详"（页20—21）。《宋会要辑稿》"选举"一二录有嘉定七年（1214）贡院与尚书省刑部、礼部官员关于徐凤词科试文的两封申状，极力推崇徐凤所试"制、表文词温纯，体制典雅，颂、记、赞、序尤为工致，本末该贯，考究精详"，深惜其用征引《周礼》之失，请求"特与风升擢差遣，或令中书省籍记姓名，以备他日翰墨之选，是亦激励人才之一端也"（页5506）。然则可知正文所述之事即发生在嘉定七年（1214）。

辈，但也绝非杨简的理学同道。

除此而外，《四朝闻见录》还记载过这样一则史料，展现出真德秀与杨简在馆阁中行事作风的差异：

> 嘉定初，……时山东归附者众，荆襄帅臣列强弩射之使还。慈湖杨公简手疏其事以白上，谓此非仁术，且失中原心，以少缗钱赂银台通进司吏缴进，……盖旧典独许从官缴奏自银台入。……真文忠已居玉堂，终以官非正从，当制有所可否，亦止入札乞敷奏。杨公急于发上之聪明，故不暇用典也。①

杨简上疏言政，急于箴规献替。他并非侍从官，本无资格通过银台通进司投递奏疏②，便贿赂司中吏员，缴书投进。与杨简之事形成鲜明对照的是真德秀"已居玉堂""官非正从"之时的行事风格，此当是指嘉定二年至七年（1209—1214）真氏任权直学士院时的事迹。权直学士院虽入翰苑供职，但只是权任之职，尚非正式的侍从官。真氏严守此一区别，避免通过银台通进司投递奏疏。杨、真二氏上述的行事风格反差鲜明：杨简以理学士人之风，崇尚义理，不拘形式，急于达成君臣沟通、致君尧舜的理想；真德秀则作为谨守成法的馆阁臣僚，谙习朝廷典章制度，绝不使行为略有失矩之处。

由以上论述可以看出，真德秀进入馆阁前后，虽然出于政治的需要曾上递奏札提倡理学，但其止学问依然保持着词科与馆阁词垣的基调，与理学家的义理追求尚存有相当的差距。

---

① 《四朝闻见录》乙集"倪文节请以谏议大夫入阁"条，页 82。
② 李全德论文《文书运行体制中的宋代通进银台司》对宋代通进银台司的文书运行制度作有颇为全面的论述，但并未提及该司传递臣下奏疏只限于皇帝侍从官的范围（参见邓小南主编：《政绩考察与信息渠道——以宋代为中心》，北京：北京大学出版社，2008 年，页 291—328）。《四朝闻见录》之说是否准确，当有进一步探讨的余地。

三　从官卸任与地方论学：真德秀的理学修习及其与黄榦之学的隔阂

嘉定七年(1214)真德秀因与权相史弥远不和,请辞衔职,要求外放任官,由此开始了他近二十年地方社会的生活①,直至端平元年(1234)才又重回朝廷。在此期间的嘉定十四年(1221),真氏在家乡建宁建成西山精舍,与师友朝夕讲论程朱之道,尤尊朱子之学②。此时他在文化上才真正接近理学,其理学家的身份亦由此得以确立。

然而,如上文所述,真德秀在修习理学之前有着词科、馆阁词垣的经历,而这些经历在人事与文化上与理学存有分际。刘克庄为真德秀所撰行状叙及他辞职之时的言行:

> 时相(按:即史弥远)方以爵禄笼天下士,至有声望旧人折节营进,反为所薄。公(按:即真德秀)慨然谓刘公爚曰:"吾徒须汲汲引去,使庙堂知世有不肯为从官之人。"遂力请郡。时相曰:"禁涂在迩,胡为去也?"公答曰:"老亲生长田间,但知太守之乐,不知从官之荣。"③

引文述及真德秀为求远离史弥远,不顾"从官之荣"而坚求去职的志愿。其表面虽是对侍从官职表达不屑,但行文中其实在在凸显了真氏"禁涂在迩"的地位,具体说来,即指其权直学士院的职事。这种不自觉而流露出的对于清贵位势的优越感是馆

---

① 在这近二十年的时段里,真德秀有一段很短的立朝时间,即其宝庆元年(1225)六月入朝,七月除礼部侍郎,旋即于八月去职之事,参见《真德秀年谱》,页110—113。因为真氏这段立朝时间极为短暂,又未担任词臣之职,所以本节对其略而不论。

② 参见孙先英:《真德秀学术思想研究》,上海:上海人民出版社,2008年,页21—49。

③ 〔宋〕刘克庄:《西山真文忠公行状》,《后村先生大全集》卷一六八,页4271。

阁词垣臣僚的普遍心态，此在本章第一、二节所述汪藻、孙觌之事时多有论及。由此可以说，真氏对理学的接近，是一个从朝廷转移到地方社会的过程，此与宋代理学学术典型的地方性特点有着本质的差异。真德秀以这样的背景讲论程朱之道，其实很难真正融入地方社会纯粹修习理学的语境。对此可通过考察他与朱子学派嫡系传人黄榦的交往事迹予以说明。

黄榦为朱熹高足，又兼其婿，他一生的理学修习与仕宦人事基本处于地方社会，与朝廷无甚涉及①。黄榦的治学背景体现的正是理学典型的地方性特点，与真德秀的朝臣出身判然有别。在一般的人事往来中，真、黄固然极为亲善，黄榦曾称道真德秀"嗜学之志甚至"，是理学的"护法大神"②。然而，在具体的论学语境中，二人却展现出学术背景的隔阂。黄榦在致友人信札中曾有议论：

> 真丈（按：即真德秀）所刊《近思》《小学》皆已得之，《后语》亦得拜读。先《近思》而后"四子"（按：即指"四书"），却不见朱先生有此语。

> 《近思》旧本，二先生（按：即朱熹、吕祖谦）所共编次之日，未尝立为门目，其初固有此意，而未尝立此字。……今乃著为门目，若二先生之所自立者，则气象不佳，亦非旧书所有。……试与真丈言之，如何？③

黄榦对于真德秀所刊《近思录》提出意见,认为其书《后语》不当有"先《近思》而后'四子'"之论,体例上亦不当立有门目。其论是否确切,在此且不评断。所须特别注意者是黄榦信中"却不见朱先生有此语""《近思》旧本,二先生所共编次之日"一类言语,这真切地反映出黄榦多年在地方社会随侍朱熹,受其亲炙而对理学界中学术、人事知之甚深的背景。这些背景对于此前一直身处理学之外的真德秀而言显然是陌生的。然则真、黄虽同讲理学,但彼此在实质上却绝非处于同等语境,真氏更多的是在外部瞻仰,黄榦则是在内部论说。此即是真德秀理学与具有地方背景的朱门嫡传的隔阂所在。

　　然而,在真德秀身后,颇有人不能正视真氏与朱门的此一区别,而刻意将之叙述成朱学正宗的承继者。如刘克庄为真氏作行状云:"公(按:即真德秀)生后于朱文公,而自谓受先生罔极之赐,资深守固,异说不能入。"①元代虞集《浦城县西山书院记》载:"建宁路浦城县,真文忠公之故居在焉。其孙渊子言:其族人用建安祠朱文公之比,筑室祠公。"②明代戴铣撰《朱子实纪》,列真德秀为朱子门人③。清代黄宗羲、全祖望等撰《宋元学案》,列真氏为朱熹再传④。这一类叙述无形中抹去了真氏与朱门嫡传之间的实际分别⑤。

四　从理学、词臣两种文化的张力看真德秀的翰林学士之任

　　以上论述了真德秀词科、馆阁词垣的出身,以及他本于此

---

①　《西山真文忠公行状》,《后村先生大全集》卷一六八,页4294。
②　〔元〕虞集著,王颋点校:《虞集全集》,天津:天津古籍出版社,2007年,页639。
③　〔明〕戴铣:《朱子实纪》卷八,《续修四库全书》第550册,页444。
④　《宋元学案》卷八一,页2695。
⑤　对于以上说法,目前学界已有辩驳,陈荣捷《朱子门人》将真德秀归入朱熹"非弟子亦非讲友"之列,评价戴铣、黄宗羲等列真德秀为朱熹门人或再传为"名不符实之至"(页125)。

一出身，在理学修习中与地方社会里朱门嫡传的区别所在，由此可见真氏学术文化背景的复杂性：他的文化立场兼具理学义理与词臣辞章两种取向。《鹤林玉露》载有杨长孺关于真德秀的两段言论，其一云：

> 某（按：即杨长孺）昔为宗正丞，真西山以直院兼玉牒官，尝至某位中，见案上有近时人诗文一编，西山一见掷之，……曰："此人大非端士，笔头虽写得数句诗，所谓本心不正，脉理皆邪，读之将恐染神乱志，非徒无益。"①

其二云：

> 渡江以来，汪、孙、洪、周，四六皆工，然皆不能作诗，其碑铭等文，亦只是词科程文手段，终乏古意。近时真景元（按：即真德秀）亦然。②

第二段引文的部分文字在本书之前已引数次，这里多引了一句话的内容。嘉定元年（1208）闰四月真德秀进入馆阁后兼任玉牒所检讨官③，此时他已在朝中上递过提倡理学的《戊辰四月上殿奏札》。杨长孺时任宗正寺丞，亲闻当时真氏曾以诚意正心的义理责人，似可见出真氏倾向理学一派的态度。然而在另一番语境中，杨长孺又将真德秀归为汪藻、孙觌、三洪、周必大一类的词科手笔，真氏俨然又是典型的词学之臣。杨长孺的记叙正体现出真氏文化立场中理学义理与词科辞章共存的形态④。

然而，理学与词科的取向之于真德秀的文化立场而言，并

---

① 《鹤林玉露》乙编卷四"文章邪正"条，页193—194。按：原文中"官"讹作"宫"，径改。

② 《鹤林玉露》丙编卷二"文章有体"条，页265。

③ 参见《真德秀年谱》，页50。

④ 关于南宋士人词科与理学文化取向并存的现象，学界已有论述，参见管琴：《南宋词科取士与制文之体关系论略》，《北京大学学报》（哲学社会科学版）2012年第2期。

不止于共存之态，二者还更呈现出相与排斥的张力：一方面真氏基于理学立场贬低过词科辞章的价值，而在另一方面，一旦有理学人物发表非议词科的言论，真氏又会对之表达强烈的不满。绍定五年(1232)真德秀编成《文章正宗》①，撰述《文章正宗纲目》，其中有云："夫士之于学，所以穷理而致用也，文虽学之一事，要亦不外乎此。故今所辑，以明义理、切世用为主，其体本乎古、其指近乎经者，然后取焉，否则辞虽工亦不录。"②所谓"明义理、切世用"，正是典型的理学主张，而所谓"辞工"，则是词科之学追求的修辞境界。由此内容，我们似可见出真氏尊理学而贬词科的持论。然而《四朝闻见录》却载有一则史料与之形成鲜明的比照：

> （叶适）论宏词曰："宏词之兴，其最贵者四六之文，然其文最为陋而无用。……既已为词科，则其人已自绝于道德性命之本统，以为天下之所能者尽于区区之曲艺，则其患又不止于举朝廷高爵厚禄以予之而已。……至宏词则直罢之而已矣。"……文忠真公亦素不喜先生（按：即叶适）之文，……以先生之文失之支离。文忠得先生《习学记言》观之，谓："此非记言，乃放言也。岂有激欤？"③

叶适发表贬斥博学宏词科的言论，与前文所引朱熹《学校贡举私议》之论颇为一致，甚至与真德秀《文章正宗纲目》亦有相通之处，符合理学人物的一贯观念。然而真氏却由此对叶适深致不满，指摘其文笔支离、偏激，其论似又是本于词臣崇尚中和雅正辞章风格的立场而发表的非议理学的见解。

由以上比照，我们可以窥见真德秀文化立场内部的张力：

---

① 参见《真德秀年谱》，页100。
② 〔宋〕真德秀编：《文章正宗》卷前，《景印文渊阁四库全书》第1355册，页5。
③ 《四朝闻见录》甲集"宏词"条，页35。

他难以调和理学与词学二者的分歧，但又不能舍此就彼，故造成了自身学术文化取向的自我矛盾性。《宋史·王埜传》载有真氏这样一则事迹：

> （王埜）仕潭时，帅真德秀一见异之，延致幕下，遂执弟子礼。德秀欲授以词学，埜曰："所以求学者，义理之奥也。词科惟强记者能之。"德秀益器重之。①

真德秀赏识王埜，将其纳入门下，意欲授以词科之学，王埜则崇尚理学义理，对词学表示不屑，真氏对之愈加器重。这则记载的初衷是想表彰王埜敢于在尊长面前直抒己见的勇气，但它于无意间亦生动反映出真德秀文化取向的内在矛盾：他面对理学与词学的分歧，无法从根本上调和，或是决然作出取舍，只能采取两可的态度。这种矛盾性一直延续至真氏最后的仕宦生涯，即其翰林学士之任。

端平元年（1234）真德秀又入朝廷，除翰林学士，正式成为翰苑之臣。宋人记载其入朝之事："童马入朝，敷陈之际，首以尊崇道学，正心诚意为第一义，继而复以《大学衍义》进。"②彼时真氏大力提倡理学，在经筵侍讲，屡屡向理宗灌输程朱之道，俨然是一名典型的理学士大夫。后代认可其在理学官方化过程中的重要贡献，主要指此而言③。当时真氏上递《谢除翰林学士表》云："变绨章绘句之习，岂薄技之能堪；以救时行道为贤，尚前猷之可仰。"④明确表达崇尚"救时行道"的理学主张，而贬低"绨章绘句"的词臣辞章。

然而，在翰苑任职时期的私下场合，真德秀却又一反义理立场，与门生深入谈论辞章之学。刘克庄《跋拟制三道》载：

---

① 《宋史》卷四二〇，页 12575。
② 《癸辛杂识》前集"真西山入朝诗"条，页 43。
③ 参见《真德秀学术思想研究》，页 249—251。
④ 《西山先生真文忠公文集》卷一六，《宋集珍本丛刊》第 76 册，页 60。

> 西山先生（按：即真德秀）晚在翰苑，宾客满门。一日谓余曰："某为词臣，终日困于应酬，忽一旦有宣锁，且奈何？宜稍谢客温习。"余曰："先生何虑此耶？"先生曰："此事久不拈弄则荒疏，君它日必居此地，不可忽老夫之言。"因曰："文字须有素备，荒速中安得有佳语？"余请其说，先生曰："如街谈巷语及士大夫所传某人除某官之类，即题目也。暇日试拟为之，临时或可采用。"①

真德秀向刘克庄娓娓而言词臣撰写制文的种种细节，建议他平日多择题目，勤加练习，这样宿构在胸，不至荒疏，临时草制才能应付裕如。真、刘这番应答之语又全然是词垣中人传授草制经验的语境，与理学家平日的修习内容丝毫无涉。从中可见真氏文化立场中理学、词科两种取向共存但又互斥的态势一直延续到了他最后的仕宦生涯。

五　余论

本节以真德秀词科入等、馆阁任职、地方讲学、翰苑就事四段经历作为背景，论述了其与理学的远近关系：真氏早先进趋词科，是依靠韩侂胄党一派人物的指教与提携，与理学门墙存有深刻分野；后来韩氏被诛，真氏出于政治需要，上递奏札提倡理学，得以进入馆阁，其时他依旧崇尚词科辞章，在文化上难以与理学义理契合；再后他退居地方社会，建立西山精舍，讲论程朱之道，开始在文化上真正接近理学，但其原先的朝臣背景与朱学嫡传纯粹的理学渊源仍有隔阂；词科辞章与理学义理在真氏的文化立场中长期呈现共存相拒之势，此种情况一直延续至真氏的最后仕宦，即其翰林学士之任。

真德秀以词臣的出处渊源而提倡理学，显示了复杂的学术

---

① 《后村先生大全集》卷五三，页1401—1402。

文化背景。在南宋晚期变动的政局中,这种复杂性较之纯粹的文化追求显然更具适应能力:韩侂胄党当权之时,真氏借其势力,以词科起家,易于获取仕禄、入朝任职;韩党失势以后,真氏转而提倡理学,既符合当下的政治需要,又得享清誉令名。相较而言,其同时代理学义理纯粹的实践者如杨简、黄榦之辈,在韩党得势时长期受到排压,韩党失势后虽能短暂立朝,但终难适应馆阁的氛围,只能在地方社会存身立说。真德秀曾为其友人汤干撰述墓志,中有一段叙述云:

> 予(按:即真德秀)年二十六,始识升伯(按:即汤干)于都城。方是时,升伯以诗文称诸公间,雄丽秀拔,有古作者风致。后十余年,滥官于朝,又得其所为通变十二策者读之,论说娓娓,援古质今,奋然有为国建策图久安之志。于是抚卷三叹,曰:"此贾谊长太息书也!"……又五六年,再见于延平,旋过《西山精舍,相与论洙泗、伊洛之源流与朱陆氏之所以同异者,……殆非前日升伯矣。①

这段文字所叙虽是汤干之事,但其未尝不可被视为真德秀自身身份转变的一面镜子:开头所谓以诗文见称诸公,正是真氏早年耽习辞章、词科入等的写照;末尾所谓讲论伊洛源流、朱陆异同,又是真氏后期服膺、讲论理学的写照;至于中间所谓撰著通变十二策,有贾谊文风之说,则对应着嘉定元年(1208)真氏反戈韩党,上递《戊辰四月上殿奏札》提倡理学之事。其事难以与单纯的学术追求等而观之,却令人想见世事纷纭综错、人物转移升降的变局中审时度势的策士之风。

真德秀一生正是以这种策士式的适应性而逐渐靠近理学

---

① 〔宋〕真德秀:《汤武康(干)墓志铭》,《西山先生真文忠公文集》卷四二,《宋集珍本丛刊》第76册,页451—452。

的。在理宗一朝理学复振的过程中，真氏身为词臣，接近皇权，由他大力提倡程朱，显然更易于使理学得到朝廷的认可。然而，真氏复杂的学官背景与理学单纯的义理追求毕竟难于等同，在他的提倡之下，理学在南宋晚期得以光大的同时也逐渐失却了原先地方学术的纯粹性。从这一意义上讲，本节所论之真德秀在某种程度上颇可视为朝廷官方机构人格化的形象，他之本于词臣背景而提倡理学义理，真切地展现了官方机构对于士人阶层的文化潮流既致推助又予笼罩的两重力量。这一情势与本书第二章所论词垣氛围对于欧阳修、苏轼文宗位望的作用力颇有相通之处。

不过，本节所述真德秀之事毕竟只是一个个案，如要更全面地呈现南宋晚期词臣、理学文化相互关系的演变趋势，我们或许还须补充更多与真氏情况相似的案例。以下笔者增设一篇附论来探讨南宋晚期另一名词臣吴泳的事迹与言论。吴泳个人内在的文化立场亦显示出词臣辞章与理学义理之间的张力，颇能印证、补充本节的观点。

附论　吴泳书信中词臣辞章与理学义理的张力

端平二年(1235)正月，时任翰林学士的真德秀在宫廷讲筵中与理宗有过一番对答：

> 问："（百官）亦有称职者否？"奏："百官中亦尽有称职者，如词臣，惟臣衰退不足道，若赵汝谈、洪咨夔、吴泳皆称职。"①

真德秀向理宗褒扬朝中三名词臣：赵汝谈、洪咨夔与吴泳，称道他们能够胜任本职。其时赵、洪、吴分别担任直学士院、中书舍

---

① 〔宋〕真德秀：《讲筵进读手记》，《西山先生真文忠公文集》卷一八，《宋集珍本丛刊》第 76 册，页 99。

人与权中书舍人①。而如果再考察这三人的学术师承，我们还可以发现他们又皆出入名儒之门，与理学界存有紧密的学谊，赵汝谈从学朱熹、叶适②，洪咨夔师事崔与之③，吴泳师事黄榦、魏了翁④。然则赵、洪、吴三氏与真德秀情况颇为相似，皆是南宋晚期兼具词臣职事与理学渊源的人物。

赵、洪、吴三人之中，吴泳的资料尤值注意。其为宁宗朝嘉定元年(1208)进士，理宗朝仕经秘书少监兼权中书舍人、起居舍人兼直学士院，以至权刑部尚书，有文集《鹤林集》传世。吴泳的传记资料并不丰富，其墓志、神道碑等文献已然亡佚，《宋史》《宋元学案》载其传文，但失于过简⑤。笔记文献对其事迹亦乏记载。然而，《鹤林集》中却保存有吴泳相当数量的书信文献，能够真切地呈现其交游关系、社会活动与思想情感的种种细节，史料价值转有胜出传记、笔记之处⑥。仔细研读这些书信内容，我们亦可察见吴泳立场中词臣文化与理学文化之间的张力——吴泳以研习词臣辞章的功夫栽培人生境界，并以此为据

---

① 参见《宋代京朝官通考》第 1 册，页 727；第 2 册，页 150。

② 《宋元学案》卷六九将赵汝谈列为"晦翁门人"(页 2289—2290)，卷五五将之列为"水心(按：即叶适)门人"(页 1819)。《朱子门人》则将之归为朱熹讲友(页 201)。

③ 《宋元学案》卷七九将洪咨夔列为"菊坡(按：即崔与之)门人"(页 2644)。崔与之为事功一派的理学家，与陈亮、叶适的思想接近，参见张其凡：《宋代人物论稿》，上海：上海人民出版社，2009 年，页 451。

④ 《宋元学案》卷六三将吴泳列为"勉斋(按：即黄榦)门人"(页 2044)，卷八〇将之列为"鹤山(按：即魏了翁)门人"(页 2678)。

⑤ 参见《宋史》卷四二三《吴泳传》，页 12625—12617；《宋元学案》卷八〇，页 2678。

⑥ 宋史学界已有学者注意到了吴泳书信的史料价值，参见[日]平田茂树撰，胡劲茵译：《从边缘社会看南宋士人的交往和信息沟通——以魏了翁、吴泳、洪咨夔的事例为线索》，余蔚、[日]平田茂树、温海清主编：《十至十三世纪东亚史的新可能性——首届中日青年学者辽宋西夏金元史研讨会论文集》，上海：中西书局，2018 年，页 1—28。关于宋代文史研究中书信文献史料价值的论述，参见黄宽重：《孙应时的学宦生涯：道学追随者对南宋中期政局变动的因应》，台北：台湾大学出版中心，2018 年，页 11—15。

指摘理学人物的行止作风。以下先简要梳理吴泳词臣职事与理学渊源两方面的背景，然后再以书信文献来对此一张力作出论述。

就词臣职事一端而言，吴泳虽无词科入等的资历，但其在骈文写作方面颇有造诣，洪咨夔曾称道吴泳："叔永（按：即吴泳）四六，时出一斑，亹亹追逐前辈。似闻近颇推择玉堂挥翰之手，欲辞得乎？"①明确对其期以翰苑之职。端平元年（1234）吴泳以五十四岁之年兼直舍人院，始进入词垣。吴泳担任词臣的时间虽然较晚，但中间过程却颇为顺利。该年他谓李心传云："某六年朝列，半岁五迁，已为侥幸。而正兼词掖，则尤侥幸之至也。"②端平三年（1236）吴泳兼直学士院③，该年南宋对蒙古用兵失利，理宗"追悔开边衅，命学士吴泳草诏罪己"。草拟这篇罪己诏书在当时是极为重要的制诰之务，其内容在表述君主自责之意的同时，更要寄寓"振厉奋发，兴感人心"的意图④。该文由吴泳负责掌行，颇能见出朝廷对其文才的倚重⑤。

就理学渊源一端而言，吴泳早年与其弟吴昌裔师事黄榦，后入魏了翁之门⑥。吴泳一生与魏氏讲论理学甚勤，其曾谓魏

---

① 〔宋〕洪咨夔：《答吴叔永寺丞书》，《平斋文集》卷一三，《宋集珍本丛刊》第75册，页99。

② 〔宋〕吴泳：《答李微之书》之一，《鹤林集》卷三一，《宋集珍本丛刊》第74册，页572。吴泳该信正文已引内容自言"六年朝列""正兼词掖"，未引内容有"驳论梁、李降官之罚太轻，公论颇以为然"之语（页573）。李烨含《吴泳年谱》未对此信系年，不过据其谱所载，绍定元年（1228）吴泳除太府寺丞，此为其任京官之始，后六年即端平元年（1234）兼直舍人院，此为其正式任职词垣之始，且是年吴泳有封驳罪臣梁成大、李知孝降官制书，要求对此二人从重处罚的事迹（武汉大学2017年硕士学位论文，页22、26—27），由是可见该信写于端平元年（1234）吴泳兼直舍人院任上。

③ 参见《吴泳年谱》，页33。

④ 《宋史》卷四一六《王万传》，页12483。

⑤ 该文存于吴泳文集中，参见〔宋〕吴泳：《端平三年罪己诏》，《鹤林集》卷一二，《宋集珍本丛刊》第74册，页385。

⑥ 参见《宋元学案》卷六三，页2678。

氏云：

> 某少初有志于学，尤好读濂溪（按：即周敦颐）、河南
> （按：即二程）、横渠（按：即张载）、新安朱氏、广汉张氏
> （按：即张栻）之书。自来京师，交于四方朋友，不无切磋
> 之益。①

吴泳谈及自己少时对周敦颐、二程、张载、朱熹之学的喜好，到
临安以后又多方结交友朋、讲论义理，于此可见其对理学学术
浓厚的兴趣。

然而，在吴泳内在的文化立场中词臣辞章与理学义理亦非
合和共存，而是时现对立之迹。我们研读吴泳的书信文献，颇
能抉发出他这样一段思想的线索：吴泳研习词臣辞章，于心得
体会中栽培了一番追求博识、圆融蕴藉的人生境界，他以此境
界审视理学学风，对于某些理学之士治学处世中显现的弊端深
致不满。

首先来看吴泳研习词臣辞章的心得体会。这里要引及吴
泳的三封书信，宝庆元年至绍定六年（1225—1233）吴泳致书洪
咨夔云：

> 前书且欲某（按：即吴泳）为廊庙之文。夫文章合下有
> 两等：山林草泽之文，其气槁枯；朝廷台阁之文，其气温润。
> 譬如按乐教坊则婉媚风流，外道则粗野嘲哳。②

绍定五年至六年（1232—1233）吴泳致书岳珂云：

> 工于翰墨者必不闲于政事，精于综理者必不赡于文

---

① 〔宋〕吴泳：《与魏鹤山书》之三，《鹤林集》卷二八，《宋集珍本丛刊》第 74
册，页 544。

② 〔宋〕吴泳：《与洪平斋书》之二，《鹤林集》卷二八，《宋集珍本丛刊》第 74
册，页 547。《鹤林集》共载有八封吴泳致洪咨夔的书信，管琴《洪咨夔年谱》（《国学
学刊》2012 年第 2 期）考其为宝庆元年至绍定六年（1226—1233）的时段所撰。

学，……但诸葛孔明当经事综物之时，而文采不艳，过于丁宁；陆敬舆（按：即陆贽）于远近调发之日，而书诏若不经意，动中事会。更望侍郎（按：即岳珂）以孔明、敬舆事业自任，则文藻余事益浩乎其沛然矣。某猥以晚学，丞于秘林，学殖就荒，笔花不润。朝绅间每说侍郎有数种书，皆人所未见，久欲拭目一观。①

端平元年(1234)年吴泳致书真德秀云：

> 《翰林词章》一编，温醇深润，其思油然以幽，其味黯然以长也。某虽未识尚书（按：即真德秀）之面，兹见其心矣。②

上述三信写于吴泳正式任职词垣之前或初始的时期，信中津津然所论皆是对研习庙堂之文的心得体会。首末两信直接言及"廊庙""台阁""翰林"，指示甚明。中间一封引及诸葛亮、陆贽擅草公文的事典③，可见其所谓"文学"，亦指朝廷奏疏制诰而言。三信论文，依次出现"其气温润""笔花不润""温醇深润"的

---

　①　〔宋〕吴泳：《答岳肃之书》，《鹤林集》卷三一，《宋集珍本丛刊》第74册，页574。吴泳在该信中自言"丞于秘林"，即是任秘书丞。据《吴泳年谱》所考，吴泳于绍定五年至六年(1232—1233)担任该职(页23—25)。然则该封书信当即写于此一时期。

　②　〔宋〕吴泳：《与真西山书》，《鹤林集》卷二九，《宋集珍本丛刊》第74册，页552。该信称真德秀为"尚书"，信中尚有正文未引内容如"中外所属望以扶持世教、康济时屯者，尚书一人而已。命召才猷，朝野胥庆"（按：原文中"屯"字讹作"出"，径改）。其语所称颇能想见是指真氏还朝之事而言。据《真德秀年谱》所考，端平元年(1234)四月真氏除户部尚书，六月赴朝，九月立朝以后方除翰林学士(页138—142)。然则可以推断，该信当写于真氏还朝之时。

　③　诸葛亮之典出于《三国志·蜀书五·诸葛亮传》："论者或怪亮文彩不艳，而过于丁宁周至。臣（按：即陈寿）愚以为咎繇大贤也，周公圣人也，考之《尚书》，咎繇之谟略而雅，周公之诰烦而悉。何则？咎繇与舜、禹共谈，周公与群下矢誓故也。亮所与言，尽众人凡士，故其文指不得及远也。然其声教遗言，皆经事综物，公诚之心，形于文墨，足以知其人之意理，而有补于当世。"〔晋〕陈寿：《三国志》卷三五，北京：中华书局，1959年，页931）吴泳书信字面所引内容为"论者"的贬低之语，但其要表达之意却是陈寿对诸葛亮的褒赞态度。陆贽之典出于《新唐书·陆贽传》："从狩奉天，机务填总，远近调发，奏请报下，书诏日数百，贽初若不经思，逮成，皆周尽事情，衍绎孰复，人人可晓。"（《新唐书》卷一五七，页4914）

描述,其中皆提及一"润"字,颇可视为吴泳对词臣文章心得体会的概括之语。然则该"润"字的具体意涵究竟为何？于三信中细玩此字,颇能察见不同语境中其所指义各有偏侧。对此我们可以逐一加以阐释,然后再予综合贯串,如是庶几能够了解吴泳于此"润"字的总体见解。前信以台阁之文的温润与草野之文的槁枯相对,又以教坊、外道之乐的精粗之别为喻,此处"润"字当指词臣琢磨词句、锤炼篇章之下所形成的丰盈圆融的文风。次信向岳珂提出借阅书籍以补文笔不润,此处"润"字当指词臣辞章背后深厚的知识储备。末信称赏真德秀制诰文风之润,以"油然以幽""黯然以长"作为引申延展之语,此处"润"字当指词臣手笔特有的含蓄蕴藉之味。综上三者,我们大致可将吴泳对于文章之"润"的见解总结为风格的圆融、学养的深厚以及言语的含蓄,此可算是其研习辞章心得的精髓所在①。

不仅如此,吴泳还进而将"润"之见解作为治学处世的行为准则,以之审视理学界的学行,着力针砭其中人物轻视智识、治学不力、苛责他人的弊端。关于此中问题,我们可以引述吴泳与一名理学学友严子韶通问的书信予以阐述。

严子韶生平不详,子韶当是其字。《鹤林集》中存有吴泳寄致其人的三封书信,从中可知其为一名"与朱氏门人相接从"的人物②。在书信中吴泳颇向严子韶谈及理学界中的学术承变与人事境况,如谓：

> 濂溪周子、河南二程子、横渠张子……讲道也,言质素

---

① 吴泳好以"润"字论文,不仅在书信中有所体现,在制文中亦颇有提及,如其《真德秀授参知政事制》有云："学者仰之如山,亦欲借斯文之润。"(《鹤林集》卷六,《宋集珍本丛刊》第 74 册,页 328)《洪咨夔授试中书舍人制》有云："温纯深润,能为廊庙之文。"(《鹤林集》卷六,《宋集珍本丛刊》第 74 册,页 331)亦皆标举"润"字。

② 〔宋〕吴泳：《答严子韶书》之二,《鹤林集》卷三〇,《宋集珍本丛刊》第 74 册,页 567。

而不华，理平淡而无奇，微开其端，而不尽发以告人，……至武夷朱晦翁、紫岩张南轩，则句句而释，字字而解，精微妙密之蕴，盖已抉露无余矣。[1]

又如谓：

> 勉斋（按：黄榦）既下世，宏斋（按：即李燔）继没，毅斋（按：即郑性之）槁立于婺女之滨，罕与世接。留宗庠者，仅叶六十四丈（按：即叶味道）一人担当考亭（按：即朱熹）门户。[2]

前段内容梳理了理学自北宋周敦颐、二程、张载至南宋朱熹、张栻的承变脉络，比较了前后两个时代中理学宗师学问气象的笼括、精微之别。后段内容叙述了宗学中朱熹门人的凋零之况，言及朱门之下黄榦、李燔亡故，郑性之幽居，唯有叶味道一人在宗学中撑持门户的境遇[3]。这些言论涉及理学中学术、人事的细节，可以见出吴泳与严子韶理学渊源的深厚。

然而，在致严子韶书信的其他内容中，吴泳却明确表达了对于其人治学处世态度的指摘之意：

> 若只从"正心诚意"处做起，而不向"致知格物"上发脚，譬犹人之行路，不识路头，而便欲从半路里截去，其得免夫颠冥，幸矣。向来与子韶说几多，而犹以此发问于人："脱使真知，验之躬行，率多悖戾。"此何等语！不意子韶未之改也。见得来子韶日前都是看"知"字轻了。才有所知，

---

① 〔宋〕吴泳：《答严子韶书》之一，《鹤林集》卷三〇，《宋集珍本丛刊》第 74 册，页 565。按：原文中"岩"讹作"严"，径改。

② 〔宋〕吴泳：《答严子韶书》之三，《鹤林集》卷三〇，《宋集珍本丛刊》第 74 册，页 568。按：原文中"槁"讹作"稿"，径改。关于朱熹与黄榦、李燔、郑性之、叶味道的师生关系，参见《朱子门人》，页 180—181、85—86、238、193—194。

③ 叶味道有"迁宗学谕"的仕历（参见《宋史》卷四三八《叶味道传》，页 12986），吴泳谓其"留宗庠"，当指此而言，不过叶氏任该职的具体时间尚难以考定。

便不能涵泳乎所已知；突有所见，即不能推极其所既得。温烨玩绎之味少，融会洒落之功不至，所以怡声下气，终见其难，疾辞遽色，未免间作。原其病根，皆生乎此，盖不可专罪气禀也。①

前引吴泳与严子韶讨论《礼记·大学》，严氏只看重"诚意正心"的义理信仰，而轻视"格物致知"的智识素养，吴泳对这一态度深为不满，进而诟病严氏对于已有知识缺乏琢磨、锤炼之功，即所谓"不能涵泳乎所已知""温烨玩绎之味少，融会洒落之功不至"，以至于后天修养欠佳，难以和气怡声与人接谈，时见疾言厉色苛责于人之态。吴泳的以上言论虽未直接提及"润"字，但其立场依据在在对应于前述其"润"之见解中学养深厚、风格圆融、言语含蓄三方面的意涵。从中我们颇能体会出吴泳本于词臣辞章的研习背景而与理学界论学易于偏激的风气所存的异趣之迹。此一迹象在前引《四朝闻见录》所述真德秀指责叶适为文"支离""放言"的言论中似已见出端倪，而此信内容无疑是一番更为具体的表述。这就是吴泳内在文化立场中辞章与义理的张力所在。

以上所论吴泳言行在印证、补充真德秀其事的同时，更揭示出宋代词臣、理学文化对峙之中一个别样的面相。本章此前部分比较二者，多是将理学家描述为道德上更具优势的士人群体。而该篇补论则从词臣文化的立场出发，指出理学过度的道德执念反有可能产生学行上的弊端，导致理学中人易于误入治学粗疏、举止躁郁的歧途，而词臣辞章亦不尽然是装点朝政的粉饰之词，辞章的研习能够提升道德性情的修养，栽培出圆润从容、含蓄蕴藉的人生境界。此一论述当可使我们更为全面、辩证地观照词臣、理学文化之间的分野。

---

① 《答严子韶书》之二，《鹤林集》卷三〇，《宋集珍本丛刊》第74册，页567。

结　　语

　　本书展开一系列中观、微观的研究，将宋代文化史的发展潮流投射于词垣场域与词臣群体的层面予以观照，以此考察北宋诗文革新、南宋理学思潮这两种基层的文化潮流与朝廷文化风尚之间的交涉态势。本书首先聚焦于诗文革新中个体人物之于词垣环境的生存状态，论述了这些人物在不同场合下时而偏向文士、时而偏向官僚的身份特征；其次聚焦于理学群体与词臣群体之间的分野态势，辨析了理学家地方学者与词臣朝堂官僚的身份之别。这两方面的研究以具体的人事互动呈现出宋代士大夫文化史的演进历程，从中可以清晰见出权力领域对宋代诗文、理学发展或是制约或是推动的作用力。

　　本书绪论曾指出诗文革新与理学思潮具体的演进历程存在阻通逆顺之别：诗文革新的领袖人物颇能长期担任朝中高官，以此引领复古的文学潮流，易于得到士林的响应；理学思潮的领袖人物则多仕宦不显、立朝时间短促，理学的流衍长期被限制在地方社会的语境之中。这两种演进形态之间差异的深层原因很值思考，在此我们或可基于本书的研究内容作一番尝试性的探讨。审视书中所论南北宋士大夫的诸多人事，明显可以见出理学思潮较之诗文革新更具批判意识。诗文革新虽亦有明确的道德旨归，但其因自身文学性的特质，精神追求其实更为偏重才情一端，欧、苏之辈彰显超卓风范，更多是在扬显出众的文学才华与文士情怀，他们的风度与官场的守常氛围固有出入，但彼此之间并无尖锐的对抗之势，而是多有融通和缓的余地。除却具体的政见之争，欧、苏其实颇能在常态的官场氛围中和光同尘,虽不专尚,亦能适应官僚通行的行事作风。故其易于久居朝堂、仕至高位,进而引领士林。理学思潮则因自身近于苛刻的道德标准而与常态的官场氛围存在难以调和的矛盾,胡寅之斥词垣草制、朱熹之贬馆阁修史乃至胡宪、杨简见讥于仕宦同侪,皆是其例。基于这种根本性的矛盾,纯粹而激进的理学人物自是难立朝堂,其道德主张无法获得仕位的支撑,理学发展因而长期受到限制,也就是势所必然之事了。待至晚宋能够和光同尘的真德秀在朝堂上推尊程朱,理学则又开始丧失作为道德学问原初的纯粹性。

二十年前,余英时先生出版《朱熹的历史世界》,将宋代思想史的发展脉络置于历史生活的背景中观照,确立了一种典范的学术思路。这种思路要求研究者运用丰富的史料建构具体的历史情境,探讨古人在此情景中行事的动机及对环境的因应。于此,古人的思想图景不再仅仅局限于抽象高远的智识理念,而更具化为切身可感的人情向背①。

本书的写作有承于以上思路,将北宋诗文革新与南宋理学思潮的发展脉络置于宋人生活的情境之中观照。不过,诗文革新与理学思潮的社会延展面极大,对有宋一代各个阶层的知识群体皆有深刻影响,想要全面地为这两种思潮建构生活情境,对于单个研究者而言,显然是力所不逮的。故此,笔者只聚焦于词垣这一具体的官僚机构来作深描式的探研。本书以杨亿、晏殊、王珪、刘敞、王安石、蔡京、翟汝文、叶梦得、汪藻、孙觌、慕容彦逢、王安中等人的生平资料建构了北宋词垣的生活情境,将诗文革新的大家梅尧臣、欧阳修、苏轼置于此中观照。笔者并未花费大量的笔墨去阐述梅、欧、苏纯粹的文学观念,而是通

① 参见葛兆光:《置思想于政治史背景中——再读余英时先生〈朱熹的历史世界〉》,氏著:《侧看成峰:葛兆光海外学术论著评论集》,北京:中华书局,2020年,页96。

292

紫庭文思:词垣、词臣与宋代士大夫文化史

过这三者与词垣的人事交涉或其本身的词垣事迹来考察他们应因环境具体的心理与行止,呈现个体人物与仕宦环境之间的复杂关系。又以汪藻、孙觌、胡交修、汤思退、周必大、洪适、洪遵、洪迈等人的生平资料建构了南宋前、中期词垣生活的情境,将理学家胡安国、朱震、胡寅、胡宪、朱熹置于其比照面上,勾勒了理学群体与词臣群体之间的分野态势,在此基础上更论及晚宋真德秀、吴泳兼具辞章、理学旨趣的表象下内在文化立场的矛盾性。笔者同样未着力阐述理学抽象的义理学说,而是通过理学家与词臣具体的冲突、论辩事件来呈现这两派人物的作风之异。

宋代诗文革新、理学思潮两大潮流与词垣的交集处在在呈现出朝廷体制与士人个性之间的张力。对于这种张力,我们须有清醒的认识:它之所以存在,正是因为宋代士人阶层内部蕴含有勃发的生命力,士林以本朝文化的承运者自任,努力在诗文创作、儒学探研的领域开拓进取,其中秀出之辈能够旗帜鲜明地表述、践行、引领时代性的文化主张,这样才会与上层权力语境中相对因循的气氛产生碰撞。从这一意义上讲,朝廷体制在某种程度上颇可视为观测士人意气消长之势的参照面:与朝廷权力圈层有所交涉的士人在思想观念上越是偏离体制的惯性,越是能够展现昂扬自发的意气。

宋代的这种士人精神相当可贵,中国历史绝非每朝每代都能显现如是的文化气象,以接续于宋的元代而言,其情况即迥异于此。有元一代国祚不长,文化的演进缺乏纵深性,最高统治阶层又为蒙古族,具有文化优势的汉族士人沦为低等臣民,科举几近废弛,以此途入仕的机会几乎断绝,士林在雅文化上的自任意气及开创精神消弭殆尽:我们在元代文化史中既难以条列旨趣、风格各异的诗文流派,亦无从把握明显起伏变化的思想脉络。无论是在朝廷词垣,还是在地方社会,士大夫的面貌模糊而单调,他们颇为一致地在诗歌上师法与宋调立异的唐风①,在思想上尊崇作为官学的理学②,此一取向与体制的框线无甚出入,难有张力可以寻绎。就此我们不妨来一窥元代文章宗主虞集的人生。

虞集一生波澜不惊。他出自江西汉族士人家庭,通过举荐入仕,逐步在馆阁词垣仕至高位,后来致仕终老,其仕宦生涯从未经历党争、廷诤、贬谪的波折——这种过于平淡的履历在宋代的超卓文士中间是很难见到的。虞集颇受元代皇帝的宠遇,但其内心似对异族的皇权有相当的距离感:在与朝中臣僚的唱和活动中,他曾公然自比也被比作出自南朝而被羁北地的庾信③。或许正是这种距离感,造成了其行事的局促性:虞集一生谨慎行事,不露锋芒,于其事迹之中,我们看到的多是常规的朝廷公务、优雅的文事活动、友好的朋辈交游、对于唐诗与理学的崇尚,但却少却了与同时代人在思想、文学上的论辩交锋,就更不必说与体制的碰撞了。

在虞集的时代,爱好艺文的元文帝曾设立奎章阁学士院,网罗知识精英在其中讲论经史、赏鉴文物、编修书籍并备己咨询政事——颇可视为一个精缩版的馆阁词垣,虞集被公认为此中的灵魂人物。学界对于奎章阁学士院有所研究,将之誉为有元一代文学英才的荟萃之地④。此论诚然为确,然而我们若以更具批判性的眼光审视这一机构,就会发现奎章人事所展现的只是君主崇文、文臣被荣这一类例行的宫廷生活,自始至终未

---

① 参见杨镰:《元诗史》,北京:人民文学出版社,2003年,页27。
② 关于元代理学的官学化,参见朱军:《元代理学与社会》,成都:巴蜀书社,2022年,页88—110。
③ 参见刘东明:《虞集之生平与交游》,华中师范大学2012年硕士学位论文,页51—53。
④ 参见邱江宁:《奎章阁文人群体与元代中期文学研究》,北京:人民出版社,2013年;邱江宁:《元代奎章阁学士院与元代文坛》,北京:中国社会科学出版社,2013年。

见有思想、行止特立的文人进入其中,为既有的宫廷风尚吹进一丝异趣的微风。从一意义上讲,奎章阁学士院只是元代宫廷体制以余裕之势笼罩文学群体的一个缩影而已。虞集与奎章阁中另一名年资略低的臣僚揭傒斯被认为是元代前后相继的两任文宗。元人之中流传有这么一则传闻:

> 文宗之御奎章日,学士虞集、博士柯九思常侍从,以讨论法书名画为事。时授经郎揭傒斯亦在列,比之集、九思之承宠眷者则稍疏,因潜著一书曰《奎章政要》以进,二人不知也。万几之暇,每赐披览。及晏朝,有画《授经郎献书图》行于世,厥有深意存焉。句曲外史张伯雨题诗曰:"侍书爱题诗博士画,日日退朝书满床。奎章阁上观政要,无人知有授经郎。"盖柯作画,虞必题,故云。①

引文述及奎章诸臣之中,较之揭傒斯,文宗更为宠信虞集,由是揭氏心存些许妒忌,一日趁虞集不在文宗身边,向文宗进献了一部自撰的著作以邀宠,后其事被人图画题诗加以讽刺。有学者为揭氏辩护,力图证明这全然是一番讹传②。笔者则认为此一叙述颇具几分象征意味:在元代士人社会相当范围的舆论与观念中,作为文宗的虞、揭二氏的差异并未充分体现在文学旨趣、思想观念的荦荦大端③,而是仅仅停留于与皇帝私人关系亲疏远近的琐碎人事——于此颇能觇见权力体制牢络下士大夫文化内涵的萎缩。相比之下,宋代文史学界可以利用丰富的宋人文献撰写出一部又一部厚重的著作来深入讨论欧阳修、苏轼之间的文化异同。

---

① 〔明〕陶宗仪撰,王雪玲校点:《南村辍耕录》卷七"奎章政要"条,上海:上海古籍出版社,2022 年,页 147—148。

② 参见《元代奎章阁学士院与元代文坛》,页 244—260。

③ 元人在文化上比较揭傒斯与虞集的异同,似乎只是囿于揭氏《范先生诗序》所记虞集自评己诗为"汉庭老吏",评揭氏诗为"三日新妇"的论调(参见〔元〕揭傒斯著,李梦生标校:《揭傒斯全集》文集卷三,上海:上海古籍出版社,2012 年,页 313),对二者的诗歌造诣有过一些高下之评。

征 引 文 献

古籍之属

经部

〔晋〕杜预注,〔唐〕孔颖达等疏：《春秋左传正义》,〔清〕阮元刻：《十三经注疏》,北京：中华书局,1980 年。

〔三国·魏〕何晏等注,〔宋〕邢昺疏：《论语注疏》,《十三经注疏》。

〔宋〕胡安国：《胡氏春秋传》,《景印文渊阁四库全书》第 151 册,台北：台湾商务印书馆,1986 年。

〔汉〕毛亨、〔汉〕毛苌传,〔汉〕郑玄疏,〔唐〕孔颖达等正义：《毛诗正义》,《十三经注疏》。

〔三国·魏〕王弼、〔晋〕韩康伯注,〔唐〕孔颖达等正义：《周易正义》,《十三经注疏》。

〔汉〕赵岐注,〔宋〕孙奭疏：《孟子注疏》,《十三经注疏》。

〔汉〕郑玄注,〔唐〕孔颖达等正义：《礼记正义》,《十三经注疏》。

〔宋〕朱熹撰,朱杰人校点：《诗集传》,朱杰人、严佐之、刘永翔主编：《朱子全书（修订本）》第 1 册,上海：上海古籍出版社,合肥：安徽教育出版社,2010 年。

史部

〔汉〕班固撰,〔唐〕颜师古注：《汉书》,北京：中华书局,1962 年。

〔宋〕晁公武撰,孙猛校证:《郡斋读书志校证》,上海:上海古籍出版社,2011年。

〔晋〕陈寿撰,〔南朝·宋〕裴松之注:《三国志》,北京:中华书局,1959年。

〔宋〕陈元靓撰,许逸民点校:《岁时广记》,北京:中华书局,2020年。

〔宋〕陈振孙撰,徐小蛮、顾美华点校:《直斋书录解题》,上海:上海古籍出版社,2015年。

〔明〕戴铣:《朱子实纪》,《续修四库全书》第550册,上海:上海古籍出版社,2000年。

〔宋〕杜大珪编,顾宏义、苏贤校证:《名臣碑传琬琰集校证》,上海:上海古籍出版社,2021年。

〔南朝·宋〕范晔撰,〔唐〕李贤等注:《后汉书》,北京:中华书局,1965年。

〔清〕冯可镛、〔清〕叶意深编,李春梅校点:《慈湖先生年谱》,吴洪泽、尹波主编:《宋人年谱丛刊》第10册,成都:四川大学出版社,2003年。

〔宋〕龚明之撰,张剑光整理:《中吴纪闻》,上海师范大学古籍整理研究所编:《全宋笔记》第3编第7册,郑州:大象出版社,2008年。

〔清〕洪汝奎编,张尚英校点:《洪文安公年谱》,《宋人年谱丛刊》第8册。

〔清〕洪汝奎编,张尚英校点:《洪忠宣公年谱》,《宋人年谱丛刊》第7册。

〔宋〕洪遵:《翰苑群书》,傅璇琮、施纯德编:《翰学三书》第1册,沈阳:辽宁教育出版社,2003年。

〔宋〕胡寅:《致堂读史管见》,《四库全书存目丛书》史部第279册,济南:齐鲁书社,1995年。

〔明〕黄淮、〔明〕杨士奇编：《历代名臣奏议》，上海：上海古籍出版社，2012年。

〔清〕黄宗羲原著，〔清〕全祖望补修，陈金生、梁运华点校：《宋元学案》，北京：中华书局，1986年。

〔清〕江藩著，钟哲整理：《国朝汉学师承记》（附《国朝经师经义目录》《国朝宋学渊源记》），北京：中华书局，1983年。

〔明〕李濂撰，周宝珠、程民生点校：《汴京遗迹志》，北京：中华书局，1999年。

〔宋〕李焘：《续资治通鉴长编》，北京：中华书局，2004年。

〔宋〕李心传编撰，胡坤点校：《建炎以来系年要录》，北京：中华书局，2013年。

〔宋〕李心传撰，徐规点校：《建炎以来朝野杂记》，北京：中华书局，2000年。

〔宋〕李幼武纂集：《宋名臣言行录》，《景印文渊阁四库全书》第449册。

〔宋〕刘时举撰，王瑞来整理：《续宋中兴编年资治通鉴》，北京：中华书局，2014年。

〔宋〕龙衮撰，张剑光整理：《江南野史》，《全宋笔记》第1编第3册，郑州：大象出版社，2003年。

〔清〕陆心源撰，吴伯雄点校：《宋史翼》，杭州：浙江古籍出版社，2016年。

〔宋〕欧阳修、〔宋〕宋祁：《新唐书》，北京：中华书局，1975年。

〔清〕钱大昕撰，〔清〕洪汝奎增订，张尚英校点：《洪文惠公年谱》，《宋人年谱丛刊》第8册。

〔宋〕樵川樵叟：《庆元党禁》（与《元祐党籍碑考》合刊），《丛书集成初编》第763册，北京：中华书局，1985年。

〔汉〕司马迁撰，〔南朝·宋〕裴骃集解，〔唐〕司马贞索隐，〔唐〕张守节正义：《史记》，北京：中华书局，2013年。

〔元〕脱脱等:《金史》,北京:中华书局,2020 年。

〔元〕脱脱等:《宋史》,北京:中华书局,1985 年。

〔清〕 王夫之著,舒士彦点校:《宋论》,北京:中华书局,1964 年。

〔清〕王澍著,马鳙点校:《淳化秘阁法帖考正》,杭州:浙江人民美术出版社,2017 年。

〔宋〕王象之:《舆地纪胜》,北京:中华书局,1992 年。

〔清〕王梓材、〔清〕冯云濠编撰,沈芝盈、梁运华点校:《宋元学案补遗》,北京:中华书局,2012 年。

〔宋〕吴缜撰,王东、左宏阁校证:《新唐书纠谬校证》(与《唐书直笔校证》合刊),成都:四川大学出版社,2014 年。

〔清〕徐炯文编,李文泽校点:《梅溪王忠文公年谱》,《宋人年谱丛刊》第 8 册。

〔宋〕徐梦莘:《三朝北盟会编》,上海:上海古籍出版社,2008 年。

〔清〕徐松辑,刘琳等校点:《宋会要辑稿》,上海:上海古籍出版社,2014 年。

〔宋〕徐自明撰,王瑞来校补:《宋宰辅编年录校补》,北京:中华书局,1986 年。

〔宋〕杨仲良著,李之亮点校:《皇宋通鉴长编纪事本末》,哈尔滨:黑龙江人民出版社,2006 年。

〔金〕佚名编,金少英校补,李庆善整理:《大金吊伐录校补》,北京:中华书局,2001 年。

〔宋〕佚名编,汝企和点校:《续编两朝纲目备要》,北京:中华书局,1995 年。

佚名撰,汪圣铎点校:《宋史全文》,北京:中华书局,2016 年。

〔清〕永瑢等:《四库全书总目》,北京:中华书局,1965 年。

〔宋〕尤袤:《遂初堂书目》,《景印文渊阁四库全书》第 674 册。

〔清〕张夏：《宋杨文靖公龟山先生年谱》,《北京图书馆藏珍本年谱丛刊》第 21 册,北京:北京图书馆出版社,1999 年。

〔宋〕朱熹撰,戴扬本校点:《伊洛渊源录》,《朱子全书(修订本)》第 12 册。

〔宋〕朱熹撰,李伟国校点:《五朝名臣言行录》,《朱子全书(修订本)》第 12 册。

子部

〔宋〕蔡絛撰,冯惠民、沈锡麒点校:《铁围山丛谈》,北京:中华书局,1983 年。

〔宋〕晁迥撰,夏广兴整理:《昭德新编》,《全宋笔记》第 8 编第 8 册,郑州:大象出版社,2017 年。

〔宋〕晁迥撰,朱刚整理:《法藏碎金录》,《全宋笔记》第 8 编第 7 册。

〔宋〕陈鹄撰,孔凡礼点校:《西塘集耆旧续闻》(与《师友谈记》《曲洧旧闻》合刊),北京:中华书局,2002 年。

〔明〕陈绛:《金罍子》,《四库全书存目丛书》子部第 85 册。

〔宋〕程大昌撰,许逸民校证:《演繁露校证》,北京:中华书局,2018 年。

〔宋〕范镇撰,汝沛点校:《东斋记事》(与《春明退朝录》合刊),北京:中华书局,1980 年。

〔宋〕费衮撰,金圆整理:《梁溪漫志》,《全宋笔记》第 5 编第 2 册,郑州:大象出版社,2012 年。

〔宋〕何薳撰,张明华点校:《春渚纪闻》,北京:中华书局,1983 年。

〔宋〕洪迈撰,何卓点校:《夷坚志》,北京:中华书局,2006 年。

〔宋〕洪迈撰,孔凡礼点校:《容斋随笔》,北京:中华书局,2005 年。

〔宋〕江休复撰，储玲玲整理：《江邻幾杂志》，《全宋笔记》第 1
编第 5 册。

〔宋〕孔平仲撰，池洁整理：《谈苑》，《全宋笔记》第 2 编第 5 册，
郑州：大象出版社，2006 年。

〔宋〕李昉等编：《太平广记》，北京：中华书局，1961 年。

〔宋〕黎靖德编，王星贤点校：《朱子语类》，北京：中华书局，
1986 年。

〔唐〕李肇撰，聂清风校注：《唐国史补校注》，北京：中华书局，
2021 年。

〔宋〕李廌撰，孔凡礼点校：《师友谈记》（与《曲洧旧闻》《西塘集
耆旧续闻》合刊），北京：中华书局，2002 年。

〔宋〕刘敞撰，黄曙辉点校：《公是先生弟子记》（与《刍言》合
刊），上海：华东师范大学出版社，2010 年。

〔宋〕陆游撰，孔凡礼点校：《家世旧闻》（与《西溪丛语》合刊），
北京：中华书局，1993 年。

〔宋〕陆游撰，李剑雄、刘德权点校：《老学庵笔记》，北京：中华
书局，1979 年。

〔宋〕罗大经撰，王瑞来点校：《鹤林玉露》，北京：中华书局，
1983 年。

〔宋〕马永卿撰，崔文印校释：《懒真子录校释》，北京：中华书
局，2017 年。

〔宋〕欧阳修撰，李伟国点校：《归田录》（与《渑水燕谈录》合
刊），北京：中华书局，1981 年。

传〔宋〕庞元英撰，金圆整理：《谈薮》，《全宋笔记》第 2 编第
4 册。

〔宋〕普济著，苏渊雷点校：《五灯会元》，北京：中华书局，
1984 年。

〔宋〕钱世昭撰，查清华、潘超群整理：《钱氏私志》，《全宋笔记》

第 2 编第 7 册。

〔宋〕邵博撰，刘德权、李剑雄点校：《邵氏闻见后录》，北京：中华书局，1983 年。

〔宋〕邵伯温撰，李剑雄、刘德权点校：《邵氏闻见录》，北京：中华书局，1983 年。

〔宋〕沈括撰，金良年点校：《梦溪笔谈》，北京：中华书局，2015 年。

〔宋〕沈作喆撰，俞钢、萧光伟整理：《寓简》，《全宋笔记》第 4 编第 5 册，郑州：大象出版社，2008 年。

〔元〕盛如梓：《庶斋老学丛谈》，《景印文渊阁四库全书》第 866 册。

〔宋〕司马光撰，邓广铭、张希清点校：《涑水记闻》，北京：中华书局，1989 年。

〔宋〕苏轼撰，王松龄点校：《东坡志林》，北京：中华书局，1981 年。

〔宋〕苏象先撰，储玲玲整理：《丞相魏公谭训》，《全宋笔记》第 3 编第 3 册。

〔宋〕苏籀撰，张剑光、李相正整理：《栾城先生遗言》，《全宋笔记》第 3 编第 7 册。

〔宋〕孙升述，〔宋〕刘延世录，赵维国整理：《孙公谈圃》，《全宋笔记》第 2 编第 1 册。

〔明〕陶宗仪撰，王雪玲校点：《南村辍耕录》，上海：上海古籍出版社，2022 年。

〔宋〕王大成撰，储玲玲整理：《野老纪闻》，《全宋笔记》第 6 编第 6 册，郑州：大象出版社，2013 年。

〔宋〕王得臣撰，黄纯艳整理：《麈史》，《全宋笔记》第 1 编第 10 册。

〔宋〕王巩撰，戴建国整理：《闻见近录》，《全宋笔记》第 2 编第

6 册。

〔宋〕王巩撰，戴建国、陈雷整理：《随手杂录》，《全宋笔记》第 2
编第 6 册。

〔宋〕王明清：《挥麈录》，上海：上海书店出版社，2009 年。

〔宋〕王明清撰，戴建国、赵龙整理：《玉照新志》，《全宋笔记》第
6 编第 2 册。

〔宋〕王辟之撰，吕友仁点校：《渑水燕谈录》（与《归田录》合
刊），北京：中华书局，1981 年。

〔宋〕王应麟辑：《玉海》，扬州：广陵书社，2016 年。

〔宋〕王应麟著，〔清〕翁元圻辑注，孙通海点校：《困学纪闻
注》，北京：中华书局，2016 年。

〔元〕王恽撰，杨晓春点校：《玉堂嘉话》（与《山居新语》合刊），
北京：中华书局，2006 年。

〔宋〕王铚撰，汤勤福、白雪松整理：《默记》，《全宋笔记》第 4 编
第 3 册。

〔宋〕魏泰撰，李裕民点校：《东轩笔录》，北京：中华书局，
1983 年。

〔宋〕文莹撰，郑世刚、杨立扬点校：《湘山野录》（与《续湘山野
录》《玉壶清话》合刊），北京：中华书局，1984 年。

〔宋〕文莹撰，郑世刚、杨立扬点校：《玉壶清话》（与《湘山野录》
《续湘山野录》合刊），北京：中华书局，1984 年。

〔宋〕吴处厚撰，李裕民点校：《青箱杂记》，北京：中华书局，
1985 年。

〔宋〕吴曾撰，刘宇整理：《能改斋漫录》，《全宋笔记》第 5 编第
3—4 册。

〔宋〕徐度撰，朱凯、姜汉椿整理：《却扫编》，《全宋笔记》第 3 编
第 10 册。

〔宋〕叶梦得撰，徐时仪整理：《避暑录话》，《全宋笔记》第 2 编

第 10 册。

〔宋〕叶梦得撰，〔宋〕宇文绍奕考异，侯忠义点校：《石林燕语》，北京：中华书局，1984 年。

〔宋〕叶绍翁撰，沈锡麟、冯惠民点校：《四朝闻见录》，北京：中华书局，1989 年。

〔宋〕叶適：《习学记言序目》，北京：中华书局，1977 年。

〔宋〕岳珂撰，吴企明点校：《桯史》，北京：中华书局，1981 年。

〔宋〕曾敏行撰，朱杰人整理：《独醒杂志》，《全宋笔记》第 4 编第 5 册。

〔宋〕曾慥撰，俞钢、王燕华整理：《高斋漫录》，《全宋笔记》第 4 编第 5 册。

〔宋〕张邦基撰，孔凡礼点校：《墨庄漫录》（与《过庭录》《可书》合刊），北京：中华书局，2002 年。

〔宋〕张知甫撰，孔凡礼点校：《可书》（与《墨庄漫录》《过庭录》合刊），北京：中华书局，2002 年。

〔元〕赵道一：《历世真仙体道通鉴》，《续修四库全书》第 1295 册。

〔宋〕赵令畤撰，孔凡礼点校：《侯鲭录》（与《墨客挥犀》《续墨客挥犀》合刊），北京：中华书局，2002 年。

〔清〕赵翼：《陔余丛考》，北京：中华书局，1963 年。

〔宋〕周密撰，邓子勉点校：《云烟过眼录》（与《志雅堂杂钞》《澄怀录》合刊），北京：中华书局，2018 年。

〔宋〕周密撰，吴企明点校：《癸辛杂识》，北京：中华书局，1988 年。

〔宋〕周密撰，张茂鹏点校：《齐东野语》，北京：中华书局，1983 年。

〔宋〕朱弁撰，孔凡礼点校：《曲洧旧闻》（与《师友谈记》《西塘集耆旧续闻》合刊），北京：中华书局，2002 年。

〔宋〕朱长文纂辑,何立民点校:《墨池编》,杭州:浙江人民美术出版社,2012年。

〔宋〕朱长文:《琴史》,《景印文渊阁四库全书》第839册。

集部

〔唐〕白居易著,谢思炜校注:《白居易诗集校注》,北京:中华书局,2006年。

北京大学古文献研究所编:《全宋诗》,北京:北京大学出版社,1991—1998年。

〔宋〕蔡絛著,刘德重、张培生点校:《西清诗话》,吴文治主编:《宋诗话全编》第3册,南京:凤凰出版社,1998年。

〔宋〕晁说之:《景迂生集》,《景印文渊阁四库全书》第1118册。

〔宋〕陈师道著,许结点校:《后山诗话》,《宋诗话全编》第2册。

〔宋〕陈岩肖撰,牛埜点校:《庚溪诗话》,《宋诗话全编》第3册。

〔宋〕程颢、〔宋〕程颐著,王孝鱼点校:《二程集》,北京:中华书局,2004年。

〔唐〕杜甫著,〔清〕仇兆鳌注:《杜诗详注》,北京:中华书局,2015年。

〔宋〕范成大:《范石湖集》,上海:上海古籍出版社,1981年。

〔宋〕范祖禹:《范太史集》,《景印文渊阁四库全书》第1100册。

〔元〕方回选评,李庆甲集评点校:《瀛奎律髓汇评》,上海:上海古籍出版社,2005年。

〔宋〕葛立方:《韵语阳秋》,上海:上海古籍出版社,1984年。

〔宋〕韩维:《南阳集》,《景印文渊阁四库全书》第1101册。

〔元〕郝经:《陵川集》,《景印文渊阁四库全书》第1192册。

〔宋〕洪适、〔宋〕洪遵、〔宋〕洪迈撰,凌郁之辑校:《鄱阳三洪集》,南昌:江西人民出版社,2011年。

〔宋〕洪咨夔:《平斋文集》,四川大学古籍整理研究所编:《宋集珍本丛刊》第 74—75 册,北京:线装书局,2004 年。

〔宋〕胡宏著,吴仁华点校:《胡宏集》,北京:中华书局, 1987 年。

〔宋〕胡寅撰,容肇祖点校:《斐然集》(与《崇正辩》合刊),北京: 中华书局,1993 年。

〔元〕胡祗遹:《紫山大全集》,《景印文渊阁四库全书》第 1196 册。

〔宋〕胡仔纂集,廖德明点校:《苕溪渔隐丛话》,北京:人民文 学出版社,1962 年。

〔宋〕黄榦:《勉斋先生黄文肃公文集》,《北京图书馆古籍珍本 丛刊》第 90 册,北京:书目文献出版社,1988 年。

〔元〕揭傒斯著,李梦生标校:《揭傒斯全集》,上海:上海古籍 出版社,2012 年。

〔清〕厉鹗辑撰:《宋诗纪事》,上海:上海古籍出版社,2013 年。

〔唐〕李贺著,〔清〕王琦等评注:《三家评注李长吉歌诗》,上 海:上海古籍出版社,1998 年。

〔唐〕李商隐著,刘学锴、余恕诚编年校注:《李商隐文编年校 注》,北京:中华书局,2002 年。

〔宋〕刘攽著,逯铭昕点校:《彭城集》,济南:齐鲁书社, 2018 年。

〔宋〕刘克庄著,钱仲联笺注:《后村词笺注》,上海:上海古籍 出版社,2012 年。

〔宋〕刘克庄撰,王蓉贵、向以鲜校点,刁忠民审定:《后村先生 大全集》,成都:四川大学出版社,2008 年。

〔宋〕楼钥著,顾大朋点校:《楼钥集》,杭州:浙江古籍出版社, 2010 年。

〔宋〕陆游著,朱迎平笺校:《渭南文集笺校》,上海:上海古籍 出版社,2022 年。

〔宋〕吕祖谦铨选,任远点校:《皇朝文鉴》,黄灵庚、吴战垒主编:《吕祖谦全集》第12—14册,杭州:浙江古籍出版社,2008年。

〔明〕茅坤编:《唐宋八大家文钞》,《景印文渊阁四库全书》第1383—1384册。

〔宋〕梅尧臣著,朱东润编年校注:《梅尧臣集编年校注》,上海:上海古籍出版社,2006年。

〔宋〕慕容彦逢:《摛文堂集》,《景印文渊阁四库全书》第1123册。

〔宋〕欧阳修撰,〔日〕东英寿考校,洪本健笺注:《新见欧阳修九十六篇书简笺注》,上海:上海古籍出版社,2014年。

〔宋〕欧阳修撰,黄进德点校:《六一诗话》,吴文治主编:《宋诗话全编》第1册,南京:凤凰出版社,1998年。

〔宋〕欧阳修著,李逸安点校:《欧阳修全集》,北京:中华书局,2001年。

〔宋〕欧阳修著,刘德清、顾宝林、欧阳明亮笺注:《欧阳修诗编年笺注》,北京:中华书局,2012年。

〔清〕钱大昕著,陈文和、曹明升点校:《潜研堂文集》,陈文和主编:《嘉定钱大昕全集(增订本)》,南京:凤凰出版社,2016年。

〔宋〕秦观著,徐培均笺注:《淮海集笺注》,上海:上海古籍出版社,1994年。

〔宋〕阮阅编,周本淳校点:《诗话总龟》,北京:人民文学出版社,1987年。

〔宋〕苏轼著,孔凡礼点校:《苏轼文集》,北京:中华书局,1986年。

〔宋〕苏轼著,〔清〕王文诰辑注,孔凡礼点校:《苏轼诗集》,北京:中华书局,1982年。

〔宋〕苏轼著，张志烈、马德富、周裕锴主编：《苏轼全集校注》，石家庄：河北人民出版社，2010年。

〔宋〕孙觌：《鸿庆居士集》，《景印文渊阁四库全书》第1135册。

〔宋〕王安石撰，刘成国点校：《王安石文集》，北京：中华书局，2021年。

〔宋〕王安中：《初寮集》，《景印文渊阁四库全书》第1127册。

〔宋〕王珪：《华阳集》，《丛书集成初编》第1912—1916册。

〔金〕王若虚著，胡传志、李定乾校注：《滹南遗老集校注》，沈阳：辽海出版社，2005年。

〔宋〕王十朋著，梅溪集重刊委员会编，王十朋纪念馆修订：《王十朋全集（修订本）》，上海：上海古籍出版社，2012年。

〔宋〕王应麟：《词学指南》，张骁飞点校：《四明文献集（外二种）》，北京：中华书局，2010年。

〔宋〕王禹偁：《王黄州小畜集》，《宋集珍本丛刊》第1册。

〔宋〕汪藻：《浮溪集》，《丛书集成初编》第1958—1961册。

〔宋〕王正德：《余师录》，王水照编：《历代文话》第1册，上海：复旦大学出版社，2007年。

〔五代·后蜀〕韦縠：《才调集》，傅璇琮、陈尚君、徐俊编：《唐人选唐诗新编（增订本）》，北京：中华书局，2014年。

〔宋〕魏了翁：《重校鹤山先生大全文集》，《宋集珍本丛刊》第76—77册。

〔宋〕魏齐贤、〔宋〕叶棻编：《圣宋名贤五百家播芳大全文粹》，《宋集珍本丛刊》第94—100册。

〔宋〕吴泳：《鹤林集》，《宋集珍本丛刊》第74册。

〔梁〕萧统编，〔唐〕李善注：《文选》，上海：上海古籍出版社，1986年。

〔宋〕许翰：《襄陵文集》，《景印文渊阁四库全书》第1123册。

〔元〕许有壬：《圭塘小稿》，《景印文渊阁四库全书》第1211册。

〔宋〕杨简著,董平点校:《慈湖先生遗书》,《杨简全集》第7—10册,杭州:浙江大学出版社,2015年。

〔宋〕杨杰撰,曹小云校笺:《无为集校笺》,合肥:黄山书社,2014年。

〔宋〕杨万里著,辛更儒笺校:《杨万里集笺校》,北京:中华书局,2007年。

〔宋〕杨亿编,王仲荦注:《西昆酬唱集注》,北京:中华书局,1980年。

〔宋〕叶梦得撰,逯铭昕校注:《石林诗话校注》,北京:人民文学出版社,2011年。

〔元〕虞集著,王颋点校:《虞集全集》,天津:天津古籍出版社,2007年。

〔金〕元好问编,张静校注:《中州集校注》,北京:中华书局,2018年。

〔宋〕曾巩撰,陈杏珍、晁继周点校:《曾巩集》,北京:中华书局,1984年。

曾枣庄、刘琳主编:《全宋文》,上海:上海辞书出版社,合肥:安徽教育出版社,2006年。

〔宋〕张纲:《华阳集》,《景印文渊阁四库全书》第1131册。

〔宋〕张耒撰,李逸安等点校:《张耒集》,北京:中华书局,1990年。

〔宋〕张栻著,杨世文点校:《张栻集》,北京:中华书局,2015年。

〔宋〕张孝祥著,徐鹏校点:《于湖居士文集》,上海:上海古籍出版社,1980年。

〔宋〕张咏著,张其凡整理:《张乖崖集》,北京:中华书局,2000年。

〔金〕赵秉文著,马振君整理:《赵秉文集》,哈尔滨:黑龙江大学出版社,2014 年。

〔宋〕真德秀编：《文章正宗》,《景印文渊阁四库全书》第
1355 册。

〔宋〕真德秀：《西山先生真文忠公文集》,《宋集珍本丛刊》第
75—76 册。

〔宋〕郑獬：《郧溪集》,《宋集珍本丛刊》第 15 册。

〔宋〕周必大撰,王瑞来校证：《周必大集校证》,上海：上海古
籍出版社,2020 年。

〔宋〕朱熹撰,刘永翔等校点：《晦庵先生朱文公文集》,《朱子全
书(修订本)》第 20—25 册。

〔宋〕朱熹撰,曾抗美、徐德明校点：《晦庵先生朱文公别集》,
《朱子全书(修订本)》第 25 册。

今人著述之属

中文著作

［美］包弼德(Peter K. Bol)著,［新加坡］王昌伟译：《历史上
的理学(修订版)》,杭州：浙江大学出版社,2012 年。

昌彼得、王德毅、程元敏、侯俊德编：《宋人传记资料索引》,台
北：鼎文书局,1976 年。

陈来：《朱子书信编年考证(增订本)》,北京：生活·读书·新
知三联书店,2011 年。

陈来：《朱子哲学研究》,北京：生活·读书·新知三联书店,
2010 年。

陈荣捷：《朱学论集》,上海：华东师范大学出版社,2007 年。

陈荣捷：《朱子门人》,上海：华东师范大学出版社,2007 年。

［马来西亚］陈湘琳：《欧阳修的文学与情感世界》,上海：复旦
大学出版社,2012 年。

陈寅恪：《元白诗笺证稿》,北京：生活·读书·新知三联书店,

2001 年。

陈元锋：《北宋馆阁翰苑与诗坛研究》，北京：中华书局，2005 年。

陈元锋：《北宋翰林学士与文学研究》，上海：复旦大学出版社，2019 年。

陈振：《宋代社会政治论稿》，上海：上海人民出版社，2007 年。

陈志平：《北宋书家丛考》，上海：上海书画出版社，2014 年。

程杰：《北宋诗文革新研究》，呼和浩特：内蒙古教育出版社，2000 年。

程千帆、吴新雷：《两宋文学史》，上海：上海古籍出版社，1991 年。

程章灿：《刘克庄年谱》，贵阳：贵州人民出版社，1993 年。

［日］池泽滋子：《丁谓年谱》，《宋人年谱丛刊》第 1 册。

［日］池泽滋子：《日本的赤壁会和寿苏会》，上海：上海人民出版社，2006 年。

［日］池泽滋子：《吴越钱氏文人群体研究》，上海：上海人民出版社，2006 年。

邓广铭：《北宋政治改革家王安石》，北京：生活·读书·新知三联书店，2007 年。

邓小南：《宋代文官选任制度诸层面（修订本）》，北京：中华书局，2021 年。

［日］东英寿著，王振宇等译：《复古与创新：欧阳修散文与古文复兴》，上海：上海古籍出版社，2005 年。

杜海军：《吕祖谦年谱》，北京：中华书局，2007 年。

段莉萍：《后期"西昆派"研究》，成都：巴蜀书社，2009 年。

方诚峰：《北宋晚期的政治体制与政治文化》，北京：北京大学出版社，2015 年。

方星移：《宋四家词人年谱》，哈尔滨：黑龙江人民出版社，

2008 年。

［法］费尔南・布罗代尔（Fernand Braudel）著，唐家龙、曾培耿等译，吴模信校：《地中海与菲利普二世时代的地中海世界》，北京：商务印书馆，2017 年。

冯志弘：《北宋古文运动的形成》，上海：上海古籍出版社，2009 年。

傅蓉蓉：《西昆体与宋型诗建构》，上海：文汇出版社，2004 年。

傅璇琮、龚延明、祖慧：《宋登科记考》，南京：江苏教育出版社，2009 年。

葛兆光：《侧看成峰：葛兆光海外学术论著评论集》，北京：中华书局，2020 年。

葛兆光：《中国思想史》，上海：复旦大学出版社，2013 年。

龚延明：《宋代官制辞典（增补本）》，北京：中华书局，2017 年。

龚延明：《中国古代职官科举研究》，北京：中华书局，2006 年。

谷曙光：《韩愈诗歌宋元接受研究》，合肥：安徽大学出版社，2009 年。

管琴：《词科与南宋文学》，北京：北京大学出版社，2018 年。

广东、广西、湖南、河南辞源修订组、商务印书馆编辑部编：《辞源（修订本）》，北京：商务印书馆，1983 年。

郭齐：《胡宪行实考》，《宋人年谱丛刊》第 7 册。

郭绍虞：《照隅室古典文学论集》，上海：上海古籍出版社，2009 年。

韩酉山：《张孝祥年谱》，合肥：安徽人民出版社，1993 年。

何寄澎：《北宋的古文运动》，上海：上海古籍出版社，2011 年。

何寄澎：《唐宋古文新探》，北京：北京大学出版社，2010 年。

何俊：《南宋儒学建构》，上海：上海人民出版社，2013 年。

洪本健：《欧阳修和他的散文世界》，上海：上海古籍出版社，2017 年。

侯体健:《刘克庄的文学世界——晚宋文学生态的一种考察》,上海:复旦大学出版社,2013年。

黄宽重:《孙应时的学宦生涯:道学追随者对南宋中期政局变动的因应》,台北:台湾大学出版中心,2018年。

黄美玲:《欧、梅、苏与宋诗的形成》,台北:文津出版社,1998年。

[日]吉川幸次郎著,郑清茂译:《宋诗概说》,台北:联经出版事业公司,2012年。

[日]笕文生、[日]笕久美子著,卢盛江、刘春林编译:《唐宋诗文的艺术世界》,北京:中华书局,2007年。

金中枢:《宋代学术思想研究》,台北:稻乡出版社,2009年。

孔凡礼:《范成大年谱》,济南:齐鲁书社,1985年。

孔凡礼:《孔凡礼古典文学论集》,北京:学苑出版社,1999年。

孔凡礼:《苏轼年谱》,北京:中华书局,1998年。

孔凡礼:《苏辙年谱》,北京:学苑出版社,2001年。

[马来西亚]赖瑞和:《唐代高层文官》,北京:中华书局,2017年。

李昌宪:《宋朝官品令与合班之制复原研究》,上海:上海古籍出版社,2013年。

李贵:《中唐至北宋的典范选择与诗歌因革》,上海:复旦大学出版社,2012年。

李一飞:《杨亿年谱》,上海:上海古籍出版社,2002年。

李之亮:《宋代京朝官通考》,成都:巴蜀书社,2003年。

林岩:《北宋科举考试与文学》,上海:上海古籍出版社,2006年。

凌郁之:《洪迈年谱》,上海:上海古籍出版社,2006年。

刘成国:《王安石年谱长编》,北京:中华书局,2018年。

刘大杰:《中国文学发展史》,北京:商务印书馆,2015年。

刘德清：《欧阳修纪年录》，上海：上海古籍出版社，2006年。

刘守宜：《梅尧臣诗之研究及其年谱》，台北：文史哲出版社，1980年。

刘昭明：《苏轼与章惇关系考——兼论相关诗文与史事》，台北：新文丰出版公司，2011年。

［美］刘子健：《欧阳修的治学与从政》，台北：新文丰出版公司，1984年。

［日］内山精也著，朱刚等译：《庙堂与江湖——宋代诗学的空间》，上海：复旦大学出版社，2017年。

聂崇岐：《宋史丛考》，北京：中华书局，1980年。

［法］皮埃尔·布尔迪厄（Pierre Bourdieu）著，刘晖译：《区分：判断力的社会批判》，北京：商务印书馆，2015年。

钱建状：《宋代文学的历史文化考察》，福州：福建教育出版社，2012年。

钱锺书：《谈艺录》，北京：生活·读书·新知三联书店，2007年。

卿三祥、李景焉：《苏轼著述考》，成都：四川大学出版社，2016年。

邱江宁：《奎章阁文人群体与元代中期文学研究》，北京：人民出版社，2013年。

邱江宁：《元代奎章阁学士院与元代文坛》，北京：中国社会科学出版社，2013年。

上海书画出版社编：《苏轼法书集》，上海：上海书画出版社，1993年。

沈如泉：《传统与个人才能——南宋鄱阳洪氏家学与文学》，成都：巴蜀书社，2009年。

沈松勤：《北宋文人与党争》，北京：人民出版社，1998年。

沈松勤：《宋代政治与文学研究》，北京：商务印书馆，2010年。

施懿超：《宋四六论稿》，上海：上海古籍出版社，2005 年。

束景南：《朱熹年谱长编（增订本）》，上海：华东师范大学出版社，2014 年。

束景南：《朱子大传》，北京：商务印书馆，2003 年。

［日］寺地遵著，刘静贞、李今芸译：《南宋初期政治史研究》，台北：稻禾出版社，1995 年。

宋靖：《唐宋中书舍人研究》，哈尔滨：黑龙江大学出版社，2010 年。

［美］孙康宜、［美］宇文所安(Stephen Owen)主编，刘倩等译：《剑桥中国文学史》，北京：生活·读书·新知三联书店，2013 年。

孙先英：《真德秀学术思想研究》，上海：上海人民出版社，2008 年。

唐春生：《翰林学士与宋代士人文化》，北京：中国社会科学出版社，2011 年。

王庆生：《金代文学家年谱》，南京：凤凰出版社，2005 年。

王三毛：《南宋王质研究》，南京：凤凰出版社，2012 年。

王水照：《苏轼研究》，北京：中华书局，2015 年。

王水照：《王水照自选集》，上海：上海教育出版社，2000 年。

王水照：《走马塘集》，上海：复旦大学出版社，2016 年。

王晓波：《寇准年谱》，成都：巴蜀书社，1995 年。

王兆鹏：《两宋词人年谱》，台北：文津出版社，1994 年。

魏平柱：《米襄阳年谱》，武汉：湖北人民出版社，2013 年。

夏承焘：《唐宋词人年谱》，北京：商务印书馆，2013 年。

谢贵安：《宋实录研究》，上海：上海古籍出版社，2013 年。

谢琰：《北宋时期诗歌转型研究》，北京：北京大学出版社，2013 年。

徐规：《王禹偁事迹著作编年》，北京：商务印书馆，2003 年。

许浩然：《周必大的历史世界：南宋高、孝、光、宁四朝士人关系之研究》，南京：凤凰出版社，2016年。

许净瞳：《〈容斋随笔〉成书研究》，北京：中国社会科学出版社，2013年。

徐培均：《秦少游年谱长编》，上海：上海古籍出版社，2002年。

许瑶丽：《宋代进士考试与文学考论》，上海：上海古籍出版社，2015年。

许瑶丽：《宋代律赋与科举——一种文学体式的制度浮沉》，北京：人民出版社，2016年。

许总：《宋诗史》，重庆：重庆出版社，1992年。

颜中其、苏克福：《苏颂年谱》，长春：北方妇女儿童出版社，1993年。

杨果：《中国翰林制度研究》，武汉：武汉大学出版社，1996年。

杨镰：《元诗史》，北京：人民文学出版社，2003年。

杨芹：《宋代制诰文书研究》，上海：上海古籍出版社，2014年。

于北山著，于蕴生整理：《杨万里年谱》，上海：上海古籍出版社，2006年。

［美］宇文所安著，贾晋华译：《初唐诗》，北京：生活·读书·新知三联书店，2004年。

［美］余英时：《朱熹的历史世界：宋代士大夫政治文化的研究》，北京：生活·读书·新知三联书店，2004年。

袁行霈主编：《中国文学史》，北京：高等教育出版社，2014年。

曾莉：《蔡京年谱》，桂林：广西师范大学出版社，2020年。

曾枣庄：《文星璀璨：北宋嘉祐二年贡举考论》，上海：复旦大学出版社，2010年。

张剑：《晁说之研究》，北京：学苑出版社，2005年。

张剑主编：《宋才子传笺证·北宋后期卷》，沈阳：辽海出版社，2011年。

张剑:《宋代家族与文学——以澶州晁氏为中心》,北京:北京出版社,2006年。

张明华:《西昆体研究》,北京:人民文学出版社,2010年。

张其凡:《宋代人物论稿》,上海:上海人民出版社,2009年。

张清华:《韩学研究》,南京:江苏教育出版社,1998年。

张仁青:《骈文学》,台北:文史哲出版社,1984年。

张尚英:《刘敞年谱》,《宋人年谱丛刊》第4册。

张维玲:《从南宋中期反近习政争看道学型士大夫对"恢复"态度的转变(1163—1207)》,新北:花木兰文化出版社,2010年。

张维玲:《从天书时代到古文运动:北宋前期的政治过程》,台北:台湾大学出版中心,2021年。

张希清:《中国科举制度通史·宋代卷》,上海:上海人民出版社,2017年。

张晓红:《宋代帖子词辑释》,北京:中国社会科学出版社,2015年。

张兴武:《宋初百年文学复兴的历程》,北京:中华书局,2009年。

赵冬梅:《大宋之变:1063—1086》,桂林:广西师范大学出版社,2020年。

郑永晓:《黄庭坚年谱新编》,北京:社会科学文献出版社,1997年。

周本淳:《读常见书札记》,南京:江苏教育出版社,1990年。

周剑之:《黼黻之美:宋代骈文的应用场域与书写方式》,北京:北京大学出版社,2021年。

周益忠:《西昆研究论集》,台北:台湾学生书局,1999年。

朱东润:《梅尧臣传》,北京:中华书局,1979年。

朱东润:《朱东润文存》,上海:上海古籍出版社,2014年。

朱刚：《唐宋"古文运动"与士大夫文学》，上海：复旦大学出版社，2013年。

朱刚：《唐宋四大家的道论与文学》，北京：东方出版社，1997年。

诸葛忆兵：《宋代科举资料长编》，南京：凤凰出版社，2017年。

朱金城：《白居易年谱》，上海：上海古籍出版社，1982年。

朱军：《元代理学与社会》，成都：巴蜀书社，2022年。

祝尚书：《北宋古文运动发展史》，北京：北京大学出版社，2012年。

祝尚书主编：《宋才子传笺证·北宋前期卷》，沈阳：辽海出版社，2011年。

祝尚书：《宋代科举与文学考论》，郑州：大象出版社，2006年。

中文论文

［美］包弼德著，杜永涛译：《宋明理学与地方社会：一个12至16世纪间的个案》，［美］张聪、［美］姚平主编：《当代西方汉学研究集萃·思想文化史卷》，上海：上海古籍出版社，2012年。

卞东波：《汉诗、雅集与汉文化圈的余韵——1922年东亚三次赤壁会考论》，《安徽师范大学学报》（人文社会科学版）2019年第1期。

曹家齐、陈安迪：《苏轼进士科名次甲第考释——兼说宋朝进士甲乙丙科问题》，《中国史研究》2018年第1期。

陈祺助：《胡五峰年谱》，《鹅湖》1986年第2期。

陈祥耀：《苏轼与"宋四六"》，《文学评论》2000年第5期。

陈元锋：《论"嘉祐四友"的进退分合与交游唱和》，《江西师范大学学报》（哲学社会科学版）2014年第1期。

陈元锋：《南宋翰林制诏"平易"文风探析——以炎、绍、乾、淳为中心》，《斯文》第 7 辑，北京：社会科学文献出版社，2021 年。

邓小南：《走向"活"的制度史——以宋朝信息渠道研究为例》，北京大学人文社会科学研究院编：《多面的制度：跨学科视野下的制度研究》，北京：生活·读书·新知三联书店，2021 年。

丁功谊：《人情与礼制的冲突——濮议中的欧阳修》，《宁夏社会科学》2013 年第 3 期。

段成桂：《〈群玉堂苏帖〉及其他》，《吉林省博物馆学术论文集》第 1 辑，1986 年。

葛晓音：《北宋诗文革新的曲折历程》，《中国社会科学》1989 年第 2 期。

谷曙光：《论王珪的"至宝丹"体诗》，《文学遗产》2005 年第 5 期。

管琴：《洪咨夔年谱》，《国学学刊》2012 年第 2 期。

管琴：《南宋词科取士与制文之体关系论略》，《北京大学学报》（哲学社会科学版）2012 年第 2 期。

管琴：《行状文本书写与历史真实的显隐——以朱熹〈张浚行状〉为例》，《文艺研究》2019 年第 12 期。

洪本健：《欧阳修入主文坛在庆历而非嘉祐》，《华东师范大学学报》（哲学社会科学版）1999 年第 5 期。

金建锋：《汪藻与江西诗派交游考》，《上饶师范学院学报》2007 年第 2 期。

［日］近藤一成：《王安石的科举改革》，刘俊文主编：《日本中青年学者论中国史·宋元明清卷》，上海：上海古籍出版社，1995 年。

［日］近藤一成撰，优全等译：《宋代的士大夫与社会——黄榦的礼世界和判词世界》，［日］近藤一成主编：《宋元史学的

基本问题》，北京：中华书局，2010年。

李成晴：《论宋人对苏轼制诰公文的文本"仿造"》，《档案学研究》2019年第1期。

李全德：《文书运行体制中的宋代通进银台司》，邓小南主编：《政绩考察与信息渠道——以宋代为中心》，北京：北京大学出版社，2008年。

梁建国：《梅尧臣与东京——兼论北宋地方士人融入京城社会的若干问题》，邓小南、曹家齐、[日] 平田茂树编：《过程·空间：宋代政治史再探研》，北京：北京大学出版社，2017年。

林海：《苏轼〈再次韵答完夫穆父〉诗注辨误》，《新余学院学报》2019年第1期。

林岩：《身份、文体与地方社会：刘克庄文学活动的多面相——评侯体健著〈刘克庄的文学世界——晚宋文学生态的一种考察〉》，《中华文史论丛》2015年第3期。

凌郁之：《南宋修〈四朝国史〉考》，《苏州铁道师范学院学报》（社会科学版）2000年第2期。

刘成国：《评张剑〈晁说之研究〉》，刘扬忠、王兆鹏、刘尊明主编：《宋代文学研究年鉴（2004—2005）》，武汉出版社，2007年。

刘玲娣：《胡安国政治思想及其实践略论》，《史学月刊》2002年第6期。

彭文良：《〈宋史·苏轼传〉补证——以苏轼、章惇关系为中心》，《史林》2016年第6期。

[日] 平田茂树撰，胡劲茵译：《从边缘社会看南宋士人的交往和信息沟通——以魏了翁、吴泳、洪咨夔的事例为线索》，余蔚、[日] 平田茂树、温海清主编：《十至十三世纪东亚史的新可能性——首届中日青年学者辽宋西夏金元史研讨会论文集》，上海：中西书局，2018年。

钱建状、张经洪：《宋代词科与士人的文学交游》，《复旦学报》（社会科学版）2018年第4期。

马东瑶：《论周必大的"士大夫文统"观》，《文艺研究》2021年第12期。

尚永亮、刘磊：《欧、梅对韩、孟的群体接受及其深层原因》，《四川大学学报》（哲学社会科学版）2005年第4期。

王传龙、王一方：《王珪〈华阳集〉的误收、辑佚与流传》，《中州学刊》2016年第2期。

王化雨：《政事、政争与政局：北宋元祐吏额事件发微》，《史林》2016年第1期。

王星：《苏轼刻石活动特点及其心理剖析》，《东南学术》2019年第1期。

王云云：《北宋礼学的转向——以濮议为中心》，《安徽大学学报》（哲学社会科学版）2010年第2期。

王曾瑜、贾芳芳：《陆游与汤思退、宋高宗——兼谈中国古代专制政权与士大夫的关系等》，《中华文史论丛》2013年第4期。

王志瑾、曹冬雪：《葛立方生平新考》，《文学遗产》2009年第3期。

王智勇：《陈彭年年谱》，《宋代文化研究》第11辑，北京：线装书局，2002年。

萧瑞峰、刘成国：《"诗盛元祐"说考辨》，《文学遗产》2006年第2期。

许红霞：《宋初九僧丛考》，北京大学中文系古典文献专业、古文献研究所编著：《古典文献研究论丛》，北京：北京大学出版社，1995年。

徐兴无：《〈容斋随笔〉中的西汉史研究》，莫砺锋编：《第二届宋代文学国际研讨会论文集》，南京：江苏教育出版社，

2003年。

许瑶丽：《再论嘉祐"太学体"与"古文"的关系》，《西南民族大学学报》(人文社会科学版)2011年第1期。

杨韶蓉：《对"王安石修〈经义〉盖本于敞"的考查——兼论〈三经义〉"剿取"〈七经小传〉之说》，《儒家典籍与思想研究》第8辑，北京：北京大学出版社，2016年。

尹占华：《论苏轼的四六文》，《天府新论》1996年第6期。

曾枣庄：《北宋古文运动的曲折过程》，《文学评论》1982年第5期。

查屏球：《从科场明星到官场隐士——唐宋转型与白居易形象的转换》，《文学遗产》2019年第1期。

张连城：《唐后期中书舍人草诏权考述》，《文献》1992年第2期。

张运生：《上下尊卑与义利之辨——胡安国〈春秋传〉政治理念解读》，《船山学刊》2010年第3期。

张振谦：《苏轼与道教内丹养生》，《哈尔滨工业大学学报》(社会科学版)2016年第6期。

张振谦：《苏轼与〈黄庭经〉》，《宗教学研究》2010年第1期。

赵艳喜：《论北宋晁迥对白居易的接受》，《广西大学学报》(哲学社会科学版)2008年第3期。

周雪光：《论非正式制度——中国官僚体制研究的启示》，《多面的制度：跨学科视野下的制度研究》。

朱刚：《"太学体"及其周边诸问题》，《文学遗产》2007年第5期。

诸葛忆兵：《论宋人锁院诗》，《文学评论》2009年第6期。

诸葛忆兵：《洛蜀党争辨析》，《南京师大学报》(社会科学版)1996年第3期。

朱义群：《"绍述"压力下的元祐之政——论北宋元祐年间的

政治路线及其合理化论述》，《中国史研究》2017 年第
3 期。

学位论文

曹容春：《元祐四友诗歌研究》，闽南师范大学 2016 年硕士学位
　　论文。

胡银元：《郑獬年谱简编》，南京师范大学 2008 年硕士学位
　　论文。

李烨含：《吴泳年谱》，武汉大学 2017 年硕士学位论文。

李哲：《从〈容斋随笔〉看洪迈的史学思想》，陕西师范大学 2011
　　年硕士学位论文。

林日波：《真德秀年谱》，华中师范大学 2006 年硕士学位论文。

刘东明：《虞集之生平与交游》，华中师范大学 2012 年硕士学位
　　论文。

马艳：《〈容斋随笔〉史学成就研究》，安徽大学 2013 年硕士学位
　　论文。

邵梅：《韩维韩绛事迹著述编年》，杭州师范大学 2011 年硕士学
　　位论文。

王聪聪：《周必大年谱长编》，华东师范大学 2014 年博士学位
　　论文。

王昕：《赵秉文研究》，黑龙江大学 2011 年博士学位论文。

赵征：《苏轼的碑志文研究》，辽宁师范大学 2012 年硕士学位
　　论文。

英文著作

Jack W. Chen. *The Poetics of Sovereignty: On Emperor
　　Taizong of the Tang Dynasty.* Cambridge（MA）and
　　London：Harvard University Asia Center，2010.

Jonathan Chaves. *Mei Yao-ch'en and the Development of Early Sung Poetry*. New York and London: Columbia University Press, 1976.

Robert P. Hymes. *Statesmen and Gentlemen: The Elite of Fu-chou, Chiang-hsi, in Northern and Southern Sung*. New York: Cambridge University Press, 1986.

英文论文

Carlo Ginzburg and Carlo Poni. "The Name and the Game: Unequal Exchange and the Historiographic Marketplace", In *Microhistory and the Lost Peoples of Europe*, edited by Edward Muir and Guido Ruggiero, translated by Eren Branch. Baltimore and London: The Johns Hopkins University Press, 1991.

本书内容原刊情况一览

（以下论文均由笔者独撰，以发表先后为序排列）

《从胡寅仕历看两宋之际的词学之臣》，《中华文史论丛》2014 年第 1 期。

《南宋词臣"文统"观探析——以周必大书序文为线索》，《文学遗产》2015 年第 3 期。

《从词臣背景看真德秀与理学的关系》，《北京大学学报》（哲学社会科学版）2016 年第 5 期。

《从"文化中心"到"官僚机构"——北宋后期词垣文化的演变》，《文学遗产》2017 年第 5 期。

《理学门第与词臣世家——南宋胡、洪二族的比较研究》，《史林》2017 第 6 期。

《古文主张之下的思想与权力——从周边士大夫的学宦经历看欧阳修的嘉祐主贡》，《文学遗产》2020 年第 4 期。

《从应制之作到"不朽"之文——政治语境与文化语境中的苏轼〈上清储祥宫碑〉》，《四川大学学报》（哲学社会科学版）2021 年第 1 期。

《诗与仕：阶层分野之下的"西昆"体与"平淡"诗风》，《华东师范大学学报》（哲学社会科学版）2021 年第 4 期。

《宋代士人阶层与词臣群体关系侧议——以科举考试为中心》，《中国诗学研究》第 21 辑，南京：凤凰出版社，2022 年。

《制度矩范与个体情怀：作为文学空间的宋代词垣》，《四川大学学报》（哲学社会科学版）2023 年第 5 期。

后　记

我对宋代词臣的研究始于 2013 年的暑假。当时我刚刚取得南京大学博士学位，即将进入复旦大学中文系博士后流动站。我博士论文的选题是南宋名臣周必大的研究，其中涉及周氏任职馆阁翰苑期间与理学人物分歧的议题，于是很自然地试图在博后时扩充这一议题，对整个南宋时期词臣文化与理学文化的分野态势作一番探讨。至今我还记得那个暑假里我常常步行往返于南京图书馆与位于杨公井的家，撰成了一篇探讨胡寅词垣仕历的论文。入职西安交大以后，我又上溯至北宋，着力考察诗文革新的领袖人物与北宋词垣之间的关系。十年光阴悠悠而过，宋代词臣的研究始终伴随着我。从南京的秦淮到上海的杨浦，从西安的碑林到访学期间美国印州的小城南本德，再回到西安，别居西咸，这项研究时时置于书案、萦于脑海，占据着我学术生活的主要内容。既向我提出智识的挑战，也带来发现的喜悦。现在，它终于可以作为一部专著正式出版，真令人感到欣慰。

感谢发表我阶段性论文的诸家刊物，正是得到了一位又一位编辑老师的热忱帮助，我的研究才能持续进展下去。感谢国家社科基金青年项目的支持，为我提供了充足的研究经费。感谢结项时五位匿名专家的评审意见，为我后续修改书稿指引了方向。感谢西安交大校基金与人文学院后配给经费的支持，为该书的出版提供了资助。感谢林岩师兄对该书的关心，热心地帮我联系出版社。感谢王汝娟老师的细心编辑，订正了我的不少讹误。

感谢妻子夏艳对我一贯的支持。在十个月里,她利用一切闲暇时间,倾注心力绘成《紫庭文思图》,为本书的出版增色许多。该图将学士院与舍人院融为一体,描绘了宋代历朝词臣的十七个掌故,本书或详或略皆有涉及。当然,这些掌故中有少数几则事迹并不真实发生在词垣之地,例如蔡京的《上清储祥宫碑》应是在上清储祥宫撰成,而苏轼则是在慈孝寺戏称顾临"顾屠肉案"的,它们都被艺术化地整合到了词垣之中。还要特别提及的是,我们的女儿目清的形象也出现在图中,东坡脚边那个扎着"大雁塔"的弄花小童就是按她的相貌来塑造的(小家伙管冲天辫叫"大雁塔")。让天真稚气的女儿戏于东坡之侧,为她存一张别致的童年写真,也是我与夏艳表达父母之爱的一点私心。

学术研究仍须推进,家庭生活也在继续。愿岁月静好,今世安稳。

许浩然

2023 年 8 月 14 日

图书在版编目(CIP)数据

紫庭文思:词垣、词臣与宋代士大夫文化史/许浩然著.—上海:复旦大学出版社,2023.10
ISBN 978-7-309-16778-8

Ⅰ.①紫… Ⅱ.①许… Ⅲ.①文化史-研究-中国-宋代 Ⅳ.①K244.03

中国国家版本馆 CIP 数据核字(2023)第 044034 号

紫庭文思:词垣、词臣与宋代士大夫文化史
许浩然 著
责任编辑/王汝娟

复旦大学出版社有限公司出版发行
上海市国权路 579 号 邮编:200433
网址:fupnet@fudanpress.com http://www.fudanpress.com
门市零售:86-21-65102580   团体订购:86-21-65104505
出版部电话:86-21-65642845
常熟市华顺印刷有限公司

开本 890 毫米×1240 毫米 1/32 印张 10.5 字数 245 千字
2023 年 10 月第 1 版
2023 年 10 月第 1 版第 1 次印刷

ISBN 978-7-309-16778-8/K·811
定价:68.00 元